浙江省文化研究工程指导委员会

浙江文化名人传记精选修订丛书

原 主 编：万　斌

执行主编：卢敦基

科学全才

沈括传

何勇强 著

浙江人民出版社

图书在版编目（CIP）数据

科学全才 ：沈括传 / 何勇强著. -- 杭州 ：浙江人民出版社，2024. 12. -- ISBN 978-7-213-11727-5

Ⅰ. K826. 1

中国国家版本馆CIP数据核字第2024PB5886号

科学全才：沈括传

KEXUE QUANCAI SHEN KUO ZHUAN

何勇强　著

出版发行　浙江人民出版社（杭州市环城北路177号　邮编　310006）

　　　　　市场部电话:(0571)85061682　85176516

责任编辑　赖　甜

责任校对　姚建国

责任印务　程　琳

封面设计　王　芸

电脑制版　杭州天一图文制作有限公司

印　　刷　杭州富春印务有限公司

开　　本　710毫米×1000毫米　1/16

印　　张　20

字　　数　303千字

插　　页　6

版　　次　2024年12月第1版

印　　次　2024年12月第1次印刷

书　　号　ISBN　978-7-213-11727-5

定　　价　82.00元

“浙江文化研究工程成果文库”总序

有人将文化比作一条来自老祖宗而又流向未来的河，这是说文化的传统，通过纵向传承和横向传递，生生不息地影响和引领着人们的生存与发展；有人说文化是人类的思想、智慧、信仰、情感和生活的载体、方式和方法，这是将文化作为人们代代相传的生活方式的整体。我们说，文化为群体生活提供规范、方式与环境，文化通过传承为社会进步发挥基础作用，文化会促进或制约经济乃至整个社会的发展。文化的力量，已经深深熔铸在民族的生命力、创造力和凝聚力之中。

在人类文化演化的进程中，各种文化都在其内部生成众多的元素、层次与类型，由此决定了文化的多样性与复杂性。

中国文化的博大精深，来源于其内部生成的多姿多彩；中国文化的历久弥新，取决于其变迁过程中各种元素、层次、类型在内容和结构上通过碰撞、解构、融合而产生的革故鼎新的强大动力。

中国土地广袤、疆域辽阔，不同区域间因自然环境、经济环境、社会环境等诸多方面的差异，建构了不同的区域文化。区域文化如同百川归海，共同汇聚成中国文化的大传统，这种大传统如同春风化雨，渗透于各种区域文化之中。在这个过程中，区域文化如同清溪山泉潺潺不息，在中国文化的共同价值取向下，以自己的独特个性支撑着、引领着本地经济社会的发展。

从区域文化入手，对一地文化的历史与现状展开全面、系统、扎实、有序的研究，一方面可以借此梳理和弘扬当地的历史传统和文化资源，繁荣和丰富当代的先进文化建设活动，规划和指导未来的文化发展蓝图，增强文化软实力，为全面建设小康社会、加快推进社会主义现代化提供思想保证、精神动力、智力支持和舆论力量；另一方面，这也是深入了解中国文化、研究中国文化、发展中国文化、创新中国文化的重要途径之一。如今，区域文化研究日益受到各地重视，成为我国文化研究走向深入的一个重要标志。我们今天实施浙江文化研究工程，其目的和意义也在于此。

千百年来，浙江人民积淀和传承了一个底蕴深厚的文化传统。这种文化传统的独特性，正在于它令人惊叹的富于创造力的智慧和力量。

浙江文化中富于创造力的基因，早早地出现在其历史的源头。在浙江新石器时代最为著名的跨湖桥、河姆渡、马家浜和良渚的考古文化中，浙江先民们都以不同凡响的作为，在中华民族的文明之源留下了创造和进步的印记。

浙江人民在与时俱进的历史轨迹上一路走来，秉承富于创造力的文化传统，这深深地融汇在一代代浙江人民的血液中，体现在浙江人民的行为上，也在浙江历史上众多杰出人物身上得到充分展示。从大禹的因势利导、敬业治水，到勾践的卧薪尝胆、励精图治；从钱氏的保境安民、纳土归宋，到胡则的为官一任、造福一方；从岳飞、于谦的精忠报国、清白一生，到方孝孺、张苍水的刚正不阿、以身殉国；从沈括的博学多识、精研深究，到竺可桢的科学救国、求是一生；无论是陈亮、叶适的经世致用，还是黄宗羲的工商皆本；无论是王充、王阳明的批判、自觉，还是龚自珍、蔡元培的开明、开放，等等，都展示了浙江深厚的文化底蕴，凝聚了浙江人民求真务实的创造精神。

代代相传的文化创造的作为和精神，从观念、态度、行为方式和价值取向上，孕育、形成和发展了渊源有自的浙江地域文化传统和与时俱进的浙江文化精神，她滋育着浙江的生命力、催生着浙江的凝聚力、激发着浙江的创造力、培植着浙江的竞争力，激励着浙江人民永不自满、永不停息，在各个不同的历史时期不断地超越自我、创业奋进。

悠久深厚、意韵丰富的浙江文化传统，是历史赐予我们的宝贵财富，也是我们开拓未来的丰富资源和不竭动力。党的十六大以来推进浙江新发展的实践，使我们越来越深刻地认识到，与国家实施改革开放大政方针相伴随的浙江经济社会持续快速健康发展的深层原因，就在于浙江深厚的文化底蕴和文化传统与当今时代精神的有机结合，就在于发展先进生产力与发展先进文化的有机结合。今后一个时期浙江能否在全面建设小康社会、加快社会主义现代化建设进程中继续走在前列，很大程度上取决于我们对文化力量的深刻认识、对发展先进文化的高度自觉和对加快建设文化大省的工作力度。我们应该看到，文化的力量最终可以转化为物质的力量，文化的软实力最终可以转化为经济的硬实力。文化要素是综合竞争力的核心要素，文化资源是经济社会发展的重要资源，文化素质是领导者和劳动者的首要素质。因此，研究浙江文化的历史与现状，增强文化软实力，为浙江的现代化建设服务，是浙江人民的共同事业，也是浙江各级党委、政府的重要使命和责任。

2005年7月召开的中共浙江省委十一届八次全会，作出《关于加快建设文化大省的决定》，提出要从增强先进文化凝聚力、解放和发展生产力、增强社会公共服务能力入手，大力实施文明素质工程、文化精品工程、文化研究工程、文化保护工程、文化产业促进工程、文化阵地工程、文化传播工程、文化人才工程等“八项工程”，实施科教兴国和人才强国战略，加快建设教育、科技、卫生、体育等“四个强省”。作为文化建设“八项工程”之一的文化研究工程，其任务就是系统研究浙江文化的历史成就和当代发展，深入挖掘浙江文化底蕴、研究浙江现象、总结浙江经验、指导浙江未来的发展。

浙江文化研究工程将重点研究“今、古、人、文”四个方面，即围绕浙江当代发展问题研究、浙江历史文化专题研究、浙江名人研究、浙江历史文献整理四大板块，开展系统研究，出版系列丛书。在研究内容上，深入挖掘浙江文化底蕴，系统梳理和分析浙江历史文化的内部结构、变化规律和地域特色，坚持和发展浙江精神；研究浙江文化与其他地域文化的异同，厘清浙江文化在中国文化中的地位和相互影响的关系；围绕浙江生动的当代实践，深入解读浙江现象，总结浙江经验，指导浙江发展。在研究力量上，通过课题组织、出版资助、重点研究基地建设、加强省内外大院名校合作、整合各地各部门力量等途径，形成上下联动、学界互动的整体合力。在成果运用上，注重研究成果的学术价值和应用价值，充分发挥其认识世界、传承文明、创新理论、咨政育人、服务社会的重要作用。

我们希望通过实施浙江文化研究工程，努力用浙江历史教育浙江人民、用浙江文化熏陶浙江人民、用浙江精神鼓舞浙江人民、用浙江经验引领浙江人民，进一步激发浙江人民的无穷智慧和伟大创造能力，推动浙江实现又快又好发展。

今天，我们踏着来自历史的河流，受着一方百姓的期许，理应负起使命，至诚奉献，让我们的文化绵延不绝，让我们的创造生生不息。

2006年5月30日于杭州

目录

第一章　追寻沈括

历史上的“笃学之士”

沈括是北宋时期著名的科学家。他的“科学家”身份，在我们今天看来，无论是学术著作还是通俗读物中，都是众口一词、无可怀疑的。但中国古代本无“科学”一词，更不用说“科学家”了。那么，沈括“科学家”的身份是怎样确立起来的呢？在他生活的时代里，沈括到底扮演了一个怎样的角色？在漫长的历史时代中，人们又是如何评价沈括的呢？且让我们循着历史的轨迹去追寻沈括“科学家”身份的由来。

先让我们看看同时代人对沈括的看法。北宋著名诗人黄庭坚是沈括的一个远房亲戚，他出生于庆历五年（1045），比沈括小十几岁。他在《题王观复所作文后》中评价王观复的文章，说他写信时的语气有点像沈括，将来作文大概也会有沈括的风格气象。但他同时指出，沈括“博极群书”，写文章时引用《左氏春秋传》《汉书》中的材料，取之左右逢源，运用自如，真正称得上是一位“笃学之士”。王观复虽然下笔不凡，就只怕读书太少。①黄庭坚没有再往下说，但言下之意，大概是认为王观复寡学陋闻，所作的文章内容空洞，是没法与沈括相比的。从中也反衬出沈括的博学，其文章是很为当时的人所称颂的。

---

①〔宋〕黄庭坚撰：《豫章黄先生文集》第二十六《题王观复所作文后》，四部丛刊本。

又如李之仪，北宋词人，据他自己说，他与沈括的关系是“少相师友”。他为自己的亡妻胡文柔作墓志铭，盛称她的博学，说她上至六经，下至司马氏的《史记》，其他各种纂集也都博览综识；甚至连佛家的《大藏经》都通读了一遍；作小诗、歌词、禅颂，皆有师法；尤其擅长算数。据说，沈括每有疑问，都要通过李之仪向他的妻子请教。沈括甚至称赞这位女才子说：“得为男子，吾益友也。”[①]李之仪借沈括来盛赞他的妻子，其中的潜台词便是：连沈括都佩服我的妻子，可见她的博学。从中又反衬出沈括在当时确实是以博学闻名一时的。

又如与黄庭坚同为“苏门四学士”之一的张耒，出生于至和元年（1054），比沈括小二十几岁，也可算作是沈括同时代的人。他在所著《明道杂志》中说沈括博学多能，对天文、历数、钟律、壬遁，皆极尽其妙，尤其擅长算数；又说沈括非常喜欢下棋，但棋艺不高。据说沈括曾写过一部专著，探讨下棋之法，想用算数之学来研究棋局的变化。张耒觉得沈括的做法是非常迂腐的。[②]沈括与苏轼是同时代人，苏、沈两人的关系处得不太好，作为苏轼门生的张耒与沈括也没什么亲戚关系，张耒在文中对沈括颇有微词，嘲笑他的迂腐，但也不得不承认沈括的博学。

对沈括博学的评价，到南宋以后越来越成为人们的共识。晁公武称沈括“高材博学，多（枝）［技］能，音律、星历尤邃”[③]。《东都事略》是南宋人王称撰写的一部纪传体史书，称沈括“博览古今，于书无所不通”[④]。元人修《宋史》，其中《沈括传》称沈括“博学善文，于天文、方志、律历、音乐、医药、卜算，无所不通，皆有所论著”[⑤]。《四库全书总目》在著录《梦溪笔谈》时也说：“括在北宋，学问最为博洽，于当代掌故及天文、算法、钟律尤所究心。”[⑥]

沈括的博学也可从他的著述中得到反映。沈括的著作以《梦溪笔谈》最为出名，除此之外，他还有很多其他的著作。著名的科技史专家胡道静先生在校

① 〔宋〕李之仪撰：《姑溪居士前集》卷五十《姑溪居士妻胡氏文柔墓志铭》，四库全书本。
② 〔宋〕张耒：《明道杂志》，载〔元〕陶宗仪撰《说郛》卷四十三下，四库全书本。
③ 〔宋〕晁公武撰：《郡斋读书志》卷三下《小说类》，四库全书本。
④ 〔宋〕王称撰：《东都事略》卷八十六，四库全书本。
⑤ 〔元〕脱脱等撰：《宋史》卷三百三十一《沈括传》，第30册，中华书局1977年版，第10657页。
⑥ 〔宋〕沈括撰：《梦溪笔谈》提要，四库全书本。

证《梦溪笔谈》时曾对沈括的著述做了一个统计。从中可以看出，沈括的著作数量极多，而且遍及经、史、子、集各部。①他的学识渊博也可由此进一步得到证明。

胡道静先生研究沈括数十年，最后这样评价沈括：

> 他是我们历史上，同时也是世界历史上稀有的一位通才。对于文学、艺术、科学、技术和历史、考古，他都有深刻的研究，并且在各方面都有创造性的见解提出来。他有好些重要的创见，至今为举世学人称道不衰；他有好些正确的科学论断，远在西方学者数百年之前便明确地提出。不可掩抑的光芒表明了我们勤劳智慧的祖先在知识范畴内曾作出多么巨大的成就，而沈括便是其中最优秀的创造者之一。②

“科学家”身份的由来

沈括虽然博学，但在历史上，他的“学术专业”是被划入文学一类的。如明初时人徐一夔作《送赵乡贡序》，历数杭州历史名人，以宋代为最，举例而言“政事则有若唐肃、郎简、盛度，词章则有若钱易、钱藻、杨蟠，文学则有若沈括、沈晦、洪咨夔，论建则有若赵汝谈、汝说、李宗勉”③。又如《四库全书总目》在著录《京口耆旧传》时，介绍这本书的内容大要，说“其中忠烈如陈东，经济如张悫、张缜、汤东野、刘公彦，风节如王存、王遂、蒋猷、刘宰，文学如沈括、洪兴祖，书画如米芾父子，虽皆著在史传，而轶闻逸事，则较史为详”，也把沈括归入“文学”一类。

北宋中期是中国文学发展史上的一个黄金时期，当时以文著誉者如欧阳修、

---

① 〔宋〕沈括著，胡道静校证：《梦溪笔谈校证》，下册，上海古籍出版社1987年版，第1151—1156页。

② 胡道静著，虞信棠、金良年编：《梦溪笔谈校证》，上海人民出版社2016年版，第7页。

③ 〔明〕徐一夔撰：《始丰稿》卷五《送赵乡贡序》，四库全书本。

苏轼，都称得上是一代巨子、不世伟人。沈括的文学成就与他们相比，有着不小的差距。而沈括最擅长的天文、历法、算学等项目，在当时人的眼中不过旁门左道而已。因此，沈括虽以博学为人推崇，但他在历史上的地位远没有现在这样显赫，加上他晚年凄凉落魄，古代文献中有关沈括的资料不是十分丰富，甚至他的墓志铭也不传于世。有关沈括的一些基本信息，如生卒年等，至今还一团模糊。

张荫麟先生是近代研究沈括的先驱者之一，他在《沈括编年事辑》的引言中，对此也不无感慨："（沈）括不独包办当时朝廷中之科学事业，如修历法，改良观象仪器，兴水利，制地图，监造军器等；不独于天学，地学，数学，医学，音乐学，物理学，各有创获；不独以文学著称于时；且于吏治，外交，及军事，皆能运用其科学家之头脑而建非常之绩。若此人者，越年八百，其生平乃始有详尽之考核，亦甚可怪异之事也。"①

胡道静先生是研究沈括与《梦溪笔谈》的大家，他在回忆自己的研究历程时这样写道："其实，当我青少年的时代，沈括这部伟大的著作在我国文化遗产中的地位，远没有今天评价这样的高。全国解放后不久，北京图书馆印过一个仅仅列名二十种的严格挑选出来的祖国文化珍异的书单，《梦溪笔谈》就名列前茅。可是，在二十年代出版的《四部丛刊》和《四部备要》，各收录了几百种主要古籍，却都轮不到《梦溪笔谈》占一席地。"②胡道静先生的中学时代是在20世纪的20年代，可见直到那时，沈括和他的《梦溪笔谈》并不在中国的文化史上占有很高的地位。至于科学家一说，更无从谈起了。

近代鸦片战争的失败，使坐井观天的中国人见识了西方的炮舰，认识了西方的科技，从而提出了"师夷长技以制夷"的主张。此后"洋务运动"的发展对西方科学技术的引入、传播起到了进一步推动作用。但洋务运动的中心原则是"中学为体，西学为用"，当时的清政府尽管创办西式工厂，但从本质上讲，他们只是把"科学"当作一种工具在利用。

---

① 张荫麟：《沈括编年事辑》，《清华学报》，1936年第2期。

② 胡道静：《〈梦溪笔谈校证〉五十年》，《读书》，1979年第4期。

辛亥革命爆发后，中国社会进入一个新的历史阶段。不久之后，中国又掀起了一场规模浩大的思想解放运动——新文化运动，倡导科学和民主，社会上出现了“科学救国”“实业救国”“教育救国”等思潮。当时各种科技学会如雨后春笋般建立起来，各种科技刊物相继问世。以任鸿隽等人为代表的一批留美学生创办了《科学》月刊，倡导科学救国的理念，对近现代科学知识、科学思想、科学精神和科学方法进行全方位的介绍。“科学救国”运动造就了一种崇尚科学的社会氛围，引起人们对科学和科学事业的重视。胡适在1923年曾说：“这三十年来，有一个名词在国内几乎做到了无上尊严的地位，无论懂与不懂的人，无论守旧和维新的人，都不敢公然对他表示轻视或戏侮的态度。那个名词就是‘科学’。”①

近代科学产生于西方，是先有科学精神，才产生出了近代科学，然后才有近代技术和近代工业。而中国走了一个完全相反的过程，科学技术先于科学精神。②到“五四”时期，人们对科学的追求和探讨已经不再局限于把科学当作一种工具，而开始重视科学精神和科学方法。在讨论的过程中，人们也开始追问：中国古代有没有科学？中国古代有没有科学精神？1915年任鸿隽在《科学》创刊号上发表《说中国无科学之原因》，1922年哲学家冯友兰在《国际伦理学杂志》上用英文发表《为什么中国没有科学——对中国哲学的历史及其后果的一种解释》一文，他们都对上述问题持否定的看法。胡适则认为中国古代有科学精神，他把乾嘉考据的学问认作是一种科学的方法。

在这样的一个讨论过程中，中国古代的一些人物如墨子、沈括等也渐渐走进人们的视野。沈括研究的两个先驱者——竺可桢和张荫麟，一个是自然科学工作者，一个是人文科学工作者，他们两人都是科学论者。竺可桢在《科学对于物质文明的三大贡献》等文章中，探讨了科学对于人类社会进步的积极作用，认为科学对于人类的物质文明和精神文明都作出了巨大贡献。他还认为，近代中国的物质文明之所以落后，主要是由于科学落后。他说：“中国何以近来各项

① 胡适著：《胡适文存》第二集，黄山书社1996年版，第140页。

② 李思孟：《近代科学的传入与中国人对科学的误解》，《自然辩证法研究》，2003年第6期。

物质文明会一点都没有进展，而和西洋各国比较，就觉得相形见绌呢？推考其原因，就是因为科学没有发达。”[①]而且，两人都在思考着中西方文化与科学的差异性。近代科学方法主要是归纳法和演绎法。数学上用的多是演绎法，而实验科学如化学、生物等所用的多是归纳法。竺可桢指出，懂得科学方法是至为重要的。他说，王阳明是一个具有求真精神的人，然而对近世科学一无贡献，原因就在于王阳明没有懂得科学方法，“他把致知格物的办法，完全弄错了”，“不懂实验科学的技巧，专凭空想是格不出物来的”[②]。但是，竺可桢和张荫麟两人都对中国古代科学史的研究情有独钟。竺可桢不仅研究中国古代的气候变迁史、天文学史，而且特别关注沈括、徐霞客、徐光启这些科学人物；张荫麟研究过张衡的科技成就、《九章算术》及两汉的数学、历史上的奇器、宋代卢道隆和吴德仁所记里鼓车之制造方法等问题。

这两位沈括研究的先驱者又是如何评价沈括的呢？竺可桢说：

> 我国文学家之以科学著称者，在汉有张衡，在宋则有沈括。《四库全书总目》谓括在北宋，学问最为博洽，于当代掌故，及天文算法钟律，尤所究心；《宋史》载括博学善文，于天文、方志、律历、音乐、医药、卜算，无所不通，洵非溢美。自来我国学子之能谈科学者，稀如凤毛麟角，而在当时能以近世之科学精神治科学者，则更少。……正当欧洲学术堕落时代，而我国乃有沈括其人，潜心研究科学，亦足为中国学术史增光。[③]

竺可桢虽然没有正面称沈括为“科学家”，但充分肯定了沈括“潜心研究科学”的业绩，且认为他是“能以近世之科学精神治科学者”。至20世纪30年代，张荫麟先生编撰沈括的年谱，称赞沈括有“科学家之头脑”。这样，到20世纪二三十年代，沈括渐渐成为一名“科学家”了。

---

① 竺可桢著：《竺可桢文集》，科学出版社1979年版，第231页。

② 竺可桢著：《竺可桢文集》，科学出版社1979年版，第449页。

③ 竺可桢撰，徐规校：《北宋沈括对于地学之贡献与纪述》，载《沈括研究》，浙江人民出版社1985年版，第1页。

中华人民共和国成立后，沈括“科学家”的地位已经确然无疑。20世纪50年代发表的文章中都无一例外地把沈括称为“科学家”。如启循在1954年撰写的《宋代卓越的科学家——沈括》一文中这样评价沈括：九百年前的沈括，对于自然界的一切现象，已经通过观察、实验等步骤，进行科学的研究，阐明一些前人所未知的原理，并据此原理创造一些为人民大众服务的科学技术。他的研究记录《梦溪笔谈》，一直完整地流传着，也成为中国一部宝贵的科学名著。就那个时代的科学水平来说，沈括不仅被誉为宋代第一流的科学家，而且在当时的全世界中也应当把他列入伟大科学家中的一个人物。①

国外的沈括研究

西方近代科学文明对中国的刺激还表现在以下两个方面：一方面西方人看清了旧中国政治的腐败与国民的卑微懦弱，进而怀疑中国人的智力水平和中国古代的科技发明。这深深刺伤了中国人的民族自尊心。如《时代公论》第十一号上发表过《拟神经研究所议》一文，说：

> 我们不是自己常骄傲，说我们是四千年的古文明国么？四千年前，已有那么些大发明家，发明指南针，发明缫丝，发明日历，发明医药。二千余年，哲士辈出，思想优越。那时节，红发碧眼儿，虽已过了（Neanderthal）的野蛮时代，却仍在石器时代中过活，这不是我中华人种脑袋的优秀么？今日呢？……我们今日不要谈政治家之卑视中华人种了。冷头脑寻出真理之科学家，亦已论中国人或支那蛮（China-man）为劣等民族了。……我们中国人，是劣等民族么？德人（Kurz）研究中国人脑，他说中国人似由（Orang）进化而来，为劣种脑子。他因此怀疑，以前中国的纸、印刷等发明，不是中国人所能够的。香港大学解剖学教授（Shell Shear），研究中国人的脑子，他说中国人脑子，更近猿类。这些是由他们研究所得而下的

---

① 启循：《宋代卓越的科学家——沈括》，《历史教学》，1954年第6期。

结论，是真的么？①

另一方面，又有一些科学家却通过扎实的研究发现，这个东方古国曾经创造了灿烂的科学与文明。这又激发了中国人强烈的民族自豪感。

这两个方面，无论哪个方面都可促使中国人去追寻那些祖先曾经创造的辉煌。

沈括最先引起人们注意的是《梦溪笔谈》中对活字印刷术的记载。

据沈括的记载，在宋仁宗庆历年间，有一个叫毕昇的普通百姓在杭州发明了活字印刷。他的做法是，先用胶泥刻字，把字刻得很细很薄，就如铜钱的边缘。将每一个字刻成一枚印，拿到火上去烧烤，使它变得坚硬。同时准备一块铁板，上面放着松脂蜡和纸灰，和成灰泥。印刷时，将一块铁框子放在铁板上，上置活字，满一铁板就成一页书板。将这样一块书板放到火上烘烤，等灰泥稍稍熔化后，另用一块板按其表面，使书板平整如砥。用这种方法印书，如果只印两三本，并不能显出它的优势。如果印成百上千本书，则神速简便，远远超过以前的印刷术了。有些常用字如"之""也"等，一页之内可能多处用到，因此每字都有二十多枚印。活字印的上面贴着纸条，以字韵为序编排，平时不用时就按次序放在木格上。如果在印刷时碰到生字，可以马上刻制，瞬息即成。毕昇发明活字印刷，对制印的原料，大概是经过了多次试验的。据沈括的记载，如果用木材制作，因木材的纹理疏密不均，沾上水便会高低不平，且容易与灰泥粘在一起，不便使用，最后他使用泥活字。毕昇死后，这些活字印为沈氏族人所得。②沈括大概在杭州为父亲守丧期间从他的族人那里听到了毕昇的故事。

沈括的这一记录有两项重要的意义：一是科学史上的意义。由于中国在传统上对技术工作和技术工人非常轻视，很多发明者和他们的发明事迹无法留传后世。像活字印刷这样在世界文明史上都具有深远影响的科学成就，像毕昇这样在世界科学史上都具有崇高地位的专业工人，若无沈括的记录，可能就被历

---

① 转引自陈登原著：《中国文化史》，辽宁教育出版社1998年版，第39—40页。

② 〔宋〕沈括著，胡道静校证：《梦溪笔谈校证》卷十八《技艺》，第307条，下册，上海古籍出版社1987年版，第597—598页。

史的尘土掩埋，永远不为世人所知了。二是促进活字印刷技术的革新。由于在中国传统社会里，技术工人地位低下，很多科技发明常常随着他们的逝世而消失。活字印刷却由于沈括的记载而留传下来，使得后人可以据此进行新的尝试和创新。到南宋时，周必大曾据沈括的记载制作了胶泥铜版，印刷了自己的《玉堂杂记》二十八事，分赠给朋友，且把这种方法称作“沈存中法”[①]。后来又有人发明了锡活字，高丽人则发明了铜活字，追溯起来，都源自沈括的记载。

到了近代，中西接触增多，《梦溪笔谈》中有关毕昇和活字印刷的记载引起了一些西方学者的注意。法国学者斯丹尼斯拉斯·茹莲（Stanislas Julien）1847年在巴黎出版的《亚洲杂志》（*Journal Asiatique*）第九卷上发表了一篇研究活字印刷术起源的文章，用法文译介了《梦溪笔谈》的这段记述。1923年柏林国家图书馆中文部主任霍勒（Hermann Hülle）写了一本《古老的中国活字印刷术及其在远东地带的发展》，里面用德文翻译了这段记录。1925年美国学者卡特（Thomas Francis Carter）出版《中国印刷术的发明和它的西传》一书，书中特地把沈括的这段记载字斟句酌地译成了英文，并且评论说：这一段文字叙述得很缜密。作者沈括在毕昇发明活字时，还是个十几岁的孩子。他著的《梦溪笔谈》一书，叙述了许多自然的现象，其中还有对指南针的最早的明晰记载，和这一段关于他同时代的世界上第一次试验活字印刷的叙述文字。在宋代的作者中，他是被认为最谨严可信者中的一位。[②]

在海外的沈括研究中，影响最大者莫过于英国人李约瑟。李约瑟早年是一个生物化学专家，编写了三卷《化学胚胎学》，创立了生物学一门新兴的分支学科。1937年，在他工作的剑桥大学来了三位中国留学生，其中一位便是后来成为李约瑟妻子的鲁桂珍。李约瑟发现这三位东方学生对于科学的理解以及在智力的敏锐上并不逊于他，他开始好奇何以近代科学没有在中国产生；在研究中国历史之后，他进一步发现在14世纪之前，中国科学技术成就远远在欧洲之上，在此之后却落后了。这一疑问成为他后来写作《中国科学技术史》的动

---

① 〔宋〕周必大撰：《文忠集》卷一百九十八《程元成给事》，四库全书本。

② ［美］卡特著，吴泽炎译：《中国印刷术的发明和它的西传》，商务印书馆1957年版，第183—184页。

因。[1]1954年，《中国科学技术史》第一卷导论由剑桥大学出版社出版，立即在世界范围内引起轰动。在总论中李约瑟对《梦溪笔谈》的全部条文做了认真的分析，认为《梦溪笔谈》的科学内容占了全书的五分之三，他断言沈括是中国整部科学史中最卓越的人物；《梦溪笔谈》是中国科学史上的坐标。此论一出，即被此后的沈括研究者广为引用。此后，《中国科学技术史》各学科的分卷陆续出版，李约瑟在其中又多次引用了沈括的记载，并加以详尽分析。

中国自近代以来在对外战争中备受屈辱，对民族的文化也越来越失去自信，却对西方文化、西方专家有着一种无理由的崇拜和信任。既然有李约瑟这样一位大有来头的人物肯定沈括，沈括科学家的地位从此便似板上钉钉一样稳固了。

大约在同一时期，沈括也引起了日本学者的注意。日本数学家三上义夫在《中国算学之特色》中对沈括有很高的评价：

> 日本的数学家没有一个比得上沈括，像中根元圭精于医学、音乐和历术，但没有沈括的经世之才；本多利明精航海术，有经世才，但不能像沈括的多才多艺。如果在别国中去找能够和沈括相比的数学家，那末德国的来本之和法国的卡罗，在某点上或可和沈括比较，但若一面远胜沈括，同时又多才多艺，那就谈不到了。仅有希腊的阿契泰斯，他的学识经验最能和沈括相比。总之，像沈括这样的人物，在全世界数学史上找不到，惟有中国出了这一个人。我把沈括称做中国数学家的模范人物或理想人物，是很恰当的。[2]

这是一段很能引起民族自豪感的话，被译介到中国后是被人广为引用的。

但在日本，对沈括研究最有贡献的人物当数日本科学史研究的领军人物薮

---

① 鲁桂珍著，俞亢咏、俞时淦译：《李约瑟小传》，载张孟闻编《李约瑟博士及其〈中国科学技术史〉》，华东师范大学出版社1989年版，第5—19页。

② 转引自许莼舫：《中国古代数学家及其成就：多才多艺的数学家沈括》，《科学大众》，1953年第11期。

内清，他在1958年发表了《沈括及其业绩》一文，在1967年出版了《宋元时代的科学技术史》，展示了他研究沈括的成果。当然，他在研究中并没有受欧洲同行的影响，对沈括科学成就的评价也没有李约瑟那样高。

国外的研究也对国内产生了很大的推动作用。如沈括研究专家胡道静先生曾这样回忆他对沈括和《梦溪笔谈》产生兴趣的由来：

> 有一件事情今天的青年同志们可能不理解，就是我在读中学的时候，知识水平都还不及今天的小学生高，并不知道活字组版印书的技术是我们的祖先早在第十一世纪中期就发明创造的，然后向世界各地传播。那时我从中学读的英语课本中仅知道活字印刷术是一个德国美因兹的印刷工人葛登堡所发明的。现在的小朋友都知道活字版是宋朝庆历年间（1041—1048）毕昇发明的……说这个历史是写在沈括的著作《梦溪笔谈》里。可是那时我虽已读过“四书”，读过“五经”中的三经半，竟然还不知道《梦溪笔谈》这本书。
>
> 直到将进大学之前，读到美国学者卡特写的《中国印刷术的发明及其西传》……才惊讶地了解到这一项有关人类文化发展的重大创造原来是我们自己的祖先所做出的伟大贡献。……
>
> 卡特的书说明了史料的来源，还特别夸誉了《梦溪笔谈》这部著作，说它这好那好。于是我这个当时对古籍只读先秦、两汉之书的小伙子就迫不及待地去找这本沈括的名著来阅读了。我最初买到的一部是古书流通处影印的清末广东陶氏的刻本。没有疑问，一读就着了迷。从此它就成了我要好的朋友。①

胡道静先生就这样和《梦溪笔谈》结下了一生的缘分，成为沈括与《梦溪笔谈》研究的大家。经过数十载的沉潜搜讨，差不多在李约瑟《中国科学技术史》出版的同时，1956年春，胡道静先生校注的《梦溪笔谈校证》正式问世。

---

① 胡道静：《〈梦溪笔谈校证〉五十年》，《读书》，1979年第4期。

这同样在学术界引起巨大反响。

“文化大革命”时期的“法家”

“文化大革命”时期，已经逝世八百多年的沈括得到了另一个称号：法家。这样一个称号，对现在的很多年轻人来说，已经非常陌生了，但只要看一下那个年代发表的有关沈括的一些学术论文，就可知道“法家”的帽子在当时被何等沉重地戴在沈括的头上，又如何为人熟知。且举几篇文章为例：

《法家沈括和他的科学成就》（《中国科学》1974年第5期）
《沈括——杰出的法家和自然科学家》（《物理》1974年第5期）
《法家沈括与〈沈氏良方〉》（《赤脚医生杂志》1974年第6期）
《法家、自然科学家沈括》（《人民教育》1974年第7期）
《法家沈括在医药学上的进步革新思想》（《新医药学杂志》1974年第11期）
《谈法家沈括的海陆变迁思想》（《地质科学》1975年第3期）
《法家沈括在动物学上的贡献》（《动物学杂志》1975年第4期）

沈括这顶“法家”的帽子起源于当时“批林批孔”“评法批儒”的政治运动。这些运动给当时的学术研究尤其是历史研究带来了巨大冲击。在极左理论支配下，历史研究成为“路线斗争”的替代品。中国两千年的历史被看成是法家与儒家的斗争史，商鞅、柳宗元、王安石等人的变法运动被视作法家路线的典型。沈括是王安石变法运动中的重要成员，因此被冠以“法家”的头衔。

1974年7月5日至8月8日，由国务院科教组等单位组织召开了法家著作注释出版规划座谈会，接着便在全国范围内掀起了一股研究、翻译、评论“法家”著作的高潮，甚至连受政治运动影响相对较小的自然科学研究也被卷入这股风潮之中。人们认为，“研究科技领域内儒法两条路线的斗争，分析思想政治路线和科学技术的关系，对于普及、深入、持久地开展批林批孔运动，更好地贯彻执行毛主席的革命路线，发展我国的科学技术，具有现实的意义”[①]。当时的科技史研究成果中，充斥着路线斗争的表态，如有人认为“讨论炼丹术不能脱离儒法斗争，不然会陷入纯学术研究，抓不住问题的实质”[②]。

沈括作为一个自然科学家，由于政治路线上的“法家”色彩比较明显，他和他的《梦溪笔谈》也分外受人重视。在短短一两年间，学术期刊上发表介绍、研究和注释《梦溪笔谈》的论文就达四十余篇之多，超过《齐民要术》和《本草纲目》，成为当时最受人重视的古代科技著作。那么，当时的人们是如何论证沈括在科学成就上的“法家”的本质的呢？主要有这样几种方法：

第一，把沈括在科学上的成就归因于法家精神或法家路线。如《沈括》一书在最后一章《有益的启示》中这样总结沈括的科技成就：王安石革新、前进的法家政治路线，是沈括在科学技术上取得成就的重要保证。沈括在很年轻的时候就开始了科学活动，可是在儒家正统思想占绝对统治的地位，大地主、大官僚当权的情况下，他的科学见解得不到重视，科学才能得不到发挥。正是在这种沉重的压抑氛围下，他接受法家路线，和王安石革新思想产生了共鸣，因此，他就“犯患难而不顾”，置身于王安石变法的洪流之中。他始终站在革新派一边，与新法心心相印、息息相关，为推行新法走南闯北，奔波呼号，激流勇进。这种鲜明的政治立场对于他的科学研究有着巨大的影响，决定了他敢于在科学领域中蔑视儒家思想，以自然科学为武器，同儒家守旧思想进行针锋相对的斗争。他把科学研究和变法运动紧密结合起来，从政治斗争的需要出发，带着变法中的问题进行科学实验，用丰硕的科研成果痛斥司马光之流对新法的诋毁攻击，直接为推行新法服务。声势浩大的变法运动沉重地打击了儒家的保守势力，在一定程度上为沈括的科学活动扫除了障碍、开拓了道路。王安石新法的内容很多，范围很广，涉及政治、经济、军事、思想、文化、教育等各个领域，有许多科学问题急需解决，这就促使新法的忠实执行者沈括从各个方面进行科学研究，同时为他的全面发展创造了条件……生机勃勃的变法革新的政治

① 物理系儒法斗争研究小组：《法家路线与我国古代科学技术》，载《中国古代进步科学家文选》，南开大学，1974年，第1页。

② 《化学通报》编辑部：《我国炼丹术与化学发展（座谈纪要）》，《化学通报》，1975年第1期。

活动时期，成了沈括在自然科学领域研究中取得成就最多的时期。由此可见，离开了王安石变法，离开了这条革新、前进的政治路线，沈括既不能多才，也不会多艺，更谈不上全面发展了。书中又说：沈括的科学成就的取得，还与他有一条比较正确的思想路线分不开。在变法运动中，思想领域内的两条路线斗争也是十分激烈的。儒家守旧势力的代表程颐和程颢，秉承司马光旨意，煞费苦心地抛出了反动"理学"，宣扬唯心主义和形而上学的封建教条，攻击王安石"新学"。沈括与"二程"的斗争，不但进一步阐明了"荆公新学"的思想，而且发挥了"新学"的观点，坚持了唯物主义的自然观，这就为沈括的科学研究奠定了坚实的思想基础。[①]

第二，沈括在《梦溪笔谈》中往往对前人的一些观点有所批评，而被批评的人物如果恰好就是儒家人物，那么有些人就将这种批评升格为儒法斗争。如南京大学生物系科学史研究组在《沈括的〈梦溪笔谈〉和我国古代生物科学》一文中这样评价沈括的生物学研究：不破不立，要贯彻法家路线，就必须对反动的儒家路线进行坚决批判；要使科学向前发展，就必须有破除迷信、解放思想、勇于实践、批判错误、大胆创新的革命精神。北宋时期法家著名的战斗口号"天变不足畏，祖宗不足法，人言不足恤"，就是直接批判儒家"畏天命""法先王""施仁政"等反动谬论的。沈括在生物科学工作中，体现了这种法家人物的战斗精神，从而促进了生物科学的发展。如他在《鲤鱼》这一条目中，就认为"恐四代之法，容有不相袭者"，批判了儒家卫道士们所宣称的"四代之法，万世不变"的复旧倒退思想。他在《车渠》这一条中，点名批评东汉大儒郑康成"不识车渠，谬解之耳"，揭露了儒家权威们在"一物不知，儒者之耻"的唯心观点指导下弄虚作假、不懂装懂的丑恶嘴脸。在《鳄鱼》这一条目中，他对鳄鱼的形态以及捕鳄方法都做了详细的记载，直接与唐朝儒家卫道士韩愈《鳄鱼》文唱反调；对比之下，韩愈在自然界的动物鳄鱼面前那种束手无策、装模作样、弄虚作假、欺骗劳动人民的拙劣表现，充分地暴露了儒家卫道士的腐

---

① 黄海平、范雨洲、刘长虹编：《沈括》，上海人民出版社1975年版，第106—108页。

朽无能；这也是对儒家的有力批判。①

有些评论甚至完全曲解了沈括的原意。沈括在《梦溪笔谈》中记载了一则趣事，说他的朋友王子韶做县令时，去拜谒一个高官，正值那高官与客谈论《孟子》。因为王子韶当时还只是个默默无闻的小人物，没人理他。过了很长时间，那高官才回过头来问他："读《孟子》否？"王子韶答道："生平爱之，但都从头不晓其义。"那高官问："如何从头不晓？试言之。"王子韶答道："'孟子见梁惠王'，已不晓此语。""孟子见梁惠王"是《孟子》中的第一句话，明白浅显，也没什么难懂的。那高官就问："此有何奥义？"王子韶答道："既云孟子不见诸侯，因何见梁惠王？"原来孟子是一向主张不见诸侯的，但《孟子》开篇第一章第一句便是"孟子见梁惠王"，王子韶便拿这个取笑众人。这本来完全是一则不含褒贬的趣事，有人却把它解释成沈括对孟子的批判，说：沈括在晚年时，一方面在梦溪园里总结前代科学技术的成果和实践经验，一方面则试图探讨变法失败的根源，不时把愤懑发泄在腐儒的身上，甚至嘲讽儒家的最高偶像之一——"亚圣"孟轲，如在《梦溪笔谈》第254条里，沈括采用讲故事的形式，说"既云孟子不见诸侯"，为什么《孟子》这部书里一开头就是"孟子见梁惠王"呢？沈括看中要害，投以匕首，寥寥数语，揭露了"亚圣"巧伪的真面目。②

第三，把沈括的学说与儒家人物的学说相对比。如沈括在《梦溪笔谈》中曾记载在太行山看到蚌壳，由此推论这里在远古时可能是一片水域。有人就把他的解释与朱熹的解释进行对比，说：沈括对古地理一类的地质形象的解释中，同样充满儒法两种思想斗争。例如，集儒道两家思想之大成的反动理学家朱熹，也谈论过螺蚌壳和与其有关的地质现象。可是他讲的无助于地质科学，实际上是借用某些地质现象宣扬唯心主义灾变论和向自然科学进攻。他认为，"尝见高山有螺蚌壳，或生于石中，此石即旧日之土，螺蚌乃水中之物，下者却变而为高，柔者却变而为刚"乃是邵雍的"十二万九千六百年……"的"一个大阖辟"

---

① 南京大学生物系科学史研究组：《沈括的〈梦溪笔谈〉和我国古代生物科学》，《南京大学学报（自然科学版）》，1975年第2期。

② 郭永芳：《沈括——杰出的法家和自然科学家》，《物理》，1974年第5期。

或胡宏的“人物消尽，旧迹大灭”的“鸿荒之世”。这是反动的儒家对自然科学蓄意歪曲并借以宣扬唯心主义的例证。[①]

需要指出的是，尽管当时的沈括研究中充斥着这样含有极左政治色彩的言论，但撇开这些不谈，在具体的研究中，特别是在对《梦溪笔谈》的解读中，所做的工作还是扎实而可信的。由于在当时特定的政治气氛中，正常的学术研究受到干扰，很多人想用沈括“法家”的身份作为掩护，做一些实实在在的科研工作。如著名科技史专家李志超先生就这样回忆他开始沈括研究的经历：我在1974年春节过后调来科大物理系激光专业工作。本来与科学史无缘，尤其与中国古代科学史风马牛不相及。那年冬天，“四人帮”发动的“评法批儒”进入高潮，负责此事的科大领导任知熙同志考虑到长远后果，决定以评注《梦溪笔谈》来应付这个形势（沈括是“法家”）。大家都理解这个想法的高妙，齐心协力要把此事搞成学术研究。实质上，这就是大家在心照不宣地对抗当时的狂乱政治。[②]

持李志超这种想法的人在当时恐怕不在少数，由此形成了沈括研究史上的又一个高潮。可以说，沈括研究，以竺可桢、张荫麟两位先生为代表是第一阶段；以李约瑟（及其助手）、胡道静、薮内清三位先生为代表是第二个阶段；那么，“批林批孔”“评法批儒”时期开展的沈括研究是第三个阶段。在这一时期，即1974—1975年，出版、发表有关“法家”沈括的研究成果之多，超过了此前全部研究成果的总和。由于当时的研究者大多数是自然科学工作者，他们利用专业知识，在解读和评价《梦溪笔谈》上作出了卓越的贡献。正是由于他们的努力，人们现在阅读《梦溪笔谈》才不会那么困难。因此，笔者在这里要由衷地向他们表示敬意。

---

① 继进：《谈法家沈括的海陆变迁思想》，《地质科学》，1975年第3期。

② 李志超：《回忆我的沈括研究》，载《天人古义——中国科学史论纲》，大象出版社1998年版，第350页。

第二章　学士之初

吴越旧族

公元960年，赵匡胤趁着后周朝廷主少国疑的局面，在陈桥驿黄袍加身，登上皇帝的宝座，建立了宋朝。当时中国经过唐末战乱和五代割据，还没有重新统一：北方有契丹铁骑在阴山脚下虎视眈眈，又有北汉政权占据河东，相为掎角；南方更有南唐、吴越、楚、后蜀、南汉等许多割据政权。其中的吴越国以杭州为国都，由于地处一隅，境内相对来说战乱较少，加上统治者措置得当，致力于经济的发展，这个地方成为南方一个繁华的国度。沈括是杭州钱塘人[①]，他的曾祖父沈承庆，曾任吴越国的营田使。沈氏家族的兴起便是从吴越国开始的。

北宋时期，两浙地区的公卿名臣很多都出自吴越旧族。如元绛、元奉宗，是吴越国丞相元德昭的孙子。又如唐肃、唐询父子，他们的祖上曾任吴越国的盐铁巡官。其中最著名的则要数苏州的丁、陈、范、谢四大家族。吴越国王钱镠之子钱元璙任中吴节度使，手下有四大幕僚：丁守节、陈赞明、范梦龄、谢崇礼。丁守节是宋朝宰相丁谓的祖父，范梦龄是一代名臣范仲淹的曾祖父，而

---

① 关于沈括的籍贯，有杭州、苏州、明州、吴兴诸说，详见张家驹《沈括》一书所作考证，上海人民出版社1978年版。实际上，苏州之说是因为沈括曾经在苏州考取进士，吴兴则是沈氏郡望，明州显属有误。沈括是杭州钱塘人，这是确凿无疑的。

陈、谢二人的子孙陈之奇、谢涛也都是北宋显官。其中谢家，还是沈括家族的姻亲。

在唐末五代，经过一系列的战争洗礼，旧时的贵族阶级衰落了，新兴的官僚阶级产生了。吴越国兴起于两浙，一些新兴的士大夫阶级便随着这个政权的诞生而繁盛壮大。而在此后的宋朝统一战争中，由于吴越国是主动纳土归宋，吴越国的官员入宋之后不但可以保住官位，而且能得到赏赐和升迁。这使得两浙地区的士大夫在改朝换代的变革中受到较少的冲击，与其他地区相比保持了很大的延续性。北宋时期很多的名臣显宦，其家族的兴起往往可以追溯到吴越国时期，便是这个原因。沈括的家族，不过是其中一例。

入宋后，沈承庆任崇信军节度掌书记。太平兴国八年（983）七月，改大理寺丞，分司西京。沈括的祖父叫沈英，没做官，后来因为子孙发达了，赠兵部尚书。①

沈英有二子，长子沈同，次子沈周。沈周是沈括的父亲。沈同是咸平三年（1000）进士，官至太常少卿，赠吏部尚书。他曾在真宗天禧年间知邛州，得到了吕夷简的推荐，朝廷令记其名以备擢用。沈同在仁宗天圣年间知明州，②又在景祐元年（1034）知宣州。除此之外，他可能还担任过广南西路的提点刑狱。

沈同有二子，长子沈振，次子沈扶。沈振（1001—1074），字发之，③以父荫起家，先后担任上高、临淮二县主簿，及茶陵县令。在茶陵任上，他的父亲沈同去世，沈振解官守孝。复出后任星子县令。大约在仁宗庆历年间，沈振担

---

① 此据《曾巩集》卷四十五《寿昌县太君许氏墓志铭》以及《王文公文集》第九十四卷《沈内翰墓志铭》，而沈辽《云巢编》卷十《伯少卿埋铭》作吏部尚书。

② 知明州时间据《梦溪笔谈·补笔谈》卷三，而据南宋人罗濬等纂修的《宝庆四明志》卷一《叙郡》，是在至和中。考沈辽《伯少卿埋铭》，沈同之子沈振以父荫得官，仅上高、临淮主簿二任，到第三任茶陵县令任上，即遭丁父忧。沈振临终前曾有“吾仕宦四十年”之语。他死于熙宁六年（1073），由此上推四十年，可知他开始出仕为官大概是在明道二年（1033）前后。沈振为官三任即遭丁父忧，说明沈同在明道二年后几年即已去世。而仁宗使用至和年号仅三年，即1054—1056年。由此可知，在至和年间，沈同早已离开人世。且沈括与沈同是同时代人，两人亲为伯侄，《梦溪笔谈》的记载应当无误。

③ 有关沈振生平的叙述，未注明出处者，皆出自〔宋〕沈辽撰：《云巢编》卷十《伯少卿埋铭》，四库全书本。

任剡县县令。他在剡县修造学舍，又作硖蓄水，溉田五千顷。这个水硖后来被人称为“沈郎硖”，用了三十多年都没坏。大约皇祐年间，沈振任金华县令，重建了县治。沈振娶潘汝士之女为妻，潘汝士的岳父是北宋丞相丁谓。如前文所述，丁谓也出自苏州的吴越旧族。沈振有二子，其中次子沈述曾任许州司户参军、监杭州杨村盐场，又曾任西京军巡判官。沈述的岳父叫钱彦远，是吴越国王钱弘倧的孙子；他的岳母盛氏出自吴越望门盛豫、盛度一族。①

沈扶曾任国子博士、金部员外郎和司勋员外郎，嘉祐年间任江浙等路提点铸钱公事。后被派往江西虔州审核漕盐政策的利弊。②治平二年（1065），沈扶任河北路提点刑狱。次年改知明州，但未赴任，而留京师为三司佐官。熙宁初沈扶闲居故乡杭州，因为经常支使州里的役兵替自己兴造住宅，与知州祖无择发生过矛盾。

沈扶有二子，一名沈遘，一名沈辽，与沈括合称为“三沈”，皆以才艺著称当时，是沈氏家族中最为卓绝的人物。沈扶的两个女婿蒋之奇、王子韶也都是北宋政坛上比较显赫的官员。尤其是王子韶，他与沈括一样都是王安石变法阵营的重要成员。沈括与王子韶既是亲戚，又是朋友。他曾替王子韶的母亲撰写墓志铭，自称为“其子之友”③。

以上所讲都是沈括的父系亲属，下面看看沈括的母系亲属。沈括的母亲姓许，出身于苏州吴县的一个官僚家庭。她的父亲叫许仲容，祖父叫许延寿。许仲容官至太子洗马。她还有两个哥哥，一个叫许洸，一个叫许洞。据《元史》卷一百八十九《许谦传》，许洸没有做过官，他的儿子许寔曾事宋初名儒胡瑗，他的七世孙许谦是元初著名的理学家。许洞在淳化五年（994）、咸平二年（999）先后任大理寺丞、殿直，被派往宋、亳、邓、蔡和邢、洺、祁、赵、雄、霸、贝、冀诸州，安抚因水灾而流离失所的人民。咸平三年（1000）许洞中进

① 〔宋〕苏颂著，王同策、管成学、颜中其等点校：《苏魏公文集》卷五十二《钱起居神道碑》，下册，中华书局1988年版，第788—795页。

② 〔宋〕李焘撰：《续资治通鉴长编》卷一百九十六嘉祐七年二月辛巳，第8册，中华书局2004年版，第4739页。

③ 〔宋〕沈括撰：《长兴集》卷十四《淳于氏墓志铭》，四库全书本。

士第，任雄武军推官，不久就因得罪上司被除名。景德元年（1004），许洞以秘书丞诣澶州，安抚河北流民。景德二年（1005），许洞献《虎钤经》，除均州参军。《虎钤经》是我国历史上一部有名的军事理论著作。大中祥符四年（1011）许洞献《三盛礼赋》。同年十一月召试中书，次年授乌江主簿。许洞以文章著名于时，但命运坎坷，年仅四十二岁就离开人世。曾巩给沈括的母亲撰写墓志铭，说“夫人读书知大意，其兄所为文辄能成诵”[①]。可见，许洞对沈括母亲还是有很大影响的。

沈括的文集中有一则《虞部员外郎许君墓志铭》，记录了母族许氏的另一个支系，说五代后梁时，有个叫许延祚的，任常熟县令，从此许氏才开始在苏州定居。当时苏州正在吴越国的辖内。许延祚生子许仲庄，许仲庄生子许试，许试生子许正。沈括为许正作墓志铭，称“某于君，诸舅之子也”[②]。可见，许延祚与许延寿本是一家，两人可能是兄弟，也可能是从兄弟。从中可以看出，沈括母族也出自吴越国的一个官僚家庭。

许仲容有二子二女，除许洸、许洞及沈括的母亲外，另有一女，嫁谢涛为妻。这个谢涛不是别人，正是吴越国苏州四大幕僚之一的中吴军节度推官谢崇礼的后人。谢氏本是中原望族，在唐朝末年因战乱南徙，从此在苏州安家。到谢涛时，因葬父于杭州富阳，从此便为富阳人。富阳谢氏是北宋大族，如谢涛、谢炎兄弟，谢涛之子谢绛，谢绛之子谢景初、景温、景平，不是名臣，就是才子；谢涛的女婿梅尧臣，更是赫赫有名的诗人。谢绛的女婿王安礼，是王安石的弟弟。谢景初的女婿黄庭坚，以诗、书闻名于世。由此可见，大科学家沈括，跟大诗人梅尧臣、大政治家王安石、大文学家黄庭坚，还是姨表之亲。

沈周、许氏育有二子二女。长子沈披，幼子沈括。沈披曾在嘉祐年间任宣州宁国县令。后历任常州团练推官、卫尉寺丞。曾任两浙路提举官，开常州五泻堰。但在水利工程兴建过程中淹没了八百顷农田，沈披因而受到降官的处

---

①〔宋〕曾巩撰，陈杏珍、晁继周点校：《曾巩集》卷四十五《寿昌县太君许氏墓志铭》，下册，中华书局1984年版，第611页。

②〔宋〕沈括撰：《长兴集》卷十五《虞部员外郎许君墓志铭》，四库全书本。

分。[①]他还曾担任国子博士、提举陕西常平，兴复京兆府武功县古迹六门堰。他还主张把唐太宗和唐肃宗的陵地分给农民耕种。为此，他还和表侄谢景温闹过矛盾。陕西当时有兴修永兴洪口的工程，自石门创口引水至三限口，合入白渠。工程后来出了问题，沈披受到展磨勘三年的处分。熙宁八年（1075）三月，沈披以虞部员外郎换礼宾使，任权发遣河北缘边安抚副使。在河北任上他把保州东南一带的沿边陆地辟为水田。熙宁十年（1077）沈披任福建路都监。当时福建有剧贼廖恩，聚徒千余人，剽掠市邑，杀害将吏，江浙震动。沈披受命捕杀廖恩，但临阵怯战，自劾“未谙军政，恐误任使”，不久就被撤换。[②]

沈括的一个姐姐嫁给杨文友为妻。杨文友在天禧元年至三年（1017—1019）曾以大理评事知明州定海县令。后曾任国子博士、虞部员外郎。景祐年间为虞部员外郎、知建昌军。[③]后官至司农少卿。这杨文友本出自弘农杨氏，其祖先杨承休在唐朝末年担任刑部员外郎。当时唐廷封钱镠为吴王，杨承休担任副使。适逢天下大乱，杨行密占据淮南，与两浙钱氏为敌。杨承休北归中原的道路被切断，便留在杭州，从此成为吴越国的臣子。他的儿子杨岩后来官至吴越国丞相。杨岩是杨文友的曾祖父。杨岩生杨郁，杨郁生杨覃。吴越国纳土归宋，杨覃跟着来到开封，后考中进士，在真宗时曾任三门发运使，判三司磨勘、凭由、理欠司，陕西转运使。杨文友是杨覃的长子。杨文友另有一个从兄弟杨大雅，也为宋初名臣。

从上所述可以看出，钱塘沈氏兴起于五代吴越国。这个家族与吴越国的其他官僚家族甚至钱氏王室都有着或远或近的婚姻联系，它们一起构成了当地最大的名门望族集团。这个松散的官僚集团，很长时期以来成为当地社会文化的主导力量，他们的力量甚至延续到北宋而不衰，成为当地人才产生的渊薮。

---

① 〔宋〕李焘撰：《续资治通鉴长编》卷二百三十九熙宁五年十月甲午，第10册，中华书局2004年版，第5817页。

② 〔宋〕李焘撰：《续资治通鉴长编》卷二百八十三熙宁十年七月己未，第12册，中华书局2004年版，第6927页。

③ 《欧阳文忠全集》卷六十一《长安县太君卢氏墓志铭》载：“大中祥符四年，以右谏议大夫薨广州。家无资，夫人居丧于淮上，诸子怡怡，知其母之慈抚其已，不知家之有无也。后二十有五年，文友为虞部员外郎、知建昌军。”大中祥符四年（1011）后二十五年，即景祐三年（1036）也。

自唐宋以后，两浙地区渐渐成为全国经济文化最发达的地区，而吴越国时期无疑是其中一个重要的转折时点。这个小王国在五代普遍战乱的岁月里，偏安一隅，创造了繁荣的社会文明。其昌盛的佛教文化、完善的水利制度、先进的雕版印刷、精美的青瓷制品，都曾享誉于世。所有这些都为后来北宋时期两浙经济的崛起以及南宋时期定都杭州奠定了基础。而沈括和当地其他家族的兴盛表明，唐宋时期经济文化重心的南移，不仅仅表现在具体的物质层面上，也不仅仅表现在抽象的精神层面上，还体现了“人”本身在对文化的延续与传承中起到非常重要的作用。而沈括，无疑是这些“人”中最卓越的代表之一。

随父游宦

沈括的父亲沈周在大中祥符八年（1015）进士及第，先后在汉阳、高邮任职。后来因有人推荐，任大理寺丞、监苏州酒，知简州平泉县。他在平泉似乎颇有政绩，当地为他立碑纪事。[①]

沈括大约出生于宋仁宗明道元年（1032）。[②]当时他的父亲已经五十多岁，

---

① 〔宋〕王安石著，唐武标校：《王文公文集》第九十三卷《太常少卿分司南京沈公墓志铭》，下册，上海人民出版社1974年版，第968页。本章叙述沈周事迹，未注明出处者，皆出自这篇墓志铭。

② 关于沈括的出生年份，张荫麟《沈括编年事辑》、张家驹《沈括》、胡道静《梦溪笔谈校证》都做过专门考证，张荫麟认为是明道元年（1032），张家驹、胡道静认为是天圣九年（1031）。徐规先生曾撰《沈括生卒年问题的再探索——兼论〈嘉定镇江志〉引录〈长兴集〉逸文〈自志〉的真伪》（《杭州大学学报（哲学社会科学版）》1977年第3期）、《沈括生卒年问题的再探索》（载《沈括研究》，浙江人民出版社1985年版，第36—41页）、《关于沈括的生卒年：纪念沈括逝世890周年》（《史学月刊》1987年第1期）、《沈括前半生考略》（《中国科技史料》1989年第3期）诸文，对沈括生卒年做了探索。他起初认为沈括生于明道二年（1033），后因岳珂《宝真斋法书赞》卷五《唐名人真迹》之徐浩《谢赐书帖》下收录沈括一则题词：“沈括存中观于百花堆，元祐五年季春十九日书”，因而改变看法，推定沈括生于明道元年（1032）。上列诸先生共同的方法是根据《宋史·沈括传》中“居润八年卒，年六十五”一语，先考证沈括离开秀州的时间，再推断他定居润州的时间，继而推定其卒年，再由卒年推断生年。诸说之中，徐规先生之说最后出，论证也最为紧凑。但无论哪种推断，都把沈括离开秀州的时间当作他“必然”定居润州的时间，这在逻辑上是不够严密的；而且，各种推断都存在着反面的史料，难以断然采信。

母亲已经接近五十岁了，可谓老年得子。大概在此前后，沈周南下广南东路，任知封州事。[①]离开封州后，沈周通判苏州。由此可知，沈括的出生地很可能是封州，也可能是简州平泉县，或者是苏州。苏州是沈括母亲的故乡，他的父亲又两度在此做官，后来他又在此攻读，以苏州籍参加科举考试，进士及第。

不久，沈周入朝任侍御史。宋设御史台，长官为御史大夫，虚而不授；实际长官为御史中丞，下设侍御史、殿中侍御史、监察御史若干人。御史台在历史上本为监察之官，然到宋代，渐与谏官合流，成为言事官了。当时有人奉丞相之命拜访沈周，大概是要求沈周做些什么事，或不要做什么事。沈周不从。没多久，他就被赶出朝中，任知润州事。计其时，大概是在宝元二年（1039）。[②]当时沈括才童蒙初开，随父来到润州，他可能怎么也没想到，在很多年之后，这里将成为他的终老之地。

康定元年（1040），沈周知泉州，庆历三年（1043）离任。沈括随父南下，来到泉州。在《梦溪笔谈》中沈括记录了他童年时代的一些经历见闻。当时王举直知潮州，钓到了一条鳄鱼，其大如船。王举直命人画了图形。潮州属广南东路，离泉州也不远。不知沈括是去潮州看了实物，还是看了这幅鳄鱼图，他在《梦溪笔谈》中描绘这条鳄鱼，说它喙长等身，牙如锯齿，有黄色，有青色，间或也有白色。尾部有三个钩，非常锋利。一遇到猪、鹿之类的动物，即以尾扫击，捕而食之。据沈括记载，这种鳄鱼繁殖力强，生卵甚多。当地人常用猪

---

① 《王文公文集》第九十三卷《太常少卿分司南京沈公墓志铭》谓沈周曾任“封州守”，而没有说明任职的具体时间。而据《苏沈良方》卷一《秋石方》载：“郎简帅南海，其室病，夜梦神人告之曰：‘有沈殿中携一道人，能合丹，可愈汝疾，宜求服之。’空中掷下数十粒，曰：‘此道人丹也。’及旦，卧席上得药十余粒，正如梦中所见。及先大夫到番禺，郎首问此丹。先大夫乃出丹示之，与梦中所得不殊。其妻服之，遂愈。”封州在广州之西，沈周南下封州，当经广州。据《苏沈良方》，沈周“到番禺”是在郎简“帅南海”之后。《宋史》卷二百九十九《郎简传》，郎简“累迁尚书度支员外郎、广南东路转运使，擢秘书少监、知广州”，但没说明郎简知广州的具体时间。而据《广东通志》卷二十六《职官志》：“郎简，明道元年任。”以此推知，沈周之知封州，当在明道二年（1033）前后。

② 《王文公文集》第九十三卷《太常少卿分司南京沈公墓志铭》谓沈周“出刺润州，又刺泉州”。而据李之亮《宋福建路郡守年表》（巴蜀书社2001年版，第86页），沈周知泉州是在康定元年（1040），则其知润州似应在宝元元年（1038）前后。据《续资治通鉴长编》卷一百二十景祐四年十二月壬辰条：“徙知饶州范仲淹知润州。”又据《嘉泰会稽志》卷二《太守》，范仲淹在宝元二年（1039）七月以吏部员外郎知越州。则沈周知润州当在范仲淹赴越之后，在宝元二年（1039）七月也。

做诱饵捕猎鳄鱼。方法是：用钩子一头钩住猪，另一头系在竹筏上，漂流水中，以为诱饵。当鳄鱼来吃猪时，趁机将它抓获。[①]唐宋时期，潮州地区似乎颇多鳄鱼。韩愈曾有《祭鳄鱼文》。

沈括在福建时还注意到一种叫“钩吻”的植物。钩吻在《本草纲目》中被称为野葛。历来的注释者对它解释不一，有的说它可作药用，有的说它有剧毒。沈括在福建时，见到当地人常用钩吻作毒药杀人，或用来自杀；如果不小心误吃了，即便只有半片叶子，就能致人死命。如果和水服用，毒性发作更快，往往投杯之间就已死了。官府调查、审讯这类案子很多，发现不少人的确死于钩吻之毒。沈括曾经叫人取钩吻一株进行观察，发现它是一种蔓延生长的藤本植物，有点像葛。它的藤是红色的，节比较粗，就像鹤膝；它的叶子像杏叶那样又圆又尖，又像柿叶那样光亮厚实。一枝生三片叶子，有点像绿豆。叶生在枝节间，都相对而生。花呈黄色，一朵朵聚生在一起，如茴香花，生于枝节与叶子之间。《酉阳杂俎》说它的花像栀子花，沈括认为这是错误的。钩吻的根、皮也是红色的，福建人叫它“吻莽”，又叫“野葛”，岭南人称它为“胡蔓”，俗称“断肠草”。这种草是人间的至毒之物，不能用来做药。沈括怀疑《本草纲目》所记的可能是另一种植物，而不是钩吻。他因此告诫人们《千金要方》《外台秘要方》这些医书中的药方经常提到“野葛”，使用时应该特别仔细，不能真的把它当作“野葛”来用。[②]沈括对钩吻的形态进行了非常逼真的描述，纠正了《酉阳杂俎》中的错误，并把它与一些医书上说的“野葛”区别开来。在这里，沈括表现出了强烈的好奇心和实验精神。小小一个幼童，他竟敢把钩吻这样一种剧毒植物拿来观察！

在泉州，沈括认识了五代时割据漳、泉一带的军阀陈洪进的侄儿陈文琏，并从他那里了解了李顺起义的真相。陈洪进本是五代闽国将领。南唐灭闽后，泉州、漳州一带表面上臣属南唐，实际上仍由闽国残余势力掌控。从五代末年

---

①〔宋〕沈括著，胡道静校证：《梦溪笔谈校证》卷二十一《异事》，第381条，下册，上海古籍出版社1987年版，第705页。

②〔宋〕沈括著，胡道静校证：《梦溪笔谈校证·补笔谈》卷三《药议》，第594条，下册，上海古籍出版社1987年版，第1040页。

到宋朝初建，这个地区数易其主，最后落入了陈洪进手里。宋灭南唐，没有进一步削平漳、泉之地。直到宋太宗时，陈洪进主动纳土，这块弹丸之地才入了宋朝的版图。宋朝皇帝对陈氏的行为非常欣赏，赐以高官厚禄。陈文琏曾经担任广州巡检使臣，康定年间回到故乡泉州养老。据说，宋初镇压王小波、李顺起义，当时李顺并没有就死，而是逃亡他乡。景祐年间，有人在广州发现李顺，他已经七十多岁。陈文琏将他捕获，送交朝廷。陈文琏家中藏有一部《李顺案款》，详细记录了这次起义的过程。书上说李顺起事之后，召集乡里富人大姓，令他们交出家中的粮食财物，根据人口多少，除部分留家自用，其余一切归公调发，赈济贫乏；还说他录用人才，存抚良善，所到之地，号令严明，秋毫无犯。当时蜀中正闹饥荒，旬日之间，就有数万人投奔李顺。李氏军队所向之处，宋军望风披靡。后来起义虽被宋朝镇压，但人们还是很怀念李顺。沈括后来把这个故事记到了《梦溪笔谈》中。①

庆历年间，沈括曾到泉州的属县南安，认识了晚唐诗人韩偓的后人韩奕。因为战乱，韩氏在唐末避地南安。韩家藏有韩偓亲笔所写的诗稿一百多篇。在韩奕那里，沈括看到了韩偓的诗作，说他的诗“极清丽”，又说他的字“淳劲可爱”②。

大概在庆历三年（1043），沈周调任开封府判官。③沈括随父来到京城。判官虽然只是佐官，但因为是首都，这个职位的政治地位往往要超过一般的知州。沈周在开封任上时，三司使正讨论铸造大钱，即以原来四文钱的铜料铸成一枚大钱，当十文钱使用。沈周强烈反对，认为这样一来，老百姓必然要把原来的铜钱熔化重铸，使得盗铸盛行。在他的反对下，铸大钱之议便不了了之。在沈周来开封府之前，府里已经积了几百件诉讼案子，好几年没有得到解决。沈周

① 〔宋〕沈括著，胡道静校证：《梦溪笔谈校证》卷二十五《杂志二》，第473条，下册，上海古籍出版社1987年版，第815页。徐规先生认为沈括所接触的《李顺案款》是假的，这个在广州被捕的“李顺”不是真的李顺。详见徐规《〈梦溪笔谈〉中有关史事记载订误》，载《沈括研究》，浙江人民出版社1985年版，第153—154页。

② 〔宋〕沈括著，胡道静校证：《梦溪笔谈校证》卷十七《书画》，第288条，上册，上海古籍出版社1987年版，第552页。

③ 沈周任开封府判官的时间，史书阙载。此处仅据宋人为官“三岁一易”的制度推知，可能有误。

一到任上，便一一决断。这些事情都记载在王安石给沈周撰写的墓志铭里面，墓志铭的记载，或许会有夸张的成分，但从中也可见沈周很有办事的才能。沈括后来为官时干练务实的作风、应变处世的才能，很可能得自父亲的传授和熏陶。

沈括童年时代随父游宦，很长时间都在南方。这大概是他第一次来到北方。在开封集禧观的水渠里，他看到了一个奇异的自然现象——冰纹。它们结成花果树木的样子。这种冰晶体的复杂形态，可能在沈括这个十多岁少年的心目中留下了深刻的印象。他后来把这个自然现象记到了《梦溪笔谈》里面。[①]

大概庆历八年（1048）夏季，沈周任江东转运使。[②]沈括随父来到古都江宁府。收集医方，为人治病，似乎是沈氏家族的一个传统。从《苏沈良方》的记载看，沈括的父祖辈都热心医学。沈括自幼随父游宦四方，慢慢也养成了收集医方的习惯。到江宁时，他还是一个十几岁的少年。在那里他认识了医生王琪，王琪向他传授“神保丸”。熙宁年间沈括项颈病痛，医生们都以为是风病，治了几个月都不见好，后来服用此丸，才告痊愈。[③]

---

①〔宋〕沈括著，胡道静校证：《梦溪笔谈校证》卷二十一《异事》，第386条，下册，上海古籍出版社1987年版，第709页。

②沈周任江东转运使的时间，史书阙载。有三个记载可供推测：据《王文公文集》第九十三卷《太常少卿分司南京沈公墓志铭》：“皇祐三年十一月庚申，太常少卿、分司南京钱塘沈公卒……于是天子以江东之按察为已悉，闻公宽厚，即以为使，尽岁无所劾，而部亦以治称。然公已老，不乐事利权，自请得明州。明年，遂以分司归第，归三月卒。”可知沈周在皇祐三年（1051）十一月去世；上推三个月，皇祐三年（1051）八月离明州任，分司南京、归第；再上推一年，皇祐二年（1050），离江东转运使任，知明州。据墓志铭“尽岁无所劾”一语可知，沈周在江东任上至少一年，则其到任的时间最迟也应在皇祐元年（1049）。最有可能是在庆历七年（1047）至皇祐元年（1049）间。又据《梦溪笔谈》卷十五《艺文》载海陵王墓铭，有“庆历中，予在金陵”之语。据此，沈周似在庆历年间已到江东任上，可将皇祐元年（1049）排除。又据张方平《乐全先生文集》卷三十三《江宁府重修府署记》：“庆历八年正月癸巳，江宁府署火……命发运副使许元、转运使孙甫鸠材庀工。”可知庆历八年（1048）正月时担任江东转运使的人是孙甫，则庆历七年（1047）也可排除。据此可以断定，沈周到任江东的时间是庆历八年（1048）。又据《续资治通鉴长编》卷一百六十四庆历八年五月条：“乙卯，兵部员外郎、知谏院宋禧出为江南东路转运使。己未，改荆湖北路。”则到庆历八年（1048）五月时，孙甫已从江东离任，所以朝廷要另任宋禧。但宋禧后来改命荆湖北路。沈周很可能便是孙甫的继任者。

③〔宋〕苏轼、〔宋〕沈括撰：《苏沈良方》卷四《神保丸》，四库全书本。

沈括一生喜好收集古物，《梦溪笔谈》中有这方面的大量记载。而这样的习惯和爱好似乎在江宁时期便已养成了。在那里，沈括意外地得到了南齐海陵王的墓志铭。大概是有人在腌制咸肉时把这块墓志当作一块普通的石头使用，因见石头上似乎刻着文字，近前一看，才知是谢朓撰文并书写的海陵王墓志。沈括对这块墓志非常喜爱，一直随身携带，直到后来被人借去，不知所终。幸好墓志上的文字早已抄录下来，这才使得后来它能被记入《梦溪笔谈》中。①

皇祐二年（1050），沈周知明州。沈括这一次没有随父前去，而是在苏州住了下来。②沈括为什么要在苏州住下来，史书上没有说明。当时沈括已是一个接近二十岁的青年了，他留在苏州，可能是为了婚姻，也可能是为了用功读书，应付科举考试。据说，他在那时书写小字，结果“病目”一年有余。③

至此，沈括随父游宦的生活终于告一段落。在《梦溪笔谈》中，沈括保存了他对少年时代流寓他乡的点点记忆，如鳄鱼，如冰纹，如神保丸，如墓志铭，如韩偓之诗，如李顺之事。从中可以看出，这个未来的科学全才在少年时代便有着强烈的求知欲和敏锐的观察力，对自然和生命，对艺术和历史，他都有着浓厚的兴趣。《梦溪笔谈》所包罗的学科范围，在此时的作者心中，便已经大致成型。

---

①〔宋〕沈括著，胡道静校证：《梦溪笔谈校证》卷十五《艺文二》，第269条，上册，上海古籍出版社1987年版，第524—525页。在《梦溪笔谈》中沈括误作“宋海陵王”，实则海陵王是南齐人，非刘宋也。

②《长兴集》卷十五《宋故桐庐县尉杜君墓志铭》谓“某往时借居苏州”，又说“其后二十年，某过苏州”，外昆弟方奇请他为杜信臣作墓志铭。沈括作墓志，称杜信臣葬于“熙宁四年二月甲子”。而据《曾巩集》卷四十五《寿昌县太君许氏墓志铭》，沈括母许氏于熙宁元年（1068）八月去世。沈括回家守丧，按中国传统习惯，需守丧三年。而按宋朝的实际制度，守丧期为二十七个月，到熙宁三年（1070）十一月终制。据《续资治通鉴长编》卷二百二十八熙宁四年十一月丙戌条，沈括时任检正中书刑房公事。则沈括接受方奇之请为杜信臣作墓志似在熙宁四年（1071）由杭州赴京任职途中。以此上推二十年，乃皇祐三年（1051）。沈括之借居苏州，当是在此年前后其父知明州之时。

③〔宋〕苏轼、〔宋〕沈括撰：《苏沈良方》卷二《乌头煎丸》、卷六《治诸目疾》，四库全书本。

杭州见闻

皇祐三年（1051）十一月，沈周去世，享年七十四岁。次年十月，葬于钱塘龙居里。沈括与他的兄长沈披回杭州给父亲守丧。杭州虽是沈括的故乡，但他生于他乡，游于他乡。此次来杭，可能是他第一次到故乡长住。

杭州在唐以前只是一个普通的州城，自吴越建国定都于此，才逐渐繁盛，一跃而成为东南地区的大都会。对于北宋时期杭州的繁华，我们可引沈括同时代而稍早的柳永、欧阳修的文字来说明。

词人柳永有词《望海潮·东南形胜》，这样描写杭州：

> 东南形胜，三吴都会，钱塘自古繁华。烟柳画桥，风帘翠幕，参差十万人家。云树绕堤沙，怒涛卷霜雪，天堑无涯。市列珠玑，户盈罗绮，竞豪奢。　　重湖叠巘清嘉，有三秋桂子，十里荷花。羌管弄晴，菱歌泛夜，嬉嬉钓叟莲娃。千骑拥高牙，乘醉听箫鼓，吟赏烟霞。异日图将好景，归去凤池夸。

欧阳修在《有美堂记》中说：

> 若乃四方之所聚，百货之所交，物盛人众，为一都会，而又能兼有山水之美以资富贵之娱者，惟金陵、钱塘。然二邦皆僭窃于乱世。及圣宋受命，海内为一，金陵以后服见诛，今其江山虽在，而颓垣废址，荒烟野草，过而览者莫不为之踌躇而凄怆。独钱塘自五代时知尊中国，效臣顺，及其亡也，顿首请命，不烦干戈，今其民幸富完安乐。又其习俗工巧，邑屋华丽，盖十余万家。环以湖山，左右映带。而闽商海贾，风帆浪舶，出入于江涛浩渺、烟云杳霭之间，可谓盛矣。

欧阳修的这篇记文作于嘉祐四年（1059），与沈括在杭州相距不过数年。文人运笔，或不免有所夸饰，但杭州的繁华情形，于此可见一斑。

沈括晚年居住在秀州。时蒲宗孟知杭州，元祐二年（1087）作成杭州新学，请沈括作记。沈括撰《杭州新作州学记》，在文中盛赞自己的故乡：“杭为大州，当东南百粤之会，地大民众，人物之盛，为天下第一。”①

《梦溪笔谈》中有不少篇目记录了杭州的繁华与文明。

五代北宋之时，杭州成为中国的佛教中心。当时的杭州，境内宗派汇聚，名僧辈出，对外佛教交流也十分活跃。佛教文化的发达，有力地促进两项技术的进步，一是佛经印刷促进印刷术进步，二是寺塔的建造促使建筑技术得到提高。杭州是当时的印刷业中心，考古发现了很多印刷的佛经。而它的寺院建筑，仅据《咸淳临安志》统计，可以确知在钱氏统治时期修建有三百九十五座。沈括来到杭州，在民间搜访故事，了解逸闻，并在《梦溪笔谈》记录了这个城市留给后人的科学财富。其中，最著名的有两个人物，一个是活字印刷术的发明人毕昇，一个是建筑学家喻皓。沈括来到杭州时，两人都已去世。

毕昇发明活字印刷术的故事在本书第一章已有记述，下面让我们看一下喻皓的事迹。

喻皓是吴越国时期的建筑匠师。《梦溪笔谈》中有两则关于喻皓的记录。其一是喻皓指导别人修筑梵天寺塔的传说。当时吴越国王在杭州建梵天寺木塔，方成两三级，钱王登塔，微觉塔动，便向工匠询问究竟。工匠说，可能由于塔顶还没盖瓦，上轻下重，才会晃动。但盖瓦之后，塔动如故。那匠师无可奈何，便让他妻子去拜见喻皓之妻，向喻皓请教塔动的原因。喻皓说，只要逐层布板，用钉钉实，塔便不会动了。工匠依法施为，木塔果然稳固了。②类似的传说，宋代还有很多。如据《杨文公谈苑》的记载，开封的开宝寺塔便是喻皓主持建造的。塔成，他对人说：“此可七百年无倾动。”有人见塔身有些倾斜，问他为什么塔身北面稍高。喻皓说，京师多北风，而离塔数十步之外便是五丈河，水土潮湿。百年之后，北面土地下陷，塔身自然正了。

---

①〔宋〕沈括撰：《长兴集》卷十二《杭州新作州学记》，四库全书本。

②〔宋〕沈括著，胡道静校证：《梦溪笔谈校证》卷十八《技艺》，第312条，下册，上海古籍出版社1987年版，第613页。

当然，这些传闻之词不见得是完全正确的。如梵天寺塔，据王士伦先生的考证，即为杭州的城南塔，建于后梁贞明三年（917），而喻皓卒于端拱二年（989），相距七十多年，指导别人建塔的可能性微乎其微；而且，梵天寺塔，据《吴越备史》及钱俶幢记，有九层高、三百七十尺，其实际高度最高也不会超过百米，只造了两三级就晃动，似乎有点被夸大了。[①]虽然如此，却也说明喻皓不同于毕昇，他在当时是一个家喻户晓的人物。

除了梵天寺塔的传说，《梦溪笔谈》还著录喻皓的建筑学著作《木经》，并摘抄了书中的部分内容。《木经》本身已经散佚，因此沈括的记录在科学史上具有特别重要的意义。[②]

沈括还在《梦溪笔谈》中记录了吴越国时期杭州经济发展的标志性工程——钱氏捍海塘。据沈括讲，钱塘江在吴越国时曾筑石堤，堤外立大木桩十余行，称为“滉柱”（这种滉柱用来保护堤防，减少潮水的冲击，现在一般叫“深水桩”）。仁宗宝元、康定年间，曾有人提议拔掉滉柱，可得几十万根上好木料。当时杭州的地方长官觉得很有道理，下令拔木取材。结果发现这些木桩都已腐朽了，没什么用处，但石堤因为缺少了滉柱的保护，从此以后便受潮水冲击，不断塌陷。沈括说，当初吴越国人埋下木桩，本来就是为了消减潮水的势头，避开潮头直接冲击大堤。因为有滉柱的保护，尽管一百多年来受到潮水冲击，但大堤安然无恙。杜杞担任两浙路转运使时，有人建议在浙江税场以东那一带，将大堤后移几里，做成“月堤”（这种月堤大概是一种呈月牙形的弯堤，筑在大堤之外以保护大堤）。很多水工都赞同兴筑月堤的意见，只有一个老水工不以为然，悄悄对同伙说：修筑月堤之后不会再有水患了，我们这些人还靠什么生活呢？那些同伙觉得不筑月堤对自己有利，便附和他的说法。转运使杜杞不知他们的奸计，最终没有修筑月堤，而将大批的钱财花在原来的大堤上，因此潮水的祸害仍年年不断。沈括在写《梦溪笔谈》时的那一阵子，杭州又开始讲求月堤的好处了，江涛之害少了不少，但沈括认为月堤终究不如滉柱好。

---

① 王士伦：《吴越浮屠　匠心独具——兼谈喻皓》，载《吴越首府杭州》，浙江人民出版社1988年版，第121—129页。

② 夏鼐：《〈梦溪笔谈〉中的喻皓〈木经〉》，《考古》，1982年第1期。

只是因为修造滉柱费用太大，所以一直没有修复。[①]

钱氏捍海塘石堤的修筑，最早见宋初人钱俨所撰的《吴越备史》与僧人赞宁所撰的《传载略》。《吴越备史》说“运巨石，盛以竹笼，植巨材捍之”[②]，《传载略》说“下石笼，树巨木，其塘遂成”[③]。它的基本做法是用竹条编成长数十丈的大笼子，里面装满巨石并沉入塘基，再用长数丈的大木头垂直穿过竹笼，与竹笼石塘结合成一个整体，用以加固塘基。浙江的海塘早在此前已经修筑，但以前的海塘是土石海塘。建造这种海塘取材方便，但它经不起海潮的冲击，特别是在接近海口的河段，迎水面常常一触即溃。而竹笼石塘能对江潮起到很好的遏制作用。因此，钱氏捍海塘作为一项竹笼石塘工程，它的出现在中国的海塘史上具有重要意义，标志着中国的筑塘技术进入一个新的历史阶段。

钱氏捍海塘的另一个重要技术发明就是沈括所说的“滉柱”。吴越王钱俶的儿子、宋初诗人钱惟演对此曾有更详细的说明，说修造海塘时“用木立于水际，去岸二丈九尺，立九木作六重，象《易》既济、未济二卦，由是潮不能攻，沙土渐积，岸益固也”[④]。即在离海塘岸二丈九尺的地方，横向打九根木桩，纵向作六层，共五十四根木桩，形成长方形。

1983年初，杭州市南星桥凤山道口附近的江城路立交桥施工现场发现海塘遗迹和沈括所说的“滉柱”，其中里排贴住“竹笼沉石”，内面有竹笆；外排离里排“滉柱”约1米。“滉柱”排列错落有序，柱距1米左右。“滉柱”是海塘所用桩木中最粗大的，长度超过6米，直径不下0.3米，稍细的两根并立。在离塘岸的水际立“滉柱”，既可以抗击潮水的冲击，又可以使潮水带来的泥沙在这里迂回沉积，起到保护海塘的作用。[⑤]但考古发现的“滉柱”只有两排，其中的大多数，如沈括所说，大概在仁宗年间被拔掉了。

沈括所说的杜杞，在庆历六年（1046）出任两浙转运使，在任上“筑钱塘

① 〔宋〕沈括著，胡道静校证：《梦溪笔谈校证》卷十一《官政一》，第210条，上册，上海古籍出版社1987年版，第429—430页。

② 〔宋〕钱俨撰：《吴越备史》卷一《武肃王》开平四年八月，四库全书本。

③ 〔宋〕赞宁：《传载略》，载〔元〕陶宗仪撰《说郛》卷三十二上，四库全书本。

④ 〔宋〕钱惟演：《射潮记》，载《钱氏家乘》卷八《遗文》，上海书店出版社1996年版，第194页。

⑤ 王海明：《五代钱氏捍海塘发掘简报》，《文物》，1985年第4期。

堤，自官浦至沙陉，以除海患”[①]。

然而，沈括同时代人苏轼对钱氏捍海塘的记述与《梦溪笔谈》大相径庭。《苏轼文集》第三十二卷《乞相度开石门河状》说：“今浙江石岸，亦有成规。自古本用木岸，转运使张夏始易以石。自龙山以东，江水溢深，石岸立于涨沙之上，又潮头为西陵石矶所射，正战于岸下，而四五十年，隐然不动，虽时有缺坏，随即修完，人不告劳，官无所费。”苏轼在文中所说的张夏曾在景祐年间以工部郎中出任两浙转运使，置捍江兵士五指挥，采石修塘，取得了一定成绩。当地人为了纪念他的政绩，特地为他立祠表功，后朝廷又封他为宁江侯。[②]

苏轼的记文撰于元祐六年（1091），而《梦溪笔谈》成书也在此左近。苏、沈两人一个曾两度在杭州为官，一个则是地地道道杭州人，他们对杭州的情况应该都是比较熟悉的，然而比较这两则记载，颇有出入：其一，据苏轼所记，张夏石塘“四五十年，隐然不动”，不过“时有缺坏”而已；而据沈括所记，杭州捍海塘宝元、康定间因滉柱为人所掘，此后石堤为洪涛所摧毁，情况十分严重。宝元、康定正紧接景祐之后。其二，据苏轼所记，自张夏筑塘，此后“官无所费”；但据《梦溪笔谈》，杜杞为两浙转运使时在捍海塘上仍“费以巨万”。苏轼是个文人，为文记事大概不如沈括那么严谨，他的言辞可能是有所夸张的。从《续资治通鉴长编》的记载可知，早在嘉祐六年（1061）之前已有人在杭州为张夏立祠纪功。[③]又据《梦溪笔谈》，捍海塘在张夏之后虽曾受毁，但随着后来月堤的建设，江涛的危害有所减少。苏轼知杭州时，既见涛害减少的现状，又见人们曾为张夏立祠纪功，便将一切功劳归到他的头上。而且，石塘的创置始于吴越钱氏，这不但在上引的《吴越备史》《传载略》中有明确的记载，而且《宋史·河渠志》对始于五代的捍海石塘入宋以后的兴废变化有详细的记述，[④]但苏轼将钱氏发明的石塘也归功于张夏了。

---

① 〔宋〕欧阳修撰：《欧阳文忠全集》卷三十《兵部员外郎天章阁待制杜公墓志铭》，祠堂本。

② 〔元〕脱脱等撰：《宋史》卷九十七《河渠志》，第7册，中华书局1977年版，第2396页。

③ 〔宋〕李焘撰：《续资治通鉴长编》卷一百九十五嘉祐六年十月辛巳，第8册，中华书局2004年版，第4725页。

④ 〔元〕脱脱等撰：《宋史》卷九十七《河渠志》，第7册，中华书局1977年版，第2396页。

通过上述《梦溪笔谈》的几则记载，我们不但可以了解沈括在故乡杭州的见闻，了解这个城市曾经的繁华与文明，也可由此看出《梦溪笔谈》的记事方式。《梦溪笔谈》作为中国历史上的一部科学名著，实质上是一部笔记小品，除自然科学的内容，里面也有大量篇幅是对历史和政治事件的描述，其中很多带有考据的性质，体现了沈括的严谨和博学，但毋庸讳言，书中也存在着不少的错误。这些错误有很多已被今天的学者们考订出来了，[①]其中绝大部分是关于人文科学方面的，从中也反映出《梦溪笔谈》的主要价值是体现在其自然科学的内容上。

① 徐规：《〈梦溪笔谈〉中有关史事记载订误》，何忠礼：《〈梦溪笔谈〉所记史事正误》，孙云清：《〈梦溪笔谈〉记事订误十二则》，李裕民：《关于沈括著作的几个问题》，以上四文俱载于《沈括研究》，浙江人民出版社1985年版。又有顾吉辰《〈梦溪笔谈〉中一条史料的辨正》，见《中国史研究》1983年第3期。

第三章　初入仕途

君子之道与先王之道

至和元年（1054），沈括服丧期满，以父荫任海州沭阳县主簿，开始了他的仕宦生涯。一年后，邻县东海县缺官，沈括又摄东海县令。

这一时期正是沈括人生观、价值观形成的时候。《长兴集》中保存了沈括写给朋友、上司的几封书信，从中可看出他当时的心态和观念。其中在给崔肇的一封信中，沈括认为，人之于学问，一定要有所专精，“不专则不能”。即使是从事技术工作这样的行业，谁都不可能凭一人之力掌握各种技能，更何况是君子之道呢？同时沈括又说，自己正是那种贪多务得、追求各种学问的人。别人不敢涉足的学问，自己却求取不已，结果心有余而力不足，虽然花费了很多功夫，却事业荒废，学问无成，终至无所归依。沈括还说，自己自幼为学，本是注重在专精上下功夫的，但因受了外物的侵染，最终造成目前这种状况。在信中，沈括以自谦的口吻述说自己事业不专，学问不精，不经意间却也流露出对自己博学的自豪。

沈括在信中还讲到了自己在主簿任上的工作情况。他说自己因为家里贫穷，才出来做官。各种职务中，说到地位的低贱、工作的辛苦，没有可跟主簿比的。他说，沭阳这个地方，方圆不过数百里，只要是鸟兽所到之处，都是主簿的职责。沈括说，他自己以前闲散自由，爱做什么就做什么，自从做官以来，再也不能像以前那样高视阔步、任由己意了。沈括觉得，职事太过繁杂，想要十全十美，那是不可能的。他所追求的，不过专心一意，把事情完成，“粗善”而已。

沈括在信中说，除了工作，他还得参加县里的一些社会活动，如往还吊问，岁时祭祀，公私百役。这些事情，十有八九要他去做。他因此“乍而上下，乍而南北”，被这些事情弄得懵懵懂懂，疲惫不堪，简直不知天地为何物，也不知风霜雨雪、天气冷暖了。但势已至此，要求学问的专精，也非常为难了。

《论语》中有孔子的学生子贡赞美老师的话，说：“夫子之求之也，其诸异乎人之求之与?”那意思是说，孔子追求温、良、恭、俭、让的高尚品性，他求得的方法，与别人是有所不同的。沈括在信的末尾说，自己不敢希望达到孔子那样的境界，但只要才之所及，都愿意去做。如果实在做不到，也愿意学习。“审问之，慎思之，笃行之。”如果还是不行，那是命中所定，也无可奈何了。①

沈括心中想要的专精学问就是他自己所说的“君子之道”。对“道”的追求，不但是沈括的理想、事业，也是当时士大夫阶层普遍的理想、事业。但因为官之后，公务繁忙，诸事繁杂，他不能再专心致志去追求“君子之道”了。这封信充分表现了初入仕途的沈括心中的彷徨和苦闷。

实际上，对于所谓“出处”的讨论，在宋朝士大夫中是很普遍的一个话题。《长兴集》中有沈括写给徐积的两封信，信中沈括对于“出处”的看法是非常明确的。其中一封信这样说：

以古人进退相处，某素不敢望于人。足下所论，非某之心也。何事不可以为学，一身所为尚多，可以为孟子者，岂直须不见齐王然后为孟子哉?孟子曰：“是以论其世也。”彼此异时，某亦安能拘拘效古人起居也。士固不以退为贤。以退为贤者，以利处之也。君子之退固有道，又况其进也。度于心而安者则为之，不安者而去之，未必皆是也。盖可以进焉，心则不安而身行之，虽幸中于义，其为自贼则一也。至于衣服米盐，一日不得则

① 〔宋〕沈括撰：《长兴集》卷七《答崔肇书》，四库全书本。

无聊。某何以异于人？四年于兹，岂心之所欲，盖贫贱者固如是，不敢不安耳。大凡有为而为者，其心皆劳。况天之赋才，固皆有限，不可以勉强。某尚且不以得先世之职为忧，亦何暇舍此而改图。足下苟察之。[①]

徐积是楚州山阳人，在宋代是一个特立独行的贤者。他以孝行著称，因为父亲叫徐石，他终身不用石器。徐积在治平四年（1067）登进士第。但及第之后，既不做官又不婚娶，为人所称叹。徐积出生于天圣六年（1028），[②]略长沈括数岁。从信中可以看出，徐积似乎曾劝沈括，叫他不要出来做官，并用古人的进退出处加以劝勉。沈括却说："以古人进退相处，某素不敢望于人。"言下之意，他立身出世，本来就是以古人行为为准则的。但他同时认为，时移世易，也不能完全效仿古人的做法。沈括觉得士人不能把隐退当作一种贤行来表彰。他说，君子之退固然有道，君子之进同样有道可循。他说，衣服米盐是每个人都少不了的。一天不得，生活就没有着落。在这方面，他觉得自己跟别人也没有什么差别。在给徐积的另一封信中，沈括说得更加明确。他说，现在的士人与古代已经很不相同，家里没有田地出产来供养衣食，为了养家糊口，他也只好有求于人、出来做官了。人的进退也不过两条途径：出仕和退隐。出仕就说他是追求利益，退隐就说他是廉君子。但沈括认为自己出仕是心安理得的，不想为了追求那种"廉君子"的虚名而舍弃内心的平安。[③]

沈括在信中称徐积为"秘校"，可见写信的时间应该是徐积进士及第以后了。那时沈括的思想已经比较成熟，但在沭阳时他还不过二十岁出头，年龄与现在的大学生相仿，他的心境就像是现在刚刚毕业踏上工作岗位的大学生。当时他的父亲已经去世，他已独立成人，一方面"复不幸家贫，亟于禄仕"，另一方面又要探求君子之道，心中难免顾虑重重。而且，他毕竟是一个县级行政单位的第二把手（第一把手为县令或知县），担负的工作自然要比现在的大学生繁重得多。

---

① 〔宋〕沈括撰：《长兴集》卷八《答同人书》，四库全书本。
② 〔宋〕徐积撰：《节孝集》卷三十二《行状》，四库全书本。
③ 〔宋〕沈括撰：《长兴集》卷八《答徐秘校书》，四库全书本。

沈括在沭阳时，还发生了一件非常棘手的事。由于征发夫役治河，当地的老百姓一再发生暴乱。他给自己的顶头上司海州通判写汇报说叛乱已遭到镇压。这些叛民本来就没有坚定的决心，既然已经被镇压，大概不会再次生事了。但当时百姓正忙于农事，官府又要调发他们去修护黄河，从而在民间引起骚动，这是他作为一个县官不得不考虑的。沈括说，齐鲁一带的百姓，天性本就“陆梁倔强”，平时在家闲着无事，尚且要宰牛挖坟，拿着武器横行，何况现在境况这样窘迫！因此，官员一定要有驾驭他们的办法，才不会发生祸端。沈括对上司的某些做法是有些不满的。他说，他自己还没有赶到河上，吏人前后送来的使帖就有二十一道，常常是朝令夕改，有时几天时间就要变一变。沈括说，虽然他没有完全按照使帖工作，但这样一来，民心易摇。而且，面对这样一个数万人参加的大役，如果号令不坚定、分工不明确，容易促使从役的农民发动暴乱。①上司之所以命令沈括去处理这件棘手的事，是因为沈括此前曾经处理过农民暴乱问题。据说，他一来，百姓自动归附；他一走，百姓就又溃散了。沈括为了做好这件事，提出两点建议：一是废除“巡检之吏”，这可能因为当时官民关系紧张；二是缩短役期，从四十天减为三十天。他说，如果实施了这两点措施，役民还没集结，他愿意承担责任；如果不实施他的建议，不能罢黜巡检，那么事情是成是败，他是不会承担任何责任的。沈括到屯聚地点后，解除了以前的不合理约束，对民夫重新进行组编，终于使形势稍稍安定了下来。沈括说，他自己没有其他的本事，只不过信守与百姓的约定而已。②对这件事情的妥善处理，表现了沈括很强的行政能力。这可能是他从小跟着父亲耳濡目染的结果。

在这样繁忙、棘手的事务活动中，沈括克服困难，取得了一些政绩。据《宋史》记载，沭阳有沭水流经县境。沈括来到沭阳时，沭水大概久不疏浚，堙塞漫衍，成为一片湖泽。沈括到任后，筑了两道大堤，开掘百渠，设置九堰，由此开辟出七千顷上田。③

在沭阳期间，沈括还曾给李彦辅写过一封信，从中可以看出他对“道”的

① 〔宋〕沈括撰：《长兴集》卷七《上海州通判李郎中启》，四库全书本。

② 〔宋〕沈括撰：《长兴集》卷七《答李彦辅秀才书》，四库全书本。

③ 〔元〕脱脱等撰：《宋史》卷三百三十一《沈括传》，第30册，中华书局1977年版，第10653页。

探索和思考。信中说：

> 某再拜彦辅足下：雨后道绝，连日阻见。示及封建书，及再辱简。以某之不敏而足下问之，非所以问也，求欲奉咨顾有所未得者二说焉。书之为理，无以复加矣。其取后世延促盛衰以为得失之验，恐子亦失之也。荀卿曰："君子道其常，小人计其功。"此非吾子斩然特起之论。惜乎古人以发之则固宜，某之不乐为足下取也。与足下无语天下之大而语之其身，所以为君子小人之异，而又求必于贵贱穷达之效。在足下固以谓不可，夫岂不与封建之理同哉。观其所操设，则天下之法得矣。延促盛衰，非所谓验也。某始未得柳子厚之书，闻其有《非国语》《夫子庙碑》《对贺者》之说。固知宗元文不足与已矣。其学如是，而语之以圣人之取舍，宜不知也。道为知者传，其所不知，君子无憾。于学者于其所未睹，吾不知其可不可也。[①]

在上述《答李彦辅秀才书》中，沈括批判了柳宗元的《封建论》。《封建论》是柳宗元的一篇论说文名作，他在文中将中国历史上的地方行政体制分为四类：一是周代的封建制，分封诸侯，有公侯伯子男五等。他们裂土封田，替周王守土治民，到一定时候去京城朝觐。柳宗元认为这种分封制并非圣人的本意，而是时势造成的。二是秦代的郡县制。秦代去诸侯、设郡县，但传祚不过二世，就遭到灭亡的命运。柳宗元认为秦朝的短命并非郡县制造成的，而是民心怨叛的结果。三是汉代的郡国并存制，但有叛国而无叛郡。四是唐代的州县制。唐代虽受藩镇割据之祸，但柳宗元认为原因不在于实行了州县制，而在于"兵"。最后，柳宗元得出结论，认为郡县制优于封建制。[②]从沈括的信中可以看出，李彦辅似乎也颇赞同柳宗元的观点。沈括对此却很不以为然。他引用荀况的一句话"君子道其常，而小人计其功"，认为对封建制、郡县制孰优孰劣的判断，并

---

① 〔宋〕沈括撰：《长兴集》卷七《答李彦辅秀才书》，四库全书本。

② 〔唐〕柳宗元著，吴文治等点校：《柳宗元集》第三卷《封建论》，中华书局1979年版，第69—75页。

不能以后世的“延促盛衰”为根据。在信中沈括并没有对此展开详尽的论述，但可以看出他在历史观上有一种复古的思想倾向。这种思想倾向在他写给崔肇的一封信中有更加明确的表示：“先王之制确然不可移。”[①]大约在同一时期，沈括给欧阳修写信，又说“古者至治之时，法度文章大备极盛，后世无不取法”[②]。可见他对先王时代的制度是多么推崇。

沈括晚年在秀州时，蒲宗孟担任杭州知州，复兴学校，沈括为他写了一篇《杭州新作州学记》。在记文中，沈括说，古代的圣人，虽然把人分为各行各业，但都用统一的礼义德术来教化他们。因此，当时的人们，无论贵贱，都有统一的“道”作为行为的准则。为官者在朝廷所施行的，就是往日在家里所学的；为民者在乡下所力行的，就是将来施用于朝廷的。对于先王之道，有才者研究它，无才者顺从它，但没有人敢把它抛弃。人们从小学习道，长大了习惯于道；人们安于道，仿佛出于天性；人们需要道，就如寒冬离不开衣服，饥饿离不开食物。当时的先王对人民的教化设施也非常完备，“仰而观其上，则宫庙室庐，莫非先王之法象也；俯而履其下，则疆井径术，莫非先王之经理也；居而阅其身，则簪屦服冕，莫非先王之名物也。散而察其起居出处，老老而稚幼，瞻生而哭死，莫非先王之礼义节文也”。但到后来，天下分裂，诸侯各自为政，依据自己的方法治理国家；道义沦丧，人人都以武力自肥。秦王虽然统一了天下，但不数十年就被推翻。这是因为秦王想做的，也是天下人人想做的。沈括说，在这样的情势下，秦王怎么还可能安然独享天下之利呢？在这样的情势下，秦国想要万世不灭，又怎么可能呢？自汉以来，才有英明的君主，想致天下大治，他们尊先王，黜百家。但人民已经习惯于旧俗，一时之间很难有根本的改变了，只好继续使用刑名法令之术。到东汉时，陈蕃、李膺之辈横空出世，以义节相奋励，抗志力行，想改变天下的恶薄风气，但最终没有成功。究其原因，沈括认为是“养之不广，教之不以渐”的缘故。因此，他主张设立学校，以渐进的方法来教育人民。

---

① 〔宋〕沈括撰：《长兴集》卷七《答同人书》，四库全书本。

② 〔宋〕沈括撰：《长兴集》卷七《上欧阳参政书》，四库全书本。

这篇记文作于元祐年间，可见沈括推崇先王的观念一生都不曾改变。

很多年来，人们形成一种思维定式，总是认为改革者都是进化论者，他们认为现在比过去好，所以要朝廷改革。事实恰恰相反，中国历史上的大多数改革者总是借着“先王”的旗号来复古施政的。在沈括生活的时代，王安石实施变法，同样打出了“举先王之政”的旗号。他编订《三经新义》，目的就是给变法提供学术和思想的基础。在历史观上，沈括与王安石是完全一致的，也是与当时的主流思潮一致的。正因为这样，王安石刚刚上台执政、初行变法的时候，完全是众望所归：人们对他寄予了太大的期望。

从中也可看出，沈括后来之所以成为王安石变法派的一个成员，是有思想渊源的。

《孟子解》

沈括对于“道”的探索也可从他的《孟子解》中体现出来。

沈括对儒学也有一定的研究，曾对《周易》《左传》《孟子》撰写过专门的著作。他的《孟子解》至今仍存于他的文集中。这篇文章不一定是沈括初入仕途时所撰，但书中所体现出来的对先王之道的尊崇与理想主义色彩同他青年时期形成的观念是一致的。

宋代是中国思想史上发生大变动的时期。在沈括生活的时代，一场儒学复兴运动蓬勃展开。其中《孟子》是当时最受人关注也是争议最多的一部儒家典籍。中唐之时，中国的思想界出现了一场“孟子升格运动”，发展至宋，形成了一股潮流。孟子由原来儒家谱系中的普通一员变成了仅次于孔子的“亚圣”，配享孔庙；《孟子》一书也由子部升迁到经部。与“孟子升格运动”相对应，伴随着宋代疑经思潮的兴起，又出现了一股反动潮流，一些学者对《孟子》的编写、对书中的观点提出了质疑。对《孟子》的讨论、争辩成为北宋士大夫中的一个热门话题。

沈括在《梦溪笔谈》中记载了他的朋友王子韶（也是他的侄婿）对“孟子见梁惠王”的解释，故事虽是为了反映王子韶的诙谐幽默，却也从另一面反映出《孟子》一书是当时士大夫的日常谈资。除非你想特立独行，要不然，如果对《孟子》没有一点研究，是很难在士大夫这个圈子立足的。北宋思想界的一些头面人物，如李觏、欧阳修、王安石、司马光、苏轼、苏辙、张载、“二程”等，都对《孟子》做过阐释。沈括便也写了《孟子解》这篇文章，提出他对这部儒家典籍的解释。

北宋时期对《孟子》的讨论中，思想界分成了三派：

第一派欣赏《孟子》，赞成《孟子》中的观点，并试图提高《孟子》在儒家谱系中的地位，欧阳修、王安石、张载、“二程”是其代表人物。欧阳修在《与张秀才第二书》中称颂：“孔子之后，唯孟轲最知‘道’。”“二程”对《孟子》都十分推崇，常常将《孟子》与《论语》连称。程颐称：“学者当以《论语》《孟子》为本。”[①]王安石更是终生服膺孟子，曾赋诗说：“孔孟如日月，委蛇在苍旻。光明所照耀，万物成冬春。”[②]又说：“他日若能窥孟子，终身何敢望韩公！”[③]宋神宗将《孟子》升格为经部典籍，列入科举考试的内容，又封孟子为邹国公，都与王安石的推动有密不可分的关系。在这一点上，沈括也与王安石持相同的立场，他们都代表了当时思想界的主流方向。

第二派反对《孟子》，李觏、司马光是其代表人物。李觏激烈地抨击孟子是背叛孔子之人，是乱天下之人。[④]司马光专门写了一部《疑孟》。

第三派基本赞成《孟子》，但对其中某些方面提出质疑，苏轼、苏辙兄弟是其代表人物。苏轼一方面认为孟子“可谓深于《诗》而长于《春秋》者矣。其道始于至粗，而极于至精。充乎天地，放乎四海，而毫厘有所必计。至宽而不

① 〔宋〕程颢、程颐著，王孝鱼点校：《二程集》卷第二十五《畅潜道录》，上册，中华书局1981年版，第322页。

② 〔宋〕王安石著，唐武标校：《王文公文集》第三十八卷《杨雄三首（其一）》，下册，上海人民出版社1974年版，第447页。

③ 〔宋〕王安石著，唐武标校：《王文公文集》第五十五卷《奉酬永叔见赠》，下册，上海人民出版社1974年版，第620页。

④ 〔宋〕李觏著，王国轩校点：《李觏集》附录一《常语》，中华书局1981年版，第512—519页。

可犯，至密而可乐者，此其中必有所守，而后世或未之见也”[①]，另一方面又作《论语说》，借着孔子的口吻与孟子进行辩论。

这场辩论对当时正在蓬勃兴起的儒学复兴运动产生了深远的影响。《孟子》被宋人看重的主要是以下几个方面：一是性命之说及性善论，二是修身之说及浩然之气论，三是王霸义利之辩。沈括在这几个方面也提出了自己的见解。

1. 性善论

性善论是孟子思想的核心，也是宋儒从《孟子》中得到的最大收获。与对《孟子》的争辩一样，他们在对人性的讨论中，同样分成了三派：一派是性善论者，代表人物是张载、“二程”。他们的人性理论从根本上继承孟子性善说，同时又有所改造。改造的最主要方面是把“性”分成天命之性与气质之性两种，说：“凡言性处，须看他立意如何。且如言人性善，性之本也；生之谓性，论其所禀也。孔子言‘性相近’，若论其本，岂可言相近，只论其所禀也。”[②]用气质之性、所禀之性将人性中一些不善的因素包容在里面了。一派是性善恶混有论者，代表人物是司马光。司马光最推崇汉代大儒扬雄，仿扬雄的《太玄》作《潜虚》，在其中《性辨》一篇中，他赞同扬雄说：“故扬子以谓：人之性善恶混，混者善恶杂处于身中之谓也，顾人择而修之何如耳。修其善则为善人，修其恶则为恶人，斯理也岂不晓然明白矣。”[③]苏辙认为“有性善，有性不善”，他的观点是接近于司马光的。一派是性不可以善恶论者，代表人物是王安石。王安石早年似乎也持性善之说，但他最终的观点是：“性生乎情，有情然后善恶形焉，而性不可以善恶言也。”[④]

沈括也是一个性善论者，他在《孟子解》中说：

---

①〔宋〕苏轼著，孔凡礼点校：《苏轼文集》第三卷《孟子论》，第1册，中华书局1986年版，第97页。

②〔宋〕程颢、程颐著，王孝鱼点校：《二程集》卷第十八《刘元承手编》，中华书局1981年版，第207页。

③〔宋〕司马光撰：《温国文正司马公文集》卷第七十二，四部丛刊本。

④〔宋〕王安石著，唐武标校：《王文公文集》第二十七卷《原性》，上册，上海人民出版社1974年版，第316页。

好名者能让千乘之国，好义者让不足以言之。善者，仁之质；不忍者，仁之动。性之命于天者，莫不善也。杂于物，然后有不善者。人之常不善者，德之害也。全其常者谓之仁。仁，人一也。仁，言其德。人，言其体。四体不具，不足以为人。仁亦如此而已矣。如是者仁之质也。由是善也，怵于心而为。不忍者，仁之动也。言其术，虽一日之不忍，谓之仁何也；言其人，小有不足而谓之人则不可。孔子、孟轲之言仁，指其事则虽一牛羊之不忍而谓之仁，指其人虽管仲、须无不得为仁，而颜渊、仲弓犹告之以所未至，其为仁则同，所以命之者异也。[①]

他的观点与“二程”是一致的。在这里，他明确地提出“性之命于天者，莫不善也”，又说“杂于物，然后有不善者”。这“命于天者”及“杂于物”者，可不就是“二程”所说的“天命之性”与“气质之性”吗？

沈括又将他的性善论与孟子所说的“仁”联系起来。孟子说“人皆有不忍人之心”。这种“不忍之心”可分为四种，即恻隐之心、羞恶之心、辞让之心、是非之心。“恻隐之心，仁之端也；羞恶之心，义之端也；辞让之心，礼之端也；是非之心，智之端也。”（《孟子·公孙丑上》）沈括说“善者，仁之质”，又说“不忍者，仁之动”。然而，沈括的更高明之处在于他将一个人行为的“仁”与本性的“仁”区分开来。他认为，从行为上来说，一个人稍有不忍，即可称之“仁”；但从本性上来说，一个人稍有不足，都不能称之“仁”。

2. 浩然之气

孟子说：“我善养吾浩然之气。”他这样解释自己的浩然之气：“其为气也，至大至刚，以直养而无害，则塞于天地之间。其为气也，配义与道；无是，馁也。是集义所生者，非义袭而取之也。行有不慊于心，则馁矣。”（《孟子·公孙丑上》）

沈括认为这浩然之气乃是“充完”之气。他说：“屈伸俯仰，无不中义。仰

① 〔宋〕沈括撰：《长兴集》卷十九《孟子解》，四库全书本。本节沈括言论，未注明出处者，皆引自《孟子解》。

不愧于天，俯不怍于人。立于天地之间，而无所憾，至大也。是则受，非则辞，不可以势劫，不可以气移，至刚也。可则进，不可则退，可则行，不可则止。直其义，虽难不辞；非其义，虽微不苟，至直也。义集于身，则气充于心，尽其志而无所慊于天地之间者，养之之至也。小人之气固有杀身而不可毁缺者，然而异乎君子者，非道与义也？”

3.义利之辩

关于宋人的义利之争，一派学者支持义利并行。持这种论点者，最有代表性的是浙东事功学派的代表人物陈亮、叶适。然而，早在北宋之初，李觏便对孟子“何必曰利”提出批评。他说：“人非利不生，曷为不可言？……孟子谓何必曰利，激也。焉有仁义而不利者乎？”[①]后来，苏轼也说：“君子之为仁义也，非有计于利害，然君子之所为，义利常兼，而小人反是。”[②]虽然王安石并没有就义利关系做过明确的论述，但就其施政举措来看，他是并不讳言“利”的。唯道学一派将义、利做了断然的区分。程颢说：“大凡出义则入利，出利则入义。天下之事，惟义利而已。”[③]程颐说：“所谓利者一而已。财利之利与利害之利，实无二义。以其可利，故谓之利。圣人于利，不能全不较论，但不至妨义耳。乃若惟利是辨，则忘义矣，故罕言。”[④]

沈括在《孟子解》中也谈了自己对“利”的看法。他说：

> 孟子曰：“天下之言性者，则故而已矣。故者以利为本。”故，犹常也。役于物者，非其本性也。顺利而无所凿者，天命也。故“禹之行水也，行其所无事也”。“行其所无事”者，水之利也。动而莫不顺利者，尽其性也。舜由仁义行，孔子从心所欲不逾矩，顺利之至也。行而不失其贞者，尽其情也。喜怒哀乐之未发谓之中，发而皆中节谓之和，贞之至也。故《易》

---

①〔宋〕李觏著，王国轩校点：《李觏集》卷第二十九《原文》，中华书局1981年版，第326页。

②〔宋〕苏轼撰，王松龄点校：《东坡志林》卷五《隐公不幸》，中华书局1981年版，第116页。

③〔宋〕程颢、程颐著，王孝鱼点校：《二程集》卷第十一《师训》，中华书局1981年版，第124页。

④〔宋〕程颢、程颐著，王孝鱼点校：《二程集》卷第七《二先生语七》，中华书局1981年版，第96页。

> 曰“利贞”者，性情也。然则性情之尽者，利与贞而已矣。小人之为不善，非便之也，役于物而不知也。君子之于义，未必皆便之也，至于便之而后出于性。

沈括认为此处的“利”是顺的意思。在《孟子解》的另一处，他说：“利者对不利而为言也。在人也，顺之者谓之利，逆之者谓之不利。在器也，铦者谓之利，椎者谓之不利。在水也，行者谓之利，壅者谓之不利。在动也，便者谓之利，违者谓之［不］利。”但沈括最终还是将这个“利”与义联系了起来。他举舜与孔子这两个古代圣人为例来说明。舜由仁义而行，“顺利之至也”。在这里，义跟利达到了合一的境界。后世理学常将义利、理欲对举。但即使是孔子，也是讲欲的，他说“从心所欲不逾矩”。人们讲“利”，还有比“从心所欲”更大的“利”吗？为什么孔子能够达到“从心所欲不逾矩”的境界？沈括说：“君子之于义，未必皆便之也，至于便之而后出于性。”也就是说，孔子心目中的“欲”就是义，利也就是义。沈括的这种解释是高明的、狡猾的，却也是危险的。它容易滑向两个极端。一是空谈仁义，而完全忽视人们的物质利益，因为圣人的境界毕竟只有圣人才能达到，对芸芸众生中的大多数人来说，是毫无意义的。二是极端的功利主义，将义即是利、利即是义作为唯利是图的借口。

从沈括对柳宗元《封建论》的批评上可以看出，他并没有陷入功利主义的深渊。

以前人们运用现实生活中路线斗争的模式来分析中国哲学，认为一部中国哲学史就是唯物主义与唯心主义斗争的历史，是法家学说与儒家学说斗争的历史。反映到政治上，就是革命派与守旧派的斗争；反映到对外关系上，是抗战派与投降派的斗争。具体到沈括生活的时代，就是变法派与守旧派斗争的历史；再具体到思想史，则是李觏、张载、王安石为一线的唯物主义，与司马光、程朱理学为另一线的唯心主义相斗争的历史。现在，人们已经不太讲儒法斗争，但这样的思维方式还或多或少地存在着。王安石变法是北宋中期最重大的政治事件。面对变法，是支持还是反对，当时的士大夫分裂成旗帜鲜明的两大阵营。通过以上分析，我们可以发现，对变法的态度与人们的哲学思想并没有必然的联系。程氏兄弟在政治上和司马光、苏轼一样都是反对变法的，但他们在思想上更接近王安石。当时王氏新学是学术界的主流思想，程氏洛学还没有取得南宋时那样显赫的地位，却也流淌于这股主流思潮之中。相反，以司马光为首的朔学，以及以苏氏兄弟为首的蜀学，反倒是当时思想界的支流。沈括的思想虽与王氏之学、程氏洛学稍有差异，但基本上是一致的。

万春圩

离开海州之后，沈括是否还去其他地方做官、去哪里做官，由于史料缺乏，不得而知。现在可以知道的是，在此后几年某一段时间里，他赋闲在外。

就在沈括沉沦下僚、赋闲在外的时候，钱塘沈氏家族中却有一个人迅速从仕途崛起，平步青云。此人便是沈遘。沈遘是沈括从兄沈扶之子，字文通，出生于天圣六年（1028），论年纪大概要比沈括大几岁。皇祐元年（1049），当沈括还跟着父亲游宦他乡的时候，二十岁出头的沈遘便在当年的廷试中一举夺魁。只因后来有人说他在参加科举考试前已经有官在身，这才被剥夺了状元的头衔，屈居第二。状元虽没做成，但好歹还是榜眼，当下就被任命为通判江宁府，成为江东第一大州的二号人物。[①]嘉祐六年（1061），沈遘以知制诰知越州，次年以起居舍人知扬州。这样，当沈括连科举考试都还没有通过的时候，这个与他年岁相仿的侄儿已经跻身于侍从官员的行列了。

宋人于仕途的升迁，最讲究出身。如果不能进士及第，又没有特殊的功绩，终其一生，只能做个下级官吏。沈括本是才气过人，当然不甘心以父荫入仕，一辈子沉沦下僚。他这一段时间可能就在为科举考试而忙碌着。

嘉祐六年（1061），他客居宣州宁国县[②]。当时他的兄长沈披正担任宁国县

---

①〔宋〕王安石著，唐武标校：《王文公文集》第九十四卷《沈内翰墓志铭》，下册，上海人民出版社1974年版，第976页。

② 据《长兴集》卷十《筠州兴国寺禅悦堂记》，沈括自谓嘉祐中“客宣之宁国”“比三年”，又说“后十四年，予自禁廷谪守宣州”。而据《续资治通鉴长编》卷二百八十三熙宁十年七月丁巳条，沈括知宣州在熙宁十年（1077）七月，由此上溯十四年，再上溯三年，乃嘉祐六年（1061）。

令。[①]江东转运使张颙、转运判官谢景温领导了万春圩的修建。沈披在修建之前对建圩的可行性进行调查。沈括作《万春圩图记》，详细记录了建圩的过程。

圩田，又称“围田”，到南宋后又称“湖田”，其渊源甚早，大规模兴建则在唐中期以后，到五代时发展成熟。当时南唐、吴越国都在境内的太湖流域、长江南岸一带建有圩田，并形成了一套比较完整的管理耕种制度。

万春圩在太平州芜湖县，原为一个姓秦的土豪所有，因此叫作秦家圩。南唐时把圩田收归国有，置官管理。每年租税收得，充作后宫的费用。宋灭南唐后，秦家圩收归朝廷。太平兴国时，江南大水，官员护圩不谨，致使秦家圩废毁。一废就是八十年。在此期间，曾多次有人提议修复旧圩，但每次都因有人反对而罢。嘉祐六年（1061），江东转运使张颙、转运判官谢景温决定重修秦家圩，并派遣时任宣州宁国县令的沈披前往芜湖实地调查。这谢景温正是沈披、沈括兄弟的姨表侄。

沈披经过调查，认为圩田完全可以兴复，并对各种反对的意见作出答复：

第一种说法，认为筑圩之前，须先排水，如遇夏秋汛期来临，亟须大湖大泽以蓄水，若筑圩排水，将使这二十里之水无处宣泄，溢而为害。筑圩虽有好处，但危害更大，所失大于所得。沈披反驳了这种说法。他认为秦家圩北面有丹阳、石臼等湖，绵延三四百里；而圩田的西面是浩浩的长江，它们完全可以作泄水之用。筑圩二十里，对泄水的影响是非常有限的。

第二种说法，认为秦家圩西南靠近荆山，沿山修筑堤防，长江水从山峡流过，因荆山壅塞，水流会折而向东，灌入圩区。但沈披认为，荆山之下，长江水面之宽不过百步。如果在荆山脚下筑堤，只要将堤身弯曲，让出二百步的宽度，扩大江面容量，就会减轻泄洪的压力。即使水流壅塞，只要江水被阻挡在荆山之西，就不会对圩田造成危害。如果在东边再疏浚一些支流，可以进一步减轻洪水的压力。

---

① 20世纪有关沈括的一些论著，都把沈括当作宣州宁国县令，进而把万春圩的修建当作沈括的治水业绩。究其错误之由，是因为清人吴允嘉编定《沈氏三先生文集》时，不明沈披是沈括之兄，把《万春圩图记》中的“披”字全部改作“括”字，致使后人产生误解。详见邓广铭：《不需要为沈括锦上添花——万春圩并非沈括兴建小考》，载《沈括研究》，浙江人民出版社1985年版，第16—26页。

第三种说法，认为圩水流经的地方，底下有蛟龙潜伏，容易毁坏圩田。他们还认为，以前圩田的毁坏，便是这个原因。但沈披认为，圩堤的毁坏不是什么蛟龙造成的。他认为圩田毁坏的真正原因是人们为了泄水，在圩堤上开凿泄水孔道。圩水经由这些孔道流出圩外，由于长期冲刷，自然而然在圩外形成水潭。潭水越积越深，造成圩堤坍塌。沈披认为这没什么值得大惊小怪的。他还提出，为了防止潭水毁坏堤岸，最好的办法是在圩外修筑一道复堤，将水引到数十步外，注入长江。

第四种说法，认为秦家圩荒废之后，有人在此从事采茭牧养，并向政府缴纳租税。这样的人家共有一百多户。一旦重修圩田，势必让这些人迁徙改业，引起社会动荡。沈披却认为这个理由同样不能成立。他说，将来圩田修成，反正是要分给农民耕种的，不如就分给这些人家，因此不会引起社会不安。

第五种说法，认为圩田东南濒临太湖，因湖面地势高过圩田，风起水扬，冲击圩堤，会使圩堤难以保持坚固。沈披则认为，太湖地势虽高，但坡度并不是特别陡峭。太湖与圩之间又有一段距离，湖水泄下，势头比较缓和，不会有太大的影响。如果能在堤外种植杨柳，堤下种植芦苇，则把水挡在离堤百步之外，湖水就冲不到堤上。而且，圩堤横面呈梯形，基址宽厚达数丈，上端较窄，不过数尺。圩堤的这种构造具有抵消水流冲击的作用，即使太湖水冲到了也不要紧。

沈披对这些反对意见一一作出答复，最后将调查的结果报告给转运判官谢景温，谢景温上奏朝廷，朝廷批准了他们的兴建计划，并赐粟三万斛，作为兴建的经费。但在兴建过程中，谢景温他们又遇到重重阻力。因为按照宋朝的制度，三司总管全国的财经工作，物资的出纳调用须经三司勾院的钩稽考察。宋仁宗却绕过三司，命使者拿着诏书直接到芜湖，命令动工修圩。三司勾院上书反对，宋仁宗被迫追回诏书。张颙、谢景温于是上书争辩，说修圩工程已经启动，大批的人员、物资已经调集，还说：如果修筑圩田成功，反对者必须领罪；如果修圩失败，自己也愿意接受加重处罚。于是宋仁宗命令重新开工。

当时江东一带正遭饥荒，百姓流离失所。张颙下令在属下八县招募流民，得民夫一万四千人，用八十天时间建起了一座圩田。仁宗赐名“万春圩”。圩宽六丈，高一丈二尺，长八十四里，圩内有良田一千二百七十顷。每顷田各成一块，分别用天地日月、山川草木等字命名。圩中开掘沟浦，每隔一顷开一沟，每开四沟组成一个小区，小区之间又开大沟（浍），沟中可以行船。圩中又修了一条大路，长二十二里，至北与圩堤相连。大路非常宽阔，可容两车并行。路边种植柳树。圩成后，又花四十天时间修筑了五个水门。这次筑圩，共花三万斛粟和四万钱。据沈括估算，这块圩田租给农民耕种，以二十分之三的收租率，每年可收粟三万六千斛。其他菇、蒲、桑、麻的收入，又可得五十余万钱。实际上，不到一年，就可收回成本。而且，圩田的修筑也加强了农民抵御自然灾害的能力。四年后，两浙、江南、荆湖一带大水，洪水冲垮无数民居，很多饥民流离他乡。江东的宣州、池州一带，大量圩田毁于大水，只有万春圩屹然独立，安然无恙。

据沈括说，尽管万春圩产生了立竿见影的效果，但仍有反对者恶意中伤。万春圩筑成之后，又把用剩的物资交给太平州芜湖县，让他们在万春圩东面十五里的地方另筑一圩，取名“百丈圩”。大水时，百丈圩沉入水中。反对者夸大其词，说万春圩也沉了。仁宗派使者调查，使者说百丈圩不当立，张颙、谢景温因此谪官。

需要指出的是，沈括在万春圩修建过程中不一定发挥过什么作用，但因清人吴允嘉编定《沈氏三先生文集》时误把“沈披”改作“沈括”，后人便把修建万春圩当作他的一项业绩。[①]实际上，即使他的兄长沈披，在修建过程中所起的作用也是非常有限的。真正主持这项工程的人是江东转运使张颙和转运判官谢景温。万春圩在太平州芜湖县境内，而沈披是宣州宁国县令，工程根本不在他的管辖范围之内。而且，由于万春圩的工程规模很大，人员、物资的调拨也超出了芜湖县、太平州的管辖范围，甚至知太平州事、芜湖县令都无权全面负责。能够负责这项工程的只能是江东转运使。事实上，这项工程也确实是由转运判官谢景温正式向朝廷提出、张颙具体负责实施的。为了做好这项工程，张颙甚

① 邓广铭：《不需要为沈括锦上添花——万春圩并非沈括兴建小考》，载《沈括研究》，浙江人民出版社1985年版，第16—26页。

至把转运使的治所从江宁搬到了芜湖。最后，张、谢两人因此丢官。[①]沈披在万春圩的修建中确实出了大力，但仅限于以下二事：一是受张颙之命对筑圩的可行性进行调查；二是从管辖范围内抽调民夫、粮食，以供筑圩之用。至于沈括，他在万春圩修筑过程所起的作用可能更加有限。他在海州有过兴修水利的政绩，这是否会对沈披的调查工作产生一些影响呢？由于史料缺乏，难做论断。但有一点可以肯定，此次修圩使沈括对农田水利事业有了更深的思考。

沈括的《万春圩图记》不知作于何时。序文中提到了四年后发大水、百丈圩沉水这件事，由此可以推断，《万春圩图序》应作于治平二年（1065）以后。在序文的结尾，沈括深有感慨地说，天下之财不足以相养，这不仅是老百姓所担忧的，也是为官者应该担忧的。江南地区像万春圩这样的荒地，多至数百。至于荆湖襄汉、京东青徐一带，地广人稀，弃地更多，这里的人渡江南下者不计其数。从前一说到开垦土地，普天之下竟无一人响应。沈括觉得，农田水利工作难见起色，纯是人们的观念问题。万春圩成功了，人们不信它的好处；但百丈圩一沉水底，人人都信了它的坏处。张颙、谢景温他们当初力排众议，主持筑圩，是想让人们相信圩田的好处，但最后人们只看到了它的坏处。沈括认为“处顺势者易为力，矫众违者难为功”。张颙、谢景温最后的下场，似乎是命运的安排。[②]尽管沈括在文中不禁流露出一种消极的情调，但对于圩田的好处及其可行性，他是深信不疑的。后来王安石主张兴修农田水利，沈括积极参与其中。

---

①关于张颙、谢景温全盘负责万春圩之事，刘尚恒在《也谈万春圩的兴建——试与邓广铭先生商榷》一文中做了考证（见《学术月刊》1979年第8期）。

②〔宋〕沈括撰：《长兴集》卷九《万春圩图记》，四库全书本。

第四章　上书论乐

音乐美学理论

沈括对音乐有很深的研究，撰写过多部音乐方面的专著。

从现有的史料看，沈括对音乐的兴趣，最迟在初入仕途时已显现出来。当时他写了一篇《乐论》，献给欧阳修、孙固等朝廷大臣，希望得到他们的赏识。如今他的《长兴集》中还保存着《上欧阳参政书》《与蔡内翰论乐书》《与孙侍讲论乐书》《与张舍人论乐书》四封书信。文中的欧阳参政、蔡内翰、孙侍讲分别指欧阳修、蔡襄、孙固。这些信大概写于嘉祐五年（1060）到治平初。[①]沈括的音乐专著《乐论》虽已失传，但幸好四封信至今尚存。

在信中，沈括对欧阳修说，自己曾得到古代的一部《乐说》，习而通之，对

---

① 在给欧阳修的信中，沈括称他为“参政侍郎”，赞他“为天下之师三十年余”。欧阳修于嘉祐六年（1061）到治平四年（1067）任参知政事，这是他的差遣职务。在此期间，欧阳修又先后担任过户部侍郎、吏部侍郎，至治平四年（1067）转尚书左丞，这是他的寄禄官。欧阳修在天圣八年（1030）进士及第，天圣九年（1031）任西京留守推官，至嘉祐六年（1061）正好三十年。则沈括给欧阳修写信的时间当是嘉祐六年（1061）或稍后。“内翰”指翰林学士。据《端明殿学士蔡公墓志铭》，蔡襄在嘉祐五年（1060）从知泉州任上召还任翰林学士、权知三司使，到治平二年（1065）以端明殿学士知杭州。以此推知，《与蔡内翰论乐书》当作于此数年间。沈括在给孙固的书信中称对方为“侍讲”。《续资治通鉴长编》卷二百六治平二年十月戊申条：“屯田员外郎、编排中书文字孙固为诸王府侍讲。”由此可知，《与孙侍讲论乐书》当作于治平元年（1064）或稍后。“张舍人”者，不知何人，待考。

古代圣人的作乐之意已能粗粗有所领略。这表明沈括对音乐已有了一定的研究。《梦溪笔谈》中《乐律》这部分就有二卷之多，《补笔谈》中也有若干条目。我们可以借助沈括的四封书信和《梦溪笔谈·乐律》，揭出沈括音乐理论的一个大致面目。

沈括的音乐研究大致可分为三个部分：一是对中国古代音乐的研究，二是对音乐美学的研究，三是对声学原理的研究。这三个问题分别属于历史学、美学与物理学三个学科，从中可看出沈括学识的渊博。

1.论音乐的社会作用

沈括十分重视音乐与政治的关系。在给欧阳修的书信中，他说："礼乐在天下，为用最大。"[①]在给蔡襄的书信中，他又借圣人之口说："礼乐云者，其关天下盛衰如此。"[②]沈括认为，音乐的风格和审美倾向，往往能够反映一个时代政治的清浊。古代音乐与诗歌是合而为一的。诗歌是安逸平和的，曲声也显得安逸平和；诗歌中有幽怨不平之意，曲声也表现出幽怨不平的风格。因此，在太平盛世，天下有治，音乐总是显得那么安逸，其乐融融。诗与诗中的思想，曲与曲中的音乐，无不表现出安逸和乐的旨趣。如逢乱世，天下不治，音乐就会充满了怨恨和愤怒，诗与诗中的思想，曲与曲中的音乐，无不充满了怨恨和愤怒。因此，只要听听音乐，便能"听"出一个时代的政治状况。[③]如前文所述，沈括在历史观上是一个崇古的理想主义者，他非常向往古代的礼乐文明，说："昔周之盛也，《清庙》《大明》之音作于上，《武象》《南箾》之乐兴于庭，《鱼丽》《鹿鸣》《关雎》《狸首》之声塞于天地之间，嘉祥美物备至，而天下风教习俗皆宽舒广裕，蔚然号为至平极治之时。"但到周朝灭亡，乐师散入民间。后世虽有一些君主期望达到周代的大治境界，也有名臣如汉之董仲舒、贾谊，唐之房玄龄、杜如晦，但在礼乐教化上，比之古人，只能自愧弗如。到宋朝，治理

---

① 〔宋〕沈括撰：《长兴集》卷七《上欧阳参政书》，四库全书本。

② 〔宋〕沈括撰：《长兴集》卷八《与蔡内翰论乐书》，四库全书本。

③ 〔宋〕沈括著，胡道静校证：《梦溪笔谈校证》卷五《乐律一》，第95条，上册，上海古籍出版社1987年版，第232页。

天下虽有一些成效，但终不能达到古代先王的那种仁声德泽、洋洋高致。[①]

在给欧阳修的信中，沈括对这位名重一时的执政大臣说，阁下独立一世，为天下之师三十年了。其间养育贤才，风动天下，没有不如意的。有些事情没有做到，只是因为缺乏两个条件：一是天下之时，二是朝廷之位。现在阁下已经荣任参知政事，既得天下之时，又得朝廷之位。天下之人，对于阁下如何施政，都抱着很高的期待。沈括认为，举天下之政应从大者着手。那么，政之大者是什么呢？一言以蔽之，礼乐而已。因此，沈括建议欧阳修应把礼乐当作施政的头等大事。[②]这虽然是给欧阳修的建议，却也寄寓着沈括自己的政治理想和礼乐观点。

沈括的这种音乐观与当时社会的主流思想是完全一致的。如他的同时代人周敦颐就认为音乐是为了政治而作的。政治清明，百姓生活安定，人心和乐，因此圣人创作音乐，使人民心境平和，并感通天地自然、神祇万物，达到天人合一的和美境地。[③]但到后世，礼法不修，政乱刑繁，在上者纵欲无度，在下者穷困潦倒。他们认为古代的音乐是不值一听的。在这种情况下，新的音乐不断产生，里面充斥着淫荡之声、幽怨之叹，引诱人们的欲望，增添人们的悲愤，因此产生了很多贼君弃父、轻生败伦的事情。[④]周敦颐的看法比沈括更加偏激，言辞更加夸张，但两人在音乐上都崇古薄今，都希望用古代圣人的乐章来改造现实的政治。在这一点上，他们是一致的。

沈括在后来的一生中，最高的官位是做到三司使，主管全国的财经工作，而他参加王安石变法，变法的内容也局限在财经、军事方面，他以礼乐达到至治的政治理想未能实现。但在具体的工作中，沈括还是非常重视音乐的现实作用。如他曾任鄜延路经略安抚使、知延州事，指挥宋朝军队的对夏战事。他在延州任上时，常见士兵得胜回来，高唱凯歌。他认为这是古人遗留下来的音乐，但他嫌歌词过于粗俗，于是亲自创作了几十首歌曲，让士兵歌唱。其中两首歌

① 〔宋〕沈括撰：《长兴集》卷八《与蔡内翰论乐书》，四库全书本。

② 〔宋〕沈括撰：《长兴集》卷七《上欧阳参政书》，四库全书本。

③ 〔宋〕周敦颐：《通书·乐中第十八章》，载《周敦颐集》，岳麓书社2002年版，第39页。

④ 〔宋〕周敦颐：《通书·乐上第十七章》，载《周敦颐集》，岳麓书社2002年版，第38页。

词是这么写的：

> 先取山西十二州，别分子将打衙头。
> 回看秦塞低如马，渐见黄河直北流。
>
> 天威卷地过黄河，万里羌人尽汉歌。
> 莫堰横山倒流水，从教西去作恩波。[①]

歌词豪迈雄壮。这种做法正体现了沈括对音乐的社会作用的重视。

2. 论音乐的创作与表演

沈括乐论的过人之处在于，他不仅重视音乐的社会作用，也重视表演者、听众的内心感受。在论述这个问题时，他仍借助先王之乐进行阐述。《尚书·虞书》中有一句话："戛击鸣球，搏拊琴瑟以咏，祖考来格。"什么意思呢？"戛击"是指敲打敔、柷这两种乐器。"鸣球"是指一种圆形的磬。"鸣球"本来是不应该"戛击"的，但当演奏的音乐达到一种非常和谐的境界时，光靠歌唱已不足以表达内心感动，就忍不住要"戛击鸣球"。同样道理，琴瑟本来是用来弹奏的，但当音乐达到一种非常和谐的境界时，光靠歌唱已不足以表达内心感动，人们就敲打琴瑟，以宣泄内心的激动，甚至手舞足蹈自己还不知道。由此可见，音乐的和谐是发自内心的。但后世的一些"音乐人"，只做一些表面的功夫，而不抒发内心的感受。他们把自己的工作重心放到节奏、音律这些表面功夫上。沈括认为古代的乐师并不如此浅薄，他们致力于了解人们的思想志趣，或悲哀，或快乐，内心产生真实的感受，然后把它表现到音乐中。因此，沈括认为古代乐师创作的音乐中寄寓着他们的思想感情，他们的音乐之所以如此感人，并不是光靠演奏的技巧。[②]"和"是古代很多音乐家共同追求的美学境界。在这里，

---

① 〔宋〕沈括著，胡道静校证：《梦溪笔谈校证》卷五《乐律一》，第90条，上册，上海古籍出版社1987年版，第224—225页。

② 〔宋〕沈括著，胡道静校证：《梦溪笔谈校证》卷五《乐律一》，第100条，上册，上海古籍出版社1987年版，第243—244页。

沈括并没有空洞地讲政治的安定、心境的平和，而更多地强调了音乐与内心的一致。

在歌曲的创作中，沈括同样强调音乐应该真实表达人们内心的感受。他说，古代的诗歌都是用来吟咏的，然后依韵谱成曲子，叫作“协律”。诗歌与音乐是密不可分的。任何一首诗，都有与它相应的“和声”，称为“曲”。《古乐府》有歌词，也有和声，两者缺一不可，书写时也要一起写出来，才算完整。唐人开始用词填曲，不再使用“和声”，使歌词与乐曲渐渐相脱离。到现在，仅有民间的一些歌曲如《阳前》《捣练》等还保持着旧时的传统。然而，唐人以词填曲，歌词悲则乐曲悲，歌词喜则乐曲喜，两者还保持着内涵的统一。而到现在，人们再也不懂得其中的区别了，哀怨的曲调，却用来填写快乐的歌词；快乐的曲调，却用来填写哀怨的歌词。因此，虽然歌词写得很深刻，却不能使人感动，实在是乐声与词意不一致的缘故。[①]

宋代有“诗声之辩”。郑樵认为“诗在于声，不在于义”[②]。谈到音乐的产生，南宋大儒朱熹曾讲：“诗出乎志者也，乐本乎诗者也。然则志者诗之本，而乐者其末也。”[③]他的观点与沈括有相一致的地方。不过，朱熹的议论比较偏激，他认为在志、诗、乐三者中，乐是最微不足道的。沈括的观点介于郑樵与朱熹之间，他认为音乐创作必须做到声意相谐，乐与志、诗一样重要。

沈括对于“意”的重视和审美趋向也可从《梦溪笔谈》中越僧义海的故事中得到反映。据说，太宗太平兴国年间有个琴待诏，鼓琴之艺天下第一。京师僧人夷中向他学习了弹琴的技法，后来夷中又把这门技术传给义海。义海到越州法华山练习琴艺，十年不下山，手不释弦，昼夜练习，终于掌握了琴艺的奥妙。天下有很多人向义海学习弹琴，但从没有一人能达到他那样的境界。后来义海老了，他的琴艺可能就要失传。义海擅长书法，也能写写文章，与士大夫

---

① 〔宋〕沈括著，胡道静校证：《梦溪笔谈校证》卷五《乐律一》，第95条，上册，上海古籍出版社1987年版，第232页。

② 〔宋〕郑樵撰，王树民点校：《通志二十略》，中华书局1995年版，第887页。

③ 郭齐、尹波点校：《朱熹集》卷三七《答陈体仁》，第3册，四川教育出版社1996年版，第1674页。

多有交游，沈括大概也听过他的演奏。他认为，义海之所以琴艺绝伦，并不在于声音本身，而在于其中的神意。“意韵萧然，得于声外”，这是众人所达不到的。①

除此之外，沈括对唱歌艺术也有一定的研究。他借古代一个善歌者的话说，唱歌应该做到“声中无字，字中有声”八字。曲只不过是一系列清浊高下各不相同的声音。至于字，因发音部位的不同，有喉音、唇音、齿音、舌音等，各不相同。唱歌时，应使每个字都圆润清晰，融入声中；转腔换字，中间圆融自然，不夹杂音，这就叫“声中无字”。这种情况，古人称作“如贯珠”，后来人则称作“善过渡”。打个比方说，一个字是宫声的，而歌曲的曲调是商声的，这时歌手就应该用商声来演唱宫声的字，这就叫作“字中有声”。善于唱歌的人把它叫作“内里声”。那些不善唱歌的人，唱出来的歌没有抑扬顿挫的感觉，人们称之为“念曲”；有些人声音中没有感情，唱歌味同嚼蜡，人们称之为“叫曲”。②

沈括这里所说的“声中无字，字中有声”和“内里声”实际上就是今天歌唱方法中的融字法与发声法。“声中无字”是对全局而言，在发声过程中，要使歌声连贯持续，婉转灵活，像一条线，不要因为吐字而造成块垒，使人感到疙疙瘩瘩不流畅。歌唱时，要把字像珠子一样串在一条线上，与声音结合在喉中，不论是唇、舌、齿、牙、喉各部位的音，动作之后必须返回到喉口（内口）与声音结合，才能做到“声中无字”。从某种意义上说，不是声中无字，而是听不到声外之字，所有的字都融于声音之中。“字中有声”是说局部的，要求每个清晰而富于韵味的字，都有饱满而悦耳的声音支持着。伴随着美妙声音的字，才是歌唱的语言所需。它和生活语言不同，这种艺术语言须在一定高度的旋律上说清楚才行，这就要求说字唱声高度融会，否则不是念就是喊。③

---

① 〔宋〕沈括著，胡道静校证：《梦溪笔谈校证·补笔谈》卷一《乐律》，第530条，下册，上海古籍出版社1987年版，第913页。

② 〔宋〕沈括著，胡道静校证：《梦溪笔谈校证》卷五《乐律一》，第92条，上册，上海古籍出版社1987年版，第231页。

③ 琚清林：《从〈梦溪笔谈〉探北宋唱论》，《河南大学学报（社会科学版）》，1992年第5期。

实际上，在上面这段文字中，除了强调“声中无字，字中有声”，沈括还特别指出了“含韫”的重要。也就是说，歌中如无“含韫”，干巴巴的，只能称为“叫曲”，而不能算是唱歌。在前引琴僧义海的例子中，沈括以非常欣赏的笔调叙述了义海杜门不出、苦练琴艺的执着，但他更佩服义海演奏中那一份“意韵”。在这里，沈括在论述歌唱技巧的同时，也强调了“含韫”的重要。由此可见，在音乐表演上，沈括是把技巧与感情看得一样重要的。

3. 重视民间艺人

沈括在《上欧阳参政书》中有这么一段话：

> 然观古者至治之时，法度文章大备极盛，后世无不取法。至于技巧器械，大小尺寸，黑黄苍赤，岂能尽出于圣人，百工群有司市井田野之人莫不预焉。其卒使天下之材不遗而至于大备极盛，后世无不取法，在所用之何如耳。①

沈括非常重视乐工与民间艺人的创作活动，《梦溪笔谈》中用很多篇幅记述他们的故事。自古以来，那些俗文化在刚诞生时总被统治者当作异端加以排斥，后来又被迫接纳，最后将其升格为雅文化；接着又有一种俗文化诞生，被排斥，又被接纳。中国的文化史上一直演绎着这样一种循环。所谓先王的宫廷雅乐，究其最初的源头，也来自民间，但在后世，被认为是圣人所制。这些乐曲一旦被尊为典章，身价骤涨，反与民间脱离了联系。沈括虽不敢否定先王的业绩，但他充分肯定“百工群有司市井田野之人”的音乐创作，实属难能可贵。

当然，沈括毕竟是古代的一个普通士大夫，他对民间音乐的推崇也是非常有限度的。他在晚年写作《梦溪笔谈》时也曾斥责郑卫之声和世俗音乐，认为只有琴声才是正声。②当然，这也可能是因为沈括的《上欧阳参政书》作于年轻的时候，当时他的思想富有朝气、充满活力，但《梦溪笔谈》作于晚年，那时

① 〔宋〕沈括撰：《长兴集》卷七《上欧阳参政书》，四库全书本。

② 〔宋〕沈括著，胡道静校证：《梦溪笔谈校证・补笔谈》卷一《乐律》，第540条，下册，上海古籍出版社1987年版，第919页。

他的美学思想大概有所变化了。

音乐史的记述与研究

沈括音乐史研究的成绩表现在以下三个方面：一是对清乐与燕乐的研究，二是对古代乐器的研究，三是纠正古代音乐上的错误记载。下面分别进行论述。

1.对清乐与燕乐的研究

《梦溪笔谈》卷五《乐律一》对古代音乐史有一个概括性的论述："外国之声，前世自别为四夷乐。自唐天宝十三载，始诏法曲与胡部合奏，自此乐奏全失古法。以先王之乐为'雅乐'，前世新声为'清乐'，合胡部者为'宴乐'。"① 在这里，沈括把在此之前的音乐分为三个阶段，一是先王之乐，实际上是西周的宫廷音乐。当然，这个先王之乐吸纳了前代之乐、民间音乐及周边少数民族的"四夷乐"。二是清乐，是古代汉族的民间音乐，盛行于两汉、南北朝，到隋朝以后被官方公认为华夏正声。三是宴乐，宴乐又称燕乐，是古代贵族用于宴会、娱乐的音乐，也多取材于民间音乐，同时吸收了很多外来音乐的成分。到唐代燕乐取代清乐，创造了中国音乐发展史上继古代先王之乐、汉魏清乐之后的第三个音乐高峰。②

沈括说："古乐有三调声，谓清调、平调、侧调也。"这里的"古乐"即指清乐。清调、平调、侧调这三种调式起源于汉代的民间音乐，到南北朝时改称"清商三调"，到隋唐时才称为"清乐"。据沈括记载，宋代乐曲中也有这三种曲调存在，曲子比较短小，声音激越急促，仅用于道调、小石调等法曲中，虽然仍被称为"三调乐"，实际上与古代的清、平、侧三调已经有很大不同了。但与正统的雅乐相比，它还保持着民间音乐的一些特点：乐声复杂多变而急促。③

---

①〔宋〕沈括著，胡道静校证：《梦溪笔谈校证》卷五《乐律一》，第94条，上册，上海古籍出版社1987年版，第232页。

② 许建平：《〈梦溪笔谈〉对我国古代音乐史的贡献》，载《沈括研究》，浙江人民出版社1985年版，第249—250页。

③〔宋〕沈括著，胡道静校证：《梦溪笔谈校证》卷五《乐律一》，第96条，上册，上海古籍出版社1987年版，第233页。

沈括在《梦溪笔谈》中还记载了大曲曲式的变化。一首大曲，从头至尾演唱的，称为“大遍”，包含有序、引、歌、䆗、嗺、哨、催、攧、衮、破、行、中腔、踏歌等不同的层次。每个层次各有几十段，每段又反复重叠。但到宋代，演奏大曲，不过选用其中几个段子，称为“摘遍”，这已经不是原来的“大遍”了。①

沈括在《梦溪笔谈》中特别记载了《柘枝》舞曲来说明唐宋时大曲的变化。《柘枝》原是唐代大曲，有很多遍数，就如《羯鼓录》《浑脱解》一样，但到宋代就没有那么多遍数了。这种舞曲源自西域，在唐代传入中国后逐渐汉化。它要求演奏时节奏多变，舞蹈时动作快速。曾在宋真宗时担任宰相的寇准特别喜欢这种歌舞，每次宴请客人，一定要跳柘枝舞，每跳必尽日，被人称为“柘枝颠”。据说，凤翔府有一个老尼姑，原是寇准的舞女。她说寇准时柘枝舞还有几十遍，但到后来已不足原来的十之二三了。②由此可见，入宋以来大曲的简化正发生在沈括出生前后的数十年间。

《梦溪笔谈》中记载燕乐的内容更多。在《补笔谈》中，沈括记载了燕乐二十八调的名称和构成。而在此之前，宋仁宗在《景祐乐髓新经》中记载了八十四调的调名。排出八十四调，实质是为了炫耀雅乐的崇高地位，并没有实际意义。宋仁宗亲制雅乐乐曲，也没有用全八十四调。将宋仁宗的八十四调与沈括的燕乐二十八调进行对比，填入宋教坊所凑的曲调调名，可以发现沈括所述二十八调已基本包容了教坊使用的曲调。而且，根据沈括的记载，七角调应处于变宫的位置上，而宋仁宗将七角调放在正角位置上。蔡元定《燕乐书》二十八调与张炎《词源》八十四调经过考证，证明沈括的记载是正确的。沈括是唯一正确记载北宋燕乐二十八调的人。这些记载已经成为人们研究唐燕乐二十八调关系的依据之一。

沈括还详细记录了燕乐各调、调式所用的音域，这是他对燕乐研究最重要

---

①〔宋〕沈括著，胡道静校证：《梦溪笔谈校证》卷五《乐律一》，第88条，上册，上海古籍出版社1987年版，第222页。

②〔宋〕沈括著，胡道静校证：《梦溪笔谈校证》卷五《乐律一》，第91条，上册，上海古籍出版社1987年版，第223页。

的贡献之一。音、音域、调、调式，构成音阶的基本要素，是音乐理论的基础。沈括的记载使人们用今天的音乐理念来研究北宋燕乐的音阶、调及调式成为可能。除此之外，沈括还记录了正犯、偏犯、傍犯之类的转调手法，正杀、寄杀、偏杀、侧杀、递杀、顺杀、元杀之类的结音形式和偏字、傍字、双字、半字之法，反映了北宋音乐的新发展。

音乐的基本要素是音符与节奏。沈括在《补笔谈》中记录了敦、掣、住三种表示节奏的符号。他说："乐中有敦、掣、住三声，一敦一住，各当一字，一大字住当二字，一掣减一字，如此迟速方应节。琴瑟亦然。"[①]在这里，敦、住指一个长短单位，近似于现在的一拍；一大字住为两个长短单位，约等于两拍；一掣为二分之一长短单位，约为半拍。沈括的这段文字是对音乐节奏最早、最珍贵的记载之一，它是我们现在研究姜白石歌曲旁谱节奏疑难问题的重要资料。沈括接着又说："更有折声，唯合字无，折一分、折二分、至于折七八分者皆是。"他所说的折几分是指装饰音本身的长短强弱，也是其他书籍中所未见的。

现在的音乐史研究家对沈括的记述有很高评价，许建平先生说：

> 纵观我国古代音乐史（就现今所存史料而言），在沈括之前，尚无人如此深入、细致、内行地总结、记录下这样珍贵的音乐史料。他是第一个记载纯音乐史料，并流传下来，为今人所理解的人。他使后人对古代音乐的研究能深入到较广泛的音乐领域中去。北宋之前，曾盛极一时的"雅乐"、"清乐"、隋唐的"燕乐"，都无法达到对北宋"燕乐"这样的研究水平。因为上述这些最基本的音乐史料（音阶、调、调式、节奏等），在古书上少得出奇。可见沈括的记载是多么珍贵。他确实是一位音乐上的行家。《笔谈》对我国古代音乐史有不朽的贡献！[②]

---

① 〔宋〕沈括著，胡道静校证：《梦溪笔谈校证·补笔谈》卷一《乐律》，第538条，下册，上海古籍出版社1987年版，第918页。

② 许建平：《〈梦溪笔谈〉对我国古代音乐史的贡献》，载《沈括研究》，浙江人民出版社1985年版，第264—265页。由于笔者对音乐比较外行，以上对沈括音乐史研究的论述，同样是依据了许建平的研究成果，在此一并注明，并致谢意。

2.对古代乐器的研究

《梦溪笔谈》中有不少篇幅是专门介绍各种古代乐器的。如其中一条讲到，开封府相国寺内有一幅壁画，据说是宋初著名画家高益的作品。画面中是几个乐工一起演奏音乐的场面，画得颇有趣味。里面有一抱琵琶的乐工，正拨动琵琶的下弦。人们常常指责高益，说他画错了。为什么呢？因为所有的管乐都发“四”声，这个乐工却在拨下弦。但沈括觉得高益没有错。他认为其他管乐器是靠手指拨离孔发声的，琵琶则是靠拨子拨过发声的。这个乐工拨动下弦，声音却发在上弦，因此高益不仅没有画错，还是一个精通音乐的画家。[①]沈括在文中赞叹高益匠心高妙，这也反映出他本人对乐器的研究是多么深入，他的音乐素养在当时的士大夫中无疑是出类拔萃的。

笛在中国起源甚早，沈括在《梦溪笔谈》中对笛做过一番考证。他说，马融《长笛赋》中有一句话：“裁以当篴便易持。”李善给它作注，说“篴”是马鞭（作马鞭解时，“篴”是“棁”的异体字），因此拿在手上很方便。沈括认为这种说法是错误的。篴，在此句中是管的意思。古人称管乐器为篴。潘岳在《笙赋》中说：“修篴内辟，余箫外逶。”“裁以当篴”的意思是指其他乐器往往要很多管组合在一起才能演奏音乐，而笛子只有一根管子，却五音俱全；因而制造的工艺非常简单，也容易拿在手上。[②]

笛有雅笛、羌笛之分，对于它们的形制、起源，历史上有不同的说法。《周礼》提到笙师掌教篪笛。也就是说，周代有笙师，负责教授篪、笛乐器的演奏。也有人说，汉武帝时有个叫丘仲的人才开始造笛。又有人认为笛子起源于羌人。后汉时，马融作《长笛赋》，里面说到一种长笛，空心无底，上面穿五个孔，其中一孔在背上。那样子，就似宋代的“尺八”（一种乐器）。李善为马融的《长笛赋》作注，说它“七孔，长一尺四寸”。沈括认为李善的说法是错误的。李善所说的笛，实际上并不是马融所说的笛。由于两者都叫作“笛”，所以搞错

---

①〔宋〕沈括著，胡道静校证：《梦溪笔谈校证》卷十七《书画》，第279条，上册，上海古籍出版社1987年版，第542页。

②〔宋〕沈括著，胡道静校证：《梦溪笔谈校证》卷五《乐律一》，第107条，上册，上海古籍出版社1987年版，第262页。

了。[①]这样，沈括以自己丰富的知识纠正了人们长期以来对古笛的误解。

沈括对古乐器的研究，一个重要方面就是利用考古学、文字学的知识来研究乐器。北宋中期以后，金石学的兴盛标志着中国古代考古学进入成熟期，当时的士大夫如欧阳修、吕大临等人对金石有特别的研究，并写出了《金石录》《考古图》等传世名作。这些著作中著录了钟、铙等各种古代金石乐器。生长在这样的时代环境中，沈括对考古也有一种特别的爱好。

《梦溪笔谈》中记载了一件空心的甬钟。沈括说，现在太常礼院的钟镈，都把纽置于甬的根部，称为“旋虫”，挂在甬的一侧。皇祐年间，大概是沈括在杭州为父守丧的时候，杭州西湖边出土了一口古钟，又扁又短，钟乳长近半寸。其形制跟《考工记·凫氏》中记载的差不多。甬内部是中空的。甬上半部略小，这就是所谓的“衡”。沈括怀疑，甬之所以中空，可能是钟绳要从中间穿下去的缘故。在衡、甬中间，用横栝把它系住。这横栝，沈括怀疑就是所谓的“旋虫”。沈括又从文字学上对甬进行分析，他说，“竹筩”的“筩”字，从竹，从甬。而筩即是筒，它也是中空的。由此看来，“甬”大概有中空的意思。而且，钟的上半部，也就是人们称之为“衡”的这个地方，又稍稍小于甬，因此在钟的里面，在衡、甬之间可以放一根横栝，可用绳子把它系住，悬挂起来。假如衡、甬都是实心的，那么两者可以一样大小，没有必要把衡做得小一些。而且，沈括觉得，钟的上部之所以称为“衡”，可能就是由于绳子系在横栝中间，仿佛一杆秤，起到了平衡的作用。而且，这横栝中间系着一根绳子，它可自由旋转，而它的形状像一条虫，因此被人称为“旋虫”。[②]这种甬钟，因为无柄，如何悬挂，历来没有定说。沈括不但从文字学的角度对甬钟、衡的由来进行了合情合理的解释，而且对悬挂方法进行了探讨。考古学家夏鼐认为，他的说法虽不能作为定论，但是可备一说。[③]

---

①〔宋〕沈括著，胡道静校证：《梦溪笔谈校证》卷五《乐律一》，第108条，上册，上海古籍出版社1987年版，第264—265页。

②〔宋〕沈括著，胡道静校证：《梦溪笔谈校证》卷五《乐律一》，第104条，上册，上海古籍出版社1987年版，第253—254页。

③ 夏鼐：《沈括和考古学》，《考古》，1974年第5期。

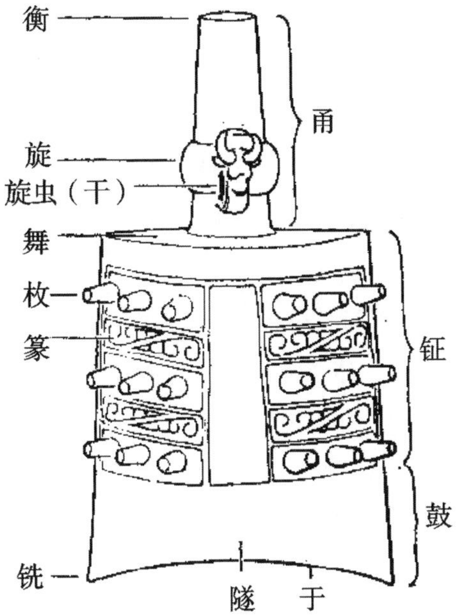

甬钟各部分名称

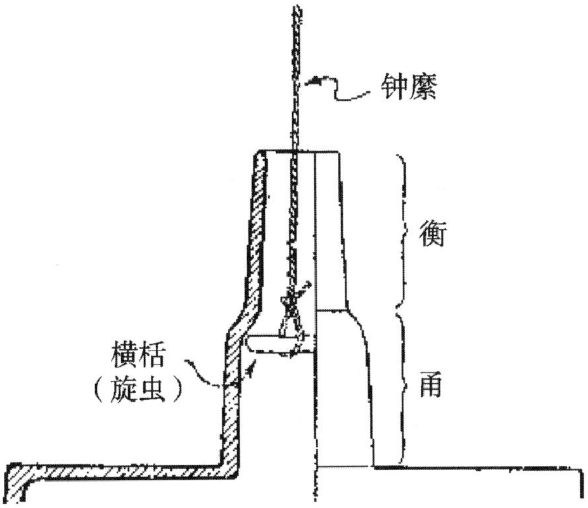

沈括空柄甬钟悬挂法

（以上二图采自夏鼐《沈括和考古学》，《考古》，1974年第5期。）

《梦溪笔谈》中还叙述了羯鼓的历史。沈括说，《羯鼓录》的序言中谈到羯鼓的声音，说羯鼓声音紧促，又传得高远，与其他乐器的声音极不相同。唐玄宗曾与李龟年谈论羯鼓，说演奏羯鼓时光敲坏的鼓杖就放了四柜。由此可见，练习羯鼓要下很深的功夫。唐代的羯鼓曲，到宋代已渐渐失传。到沈括时，据说只有邠州一个老年人能够演奏，他演奏的曲子有《大合蝉》《滴滴泉》等名目。沈括曾任鄜延路经略安抚使、知延州事，邠州就在附近，因此有机会听到过他的演奏。后来，泾原承受公事杨元孙把这事奏报朝廷，皇帝命他把这个人带到皇宫里来，可惜等杨元孙到邠州时，这个老人已死，唐代流传下来的羯鼓曲便从此失传了。宋代的乐部中虽然记载着羯鼓曲，却有名无实。那种急促而又传得高远的乐声，人们再也听不到了。①

《梦溪笔谈》还提到了唐代的杖鼓，因为演奏时两头都要用杖敲击，被人称为“两杖鼓”。但到宋代，所谓的杖鼓，已和唐代大不相同了。宋人演奏杖鼓时只在鼓的一头用手拍打。据说，唐玄宗和宋璟都善于演奏这种乐器。在唐代，杖鼓的曲子大多是独奏的，如《突厥盐》《阿鹊盐》都是唐代的杖鼓曲。但到宋代，杖鼓很少再成为独奏的乐器，只在平常用来打打拍子。而杖鼓的曲子也都快散失殆尽了。②

唐宋时期是中国历史发生巨大转变的时代，这种转变不仅体现在经济制度、社会风俗的变迁和人们思想观念的变化上，在诗歌、绘画、建筑、音乐等各种艺术形式上也有或多或少的反映。沈括敏锐地感觉到了这种变化，并调动他身上的“艺术细胞”，把音乐史上的这种变化记录下来，成为我们今天了解唐宋时期音乐艺术的一扇窗子。

3. 纠正音乐史中的错误记载

伴随着儒学革新运动的展开，宋代思想界出现了一股疑古思潮，重新探讨传世的儒家典籍。开始时他们质疑前人注疏的正确，后来甚至连经本身也怀疑

---

①〔宋〕沈括著，胡道静校证：《梦溪笔谈校证》卷五《乐律一》，第86条，上册，上海古籍出版社1987年版，第219—220页。

②〔宋〕沈括著，胡道静校证：《梦溪笔谈校证》卷五《乐律一》，第87条，上册，上海古籍出版社1987年版，第220页。

了。当时思想界的一些领袖人物如欧阳修、王安石、司马光，都是这股疑古思潮的代表人物。他们撇开后世的传注，完全用自己的眼光来解释经典，甚至抛开经典直接与古代的圣人进行思想上的对话。这股风潮对后来王安石新学以及理学的产生起了直接的催化作用。它甚至对历史学也产生了深远的影响，出现了众多以考据著称的史学笔记，如《容斋随笔》《困学纪闻》等。沈括的《梦溪笔谈》便是其中的佼佼者。

受当时整个社会风气的影响，《梦溪笔谈》中多有对前人错误观点的批判，在沈括对音乐史的探索中也不例外。上文沈括对笛的考证，便是其中一例。类似的例子还有不少。如沈括讲到千古名曲《广陵散》的得名，认为历史上存在着一些错误认识。唐人卢言著《卢氏杂说》，便说曹魏的灭亡肇端于王陵、毋丘俭等人在广陵败散，因此嵇康谱曲，名为《广陵散》。但沈括认为，散跟弄、掺、淡、引等一样，本身就是一个曲名，并没有"败散"的意思。[①]

又如，《唐国史补》中记载了这么一件事，说有人拿着一幅《按乐图》给王维看，王维一看，便说这是在演奏《霓裳羽衣曲》的第三叠第一拍。那人不信，叫人来演奏《霓裳羽衣曲》，演到第三叠第一拍，恰好就是画中的模样，这才信了。但沈括认为不可能有这样的事。他说，要画奏乐图，因画面是静态的，所以只能画出演奏某一个声音时的"特写"。但这个音可能在很多曲中存在，不独《霓裳羽衣曲》第三叠第一拍时才有。也许有人会说，可能《霓裳羽衣曲》演到第三叠第一拍时有些特殊的舞蹈动作或特殊的演奏动作。沈括认为这种说法同样是经不起推敲的。因为《霓裳羽衣曲》共有十三叠，其中前六叠是没有节拍的，到第七叠才开始有，叫作"叠遍"。也正是从第七叠开始，演奏中才会有节拍和舞蹈动作。沈括举白居易的《霓裳羽衣歌（和微之）》诗为证：诗中有"中序擘騞初入拍"之语。其中的"中序"就是指第七叠，表明《霓裳羽衣曲》到第七叠才开始"入拍"。因此，演奏到第三叠时是不可能出现节拍动作的。由此可见，王维《按乐图》的故事纯属无稽之谈。如果有人说，他看《弹琴图》，

---

① 〔宋〕沈括著，胡道静校证：《梦溪笔谈校证》卷五《乐律一》，第106条，上册，上海古籍出版社1987年版，第259—260页。

看出是在弹《广陵散》，这还可信，因为《广陵散》中有几个声音是其他曲子中没有的。[①]音乐与绘画本是两个并不相同的艺术门类，一个是听觉艺术，一个是视觉艺术，但当绘画中出现音乐演奏的场面时，这两种艺术便发生了联系。沈括既擅长绘画，又通晓音乐，利用自己丰富的音乐知识，揭出了所谓王维《按乐图》故事的虚妄。

声学研究

乐理是和声学相联系的。沈括通过对声学现象的观察来研究乐理，提出一些独创的见解。他对乐器共振现象的观察和分析是其中一例。

在周期性变化的外力作用下，当外力的频率与振动体固有频率很接近或一致时，振动的幅度就急剧增大，这种现象叫作共振。《梦溪笔谈》中有很多共振现象的记录。如《梦溪笔谈・器用》中讲到古人用牛皮制作箭囊，睡觉时当枕头用。因为箭囊里面是中空的，数里外有人马经过都能听到。这是声学原理在古人军事实践中的运用。这则记录中实际上包含了两个物理现象：一是声表面波，即拿中空的箭囊当枕头，通过地面的固体来接受远处传来的声音；二是亥姆霍兹共鸣器的道理，箭囊中的空气共振可以使一些微弱的声音放大。有关这两个问题的研究，至今仍不过时，沈括把它解释为“虚能纳声”之故，就是说，中空的物体能够容纳声音。这种解释是不准确的，但也算难能可贵了。[②]

沈括对共振现象更多、更深、更准确的论述是在《梦溪笔谈・乐律》中。《梦溪笔谈》卷六《乐律二》写道：

古法，钟磬每虡十六，乃十六律也。然一虡又自应一律，有黄钟之

---

① 〔宋〕沈括著，胡道静校证：《梦溪笔谈校证》卷十七《书画》，第282条，上册，上海古籍出版社1987年版，第544—545页。

② 〔宋〕沈括著，胡道静校证：《梦溪笔谈校证》卷十九《器用》，第322条，下册，上海古籍出版社1987年版，第628页。南京大学物理系科学史研究组：《沈括的〈梦溪笔谈〉和我国古代物理学》，《南京大学学报（自然科学版）》，1975年第2期。

虡，有大吕之虡，其他乐皆然。且以琴言之，虽皆清实，其间有声重者，有声轻者。材中自有五音，故古人名琴，或谓之清徵，或谓之清角。不独五音也，又应诸调。予友人家有一琵琶，置之虚室，以管色奏双调，琵琶弦辄有声应之，奏他调则不应，宝之以为异物，殊不知此乃常理。二十八调但有声同者即应；若遍二十八调而不应，则是逸调声也。古法：一律有七音，十二律共八十四调。更细分之，尚不止八十四，逸调至多。偶在二十八调中，人见其应，则以为怪，此常理耳。此声学至要处也。今人不知此理，故不能极天地至和之声。世之乐工，弦上音调尚不能知，何暇及此？①

中国古代常用律吕指代音乐之学。律吕是六律、六吕的简称。两者相加，即成十二律，指十二个标准音高（基频），依次为黄钟、大吕、太簇、夹钟、姑洗、中吕、蕤宾、林钟、夷则、南吕、无射、应钟，逢单的六个称六律，逢双的六个称六吕。这十二律频率能与现在国际通用的十二平均律一一对应，而且差异很小。

中国古代常用敲击乐器如钟磬来确定音高的基准。《梦溪笔谈》中所谓“钟磬每虡十六”即指十六个悬挂起来编成一组的钟磬，虡是指悬挂乐器的架子。十六个钟磬便形成“十六律”。十六律是指十二律加上重复的四律。而每一虡各自对应于某一律，因此有黄钟之虡，有大吕之虡。这些敲击乐器中以黄钟为音高基准的就称黄钟之虡，以大吕为音高基准的就称大吕之虡，以下依此类推。这就如现在的笛子有C调笛、G调笛一样。

沈括又以琴为例加以说明。中国古代有宫、商、角、徵、羽五声音阶，相当于现在简谱中的1、2、3、5、6。沈括说，琴音清脆厚实，但其间又有声重、声轻之分。人们用不同的材料如金、石、丝、竹、匏、革、土、木等制造乐器，这些乐器有一定的大小、厚薄，当其受到敲击、弹拨或用其他方式激发时，总存在着固有的频率。不同的琴，因为材质不同，很难有频率完全一致的，由此

① 〔宋〕沈括撰：《梦溪笔谈》卷六《乐律二》，四库全书本。

给人造成听觉上的音质差异。因此古人名琴，或称作清徵，或称作清角。

不同材料制成的乐器不仅各有五音，还对应多种调式。在上面这段引文中，沈括说他一个朋友家里珍藏着一把琵琶，放在空房里，用管乐器奏双调时，琵琶的弦会共振，而演奏其他曲调时不会发生共振，很是怪异。沈括认为这不过是常理。他说，在二十八调中，只要声音相同，就会发生共振。如果遍奏二十八调仍不发生共振，那么它就是二十八调之外的一种“逸调”了。古人有一种规定：一律有七音，形成七调，十二律形成八十四调。再往细分，还不止八十四调，因此就会有很多“逸调”。两种乐器的声音偶然间是一个调的，就会发生共振。人们就觉得很奇怪，其实这是再正常不过的事。沈括认为这正是声学的奥妙所在。

在这里，沈括对“弦相应”的现象进行了解释。他已经发现了这种共振现象的初步规律是基频相同，并发现振动物体和系统存在着固有频率。像琴这种弦乐器不是单一的振动系统，它的音乐同组成的材料以及如何激发等都有关系。有鉴于此，沈括用“声重”“声轻”对不同的琴音质上的不同进行了区分。

在西方，共振现象是由伽利略在1638年首先描述的。他在自己的著作中对共振的分析更深入到了物理的本质，还有与之相应的数学分析。这一点是沈括远远不能比的。但他在那么早的年代、在那样的文化环境中能对声学作出这样的研究，也已远远走在时代的前面了。而沈括对此也是非常自负的。他说，现在人们都不知道这样的乐理，因此不能明白“天地至和之声”[①]。

为了达到最佳的音乐演奏效果，古代人对乐器的制造十分讲究。在对乐器材质的辨别、选用和研究过程中，人们也不自觉地对声音在固体物质中的传播进行了探讨。古琴是中国特有的乐器，也是最重要的一种乐器。木料和琴声很有关系，适宜的木料做成的古琴传声好，能使琴声具有非同一般的音质。沈括不但揭开了材质、共振与琴音的关系，而且把这一套原理用于乐器制作的实践中。他发现，琴虽用桐木制成，但不是一开始就会发出激越清亮的声音。必须

① 以上分析参考魏荣爵、周衍柏、冯壁华、潘根、路权：《沈括在古代物理学方面的贡献》，《中国科技史料》，1987年第3期。

把木材保存多年，等到桐木中的水分都蒸发干了，声音才能激越清亮。沈括曾见过唐初的一台路氏琴，琴木都已经干枯了，但弹奏起来，琴音清越。沈括还见过一个叫陶道真的人，来自越地，珍藏着一台越琴，据说是用人家坟墓中一块杉木破棺材板制成的，演奏起来声音刚劲。有鉴于此，沈括对制琴的木料提出四个要求：轻、松、脆、滑。他称之为“四善”。沈括讲的制琴经验非常科学。琴的发声原理是通过弦振动引起共鸣箱内的空气振动而发出声音。如果木材太湿、太重，就不利于声音的传导，发出来的声音低沉混浊。而木质干、轻、松的特性，都有利于传导振动，奏出美妙的声音。①由此，沈括主张采用胶质已脱、水分已干、年岁已久的桐木来制琴，由于琴材干透，分量很轻，容易接收振动，声音也就能清澈高扬。

沈括还以钟为例介绍了乐器形状对音质的影响。他说古代的乐钟都是扁的，就像两片瓦合在一起。钟圆声音长，钟扁声音短。后人不了解这一点，把所有钟都制成扁钟的形状，敲打得急时，只发出晃晃的声音，再也分不出声音的高低了。②

这里沈括所说的钟圆声音长、钟扁声音短，是指圆钟敲打时有延长音，扁钟无延长音。钟的振动发声，是来自曲板的振动。它在全面振动的同时，还做各种分片振动。全面振动产生基音，分片振动由于钟壁的厚度适当，可以产生整数倍的泛音，从而使发声的高度趋于确定或比较确定。对圆钟即圆形板而言，无论是振动的持续性，还是钟口处形成的空气迂回作用的时间，都要比其他形状的曲板振动来得强和长。这样，听到的声音也就比较长，声波容易相互干扰，不成音律。要避免延长音的产生和声波的相互干扰，应把乐钟铸成像两片瓦合在一起的扁形，这就是古人把钟制成扁形而非圆形的原因。沈括当然不可能对扁钟制作的原理有这样清晰的认识，但他有关“音长”“音短”的解释是符合实

① 〔宋〕沈括著，胡道静校证：《梦溪笔谈校证》卷五《乐律一》，第109条，上册，上海古籍出版社1987年版，第266页。

② 〔宋〕沈括著，胡道静校证：《梦溪笔谈校证・补笔谈》卷一《乐律》，第536条，下册，上海古籍出版社1987年版，第917页。原文作：“古乐钟皆扁如盒，瓦盖。盖钟圆则声长，扁则声短。声短则节，声长则曲。节短处声皆相乱，不成音律。后人不知此意，悉为扁钟，急叩之多晃晃尔，清浊不复可辩。”

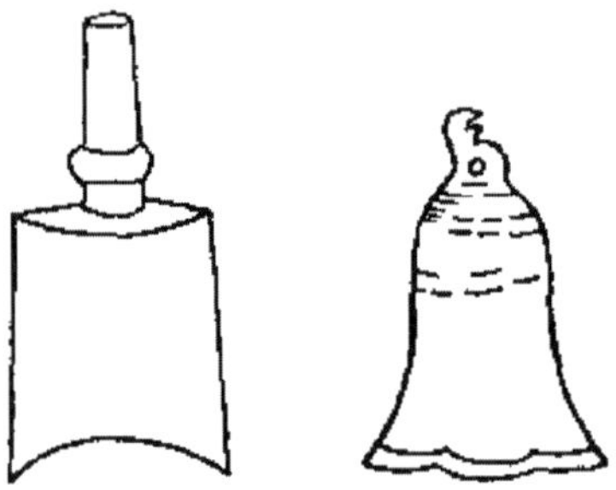

扁钟和圆钟示意图

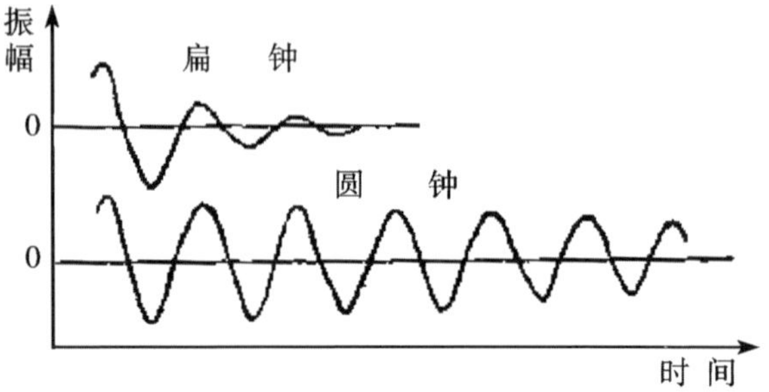

扁钟和圆钟在受击振动后的振幅示意图

（以上二图采自戴念祖《我国古代关于振动与波的应用及其思想渊源》，载自然科学史研究所主编《科技史文集（十二）·物理学史专辑》，上海科学技术出版社1984年版。）

际的。

在《补笔谈》中，沈括还讲到，琴瑟之弦都有共振。古琴有七根弦，按宫、商、角、徵、羽、少宫、少商的顺序排列。这七个音用我们现在的简谱来书写，以宫为1，则七音的顺序依次就是1、2、3、5、6、1̇、2̇。发宫音的弦与发少宫音的弦相共振，发商音的弦与发少商音的弦相共振。其他的弦都每隔四弦相共振。演奏乐曲时要产生共振，必须根据这个规律来具体运用。由于共振时弦的振动比较微弱，不易看清楚，如想知道琴瑟中哪几根弦会互相共振，可预先把它们调好，令其声音相和。具体方法如下：剪一个纸人放在弦上，然后弹奏其他的弦。如果纸人跳起来，那就是与它相共振的弦；如果不跳起来，就表示没有发生共振。如果声律高低相同，另一个琴在弹奏时，与它相共振的那根弦也会发生振动。这就叫作“正声”。[①]把听觉转换成视觉的演示，可以说是颇具匠心的。

共振现象在中国先秦时便已有记述。沈括的高明之处在于他不仅发现了共振，而且用实验的方法验证了共振。他将纸人放在弦上进行实验，发现共振发生在振数比为1/2（宫与少宫、商与少商）、2/3（隔四相应）等处。这个实验说明，沈括对弦线基音与泛音共振关系的研究已经相当深入。在西方，直到17世

---

①〔宋〕沈括著，胡道静校证：《梦溪笔谈校证·补笔谈》卷一《乐律》，第537条，下册，上海古籍出版社1987年版，第917—918页。

纪，牛津的诺布尔和皮戈特才把“纸游码”放在振动弦线的不同地方，以证明弦线的共振不仅在整数倍，而且在1/2、1/3等地方。①

① 戴念祖：《我国古代关于振动与波的应用及其思想渊源》，载自然科学史研究所主编《科技史文集（十二）·物理学史专辑》，上海科学技术出版社1984年版，第89页。

第五章　馆阁雅士

从扬州到开封

嘉祐八年（1063），这时沈括的年龄在三十岁左右，刚到而立之年。这一年他到京城应试。当年的科考由翰林学士范镇知贡举，后来成为沈括上司的王安石也是其中的考官之一。沈括进士及第。[①]

之后，沈括似回到家乡杭州。[②]不久，沈括被任命为扬州司理参军，负责当地的刑狱诉讼工作。

扬州地处长江与大运河的交汇处，交通便利，商贾云集，在唐代曾经是全国性的大都市和经济中心城市。到五代、宋以后，扬州失去了往日的繁华，但仍不失为东南重镇。沈括在他的一篇记文中这样描写扬州："扬州常节制淮南十一郡之地，自淮南之西，大江之东，南至五岭、蜀汉，十一路百州之迁徙，贸易之人往还，皆出其下。舟车南北，日夜灌输京师者，居天下十之七。"[③]

在扬州，沈括仍对各种奇异事物保持着浓厚的兴趣，如《梦溪笔谈》中记

---

①〔宋〕范成大撰，陆振岳校点：《吴郡志》卷二十八《进士题名》，江苏古籍出版社1986年版，第406页。

②〔宋〕沈括著，胡道静校证：《梦溪笔谈校证》卷二十一《异事》载治平元年（1064）杭州南新县一户人家砍柿木，见木材中写着"上天大国"四字，书法如颜真卿体，极有笔力。这是沈括亲眼所见的，可见他当时是在杭州。

③〔宋〕沈括撰：《长兴集》卷九《扬州重修平山堂记》，四库全书本。

载了嘉祐年间出现的一颗奇异的明珠。[①]

在扬州时，沈括似乎对地理也产生了浓厚的兴趣。唐朝诗人杜牧写过一首诗，这样描写扬州："青山隐隐水迢迢，秋尽江南草未凋。二十四桥明月夜，玉人何处教吹箫。"此诗久为人们传诵。北宋名臣韩琦早年曾经出守扬州，也留下了"二十四桥千步柳，春风十里上珠帘"的诗句。但所谓"二十四桥"，到底是实有二十四桥，还是虚指二十四桥，如果是实有二十四桥，又是指哪二十四桥，历史上有着种种不同说法。这个问题到南宋时似乎变得杳不可考了，王象之编撰《舆地纪胜》，就说："二十四桥，隋置，并以城门坊市为名。后韩令坤省筑州城，分布阡陌，别立桥梁，所谓者，或存或废，不可得而考。"[②]实际上，早在北宋之时，沈括就对二十四桥进行了细致的考证：

> 扬州在唐时最为富盛，旧城南北十五里一百一十步，东西七里三十步，可纪者有二十四桥。最西浊河茶园桥，次东大明桥（今大明寺前）。水入西门有九曲桥（今建隆寺前）。次当正当帅牙南门，有下马桥，又东作坊桥，桥东河转向南，有洗马桥、次南桥（见在今州城北门外）。又南阿师桥、周家桥（今此处为城北门）、小市桥（今存）、广济桥（今存）、新桥、开明桥（今存）、顾家桥、通泗桥（今存）、太平桥（今存）、利国桥，出南水门有万岁桥（今存）、青园桥。自驿桥北河流东出，有参佐桥（今开元寺前），次东水门（今有新桥，非古迹也），东出有山光桥（见在今山光寺前）。又自衙门下马桥直南有（此）［北］三桥、中三桥、南三桥，号"九桥"，不通船，不在二十四桥之数，皆在今州城西门之外。[③]

从现有的文献来看，沈括是最早给出扬州"二十四桥"具体名目的人。沈括一生对地理有着特殊的偏好，每到一地，总要观察其形势，考察其渊源，这

---

① 〔宋〕沈括著，胡道静校证：《梦溪笔谈校证》卷二十一《异事》，第369条，下册，上海古籍出版社1987年版，第689页。

② 〔宋〕王象之撰：《舆地纪胜》卷第三十七《扬州・风俗形胜》，清影宋抄本。

③ 〔宋〕沈括撰：《梦溪笔谈》卷下，四库全书本。

种爱好似乎是从扬州开始养成的。

沈括在扬州时，担任扬州地方长官的人是刁约。沈、刁两人似乎相处得非常好。十七年之前，欧阳修也曾镇守扬州，修造了平山堂。由于欧阳修负有盛名，平山堂很快就吸引了很多士人前来参观，一时出了名。但当刁约来到扬州时，平山堂已经相当破旧了，木材腐朽剥落，不堪观瞻。刁约在嘉祐八年（1063）到扬州，第二年便着手重造了平山堂，并请沈括写了记文。[①]刁约初到扬州时，适逢淮南遭遇大水，民生艰苦，官府收入减少。刁约小心谨慎，勤于职事，终于迎来了一个丰收年。为了感谢上苍的护佑，治平二年（1065），刁约修成九曲池新亭，也请沈括作记。[②]

在扬州，沈括还遇见他未来的岳父张刍。张刍是濮州鄄城人，出生于宋真宗大中祥符八年（1015），长沈括十八岁。治平二年（1065）张刍担任淮南转运使[③]，转运司的治所便在扬州。沈括以下属的身份前去拜谒张刍，两人谈得很投机，谈了整整一天。适逢朝廷降旨，要求各路转运使推荐部内官员，张刍便推荐了沈括。

治平二年（1065）九月二十五日，沈括调入京城，编校昭文馆书籍。熙宁元年（1068）八月，充馆阁校勘。宋代在禁中设立秘阁和三馆（昭文馆、史馆、集贤院），作为储藏图书的场所。馆阁号称是宋代的储才之地，一入馆阁往往意味升迁有望，仕途一片光明了。而在同一年，他的从兄沈扶正担任河北路的提点刑狱，在考核中连考二等，受到了朝廷的嘉奖；同年七月，他的从侄沈遘升任龙图阁直学士、权知开封府。沈家门上可谓一片喜气。

---

① 〔宋〕沈括撰：《长兴集》卷九《扬州重修平山堂记》，四库全书本。

② 〔宋〕沈括撰：《长兴集》卷九《扬州九曲池新亭记》，四库全书本。

③ 据《长兴集》卷十三《张中允墓志铭》，张刍之父张牧死于嘉祐八年（1063）。据中国的传统，父亲死亡，儿子须守丧三年，而据宋制，实际守丧时间为二十七个月（《续资治通鉴长编》卷二百四治平二年三月壬午）。由此推算，张刍任淮南转运使的时间当在治平二年（1065）或治平三年（1066）。而据《长兴集》卷十七《故朝散大夫右谏议大夫知应天府兼南京留守司公事畿内劝农使上护军清河县开国男食邑三百户赐紫金鱼袋张公墓志铭》，张刍任淮南转运使时沈括曾为其下属，而据《宋会要辑稿》，沈括在治平二年九月二十五日赴京任编校昭文馆书籍。则张刍之任淮南转运使必在治平二年。从墓志铭“至部数月，抑扬称职，不累月除荆湖江浙淮南制置发运副使”一语可看出，张刍任淮南转运使的时间并不太长，仅数月而已。

在馆阁期间，沈括做了这样几件事：一是删定三司条例，二是详定浑天仪，三是在治平四年（1067）的科举考试中奉命点检试卷。三件事情中，最能发挥沈括特长又最有成就的大概是详定浑天仪。

沈括是如何详定浑天仪的，史籍中缺乏记载。但《梦溪笔谈》中记录了他在详定浑天仪期间与一个官长关于天文学的谈话，从中可以看出沈括对天文学是何等的精通和深有研究。据沈括说，他奉命编校昭文馆书籍时，朝廷正讨论浑天仪，有个官长问他：二十八宿星，它们之间的距离，多的有三十三度，少的只有一度，如此不均，是为什么呢？沈括回答：天空中本来是没有刻度的，推算历法的人要测量星体之间的距离，又没有东西可以参考，就根据太阳的运行，把天分为三百六十五度多一点，每周天刚好一度。为了便于观测和记录，又用太阳沿着黄道运行过程中当度的星来作为标记，就像一把伞的骨架。但太阳要运行三百六十五度多，运行过程中遇到的星却只有二十八颗，因此大多数的度是没有相应的星来作为标记的。正因为这样，二十八宿之间的距离就很不均匀。这好比伞的骨架排列不均匀，有些地方紧密，有些地方疏朗。[①]

那官长又问：日月的形状，像丸呢，还是像扇？它们相遇时为何不会发生碰撞？北宋时折扇刚从高丽传入，使用尚不普及。人们一般都使用圆形的团扇。这官员实际上是在问沈括，日月是立体的还是平面的。而且，古人认为日月到地面的距离是相等的，因此他问沈括日月相遇时为什么不会发生碰撞。沈括答道：日月像丸。为什么这么说呢？沈括认为这可从月亮的盈亏来验证。月亮本身是不发光的，就像一颗银丸，因太阳照射才发光。月初的时候，太阳就在它的旁边，只照亮了它的侧面，所以看起来像钩一样；当太阳渐渐远离月亮时，斜着照向月亮，照到的地方多，因此月亮看起来很饱满。这好比一颗银丸，在它一面涂上脂粉，斜着看，涂粉处如钩；正面看，涂粉处非常圆满。因此可以推断，月亮像一颗银丸。日月都是气，有形无质，因此相遇时不会发生碰撞。[②]

---

①〔宋〕沈括著，胡道静校证：《梦溪笔谈校证》卷七《象数一》，第129条，上册，上海古籍出版社1987年版，第308—309页。

②〔宋〕沈括著，胡道静校证：《梦溪笔谈校证》卷七《象数一》，第130条，上册，上海古籍出版社1987年版，第309页。

早在两千多年前的汉代，中国人就已发现，月亮本身并不发光，人们所见的月光是由太阳反射产生的。[①]这种认识有助于人们正确了解月相变化规律。沈括的贡献在于，他通过银丸涂粉这一演示实验去认识月相产生和变化的规律。他的方法就是取一个银球当作月亮，一半涂上脂粉表示这银球向阳的一面，然后从不同的方向去观察月相的变化。通过实验，沈括证明月亮是球形，而非扇形。[②]

那官长还问：日月运行，每月都有一朔一望，为什么有时有食，有时不食？是何道理？沈括回答：黄道（地球公转的轨道平面）与月道（即白道，指月亮绕地球运行的轨道平面），就像两个环，它们叠在一起而稍有偏差。日月在同一黄经圈相遇，就出现日食，在同一黄经圈相对，就出现月食。虽然黄道与月道在同一黄经圈上但不接近，日月也不会互相侵蚀；在同一黄经圈上，而又在黄道、月道交点的附近，日月相遇，便会互相侵蚀遮掩。正好处在交点上，就发生全食；如果不处在交点上，则随其相犯的深浅不同而发生不同程度的食。凡日食，如果月亮从南至北穿过黄道，则日食起于西南而终于东北；如果从北至南穿过黄道，则日食起于西北而终于东南。当太阳在交点的东面时，太阳的北部被食；当太阳在交点的西面时，太阳的南部被食。日全食则起于太阳正西部分，复于正东。凡月食，若月亮从南至北横穿过黄道，则月食始于东南，终于西北；若自北至南横穿过黄道，则月食始于东北，而终于西南。当月亮在交点东面时，月亮的南部被食；当月亮在交点的西面时，月亮的北部被食。月全食则起于月亮的正东部分，终于正西部分。黄道和白道的交点每月向西后退一度多，经过二百四十九个交点月退行一周。[③]

在以上的论述中，沈括说日月有形无质，是错误的。但他用伞架做比喻，指出天上本身并无刻度，所谓刻度，不过是人们为了观测天象而虚拟出来的，二十八宿也不过是这些刻度的标记；同时，他又用银弹粉丸做比喻，论证日月

---

① 《周髀算经》载：“故云日兆月也，月光乃出，故成明月。”

② 李迪：《沈括在物理学上的贡献》，《物理学报》，1975年第4期。

③〔宋〕沈括著，胡道静校证：《梦溪笔谈校证》卷七《象数一》，第131条，上册，上海古籍出版社1987年版，第312页。其中的解释参考李群注释《〈梦溪笔谈〉选读（自然科学部分）》，科学出版社1975年版，第75—77页。

都为球体，不仅生动易懂，也完全符合现代的天文学知识。更为可贵的是，沈括详细分析了日食和月食产生的天文学原理，指出只有在黄道、白道的交点附近才会出现日食和月食，并阐明了日食开始和结束的方位、全食与偏食不同的缘由。这些论述完全符合现代天文学的日食、月食发生理论。而且，沈括特别指出，黄道、白道上有一个交角，交点不断后退，每月后退一度多，经过二百四十九个交点，月退行一周。这个数据也与现代天文学的测验完全一致。这表明沈括的天文学研究达到了相当高的水平。[①]沈括的才能大概获得了那位官长的赏识，他后来出任提举司天监也可能与此有关。

熙宁元年（1068）八月，沈括的母亲许氏去世，享年八十三岁。沈披、沈括兄弟回乡守丧。这样，沈括在进士及第之后，从扬州司理参军到馆阁校书，在扬州考察二十四桥，在馆阁研究天文，一番“上天入地”之后，他的第二次仕宦便也告一段落了。

谈诗论文

沈括在馆阁时，有一则趣事，见于魏泰《东轩笔录》的记载，说沈括、王存、吕惠卿、李常四人在馆中谈诗。说到韩愈之诗，沈括不以为然地说：“韩退之诗乃押韵之文耳，虽健美富赡，而终不近古。”吕惠卿反驳说：“诗正当如是。我谓诗人以来，未有如退之也。”王存赞成沈括，李常赞成吕惠卿，四人争了起来。李常忽然站了起来，厉声责问王存：“君子群而不党，君何党存中也？”王存反唇相讥：“我不过偶然与沈存中观点相同，你便称之为党，那你不就是吕吉甫（惠卿）之党吗？”众人大笑。[②]

唐宋时期，与思想界儒学复兴运动同时进行的，还有一场声势浩大的古诗文革新运动。从内容上讲，这场古诗文革新运动分为文与诗两个方面，其核心是古文运动。它肇端于唐代中叶的韩愈、柳宗元，至宋代，柳开、穆修启之于

---

① 南京大学天文系科学史研究组：《沈括的〈梦溪笔谈〉和我国古代天文学》，《南京大学学报（自然科学版）》，1975年第2期。

② 〔宋〕魏泰撰：《东轩笔录》卷十二，四库全书本。

前，欧阳修、苏轼继之于后，终至盛大。这是对六朝以来日趋僵化的骈体文的一种反动。古文运动的深入开展也对当时的诗歌创作产生了深远的影响。一个重要表现就是以文入诗，即诗歌散文化，而韩愈正是这种诗歌散文化的重要代表人物。宋人写诗，多宗唐人，其中韩愈、杜甫尤其是大家模仿学习的对象。宋初在诗坛据于统治地位的是以杨亿、钱惟演、刘筠为首的西昆体，他们喜欢用典故，堆砌辞藻，所写的诗显得非常生涩，雅致有余，平易不足。待欧阳修、梅尧臣出世，掀起了一场诗歌革新运动。他们学习韩愈，在诗歌创作上树起了平易自然的风格，和者云集，蔚为风尚。这种诗风自然有它的优点，即如沈括所说的"健美富赡"，但它的缺点也是显而易见的，就是太散文化。像欧阳修、梅尧臣这样的天纵奇才，配以这样的风格，写起诗来，自然行云流水，妙笔天成。但到一般文人手中，便似邯郸学步，至其极端，便诗不成诗了。到了治平年间，梅尧臣早已过世，欧阳修也已是年约六十的垂垂一老翁了。当时文坛，有人对这种诗歌创作倾向提出了检讨。而杜诗隽永，有余味，成了很多人学习、模仿的对象。王安石、黄庭坚便是其中的杰出者。沈括与吕惠卿的韩诗杜诗之争便是在这样的背景下发生的。[①]

魏泰本人便是一个杜诗爱好者，他认为一首好诗应该是"挹之而原不穷，咀之而味愈长"。他甚至对欧阳修的诗作也不以为然，说欧诗"才力敏迈，句亦健美，但恨其少余味耳"[②]。魏泰还说自己与沈括在评论诗歌时常常有一致的见解。由此看来，在北宋诗坛的韩、杜之争中，沈括可能是属于"杜派"的。沈括在《梦溪笔谈》中几次提到韩愈的诗作，多有微词。如韩愈《雪诗》一诗："舞镜鸾窥沼，行天马度桥。"沈括认为稍显牵强。沈括晚年从延州贬官，曾一度寓居于江州。在那里他写了一篇《江州揽秀亭记》，其中说道："古之人欲尽其所言者，必有诗以系之。诗生于言之不足，事有不能以言宣，而见于声辞窈眇曲折之际者，盖有待于诗也。"[③]沈括认为，诗与文是有本质不同的，只有那些"窈眇曲折"、无法用文章来表达的东西才能形之于诗。这与所谓的"有余

① 吴淑钿：《"馆下谈诗"探析》，《复旦学报（社会科学版）》，2002年第6期。

②〔宋〕魏泰撰：《东轩笔录》卷十二，四库全书本。

③〔宋〕沈括撰：《长兴集》卷十一《江州揽秀亭记》，四库全书本。

味”正是一样的见解。沈括后来写作《梦溪笔谈》，再一次谈到了他对诗歌创作的见解。他说：“小律诗虽末技，工之不造微，不足以名家，故唐人皆尽一生之业为之，至于字字皆炼，得之甚难，但患观者灭裂，则不见其工。故不唯为之难，知音亦鲜，设有苦心得之者，未必为人所知。若字字皆是无瑕可指，语意亦掞丽，但细论无切，景意纵全，一读便尽，更无可讽味。此类最易为人激赏，乃诗之《折扬》、《黄华》也。譬若三馆楷书作字，不可谓不精不丽，求其佳处，到死无一笔，此病最难为医也。”[①]可见，沈括最不欣赏的便是那种“一读便尽，更无可讽味”的诗作。

沈括非常欣赏那种雍容典雅、平淡含蓄的创作风格。他在《梦溪笔谈》中曾对唐人的富贵诗进行过一番评论。他说，唐人写富贵诗，多喜欢描写衣食的富足，器用服饰的排场，实际上不过是贫穷人家的少见多怪。比如晚唐诗僧贯休在《富贵诗》中写道“刻成筝柱雁相挨”，这是形容拥有很多古乐器，筝柱排列，就如雁行一般。沈括却说：家里有几张古筝，不过是卖唱人家的排场，有什么值得一说的呢？又如韦楚老有一首《蚊诗》，说：“十幅红绡围夜玉。”沈括说：用十幅红绡做蚊帐，不过四五尺见方，人躺在床上都很难伸展手脚，还谈什么富贵？[②]沈括认为贯休、韦楚老实际上没有接触过真正的富贵人家，所以才写出这样蹩脚的富贵诗来。实际上这也告诫人们，作诗不可因炫耀卖弄、单纯追求表面的东西而弄巧成拙。

沈括的观点与晏殊非常相近。晏殊是宋代著名词人，宋仁宗时官至丞相，可以说是沈括的前辈。晏殊看到李庆孙写的《富贵曲》：“轴装曲谱金书字，树记花名玉篆牌。”认为这首诗是一副地地道道的“乞儿相”，并不是真正懂得富贵的人所写的。晏殊他自己也写富贵诗，但从不描绘“金玉锦绣”这种表面的庸俗繁华，而是致力于对富贵气象的提炼。如他所写的“楼台侧畔杨花过，帘幕中间燕子飞”“梨花院落溶溶月，柳絮池塘淡淡风”这些句子，雍容娴雅，显

---

① 〔宋〕沈括著，胡道静校证：《梦溪笔谈校证》卷十四《艺文一》，第252条，上册，上海古籍出版社1987年版，第492页。

② 〔宋〕沈括著，胡道静校证：《梦溪笔谈校证》卷十四《艺文一》，第248条，上册，上海古籍出版社1987年版，第487—488页。

出一种真正的富贵气象。晏殊非常得意地说，"穷儿家"作诗，是怎么也写不出这种真正的富贵景致的。[①]沈括出身于世代为官的钱塘沈氏，而晏殊官至宰相，位极人臣，两人都是真正的富贵人家，因此对于穷人写富贵诗很是不屑。

沈括的文集《长兴集》，现在传世的已不是宋时原本，没有收录他的诗歌，幸好一些类书、地方志中零星保存着一些，从中可见沈括自己的诗歌创作，正体现了他的这种审美意趣。如《夜登金山》诗云：

楼台两岸水相连，江北江南镜里天。
芦管玉萧齐候送，一声飞断月如烟。[②]

这首诗既有古诗的典雅规范，又有新诗的洗练干净，意境不凡，回味无穷，称得上是宋诗中的上乘之作。

这种典雅规范也同样体现到沈括的散文创作中。古文运动在形式上是一场文体的革命，它给宋代文学创作吹来一股清新的气息。但古文有它的缺点，做不好，便会显得生硬。这种毛病在宋初古文运动刚刚开始的时候尤其突出。沈括似乎并不排斥古文，但他对古文用词的生硬是颇不满意的。《梦溪笔谈》中记载了宋初"黄马奔犬"的一则故事，说穆修、张景两人学做古文，一日上朝，正在东华门外讨论文章，忽见有一马飞奔过来，踩死了一只狗。两人便用古文记录这件事，且比试谁写得漂亮。穆修写："马逸，有黄犬，遇蹄而毙。"张景写："有犬，死奔马之下。"而沈括自己在叙述这件事时，用了这样的句子："有奔马践死一犬。"[③]后来鲁迅讲起这件事，批评穆修、张景，赞扬沈括：（穆修、张景）两人的大作，不但拙涩，主旨先就不一，穆说的是马踏死了犬，张说的是犬给马踏死了，究竟是着重在马，还是在犬呢？较明白稳当的还是沈括的毫

① 〔宋〕吴处厚撰，李裕民点校：《青箱杂记》，中华书局1985年版，第46—47页。

② 〔宋〕沈括：《夜登金山》，载《两宋名贤小集》卷一百二十六，四库全书本。

③ 〔宋〕沈括著，胡道静校证：《梦溪笔谈校证》卷十四《艺文一》，第257条，上册，上海古籍出版社1987年版，第499页。

不经意的文章。[①]

对于骈体文，沈括也不一味排斥，如在《梦溪笔谈》中，他曾引录晚唐江文蔚《天窗赋》中两句："一窍初启，如凿开混沌之时；两瓦駮飞，类化作鸳鸯之后。"又引《土牛赋》中两句"饮渚俄临，讶盟津之捧塞；度关倘许，疑函谷之丸封"，称他写得工整。[②]沈括的传世著述中，并没有给我们留下更多关于文学批评方面的文章，但大概可以肯定，他更为欣赏那种规范严整的文风。至于文章，他与欧阳修的雄浑畅达、苏轼的自然飘逸自不可同日而语，但典雅严谨，足可自名一家。

四库馆臣评论沈括之文："在当时乃不甚以文章著，然学有根柢，所作亦宏赡淹雅，具有典则。其四六表启，尤凝重不佻，有古作者之遗范。"[③]确为不易之论。

王安石曾用"谨密"两个字概括沈括的性格。而且，沈括精于算数、天文，他的抽象思维比较发达，考虑问题细致周密。他在哲学上的稳健笃实，在文风上的规范严谨，大概是由于他的这种性格所决定的。

语言学与历史学上的成就

沈括虽然以一个科学家的身份著名当代，但他在人文领域里也是有相当造诣的。除上文提到的音乐、文学外，《梦溪笔谈》中还有不少篇幅反映了他在语言学上的成就。下面也做一下简单的介绍。

1. 音韵学

沈括讲到反切的起源，认为切韵之学起于西域。汉人解释字的音义，只说"读如某字"，而不会用反切。但古人也有无意中把二字的读音合为一字的现象，如"不可"作"叵"，"何不"作"盍"，"如是"作"尔"，"而已"作"耳"，

---

① 鲁迅著：《花边文学》，中国纺织出版社2021年版，第103页。

② 〔宋〕沈括著，胡道静校证：《梦溪笔谈校证》卷十五《艺文二》，第267条，上册，上海古籍出版社1987年版，第522页。

③ 〔宋〕沈括撰：《长兴集》提要，四库全书本。

“之乎”作“诸”等，就像西域人用两个字母合成为一字，是切字的起源。比如“輭”这个字，其中的声符“耎”从“而”从“犬”，这个字的读音就是“而”“犬”相切。因此，沈括说这也是一种切音。沈括说，像这样的例子，可能是与“声”俱来的，已经不可追究它的源头。[①]这是指汉语中某些二字速读则成一字的现象，被看作是原始的反切。但这种“反切”诚如沈括所说是与“声”俱来的，是“自在”的，而不是“自为”的，因此不能算作切韵的起源。

关于反切来源问题，历来有两种说法：郑樵认为反切是受梵文影响，来源于印度，但顾炎武、戴震等人不同意此说，认为中国古代有“不可”为“叵”的现象。沈括则是持前一种看法的。

除正确地阐述了“反切”的起源之外，沈括还提到了古今音不同的问题。他说，音韵之学，自从沈约提出上、平、去、入四声之说，以及天竺的佛学传入中国以来，变得越来越完备周密。但沈括觉得古代诗歌中的押韵，常有一些不可理解的地方。如“玖”字、“有”字多与“李”字押韵，“庆”字、“正”字多与“章”字、“平”字押韵。沈括觉得非常奇怪，却也不能说明其中的缘由，只好说“恐别有理也”[②]。沈括提出的这个问题实际上是古音与今音不同的问题。

除古今音之异外，沈括还注意到了地方口音的存在。“《楚词·招魂》尾句皆曰‘些’。今夔峡湖湘及南北江僚人，凡禁咒，句尾皆称‘些’。”[③]沈括认为这是楚人的旧俗。

2.文字学

沈括在文字学上比较注意从汉字的结构去推定字义。他曾讨论过“棗”（“枣”的繁体）字和“棘”字的区别。他说，枣树和酸棘是同一类植物，上面都长着刺。枣树独生，高大，而横枝少；棘是丛生的，长得很矮，两者区别就在这里。朿从刺，两个“朿”竖立就组成“棗”；两个“朿”横列就组成

① 〔宋〕沈括著，胡道静校证：《梦溪笔谈校证》卷十五《艺文二》，第263条，上册，上海古籍出版社1987年版，第505—507页。

② 〔宋〕沈括著，胡道静校证：《梦溪笔谈校证》卷十四《艺文一》，第251条，上册，上海古籍出版社1987年版，第490页。

③ 〔宋〕沈括著，胡道静校证：《梦溪笔谈校证》卷三《辩证一》，第41条，上册，上海古籍出版社1987年版，第109页。

“棘”。沈括说，即使没见过这两种植物，光看文字也能想象出它们的形象。①

沈括在《梦溪笔谈》中还特别介绍了他的好朋友王子韶的“右文”学说。北宋中期，王安石以经学的革命推动政治革新，他专作字书，颁行天下。王子韶也写了一部《字解》二十卷，因为书中有很多见解跟王安石不一样，因此藏在家里，不敢拿出来示人。②沈括是王子韶的好朋友，大概是接触过这本《字解》的。他说，王子韶研究字学的最大特点是“右文”。沈括说，古代的字书都是“左文”。凡字，“其类在左，其义在右”。“类”是指对字义起分类作用的形符，“义”是指字义，因为形声字大多左边表形、右边表声。一般情况下，一个字的字义总要从左边表形的部分去求得，这就是“左文”。“右文”学说则主张从形声字的右边的声部去寻求字义。沈括举“木”为例说明，木类的字，如杨、柳、松、槐等，左边从木，“木”就表示它们的类别。其义在右的例子则有“戋”，它是小的意思。于是水中之小曰“浅”，金中之小曰“钱”，歹中之小曰“残”，贝中之小曰“贱”。这些字的含义都是从“戋”解释的。③

以声符解释字义起源于六朝。王子韶提出“右文”，演绎发扬了这种理论。这是他在文字学上的一个极大的发明，它打破了历来的形符主义、声符主音的旧说，提出了“凡字其类在左，其义在右”的意义寓于声符，形符只起分类作用的主张，这就跳出了就字论字的“六书”的框子，在文字学和词源学之间搭起了一座桥梁。④

3. 训诂学

沈括在《梦溪笔谈》中还对一些词语进行了解释。如“除拜官职”中的“除”字，有人认为是“除其旧籍”的意思。沈括则不这么认为。他说，“除”是“易”的意思，以新易旧叫“除”，比如新旧岁之交称为“除夕”。《易经》中

① 〔宋〕沈括著，胡道静校证：《梦溪笔谈校证》卷十五《艺文二》，第270条，上册，上海古籍出版社1987年版，第527页。

② 《宣和书谱》卷六，四库全书本。

③ 〔宋〕沈括著，胡道静校证：《梦溪笔谈校证》卷十四《艺文一》，第253条，上册，上海古籍出版社1987年版，第492页。

④ 〔宋〕沈括著，刘启林校注：《梦溪笔谈艺文部校注》前言，黑龙江人民出版社1986年版，第13页。

讲“除戎器，戒不虞”，那意思就是以新易弊，用来防备不虞。[1]

《庄子·逍遥游》中有一句话：“野马也，尘埃也。”沈括认为野马与尘埃是两样东西，但人们把野马当作尘埃，如吴融说：“动梁间之野马。”韩偓说：“窗里日光飞野马。”他们都是把尘埃当作野马。沈括怀疑这样的解释是错误的。他说，野马是指田野间的浮气，远远望去，如群羊，又如水波，佛书中所说的“如热时野马阳焰”，指的就是这种东西。[2]

又如沈括对“建麾”一词的解释。他说，现在人一般把担任州郡太守称为“建麾”，这是用了颜延年的诗“一麾乃出守”的典故。沈括认为这是错误的。他说，颜延年诗中的“一麾”，本是“指麾”的意思。沈括对这个典故的来历做了考证：西晋时山涛推荐阮咸担任吏部侍郎，上表三次，晋武帝都不采纳。后阮咸被荀勖排挤，武帝就把阮咸任命为始平太守。颜延年因此写下了“屡荐不入官，一麾乃出守”之句。颜延年被朝廷摈弃，因此写下这首诗，借阮咸的故事来抒发自己的心情。后来杜牧写《将赴吴兴登乐游原一绝》，说：“拟把一麾江海去，乐游原上望昭陵。”开始误用“一麾”的典故，从此就成为故事了。[3]

类似的例子在《梦溪笔谈》中还有很多。

沈括论画

当然，沈括在人文领域里比较突出的成就可能还是他的画论。《梦溪笔谈》把“书画”单列一门，记录了作者对一些书画作品的鉴赏。因为沈括家里收藏丰富，他对书画有品鉴的经验阅历，对创作有很多精辟的见解，有些论述对今天的艺术创作和对古代书画鉴赏仍具有很重要的参考价值。下面把沈括的画论分四个方面进行介绍：

---

①〔宋〕沈括著，胡道静校证：《梦溪笔谈校证》卷四《辩证二》，第76条，上册，上海古籍出版社1987年版，第191页。

②〔宋〕沈括著，胡道静校证：《梦溪笔谈校证》卷三《辩证一》，第66条，上册，上海古籍出版社1987年版，第151—152页。

③〔宋〕沈括著，胡道静校证：《梦溪笔谈校证》卷四《辩证二》，第75条，上册，上海古籍出版社1987年版，第187页。

1. 绘画不可脱离生活

《梦溪笔谈》中记载了这么一则故事：欧阳修曾经得到一幅古画，画中是一丛牡丹，下面有一只猫。丞相吴育与欧阳修是姻家，一见此画，便说画中画的是正午时分的牡丹。为什么呢？花朵涣散无力，绵绵下垂，而且颜色干燥，这是正午时候的花；猫眼眯成一条线，这也是正午时候的猫。早上的花，常常带着露水，花房敛而不放，花色润泽鲜艳。而猫眼早晚常常圆睁双睛，到白天渐渐变得狭长，到正午时分就眯成一条线了。沈括十分佩服吴育的见解，觉得他真正探求到了古人绘画的本意。[①]这则记载描述了牡丹花与猫眼早晚、正午的细微差异，赞赏了画家观察生活细致入微，同时也表明艺术来源于生活。

《梦溪笔谈》中记载王仲至最喜欢王维的《黄梅出山图》，因为图中所绘黄梅弘忍、曹溪慧能这两个禅宗的祖师爷，气韵神检，皆如其为人。读二人事迹，还观所画，可以想见其人。[②]这说明不但画物要符合实际，画人同样要符合生活的原型。

沈括同时认为，绘画不仅要符合生活中的实际形象，也应符合人们理想中的形象。他举画佛为例进行说明。人们画佛时非常注意表现佛光，这些佛光有的像扇子那样呈扁圆状，当佛侧身时，佛光也侧照。沈括认为这是非常错误的。因为佛光永远是圆的，不管从哪个角度去看都应该是圆的。还有的人画佛行走时的形象，佛光的末尾向后，称之为“顺光佛”。沈括认为这也是非常错误的。因为佛光是定里之光，就算有风，佛光也是岿然不动的，怎么能随风摇晃呢？[③]世上本无所谓佛，也无所谓佛光。所谓佛光，本不是生活中实有的形象，但由于佛光在人们的理想世界里或信仰生活中是真实存在的，画家在画这些物体时同样应该注意理想世界里事物的“真实性”。

---

① 〔宋〕沈括著，胡道静校证：《梦溪笔谈校证》卷十七《书画》，第278条，上册，上海古籍出版社1987年版，第541页。

② 〔宋〕沈括著，胡道静校证：《梦溪笔谈校证》卷十七《书画》，第281条，上册，上海古籍出版社1987年版，第544页。

③ 〔宋〕沈括著，胡道静校证：《梦溪笔谈校证》卷十七《书画》，第284条，上册，上海古籍出版社1987年版，第548页。

2. 书画之妙，当以神会

沈括说："书画之妙，当以神会，难可以形器求也。"[①]沈括的意思是说，书画中的妙处，应以意会，而不能从具体的形象去寻求画家的立意。沈括发现一些观画之人，往往能指摘画中有关形象、位置、色彩的毛病，却不能领会画家寄寓其中的深刻含义。唐人张彦远在《画评》中说王维作画，往往不管四季的变化，如他画花，常常把桃花、杏花、芙蓉、莲花这些不同季节开放的花画在同一幅画中。沈括家中藏着王维的一幅《袁安卧雪图》，雪中画着芭蕉。雪中本来不应该有芭蕉，但王维画来却"得心应手，意到便成，故造理入神"[②]。沈括十分欣赏王维这种超越时空界限、表达个人审美情趣的带有一点浪漫主义的画法。

在文中，沈括还借用谢赫的一句话和欧阳修的一首诗来阐明他的观点。谢赫说："卫协之画，虽不该备形妙，而有气韵，凌跨群雄，旷代绝笔。"欧阳修有《盘车图》诗，诗中写道："古画画意不画形，梅诗咏物无隐情。忘形得意知者寡，不若见诗如见画。"[③]谢赫是南齐人，他评晋人卫协的作品，说他的画虽不具备形象之美，但富有气韵，因此成为旷代绝笔。欧阳修诗中的"画意""画形"，是中国古代传统绘画的两种手法。所谓"画形"，是指写实；所谓"画意"，是指绘画不纯粹追求形似，而是通过画面来寄托作者的盛情、志趣和理想。

中国的传统绘画，自顾恺之提出"传神论"以后，几乎成为历代美术家崇奉的一个最高美学准则。唐人张彦远在他的《历代名画记》中进一步发挥了顾恺之的观点，强调以"气韵""神韵"作为绘画表现的目的。宋代是中国绘画变革和发展的一个年代。当时的人物画在形式和技法上一改两汉魏晋的粗率简约，日趋圆润成熟。同前代相比，宋代的山水画与花鸟画更是这个时代最显著的特征。在绘画的形式上，文人画与院体画分道扬镳；而在技法上，传统的写实技

① 〔宋〕沈括著，胡道静校证：《梦溪笔谈校证》卷十七《书画》，第280条，上册，上海古籍出版社1987年版，第542页。

② 对于《袁安卧雪图》，历来存在不同见解，或以为讥王维纰缪，或以为是附会写实，或以为是比喻象征。详见张景鸿：《关于王维〈袁安卧雪图〉的思考》，《美术观察》，2000年第12期。

③ 〔宋〕沈括著，胡道静校证：《梦溪笔谈校证》卷十七《书画》，第280条，上册，上海古籍出版社1987年版，第542—543页。

法臻于成熟。在意识形态领域，受佛、道哲学的影响，理学初萌，并逐渐趋向成熟。在文艺理论上，士大夫也越来越多地表现出对精致、理趣的追求。在美术领域里，人们也不再满足于将形似作为判别艺术作品优劣的标准，而更注重对精神世界的表现。由写实变为写意，由形神兼备转而变为重神轻形。沈括在《梦溪笔谈》中引用的欧阳修的那首诗，强调“画意不画形”“忘形得意”，正充分表现了宋人的审美意趣。

3.强调天趣和灵感

《梦溪笔谈》记载一个叫宋迪的人，官拜度支员外郎，擅长绘画。宋代画家郭熙开创山水画的“三远”画法，即高远、平远、深远。高远在于表现景物的高度，深远在于表现景物的深度，平远在于表现景物的宽度。宋迪最擅长画平远山水，他的得意之作有《平沙雁落》《远浦帆归》《山市晴岚》《江天暮雪》《洞庭秋月》《潇湘夜雨》《烟寺晚钟》《渔村落照》，人称“八景”，流传很广。曾经有个叫陈用之的人，也很会作画。有一次，宋迪看到他正在画山水画，对他说：你的确画得很工整，但画中缺少一种“天趣”。陈用之非常佩服宋迪的鉴赏力，说自己的作品不及古人，最担心的就是这一点。宋迪告诉他，要画出“天趣”也不是一件难事，可以找一堵破墙，墙上贴一张素绢，朝夕观看，看得久了，就会见到破墙之上，高高低低，曲曲折折，都成了山水的形象。这时心中留下了破墙高低曲折的印象，想象它们近似于山水之处：高者为山，下者为水；坎者为谷，缺者为涧；显者为近，晦者为远。这时心领神会，甚至可以看到山水之间有人走禽飞、草木摇动的景象。当所有这一切仿佛都了然在目，则随意命笔，所作的山水境界，仿佛自然天就，简直不是人有意所绘的，这就叫作“活笔”。陈用之听了这一番话，用心去做，从此画艺大进。①

沈括无疑是同意宋迪的见解的。在他看来，绘画不仅要求工整，而且要有“天趣”。这种“天趣”，实际上是指一种自然的形式美。宋迪教导陈用之面对败墙素绢，朝夕观看，实际上是要他调动自己的生活积累，展开丰富的想象，以

---

①〔宋〕沈括著，胡道静校证：《梦溪笔谈校证》卷十七《书画》，第286条，上册，上海古籍出版社1987年版，第549页。

一些偶然形象来触发心中的灵感，创造出种种的形象和构图，从而提高绘画品格，增加艺术意蕴。一旦灵感触发，这时再命笔作画，即使用笔极不工整，草草挥就，也往往别有生动的“天趣”。需要指出的是，败墙素绢之上本身并没有真正的山水形象，这不过是作者灵感的一个触发点。

4. 以大观小的山水画透视规律

人们画牛画虎，总要画牛毛、虎毛，只有画马不画马毛。沈括曾问画工其中的道理，画工说：马毛细，所以不能画。沈括反问：鼠毛比马毛更细，为何画鼠时却要画鼠毛？画工不能解答。沈括认为，马身体庞大，而画布不过方尺大小，要在这区区尺寸之地画一匹马，马毛细，就不可画；而老鼠身体小，大小跟画布差不多，所以画鼠就要画毛。但是牛、虎与马一样都是庞然大物，照理也不应该画毛。但牛、虎之毛深，马之毛浅，所以应该分别对待。因此名家作画，即使是小牛、小虎，也往往稍微用笔涂抹几下，把毛的形象勾勒出来。[①]

沈括认为画毛或不画毛，或虽画毛，但稍做勾勒，这些艺术表现手法上的不同，都是有理可论的。绘画对象的体积不同，反映在画面上的比例不同，对于细节的表现要求也应不同。因此，沈括虽然强调生活，但不主张完全照搬生活，因为生活有生活的规律，艺术有艺术的法则。在绘画上，他非常强调艺术法则的运用。

宋代有个叫李成的画家，他画山上亭馆楼塔之类的建筑物，都要“仰画飞檐”。他的理由是人从下望上，从平地仰望塔檐，可以看到它们的榱桷。沈括认为这是不对的。他说，画山水的方法，应以大观小，就像人看假山那样。如果完全按着人眼所能看到的真实的山峦去画，往上看，只能看到一重山峦，怎么会有重峦叠嶂的景象呢？更不用说那些山间的溪谷了。这就像画房屋一样，人看不到中庭及后巷中的东西。沈括嘲笑李成不懂得“以大观小”的道理，画出来的建筑物都变成了“掀屋角”的形状。[②]

---

①〔宋〕沈括著，胡道静校证：《梦溪笔谈校证》卷十七《书画》，第283条，上册，上海古籍出版社1987年版，第546页。

②〔宋〕沈括著，胡道静校证：《梦溪笔谈校证》卷十七《书画》，第283条，上册，上海古籍出版社1987年版，第546—547页。

绘画中采用透视方法，有焦点透视与散点透视之分。所谓散点透视，就是在画面上没有固定的视点，所以中国画的横幅画可以画千里江山，竖幅画可以画层峦叠翠。沈括所说的“以大观小”之法便是一种散点透视；李成画建筑物时采用“掀屋角”的方法，实际上是用焦点透视来表现景物。按中国画的传统画法，一般是采用散点透视而不用焦点透视。李成采用焦点透视作画，用肉眼为视点准绳，展现建筑物的檐角，实在是一种大胆的革新举动。但沈括不明了其中的差别，站在传统的作画经验上，批判李成的做法是违背画理的。[①]因此，沈括对李成的非议一方面表明他精通传统画理，另一方面却也暴露了他在艺术上的局限。

① 〔宋〕沈括著，刘启林校注：《梦溪笔谈艺文部校注》前言，黑龙江人民出版社1986年版，第16—17页。

第六章　提举司天

熙宁新历

熙宁元年（1068）八月，沈括的母亲许氏去世，享年八十三岁。沈披、沈括兄弟回乡守丧。一年之后，他们葬母亲于钱塘县龙车原。[1]丧满之后，熙宁四年（1071）十一月，沈括回京任职，担任检正中书刑房公事一职。至迟在熙宁五年（1072）九月，沈括已经担任提举司天监公事一职。他在司天监任上的一件重要事情，便是推荐卫朴修《奉元历》。

宋朝在仁宗时开始用《崇天历》。庆历年间，有一个姓李的术士，用木头做了一个颇具巧思的“舞钟馗”。这个“舞钟馗”高二三尺，左手持香饵，右手持铁简。老鼠爬上去吃香饵时，“舞钟馗”左手一把把它抓住，右手铁简一挥，将它拍死。这姓李的术士把“舞钟馗”献给荆王，从此做了荆王的门客。适逢当时司天监报告某日黄昏有月食，李术士对荆王说：“我有法术，可让月食不再发生。”荆王感到非常奇怪，就让他试试。结果，那天夜里真的没有发生月食。荆王感到很是神奇，把这事上报仁宗皇帝。古人相信天人感应，而且把历法“正朔”视为国家正统的象征。仁宗当下不敢小视，立即派内侍省调查。姓李的术士这才说了实话：他根本没有本事取消月食，但善于历法，知道《崇天历》的

① 见《曾巩集》卷四十五《寿昌县太君许氏墓志铭》。沈氏兄弟曾葬父于龙居里，盖龙车即龙居也。

缺陷——推算月食不准。他因出身微贱，没资格将这事上报朝廷，这才做了一个“舞钟馗”来晋见荆王，又假装会法术可以消除月食来惊动朝廷。皇帝下令把李术士送到司天监，与担任判司天监的楚衍一起推算日食、月食，并让他做了司天监的学生。他们在《崇天历》的食限上加了两刻。这个故事记录在《梦溪笔谈》中，说明了沈括后来进行历法改革的一个背景。[①]

到治平年间，周琮改用《明天历》。监生石道认为《明天历》还没经过测验，不可立即使用。但他的意见没有被采纳。熙宁元年（1068）七月十五日，据《明天历》推算，辰时东方会发生月食，却没有应验。年轻的神宗皇帝下令贬逐了历官，并令周琮重修历法。他们又把李术士加上去的两刻食限减了，结果日食推算准了，月食推算却又不准了；如果把两刻食限加上，月食推算准了，日食推算却又不准了。一时议论纷纷，不知如何是好。最后还是废止《明天历》，重行《崇天历》。[②]

出现这种局面，与宋朝天文机关的管理体制及其官僚作风有密不可分的关系。宋朝的最高天文机关称作司天监，在宋代司天监名义长官是司天监，但罕有除授，朝廷往往另行派遣判司天监事、知司天监事、提举司天监公事等差遣官来领导这个机构，其中提举司天监公事的地位最高。但在当时的文化氛围里，科学技术相当被人轻视。司天监的官员属于技术官，地位低，升迁难，在司天监内任职是一般士大夫所不屑的。沈括在《梦溪笔谈》里记载了一个故事，说仁宗皇祐年间出考题，题目为《玑衡正天文之器赋》。玑衡就是后来的浑仪，它是测量天体方位的一种仪器。但举人不知浑仪和浑象的区别，把浑象当作玑衡，在那里胡乱发挥一通；更可笑的是，那考官也不知两者的区别，竟让他得了高等。[③]这反映出当时士大夫的天文知识是何等贫乏。而天文历法不是一般的技术

---

① 〔宋〕沈括著，胡道静校证：《梦溪笔谈校证》卷七《象数一》，第139条，上册，上海古籍出版社1987年版，第320—321页。

② 〔宋〕李焘撰：《续资治通鉴长编》卷二百六十三熙宁八年闰四月壬寅，第11册，中华书局2004年版，第6434页；〔宋〕沈括著，胡道静校证：《梦溪笔谈校证》卷七《象数一》，第139条，上册，上海古籍出版社1987年版，第320—321页。

③ 〔宋〕沈括著，胡道静校证：《梦溪笔谈校证》卷七《象数一》，第127条，上册，上海古籍出版社1987年版，第295—296页。

工作，它对人的空间想象力和抽象思维能力有着极高的要求。当时司天监里面的官员有些是市井之徒，对法象图器一窍不通；①有些是官僚世家的子弟，不学无术，只是凭借父兄的荫德在那里领取俸禄。他们待在司天监里，能有什么作为呢？据说，他们以前修订历法，只是根据旧历加加减减，根本没有测量天体的实际运行情况。②

除司天监，宋朝还在禁中设立翰林天文院，简称天文院，里面置有漏刻、观天台、铜浑仪，与司天监职能相似，并与司天监互相检察。每天夜里，天文院都要在皇城门开门以前将星象中的吉凶征兆以及当夜的星次上报；皇城门开门以后，司天监也将自己的观测上报，互相核对，以防弄虚作假。但到后来，这两个机构私下沟通，把观测报告互相核对，统一好了口径再报告上去。③在这过程中，免不了虚构数据，编造假象，严重影响了对天象实际运行状况的掌握，并影响了历法的准确性。

沈括上任司天监后，对这个机构进行了整顿和改革：他揭发了司天监与天文院互相串通、弄虚作假的行为，并罢免了其中六人的官职；置浑仪、景表、浮漏，观测天象；推荐民间的天文学家卫朴来主持修订新的历法。④

卫朴是中国历史上罕见的天文奇才。据说，《春秋》上共记载日食三十六次，人们用各种历法逐一验证，最精确的也只能验证出二十六七次，只有用唐朝一行和尚的历法能验证出二十九次，算是非常厉害了。但卫朴能验证出三十五次，只有鲁庄公十八年那一次日食没有计算出来。这倒不是因为卫朴的水平差，很可能是史书记载有误。从夏仲康五年（前2043）到熙宁六年（1073），史书记载有日食四百七十五次，用各种历法验证，仍以卫朴的计算最为精确。卫朴也是一个数学天才，别人算数要借助筹码，但卫朴只用口算就可以了。他以此计算日食、月食，不差分毫。卫朴还有着超人的记忆力。编订历法需要大量的数

---

① 〔元〕脱脱等撰：《宋史》卷三百三十一《沈括传》，第30册，中华书局1977年版，第10654页。

② 〔宋〕沈括著，胡道静校证：《梦溪笔谈校证》卷八《象数二》，第148条，上册，上海古籍出版社1987年版，第334页。

③ 〔宋〕沈括著，胡道静校证：《梦溪笔谈校证》卷八《象数二》，第149条，上册，上海古籍出版社1987年版，第335页。

④ 〔元〕脱脱等撰：《宋史》卷三百三十一《沈括传》，第30册，中华书局1977年版，第10654页。

据，对于这些数据，卫朴只要叫人读一下，便能过耳不忘。曾经有人写了历书，写好了在他旁边读，在某个地方读错了，卫朴能够马上发觉，给他指出来。[①]更让人诧异的是，这样一个天才的科学家却是盲人。[②]

卫朴上任后，马上察觉了《崇天历》《明天历》推算日食、月食不准的原因，它们没有考虑到太阳运行的速度是快慢不均的，只用太阳运行的平均速度（日平度）来推算，因此算准了月食却算错了日食，算准了日食却算错了月食。[③]经过两年多的努力，卫朴修成《奉元历》。熙宁八年（1075）闰四月，沈括将新历奏上朝廷，晋升一官，[④]卫朴也获得了钱百千的赏赐。[⑤]

据沈括说，以前的历法以唐开元年间的《大衍历》最为精密，历代都沿用它的朔法。但到熙宁年间，它已经比实际天象落后了五十多刻，大约相当于半天时间。《奉元历》改变了原来的闰法和朔法：将旧历的闰十二月改为闰正月；旧历冬至定为午时，新历改为子时。但新历遭到人们的议论和反对。他们认为节气的到来没有明显的证据。最后沈括拿出了证明办法：比较旧历、新历在立冬和立春两天的晷影长度。古人用晷来测时间，方法是把一根直立的杆子竖立在一块水平面板上，面板上有刻度。把晷放在太阳下，根据杆影的长度，就可知道时间的变化。一年中，冬至时太阳直射点最远，距地平线最近，晷影就最长；夏至时太阳在赤道最北处，距地平线最高，晷影就最短。而立冬、立春距冬至的时间相同，这两天的晷影长度应该是一样的。但根据旧历，立冬、立春两天的晷影长短不一；而根据新历，立冬、立春两天的晷影正好相合。面对这样确凿的证据，那些反驳者只好闭嘴。《奉元历》因此得以颁行。[⑥]

---

①〔宋〕沈括著，胡道静校证：《梦溪笔谈校证》卷十八《技艺》，第308条，下册，上海古籍出版社1987年版，第603—604页。

②〔宋〕张耒：《明道杂志》，载〔元〕陶宗仪撰《说郛》卷四十三下，四库全书本。

③〔宋〕沈括著，胡道静校证：《梦溪笔谈校证》卷八《象数二》，第148条，上册，上海古籍出版社1987年版，第334页。

④〔宋〕李焘撰：《续资治通鉴长编》卷二百六十三熙宁八年闰四月壬寅，第11册，中华书局2004年版，第6434页。

⑤〔宋〕王应麟撰：《玉海》卷十《熙宁奉元历》，四库全书本。

⑥〔宋〕沈括著，胡道静校证：《梦溪笔谈校证》卷七《象数一》，第116条，上册，上海古籍出版社1987年版，第281页。

当然，《奉元历》也有它的缺陷。据卫朴自己说，由于缺少实际观测记录，虽然与其他历法相比，《奉元历》已经算是非常精密了，但也只能准确到六七成。[①]为什么会造成这种状况呢？究其原因，问题仍出在宋朝天文机关的管理体制上。

原来，地球和五大行星都绕日运行，但因公转轨道和速度不同，在运动着的地球上去观测，行星有时前进（顺行），有时又后退（逆行）。从顺行转为逆行的时候，有一个时刻行星看起来是一动不动的，这就叫“留”。沈括说，行星从“留”到“逆”是最难计算和观测的，往往会有很大的误差。而且，行星顺行、逆行的路径是不重合的。顺行时路径在黄道之北（内侧），逆行时必然转向黄道之南（外侧）；反之，顺行时路径在南（内），逆行时必然转向北（外）。这运行轨迹就像柳叶一样，两头尖，中间厚，相距便也远。因此，当行星在“柳叶”两头时，因为运行的路径是斜的，速度就比较慢；在“柳叶”中间时，因为运行的路径是直的，速度就比较快。但以前的历法家只知道行星的速度有快有慢，却不知道运行的路径有曲有直。沈括、卫朴修订《奉元历》时，司天监里根本没有五大行星的实际运行情况的观测记录。要获得准确的观测数据，必须每天早、晚及半夜三次测量月亮与五星的位置，并记录下来。这样坚持五年，剔除阴雨天及五星在白天出现的天数，可以获得行星三年中的实际运行情况，再加推算即可。但司天监内的那些历官早已形成一个利益集团，沈括、卫朴的所作所为侵犯了他们的既得利益。他们联合起来，屡兴狱讼，使得沈括、卫朴的观测记录无法建立起来。虽然沈括在上任之初罢免了其中六人的职务，但他们估计只是一些小角色。对那些拥有政治背景的世家子弟，他却无能为力了。[②]至于天文院，那是内庭官司，沈括更加无权过问了。[③]沈括离开司天监之后，司天监、天文院互相串通、弄虚作假的做法便又恢复了。

由于《奉元历》本身存在着缺陷，就在颁行之后的第二年，即熙宁九年

---

①〔宋〕沈括著，胡道静校证：《梦溪笔谈校证》卷十八《技艺》，第308条，下册，上海古籍出版社1987年版，第604页。

②〔宋〕沈括著，胡道静校证：《梦溪笔谈校证》卷八《象数二》，第148条，上册，上海古籍出版社1987年版，第331—332页。

③仁宗年间，天文院一度由司天监长官兼领，至天圣五年（1027）即罢。见〔宋〕王应麟撰：《玉海》卷三《宋朝天文院》，四库全书本。

（1076）正月望日，推测应有月食，却没有应验。沈括要求司天监用浑仪、浮漏、圭表重新测验，并令卫朴校正新历，得到了神宗的批准，使得刚刚诞生的《奉元历》能够继续使用。平心而论，《奉元历》并不是一部非常好的历法。经卫朴重新校正的历法，到元祐五年（1090）再次出现误差，所算的冬至竟然落后了一天。[①]但《奉元历》有缺陷是由整个宋朝的官僚体制造成，并非是沈括、卫朴天文学的水平不够所致。

观象三议

为了制定一部完美的历法，沈括主张对天文观测仪器进行改革。熙宁七年（1074）七月，他上《浑仪议》《浮漏议》《景表议》三议，《宋史·天文志》全文收录，[②]从中可以窥见沈括对天文观测仪器进行改革的设想。

1.《浑仪议》

浑仪是中国古代测量天体位置的重要仪器。它的基本结构是一个支柱，上面安装多个有刻度的圆环，中间设有观测天体的窥管。沈括在《浑仪议》中批评了前人制造浑仪时不合理的地方，提出了几个改进的措施。其中最重要的两条是取消月道环和放大窥管口径。仪器上本来有月道环，但不能正确显示月球公转的轨迹，而且掩蔽了仪器中的窥管，沈括认为这是一件虚设无用之物，应该取消。窥管就是望筒，是浑仪非常重要的组成部分。用旧浑仪的窥管，人们所能看到的视域很小。因此，沈括力主扩大窥管的口径。

在《浑仪议》中，沈括还批评了前人不合理的见解，提出了他在天文学方面的一些理论，有些见地是非常精辟的，如驳斥“中国于地为东南”的说法。他说：“天枢既中，则日之所出者定为东，日之所入者定为西，天枢则常为北无疑矣。”那意思是说，地球上所用的方向，是根据地球的自转或天球的运动确定的，日出的方向为东，日落的方向为西，这是固定不变的。人们看到中国的东

---

① 〔宋〕王应麟撰：《玉海》卷十《元祐观天历》，四库全书本。

② 〔元〕脱脱等撰：《宋史》卷四十八《天文志》，第4册，中华书局1977年版，第954—965页。

南边都是海洋，便认为中国处于大地东南，这完全是一种错觉。①

沈括还举唐人测量北极高度的数据来说明。他说，从安南都护府到浚仪，两地相距六千里，北极高度相差十五度。依此推算，当人走在大地的最北端时，北极刚好便在天顶。有学者认为，沈括在这里特意提出不同位置测得的北极高度不同，很可能是他对中国传统的以大地为平面的浑天说产生了疑问，只是不敢在奏议中公然表明。②

2.《浮漏议》

浮漏是中国古代测定时间的仪器。中国古代的计时仪器有浮漏，有晷漏。浮漏又称刻漏或漏壶，是用滴漏计时的仪器。具体做法是把几个容器安装连接成阶梯的形状，容器下面钻孔漏水。最下面的容器中安装一枚刻着尺度的标杆。随着上面容器的水不断下滴，最下面容器的水面不断升高，标杆随时浮起，人们就可从标杆的刻度读出时间的变化来。所谓晷漏，上文已经做了介绍，就是用日影计时的仪器。对于计时仪器的研究，沈括曾经写过一部专著叫《熙宁晷漏》，此书虽已失传，但沈括《梦溪笔谈》简要记述了他在这个问题上的研究，我们可以从中得知《熙宁晷漏》的大致内容。

沈括说，自古以来讨论刻漏的人总有几十家，但都有疏谬；自古以来，历算家讨论晷漏的，从《颛帝历》至今，凡见于世上被人称为“大历”的，共有二十五家，但他们步漏的技术都不符合天度。他还说，他曾十余年如一日观测天象，测量日晷上的时间，又用浑仪、浑象等仪器进行核对；在浮漏上考察水滴漏下的数量与时间的关系，才获得真实的数据，并据此撰成《熙宁晷漏》四卷。沈括自豪地说，他的著作并没有蹈袭前人的错误做法。

在考察的过程中，那些用刻漏计时的人常常担心不同的季节水流速度有快有慢，冬天的水很干涩，水流慢；夏天的水很顺畅，水流快。也有人怀疑冬天结冰会堵塞水流，千方百计去调整它，但最终都没有成功。沈括认为不同季节刻漏与水流速度无关，而自有它天文学上的道理：冬至时太阳运行速度最快，

---

① 张家驹著：《沈括》，上海人民出版社1978年版，第35—37页。

② 李志超：《〈浑仪议〉评注》，载《天人古义——中国科学史论纲》，大象出版社1998年版，第200—201页。

它在天上运行才一个周期（即一天），而刻漏上的标度已经超过了一天，这样一天的刻度就超过一百刻了；夏至时太阳运行速度最慢，运行一个周期，而刻漏上的标度还不到一天的标度，这样一天的刻度就不足一百刻了。因此，只有考虑到太阳运行速度的季节差异，重新核对晷影和浮漏的刻度，才能获得真实的数据。这是古人所没有考虑到的。

关于浮漏具体的制作，按照沈括的设想，整个装置分成六个部分：求壶、复壶、废壶、建壶、箭和箭舟。它的工作原理是：求壶的水流入复壶；复壶的水多余的部分进入废壶，另一部分进入建壶；建壶中浮有箭舟，上立箭杆，箭杆上有时间刻度。水不断流入建壶，箭舟与箭上浮，人们可以从箭杆的刻度中读出时间的变化。沈括在《浮漏议》中对浮漏各组成部分的形状、尺寸、容量及制作材料做了细致的描述：

（1）求壶：壶呈正方形，四围长一尺八寸，深一尺四寸五分，它的容量是二斛，容积是四百六十六万六千四百六十立方分。

（2）复壶：大小与求壶相同。其中分为两个部分，大的部分容量一斛，小的部分容量八斗。两部分中间用“达”（有闸的过水口）隔开。

（3）废壶：大小、形制与求壶相同。

（4）建壶：一尺见方，高三尺五寸，容量一斛半。在建壶里雕刻一个铜人，制成史官的样子，因为史官是执掌漏政的。

（5）箭：箭杆的长度与建壶的高度相等，宽一寸五分，厚五分。它的阳面有一百刻的刻度，分十二时辰。把箭依其宽度分成三个部分，每部分各宽五分。将中间这一部分刻成一个沟槽，用来放置博牍。博牍二十一支，长度与箭相同，宽五分，厚度二分半。它的阳面分为五更、二十五筹，阴面刻日夜长短变化的数据。每夜漏差一刻，就要换箭，同时更换博牍。

（6）箭舟：其状似葫芦，因此又称为银匏。箭舟是中空的，里面的容量为五升，重一镒半。[1]

---

① 本书对《浮漏议》的解释参考伊世同《沈括浮漏的复原探索》，载中国天文学史整理研究小组编《科技史文集（十六）·天文学史专辑（4）》，上海科学技术出版社1992年版，第144—150页。

除此六个基本组成部分，还有一些附属装置。下面也逐一介绍：

（7）枝渠：用来连接复壶与废壶。求壶的水流入复壶，由于水的盈浅有别，水压不同，使得水流速度有快有慢。壶满，水流快；壶浅，水流慢。因此，复壶一侧要设立枝渠，用来保持复壶水位不变，调节水流速度。枝渠的宽度为一寸，要求做得像磨刀石一样平整。如果求壶进水过猛，水流速度快，就容易摇晃，因此要设置复壶，并把复壶分成两个部分，再安装枝渠以疏导多溢的水，这样可使水流变得稳定。枝渠之水流到废壶中，废壶可承接废水。

（8）玉权：复壶的两部分中，在其中较小的那一部分安装“玉权”，把水导入建壶。这个出水口制成龙嘴的形状，并把龙颈附在壶体上，不使它掉下来。为了使水流通畅，龙颈必须是笔直的。整个出水装置用玉制成，让它衔在龙嘴之中。称之为“权”，是取义于要用它来权量壶水的深浅变化。建壶是用来显示时刻变化的。玉权出水的管口要比水面低一寸。复壶两部分用“达”分开，“达”的中间有过水口。过水口到壶底的高度正好是水面高度的一半；而玉权到壶底的高度又是“达”的高度的一半。由于水流冲刷，时间久了水管内部往往变大，因此玉权要用玉来制造，因为玉质坚硬，耐得住长久使用。同时，玉权的位置要稍微高一点，位置高了，水的压力就会减小，水流的冲刷力就会减小。

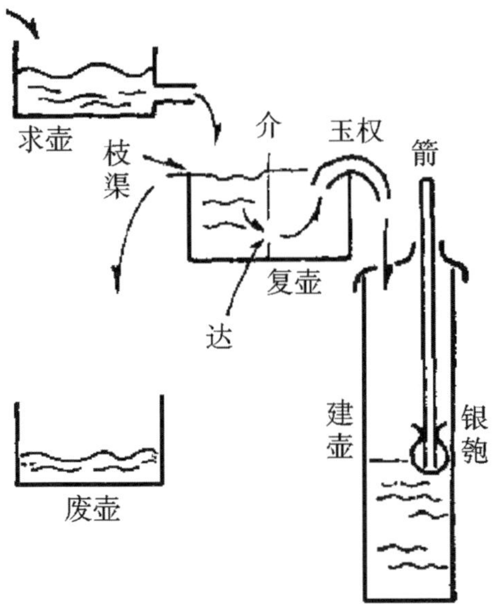

漏壶示意图

（图片采自陈美东《我国古代漏壶的理论与技术——沈括的〈浮漏议〉及其他》，《自然科学史研究》，1982年第1期。）

（9）壶盖：为了防止杂物进入壶中，保持水流畅通，诸壶顶上都要设置壶盖。求壶的盖纽做成龙的形状，象征着出水无穷；复壶的盖纽制成士人的形状，因为复壶是“执法之器”；废壶的盖纽制成鲵的形状，因为鲵常潜伏在水底深处。

（10）塞子：建壶下有塞子，每当建壶中水满时，就拔出塞子，把水放出去。塞子由陶瓷制成，用层层纱布把它包起来，堵塞严实，就不会漏水了。

这样，十个部分组成一个完整的浮漏系统。在这个系统中，沈括还特别提出了容易影响刻漏计时精度的几个问题：

第一，箭杆的刻度要经常检测，并根据天象观测所得及时进行调整。测验晷影是否准确要用浑仪，测验箭杆的刻度是否准确要用晷影。沈括认为应该用其中一刻的刻度，去衡量其他所有的刻度，只要有一个刻度不相符合，便说明建壶出了问题。有多余的，要把它磨掉；有不足的，要把它补上。只有一天一百刻，每个刻度都相同，才说明建壶是完好可用的。

第二，玉权要及时更换。刻度错误，原因常常是出在玉权上。沈括说，现在的刻漏，刚开始用时往往很精密，但时间久了，就会发现它显示的时间要快于观测到的天象，这是由于水流冲刷使出水孔道不断增大。箭上的刻度如果与浑天仪上观测到的不符，就要更换玉权，清洗箭杆，并重画刻度。如果经过一个昼夜，箭杆上的刻度还有多余，表明玉权的流水量太小了；还没到一个昼夜，而箭杆上的刻度已经满了，就说明玉权出水量太大，因此要更换玉权。更换之后再用浑仪重新观测天象，加以校正。只有这样才能保持测量时间的准确和稳定，不致产生大的误差。沈括说，现在有些刻漏装置无法正常运转，使用寿命很短。究其原因，就是因为人们使用维护刻漏的方法太过死板，没有经常更换玉权。

第三，要特别注意刻漏用水。沈括指出：（1）刻漏中的水一定要用清水。若水质混浊，容易积成水垢，造成水流不畅，漏壶不能正常使用。（2）使用的清水一定要取自同一水源地，以保持水质的同一性。如果水的分量重，水流速度就快，箭杆也浮升得快；如果水质轻，水流速度就慢，箭杆浮升得也慢。（3）应为刻漏装置配备专用的水井。这口井水不能再作其他用途。否则，如果干什么事情都到这口井里汲水，井水就会变得混浊。（4）已经用过的水也不能积起来再用。因为陈水再用，会使水流速度加快。

第四，制造箭舟的材料也须十分讲究。沈括说，经过锻打、颜色发红而质地柔韧的铜才是好铜。这样的铜浸泡在水里也不会发黑。那种浸泡在水里要发黑的铜，时间久了必然锈蚀难用。因此，铜中含银，容易发黑；银中含锡，容易碎裂。用这样的银来做箭舟，泡在水里时间久了就容易腐蚀进水。这是制造箭舟时所应特别注意的。

第五，要有生火装置。冬天时要生火，以防止水凝固成冰。

3.《景表议》

圭表是一种古老的天文仪器，用来度量日影的长度，因此又被称作“景表”。它由两部分组成：一是直立的一根标杆，称为“表”；一是南北方向平放的一根尺，称为“圭”。利用景表，人们可以测定每天午时（中午十二时）的时间及每年夏至、冬至的时间，甚至可以利用它来丈量土地面积、确定地域范围。沈括在《景表议》中介绍了他制造圭表的原理和测影定向的方法。沈括讲到了他在实际测量过程中遇到的困难：“然测景之地，百里之间，地之高下东西不能无偏，其间又有邑屋山林之蔽，倘在人目之外，则与浊氛相杂，莫能知其所蔽，而浊氛又系其日之明晦风雨，人间烟气尘坌变作不常。”这里所说的“浊氛”“人间烟气尘坌”，很可能就是指蒙气差现象。所谓蒙气差，是指太阳发出的光从太空进入地球表面的大气层时所发生的光线折射现象。为了测得太阳运动的准确方位，沈括建议使用三个景表来观测影差。从中可以看出，由于沈括的贡献，北宋的测影技术达到了一个很高的水平。①

十二气历

沈括在天文历法上的最高成就，恐怕是十二气历的提出。他对十二气历的论述被记录在《梦溪笔谈》中。②

中国古代的历法是一种阴阳历：月用阴历月，是月球绕地球一周的时间，

① 张家驹著：《沈括》，上海人民出版社1978年版，第41—42页。

② 〔宋〕沈括著，胡道静校证：《梦溪笔谈校证・补笔谈》卷二《象数》，第545条，下册，上海古籍出版社1987年版，第932—934页。下文的解释参考李群注释《〈梦溪笔谈〉选读（自然科学部分）》，科学出版社1975年版，第94—95页。

约二十九日多；年用阳历年，是地球绕太阳一周的时间，约三百六十五日多。十二个阴历月加起来共有三百五十四日多，与阳历年的一年差十一日，每三年就相差一个月以上。如果开始时以一、二、三月为春季，到三年后就变成要以二、三、四月为春季，造成四季不定。后来古人发明了闰月的办法，到第三年在正常月序外另外加入一月，称之为闰月。沈括说，经书上谈到历法，只有《尧典》上说“以闰月定四时成岁”。也就是说，只有《尧典》中才记载了这种用设置闰月来确定四季为一年的办法。沈括说，这种置闰的办法是从尧时才开始有的。至于尧以前的太古时期，年岁太远，具体情况已不得而知了。沈括说，置闰定岁的办法，是古代圣王传给后人的，本来是不应该对此说三道四、横加议论的，然而人世间总有那么一些事，是古人没有发现而要留待后人来认识。比如说岁差，就是到近世才提出来的。对这些问题的讨论是不应该有古今的界限的。

我们把太阳出没一次称为一天，月亮盈亏一次称为一月。用日月来记天，虽然确定了名称，但月亮要运行二十九天多一点才能与太阳重新会合。一年中日月会合十二次，还剩余下一些日数；累加到三十二个月，便又多出一次会合。古人为了表示一年的天时和气候变化，按太阳在黄道的位置，把从冬至到下一个冬至的时间分成二十四段，每一段有一个分点，称为“气”，由此形成“二十四气”，也通称为“二十四节气”。每两个节气之间的时间为三十天多。同时，古人把日月相会称为“朔”，定历法把“朔”作为一月的开始。每两次朔日之间的时间为二十九天多。在新历颁布的初期，“气”与“朔”是一致的，但由于两个节气之间的时间与两个朔日之间的时间长短不一，节气与朔逐渐地互相错开，人们便增加一个月，叫作闰月。沈括认为，闰月的产生是迫不得已的做法，就好像盖房子，中间有空隙，就不得不用一些石楔和木楔来填塞。

自从置闰以后，气与朔互相矛盾，岁与年互相错乱，四季不在固定的月份，人们为了置闰，需要进行繁复的计算。实际上，每累积三个月为一季、累积四季成一岁的做法，以及阴阳消长、万物变化的规律，完全是由节气决定的。而月亮的盈亏，与一年中气候变化、农业活动没有任何关系。现在专门用朔来定十二个月，节气的变化反而不能反映本月的气候特征、决定本月的农事。有时候，按照历法已经是春天了，而万物萧条，还是一副冬天的景象。这是因为朔在气之前，因此名义上已经是第二年的春天了，而实际上还是第一年的冬天。有时候，按照历法应该还是冬天，但万物生长，欣欣向荣，这是因为朔在气的后面，因此名义上叫作第一年的冬天，而实际上已是第二年的春天。这样，名义上是正月、二月，实际上是三月、四月，从而万物生杀的现实不能从历法中反映出来。传统的历法不仅有这些种种弊病，而且还产生了“闰月”这种累赘的东西。这大概是古人没有考虑到的。

最后，沈括提出一种彻底改革历法的办法：（1）以十二节气定为一年，而不再用根据月亮运行而定的十二个月。（2）直接把立春作为孟春之日，即每年的一月一日；以惊蛰为仲春之日，即二月一日，以下依此类推。（3）月分大小：大月三十一天，小月三十天。十二个月中一般是一大一小相间隔，即使出现两个大月连在一起的情形，一年也不过一次而已。

沈括认为这样做有很多好处：（1）每年的天数都很整齐，永远不会再产生闰月那样多余的天数了。实际上是免去人们在年月上的复杂计算。（2）实行这样的历法之后，历法上的季节变化与气候变化、农事忙闲完全一致。

沈括又说，实行新历后，日月五星运行的计算自然依从新的历法，但也不必对原来的方法加以修改。至于月亮的盈亏，还有很多事情与它有关，如海洋的潮汐、某些动物的胎育等，但它们与一年中的寒暑时令变化无关，只需在新历中加以说明就可以了。

沈括以元祐元年（1086）为例说明如何实行这种新历法：以孟春一月为小月，以壬寅日为初一；以一月初三日月圆为望日，十九日月亏为朔日；仲春二月为大月，以壬申日为初一，以三日月圆为望日，十八日月亏为朔日。这样的历法，既简单又整齐，既符合天体的运行，又没有修修补补、添加闰月的麻烦。

但由于当时整个文化氛围，沈括也觉得这种全新的历法是不可能在他那个时代实施的。他说，以前他曾亲自验证过一天的时间长短，有的超过一百刻，有的不到一百刻。令人遗憾的是，有人对沈括的这种说法产生了怀疑。古人把周天分为十二次，即十二星次，用以观测日月五星的运行和节气的早晚。后来沈括又说过十二次的划分和黄昏北斗星所指的方位应当随着岁差而变化，人们感到更加惊奇了。沈括觉得，现在提出这样一种历法理论，势必会招到谩骂和攻击，但他坚信将来必定会有人采用他的这种历法。

沈括的十二气历在后世受到了一些批评，如清人张文虎，号称是精通历法的人，就这样非议十二气历："至欲以十二气为一年，不用闰月，则于古圣王敬授民时之意，大相背谬。夫十二月为年，从月也；二十四气为岁，从日也。周官正岁年以序事，各有所当，并行不悖。存中所论，即回回、西洋闰日之法，而施之中国可乎？"①

但今天科学发达，人们对沈括十二气历的卓越见解已经看得非常明白了。如地理学家竺可桢这样评价沈括的十二气历：

> 沈括于历法主张抛弃一切前人之说，以节气定月，彻底为阳历，不管月亮的朔望，把闰月完全去掉。他说："今为术莫若用十二气为一年。直以立春之日为孟春之一日，惊蛰为仲春之一日，如此则四时之气常正。"这样彻底的一个阳历，较现行历法合乎农民实用。但在当时代这种主张是很受人的疯狂攻击的。二十年前英国气象局局长萧讷伯有同样的计划，不过他把元旦放在阳历的十一月六号，即中国的立冬节，称其历为农历。到如今英国气象局统计农业气候和生产，是用萧讷伯农历的。沈括说："予今此历论，尤当取怪怒攻骂，然异时必有用予之说者。"他料想不到九百年以后他的历会在英国行起来的。②

沈括在自然科学的很多方面都超越时人的见解，撇开这些不论，单此十二气历一项，就足以使他置身于优秀科学家的行列了。

① 〔宋〕沈括著，胡道静校证：《梦溪笔谈校证》卷七《象数一》，第128条，上册，上海古籍出版社1987年版，第305页。

② 竺可桢：《中国古代在天文学上的伟大贡献》，《科学通报》，1951年第3期。

第七章 察访两浙

王安石变法

熙宁六年（1073）六月，宋神宗命沈括相度两浙路农田水利、差役等事兼察访。[①]沈括担任这个差使的背景是王安石变法运动的深入开展。

宋代立国，有几项与前代大不相同的政策措施：

第一是不抑兼并的土地制度。这种政策一方面使得农民对地主的人身依附关系大大松懈了，使得宋朝的土地租佃与劳动雇佣关系得到了前所未有的大发展；另一方面也使得贫富分化加剧，不同阶层人的社会流动加剧。晋唐以来的士族制度到宋代完全瓦解了，取而代之的是官僚阶级与平民阶层的兴起。

第二是高度集权的政治制度。宋朝鉴于唐、五代以来藩镇割据、武人跋扈的历史教训，采取措施，实行强干弱枝、以文驭武的政策。在地方行政制度上，实行州、县两级制度；州之上虽然有路的建置，但它在实质上只是一个监察区域，而不成为真正的行政单位。一路之下，没有统一的领导机构，而是分设各种监司，分而治之。甚至在州这一行政单位，还专门设置一个通判来限制刺史或知州的权力。同时，对地方官员的权力特别是兵权和财权进行严格的限制，

---

① 〔宋〕李焘撰：《续资治通鉴长编》卷二百四十五熙宁六年六月戊子，第10册，中华书局2004年版，第5969页。

压缩自由裁量和独立决策的权力。一个总的指导思想是在官员之间实施权力制衡，防止任何官员挑战皇帝的权威。但实施这样一种制度，必然会导致机构臃肿、增加对官员的需求，最终的后果是增加行政成本。也就是说，为了长久维护赵家的专制统治，老百姓不得不增加额外的负担。

第三是仕出多头的选官制度。宋朝主要用科举制度来选拔官吏。唐朝的取士名额十分有限，门荫制度还占有相当重要的地位。到宋朝太宗皇帝以后，不但门荫制度继续存在，而且科举取士的名额也急剧增加，加上吏人入仕，使得朝廷官员的数目十分庞大，形成"冗官"现象。在唐朝的前期，朝廷选官，往往来自士族阶层，有的虽然是通过科举考试进入仕途的，但究其出身门第，仍是士族的一员。这些贵胄子弟，往往拥有大片土地，坐食珍馐。他们虽然也向朝廷领取俸禄，但俸禄在他们总的收入构成中所占比例有限。到唐后期，特别入宋以后，越来越多的官员兴起于平民阶层。他们家境并不是很宽裕，仅靠着用功读书谋取一官半职来养家糊口，朝廷的俸禄是他们最主要的收入来源。因此，宋朝官员写诗作文时，哭穷叹贫的现象就显得特别多。甚至沈括这样出身官僚世家的子弟，也感慨自己不得不为禄出仕。因此，取士于民，虽然有助于维护社会的公平，但也给朝廷带来两方面的压力：一是如何保持官员的清正廉洁，二是如何维护官员的经济待遇。这两个问题，无论哪一个，最终的解决都得靠钱，它最终的结果也必然是进一步增加朝廷的财政负担。

第四是独具特色的养兵制度。从唐到宋，随着均田制度的瓦解，中国军事制度发生了一个重大的转变，就是从征兵制度转向募兵制度。在传统的征兵制度下，老百姓有服兵役的义务，他们服役出征要自备马匹、兵器和粮食。但在募兵制度下，政府花钱雇佣士兵服役，并负责军队的全部后勤开支，这无疑会大大增加政府的财政负担。在宋朝的各项行政开支中，军事的开支所占比重是最大的。而且，宋朝为了减轻老百姓的劳役负担，往往动用军队（主要是厢军）从事一些工程建设；同时，为了防止老百姓作乱，往往在灾荒的年份，在灾荒的地区，招募百姓从军。这使得宋朝军队的数量十分庞大，形成一支没有强大战斗力的"冗兵"队伍。而"冗兵"的必然结果与"冗官"一样，是产生"冗费"。

因此，如何解决“三冗”问题，是宋朝政府面临的最大课题。范仲淹实施政治改革的内容有很多，如明黜陟、抑侥幸、精贡举、择官长、均公田、厚农桑、修武备、减徭役、覃恩信、重命令等，但其最基本内容只有两项：一是通过政治制度的改革来提高行政效率，减少行政开支；二是通过发展经济来提高政府的财政收入。但是，经济的发展难以一蹴而就；而政治制度的改革不仅会侵害一部分人的既得利益，而且会动摇皇帝的专制统治：因为“三冗”问题是由那一套高度集权的政治制度造成的，而制造这套政治制度的最终目的是维护一家一姓的专制统治。这就决定了范仲淹的改革最终必将以失败告终。

范仲淹实施庆历新政的时候，沈括是一个才十岁左右的孩子。

范仲淹走了，王安石来了。财政问题同样是王安石变法首先要解决的头等大事。为此王安石祭起了“理财”的大旗。在嘉祐四年（1059），也就是沈括出仕未久的时候，时任三司度支判官的王安石给仁宗皇帝上《万言书》，提出“盖因天下之力，以生天下之财，取天下之财，以供天下之费”。他说，自古治世，从来不必为财用不足而担心，只担心治财无道。方今天下太平，人民安居乐业，但公私财政如此窘迫。究其原因，就是官府不知变通，“理财未得其道”[①]。

王安石的变法与范仲淹的改革略有不同。范仲淹主张从开源、节流两方面下手来解决财政问题，但王安石似乎认识到了“节流”的主张最终会瓦解大宋朝廷的统治基石，因此只主张从发展经济、增加财政收入这方面来实施他的“理财”方略。他反对节省财政开支，甚至主张增加官吏俸禄。[②]两府大臣陪皇帝祭天，按例会得到一笔赏赐，但考虑到朝廷的财政困境，他们在神宗时曾要求免去这笔“郊赉”。为此司马光与王安石展开了一次激烈的争论。司马光说，方今国用不足，理当节省开支，节省开支应当从皇帝身边最亲近的大臣开始，他主张批准两府大臣辞去郊赉的请求。但王安石认为国家富有四海，给大臣一点赏钱算不了什么。国家也不靠这笔钱发财，若不给郊赉，只会有伤大体。他

---

① 〔宋〕王安石著，唐武标校：《王文公文集》第一卷《上皇帝万言书》，上册，上海人民出版社1974年版，第9页。

② 〔宋〕王安石著，唐武标校：《王文公文集》第一卷《上皇帝万言书》，上册，上海人民出版社1974年版，第9页。

还说，太祖皇帝时赵普任相，赏赐起来动以万计，现在的郊赉匹两，不过三千而已，不算很多。因此，他主张维护“大体”，不批准两府大臣辞去赏赐的请求。①

那么，王安石到底想如何发展经济、增加收入？在熙宁二年（1069）王安石担任参知政事、推行变法以来，逐步实施了以下几项经济上的改革措施。

（1）均输法：指调节运输，节约运费。熙宁二年（1069）七月实行。

（2）青苗法：具体做法是在每年青黄不接的时候向民间发放贷款，政府收取利息。熙宁二年（1069）九月推行。

（3）农田水利法：鼓励各地开垦荒地，兴修水利。熙宁二年（1069）十一月颁布实施。

（4）免役法：免去民户的差役，责令他们缴纳免役钱，由政府出钱雇人服役。此法在熙宁三年（1070）十二月在开封府试行，次年十月推向全国。

（5）市易法：政府设立市易机构，控制市场，并收购市面上的滞销货物；商人可向市易机构赊购货物，政府向他们收取利息。熙宁三年（1070）三月开始实施。

（6）免行法：政府不再向各行业摊派货物，各行业人士向政府缴纳免行钱。此法在熙宁四年（1071）开始实施。

（7）方田均税法：丈量土地，追查隐瞒的田产、人口，重定赋税。此法在熙宁五年（1072）八月颁行。

王安石是抚州临川人，生于天禧五年（1021），比沈括年长十来岁。王安石的弟弟王安礼，是沈括表兄谢绛的女婿。因此，虽然王安石比沈括年长，但认真排起行辈来，却是沈括的晚辈。不过两人的这层亲戚关系实在太过疏远，因此沈括不见得与王安石有交往。从现有的史料看，沈括最初接触王安石大概是在他父亲去世的时候，那时沈披、沈括兄弟通过一个族人，请王安石为他们的父亲撰写墓志铭。有学者认为，这个族人很可能就是“沈氏三先生”之一的沈辽，因为沈辽颇受知于王安石，王安石曾有诗给他，赞他有“风流谢安石，潇

① 〔宋〕司马光撰：《温国文正司马公文集》卷第三十九，四部丛刊本。

洒陶渊明”[①]之风。但这次接触，并不意味着沈括与王安石曾经谋面。

沈括直接接触王安石大概是从沈括馆阁任职时开始的。沈括在治平二年（1065）九月编校昭文馆书籍，熙宁元年（1068）八月充馆阁校勘。王安石于熙宁元年（1068）任翰林学士。虽然两人的地位悬殊，但沈括地处清望，两人又是远亲，从这时起沈、王二人大概开始接触来往了。

熙宁二年（1069）王安石任参知政事，开始实施变法。同年八月，沈括因母丧离开京师。在这半年中，变法真正实施的项目还非常有限，加上沈括职掌所限，他可能还没有参与到变法中来。

熙宁四年（1071）十一月，沈括母丧之后回京，担任检正中书刑房公事。其中的“中书”是指宰相所在的中书门下。检正中书五房公事是宰相的属官，这官是在熙宁三年（1070）九月刚刚设立的，下设孔目房、吏房、户房、礼房、刑房，每房设检正公事两员，分管各房事务。当时王安石任相，正开展变法运动。沈括既任检正中书刑房公事，品位虽然不高，却是王安石直接下属。从这时起，沈括不可避免地被卷入变法的大潮了。

察访的背景

沈括首先参与的是农田水利法。宋廷于熙宁二年（1069）颁布农田水利法，在此后的六七年中，除垦荒和疏浚河道，单是水利田就有10793处，灌溉民田共36117888亩，官田191530亩。[②]我们且不论这个数据是不是一些官员为了升迁而炮制的“政绩工程”，也不管这些新辟的农田是否有真实的效果，至少，从表面数据看，这项农田水利法取得了很大的成绩。但就在农田水利法推行的同时，反对的声浪也是此起彼伏。这种议论见于文献中实在是太多了，我们且选取苏轼的一段话作为代表来说明。苏轼道：“且古陂废堰，多为侧近冒耕，岁月

① 林岑：《略论沈括与王安石的关系》，《北京师院学报（社会科学版）》，1980年第4期。

② 〔清〕徐松辑：《宋会要辑稿》食货六一之八八，中华书局1957年版。

既深，已同永业。苟欲兴复，必尽追收，人心或摇，甚非善政。”[①]也就是说，水利工程的兴修，势必侵占私人土地，侵犯他们的合法利益。这就像我们现在搞一些大型工程，免不了要拆迁，但好歹会有一些补偿。尽管有补偿，但在个别地区，还是弄得民怨沸腾，上访事件不断。而在北宋时代，哪里有什么规范的拆迁政策？哪里有什么合理的补偿制度呢？老百姓因此反对，实在是势所难免的。我们以前总是说，王安石领导的这场变法是中小地主阶级对大地主阶级的斗争，反对变法的就是那些官僚大地主。但对那些官僚大地主来说，这点点土地的丧失，并不会影响到他们的生存，对广大贫苦农民来说，这些土地的丧失却足以让他们倾家荡产了。不过宋神宗和王安石似乎没有看到这些，他们决定继续推进农田水利法。沈括奉命前往两浙——他的故乡，就是要推行农田水利法，解决农田水利法在实施过程中的困难。

而在那几年里，两浙一带恰好天不作美，水旱频仍，灾伤不断。熙宁四年（1071）七月，两浙地区就发过一次规模较大的洪水。而在沈括出发前，即熙宁六年（1073）夏秋间，又发生了大旱。

其实，早在沈括之前，朝廷已经派人在两浙地区开展兴修水利的活动了。熙宁五年（1072）十一月，著名水利专家、知於潜县事郏亶被任为司农寺丞，奉命前往两浙兴修水利。但他刚到苏州不久，就有二百多人前来“上访”。话不投机，双方发生了武力冲突，郏亶在逃跑中丢了幞头，屋中的灯被踩毁，门也被弄破了。[②]更为严重的是，郏亶的举措也遭到了变法运动的第二号人物吕惠卿的反对。他反对在浙西兴修水利，表面上的理由是“无土”[③]，也就是说缺少修筑塘坝所用的土料。这样的理由实际上是不值一驳的，而且也马上被王安石驳

① 〔宋〕苏轼著，孔凡礼点校：《苏轼文集》第二十五卷《上神宗皇帝书》，第2册，中华书局1986年版，第733页。

② 〔宋〕李焘撰：《续资治通鉴长编》卷二百四十熙宁五年十一月辛亥，第10册，中华书局2004年版，第5824—5825页。

③ 〔宋〕李焘撰：《续资治通鉴长编》卷二百四十五熙宁六年五月乙丑，第10册，中华书局2004年版，第5960页。

倒了。真实的理由，可能是吕惠卿自己在苏州拥有大片田产[①]，郏亶兴修水利侵犯到了他或者他那个集团的利益。一项变法的举措遭到领导变法的二号人物反对，由此可以看出“利益”的力量是多么强大。下有民众闹事，上有吕惠卿反对，宋神宗最后免去郏亶司农寺丞的官衔，郏亶一生孜孜以求的水利事业也因此中断了。

但郏亶的主张是得到王安石支持的，王安石不想就此放弃，他只好考虑另外的人选。沈括受命去两浙，可能就是由王安石推荐的。他担任检正中书刑房公事，在王安石的直接领导下工作已有多年，王安石对他的个性、能力应该比较了解。宋神宗开始时还有些犹豫，他问王安石：“此事必可行否?”王安石说：“括乃土人，习知其利害，性亦谨密，宜不敢轻举。”宋神宗说：“事当审计，无如郏亶妄作，中道而止，为害不细也。”[②]就这样，沈括走马上任了。

从王安石话中可以看出，他之所以推荐沈括，是出于以下三方面的考虑：一是他个性缜密，善于协调各方面的利益关系；二是沈括是浙西人氏，熟悉当地情况；三是沈括对水利事务比较内行，“习知其利害”。

沈括早在担任沭阳主簿时，就已有了治理沭水的政绩，后来在宁国县又目睹了他哥哥沈披考察并参与万春圩修建的实况。而且，《梦溪笔谈》中也记载了大量有关水利工程的事例，除上文提到过的钱氏捍海塘，还有“三埽合龙门法”，也是值得大书特书的一件事。据沈括记载，庆历年间黄河在商胡决口，很长时间都没有控制住。当时的三司度支副使郭申锡亲自去监督施工。当时人们一般把柳枝、芦苇等材料捆扎起来以堵塞决口，称作“埽”。每当堵塞决口快要封口时，放下中间一个埽是关键，因此被人称为“合龙门”。开始时屡次堵塞没有成功。当时用来合龙门用的埽长达六十步，有个叫高超的河工说，埽身太长了，用人力压不到水底，所以水流没能被堵住，而绳索都断了。他建议把埽分成三节，每节宽二十步，每两节之间用绳索连起来。沉放时，先下第一节，等

---

① 〔宋〕李焘撰：《续资治通鉴长编》卷二百六十七熙宁八年八月戊午，第11册，中华书局2004年版，第6556—6557页。

② 〔宋〕李焘撰：《续资治通鉴长编》卷二百四十六熙宁六年八月乙亥，第10册，中华书局2004年版，第5989页。

它沉到水底之后，再压第二节，最后压第三节。有些河工反对这样做。他们说：二十步长的埽堵不了流水，白白地用去了三节，只会使费用加倍，却堵不住决口。高超却认为，第一埽确实不能堵住流水，但水势必然减半。到压第二埽时，只要用一半的力，即使水流还没有被堵住，但剩下的缺口不会很大了。到压第三埽的时候，等于是平地施工，可以充分使用人力。等到三节埽全部放好以后，前两节埽已经被泥沙淤填，不用再费人力了。郭申锡没有采纳高超的建议。那时贾昌朝任北京留守司，坐镇大名府，他认为高超的建议是对的，暗地里派遣几千人到下流收集冲下去的埽。郭申锡用老办法不能堵住决口，埽被冲走了，而水流更急，最后只好采用了高超的建议，终于把商胡决口堵住。①

这些事例表明，沈括非常关心水利事业，而且对于工程的一些技术细节也是颇有研究的。更难能可贵的是，沈括调任中央之后，还曾亲自指挥过疏浚汴河的工作。事情发生在熙宁五年（1072）九月，朝廷命司农寺出粟十万石，赐给南京应天府、宿州、亳州、泗州的饥民并作为疏浚汴河的奖励。沈括被临时差遣，负责这项水利工程，同时他还奉命前去调查汴水沿岸的农田，看哪里可以设置斗门，哪里可以引淤泥灌溉。②

汴河水源主要来自黄河。正如张洎所说，“汴水横亘中国，首承大河”③。黄河带来大量泥沙，导致汴河堙塞，阻碍漕船。为此，北宋政府经常对汴河加以疏浚。据沈括说，为了保持汴渠的畅通，朝廷每年都要征召京畿及附近地区三十多个县的民夫疏浚河道。后来形成惯例，每三年疏浚一次。但年月既久，这项工作慢慢松懈下来了，最后竟至二十多年没有疏浚一次。这使得汴渠河道不断淤积，开封城东水门到雍丘、襄邑一带，河底高出堤外的平地一丈二尺多。登堤下望，百姓的屋宅就像在深谷中一般。④汴水的淤塞问题使宋人颇感头痛，

---

① 〔宋〕沈括著，胡道静校证：《梦溪笔谈校证》卷十一《官政一》，第207条，上册，上海古籍出版社1987年版，第420—421页。

② 〔宋〕李焘撰：《续资治通鉴长编》卷二百三十八熙宁五年九月壬子，第10册，中华书局2004年版，第5796页。

③ 〔清〕顾祖禹撰：《读史方舆纪要》卷十九，清稿本。

④ 〔宋〕沈括著，胡道静校证：《梦溪笔谈校证》卷二十五《杂志二》，第457条，下册，上海古籍出版社1987年版，第795—796页。

疏治工作又成效甚微，这使他们逐步认识到疏治只是一种消极的方法，不能治本，只能治表。要根治汴水淤塞的问题，解决办法在于寻找新的水源以取代黄河的浊水。于是人们想到了洛水。

沈括疏浚汴河的具体过程，现在已经不得而知了。所可称道的是，他在疏浚过程中使用科学的测量方法。据他自己在《梦溪笔谈》中记载，他测量汴渠的长度，从京城上善门到泗州的淮河河口，共八百四十里一百三十步，同时测得京城的地势比泗州高出十九丈四尺八寸六分。沈括在京城以东几里外的渠上打井，打到三丈以下，才看见汴渠古道的河底。由于地势高低不平，用水平的望尺或直立的干尺进行测量，可能会有误差。当时汴河堤外有一些水沟，是筑堤挖土时留下的。这些堤外的沟水与堤内的渠水相通。沈括便在沟中筑坝，等上游的水渐渐干涸，再筑一坝，这样层层下筑，筑起阶梯一样的水坝，分别测定上下游水位的差距；将这些水位差距相加，便得到开封到泗州的地形高差。①

地理学家竺可桢对此给予很高的评价，他说："是括之测量，不但为平面测量，而且为地形测量，其量地面高下之法，虽不尽善，但苟所筑之堰，极为平直，当不致有大差误。其所用之尺，虽未必精密，但计高度至于分寸，可见其行事之不苟且。欧洲古代，希腊虽曾经测海岸之远近，罗马盛时亦有测量街道之举，但地形测量在括以前则未之闻。"②

事实上，这项引洛入汴的工程因为要开凿山岭，超出了政府的财政负担，最后并没有完成，但沈括在工程实施过程中展示出来的技术和才能，表明他不仅是一名合格的管理者，还是一名内行的水利专家。凭着这样的条件去治理浙西水利，自然再合适不过了。

沈括奉命疏浚汴河的时候，王安石领导的变法正在如火如荼地进行。朝廷颁布了农田水利法，淤田法便是其中的一项重要内容。它的做法是将河流中的淤泥排放到农田，使贫瘠的土地变成肥沃的农田。熙宁四年（1071），开封成立

① 〔宋〕沈括著，胡道静校证：《梦溪笔谈校证》卷二十五《杂志二》，第457条，下册，上海古籍出版社1987年版，第795—796页。

② 竺可桢撰，徐规校：《北宋沈括对于地学之贡献与纪述》，载《沈括研究》，浙江人民出版社1985年版，第4—5页。

了总领淤田司，负责调集各地厢兵，在一些河流沿岸放水淤田。当时秘书丞侯叔献建议说，汴河两岸，沃壤千里，河的两岸有大量废田，总计两万余顷，其中一半已被用来牧马，还有一万余顷良田荒废在那里，无人开耕。他建议在汴河两岸设置斗门，把多余的水泄导出来，分为支渠，及引京、索河并三十六陂，以灌溉农田。宋神宗命侯叔献提举开封府界常平，负责这项引汴水淤田的工程。但工程刚一实施，非议随之而来。首先是泄水的过程中，祥符、中牟两县的民户遭受水患，很多民居、庄稼被浸；其次，都水监也认为侯叔献侵犯了他的职权，反对汴水淤田。后来宋神宗让侯叔献以权都水监丞、提举沿汴淤田的身份继续引汴淤田，以协调他与都水监的关系。但朝中对淤田的争论没有停止。熙宁四年（1071）宋神宗就曾忧心忡忡地说，枢密院认为淤田无益，又说淤田薄得像饼。后来庆州发生军乱，宋神宗召执政于资政殿商量对策。冯京总结它的原因，就说是朝廷在开封府界搞淤田，又搞免役，作保甲，弄得百姓疲劳过度的缘故。最后，宋神宗被迫对兴修水利的政策做了一些限制，规定不准开垦荒梗，也不准增加赋税。[①]因此，沈括此行，除了疏浚汴河，还带有另一项重要的任务，便是要察看引汴河淤泥灌溉农田的可行性。

史书上没有记载沈括对于汴河淤田的明确态度，但在《梦溪笔谈》中有一则记载可以说明他的倾向。他说熙宁中实行淤田法，有人讲到《史记》中记载“泾水一斛，其泥数斗，且粪且溉，长我禾黍”这句话，认为这里的“粪”，即是指淤泥。沈括说他行到宿州的时候，看到唐人开凿的一个斗门，叫“六陡门”。旁边立着一块石碑，说有个刺史将汴河的淤泥从这里往下灌溉农田，百姓大获其利。[②]这似乎表明，沈括对淤田法是持肯定态度的。

沈括为人谨密；又是浙西本地人氏，熟悉当地情况；他还是水利方面的专家；而且，他赞成王安石的淤田法，王安石对他又很了解。有此种种有利条件，沈括最终成为王安石推荐出使两浙、推行新法的不二人选。

但是，还有一件事可能会影响到沈括此行之前的心态。他的兄长沈披以前

---

① 〔元〕脱脱等撰：《宋史》卷九十五《河渠志》，第7册，中华书局1977年版，第2367—2369页。

② 〔宋〕沈括著，胡道静校证：《梦溪笔谈校证》卷二十四《杂志一》，第429条，下册，上海古籍出版社1987年版，第755—756页。

曾经担任两浙路的提举常平等事，在浙西兴修水利。沈披和他的弟弟一样，也是热衷于水利事业的人。前面讲到过，早在嘉祐年间任宁国县令时，他就奉命对万春圩进行考察。在提举陕西常平时，他又主持兴复武功县的六门堰。在提举两浙常平的任上，沈披又开常州五泄堰。熙宁四年（1071）七月，两浙发大水，后来追究责任，便追究到了沈披头上。熙宁五年（1072）十月，尽管沈披已经离开两浙任上，还是被降了官，诏令送审官东院处理。因时逢大赦，照道理沈披是可以免受处分的，但宋神宗还是愤愤地说，沈披毁坏八百顷农田，使那么多百姓受害，怎么能让他逍遥法外？沈披还是被罢了官。[①]究其原因，仍是因为他的水利工程与当地田主的矛盾：毁坏了八百顷农田。这件事情的发生时间离沈括察访两浙才四个月。

沈括察访两浙，实在是一个艰难的差使。他要在两个顶头上司王安石、吕惠卿之间走钢丝绳；他还要接受沈披、郏亶的教训，不致侵害当地田主的利益；同时，他又要不辱使命，把这项水利工程修造起来，不能无所事事、毫无作为。而当地的百姓会用什么样的态度迎接他，他不知道；宋神宗到底会怎样对待他，他更不知道。弄不好，他的仕路便要走到尽头。

治理浙西圩田

沈括此次两浙之行，虽然有水利、差役、察访等多项使命，但重点是兴修水利。他既在浙西兴修水利，又在浙东兴修水利，而重点是兴修以苏州为中心的太湖流域的水利。这个地区也是各方面矛盾最复杂、争论最多的地方。因此，在叙述之前，笔者先对这个地区的地理形势和兴修水利的历史背景做一下简单的介绍。

太湖流域东部属于长江三角洲前缘的滨海平原，由长江等河流的泥沙在波浪、海流的作用下堆积而成，地势较高，自东向西倾斜；它的西南面是以天目

① 〔宋〕李焘撰：《续资治通鉴长编》卷二百三十九熙宁五年十月甲午，第10册，中华书局2004年版，第5817页。

山为主峰的浙北丘陵，西边的太湖沿岸和北边的长江南岸沙嘴上分布着一系列的残丘，它们是天目山向东北的延伸。这些丘陵和高地把湖沼密布的太湖平原包围在中间，四周高，中间低，形成一个典型的碟状盆地。在这样的地貌环境中，水易积难泄，北宋中期以后水患频发。北宋政和年间，赵霖说："平江逐县地形水势，利害各不相侔。盖浙西六州之地，平江最为低下。六州之水注入太湖，太湖之水流入松江，接青龙江东入于海。而平江地势自南（自）［直］北至常熟县之半，自东止昆山县地西南之半，水与太湖、松江水面相平，皆是诸州所聚之水，泛滥其中。平江之地虽下于诸州，而濒海之地特高于他处，谓之堽身。堽身之西，又与常州地形相等，东西与北三面，势若盘盂。"[①]说的便是这种情况。

而对于如何在这个地区开辟农田、兴修水利、消除水患，自北宋中叶以来，便有很多主张，有很多争论，也牵涉到很多方面的利益。下面逐一分析：

首先是中央与地方的利益冲突。太湖流域的水利田在中唐时期开始大规模兴起，到五代吴越国时形成一个非常完善的圩田系统。它疏浚了太湖流域的入海通道；在太湖边、海边修筑堤坝，既防咸潮入侵，又防湖水流入低田区淹积成患；同时在中间的低洼地修造圩田，将水挡在圩外，在圩内开辟农田，圩与圩之间有水可通，雨时排水出圩，旱时放水入田。宋朝统一两浙后，为了把这一地区的财富送到北方，开浚运河，以保持河道的畅通；同时，因为运河要经过太湖流域地势最低的苏州吴江一带，为防积水冲淹运河，庆历年间，宋朝政府在运河边上筑起了一道长堤。这道长堤是南北向的，阻住了积水通过松江东流入海的通道。加上入宋之后，这一带的圩田本就遭到破坏，从此以后，太湖流域部分地区便水灾频仍，一发而不可收拾了。但漕运是宋朝廷的头等大事，没有人愿意用地方的利益去对抗中央政府的利益。

其次是高田区与低田区的利益冲突。在吴越国的太湖流域圩田系统中，低田区和高田区之间设有堰闸，水灾时将水引到高田区，放入大海；旱时高田区

① 〔宋〕范成大撰，陆振岳校点：《吴郡志》卷十九《水利》，江苏古籍出版社1986年版，第287页。

将平时积蓄的水放到低田区。但是，正如赵霖所说，"塍身之民，每阙雨，则恐里水之减，不给灌溉，悉为堰坝以止流水。临江之民，每遇潮至，则于浦身开凿小沟以供己用，亦为堰，断以留余潮"①。也就是说，一遇旱情，老百姓都不肯放水给人家。这说明圩田系统虽然是一种非常理想的设计，但如果没有一个强有力的政府加以管理，任由它在无政府状态下发展，很难达到理想的效果。

在北宋中叶对太湖流域水利的各种论述中，较有代表性的有两家，一是常州宜兴人单锷，一是苏州吴县人傅肱。傅肱是沈括舅舅许洸的女婿。②先让我们看一下傅肱的治水主张：（1）决松江之千墩、金城诸汇；（2）开无锡之五泻堰以减太湖，而入于北江；（3）导海盐之芦沥浦以分吴淞而入于浙水；（4）于昆山、常熟二县深辟浦港，遇东南风则水北下于扬子，遇西北风则水南下于吴淞，庶可纾患。③

再看一下单锷的治水主张：（1）先开吴江县江尾茭芦地。（2）先迁吴江沙上居民，及开白蚬江通青龙镇，又开青龙镇安亭江通海。（3）先去吴江土为千桥。（4）先置常州运河斗门二十四所，用石碶并筑堤，管水入江。（5）次开夹苎干、白鹤溪、白鱼湾、塘口渎、大吴渎，令长塘湖、滆湖相连，走泄西水，入运河，下斗门入江。（6）次开宜兴百渎，现今只有四十九条，东入太湖。（7）次开苏州茜泾、白茅、七鸦、福山、梅里诸浦及茜泾。（8）次开江阴下港、黄田、春申、季子、灶子诸港。（9）次开宜兴东西蠡河。（10）次根究诸临江湖海诸县，凡泄水诸港渎，并皆疏凿。④

粗粗一看，这两人的主张似乎大同小异，无非是疏浚塘浦而已；而且，从两人列举的塘浦看，都遍及太湖东北、东南、正东三个方向，也无多大差异。关键的区别在于塘浦的开掘先从哪里做起。单锷主张先从低田区的吴江县做起，

---

①〔宋〕范成大撰，陆振岳校点：《吴郡志》卷十九《水利》，江苏古籍出版社1986年版，第288页。

②〔宋〕沈括撰：《长兴集》卷十四《故夏侯夫人墓志铭》，四库全书本。

③〔宋〕朱长文撰，金菊林校点：《吴郡图经续记》卷下《治水》，江苏古籍出版社1999年版，第54页。

④〔宋〕苏轼著，孔凡礼点校：《苏轼文集》第三十二卷《进单锷吴中水利书状》，第3册，中华书局1986年版，第926页。

他列举的十条措施中，前三条便是从吴江下手。而且，对于吴江江尾茭芦地的疏浚，他在《吴中水利书》中更是一而再、再而三地加以强调。他在这份建议书中特别反对以下几项水利工程：第一项是吴江运河大堤的修筑。我们知道，在吴江低田区的中心，大运河从南向北横亘境内。这个地区平时积水成患，水源主要来自太湖。北宋朝廷为了保证漕运畅通，在太湖与运河之间修筑了这道长堤。这道长堤造成了太湖流域部分地区积水成患，但对吴江县，或者还包括吴江县以东以南的部分地区是有好处的，因为它把吴江的水患从源头上给切除了。这一点连单锷也不得不承认，他说，自从有了这道大堤，吴江一再获得丰收，“增旧赋不少”[①]。单锷当然不敢说要拆除这道保护运河畅通的大堤，他的主张是在大堤上造桥千座，使太湖地区的积水通过吴江下泄入海。单锷特别反对的第二项水利工程，便是沈披疏浚的五泻堰。五泻堰贯通常州无锡、江阴二县，从太湖流入长江。这项工程也是傅肱提出的一项治水举措。沈披的这项水利工程，可能便是受了他这个亲戚的影响。单锷反对的理由是五泻堰毁坏了江阴大片农田，后来沈披果然因此受了处分；单锷却没有想一想，在吴江运河大堤上开桥千座，增加一千个出水口，是不是也要毁坏很多民田民居呢？他主张疏通苏州靠近海滨的出海口，却没想到这些地区要受咸潮倒灌的影响，更没有考虑到在这个地区进行拆迁的后果。

单锷《吴中水利书》中的治水内容还不止这些，它虽然说的是吴中，但通观全文，完全是站在他的家乡——常州宜兴的立场上来考虑问题的。由此可以看出，北宋中叶围绕着太湖流域的治水争论中，有涉及地方利益的冲突。由于常州地势高于苏州、秀州，这种利益冲突也在一定程度上表现为太湖流域北部地区与南部地区的利益冲突。在五代时期，常州归吴与南唐，苏州、秀州归吴越国，吴国不能跑到苏州、秀州来疏浚塘浦，吴越国也不能跑到常州去治理积水，两个国家各自在自己的土地上做文章，反倒相安无事。但到宋朝归入同一个国家之后，这种冲突便凸显出来了。

---

①〔宋〕苏轼著，孔凡礼点校：《苏轼文集》第三十二卷《进单锷吴中水利书状》，第3册，中华书局1986年版，第919页。

这种地方矛盾也是沈括必须考虑和解决的。但是，如果中央不给“政策”，这个矛盾也是他无法解决的。

除了单锷及傅肱、沈披的治水方案，最值得一提的还是昆山人郏亶的水利方案。他的方案是站在北宋政府的立场上考虑问题的，完全摈弃了狭隘的地方观念，建议在浙西诸郡同时开工；而且，他的治水方案也不仅仅限于疏浚塘浦，而是把疏浚塘浦与修筑堤坝、设置堰闸结合起来。[①]这个方案应该说是比较完美的，可惜的是，他的方案同样没有考虑对拆迁民田民居的安置补偿问题，而他最后的失败同样是因为这个。

沈括为人谨慎，他在提出正式的治水方案前，先做了一些准备工作：

第一，决定采取循序渐进的做法。他上奏朝廷：“苏、秀等州湖水耗减，泾浜多浅涸者。岁比有年，民力饶裕，易于兴工。乞至本路先计度今年一料夫役，若一料先毕，则处置规画皆有成法。又民间晓然知其为利，次年乐于趋役。”[②]也就是说，先兴工做一下再说。如果做得不错，老百姓看到好处，就会乐见其成。这实际上是给自己留下一条后路。

第二，解决工程的经费和劳力问题。沈括上奏朝廷：“浙西诸州水患久不疏障，堤防川渎多皆堙废，今若一出民力，必难成功。乞下司农贷官钱，募民兴役。”[③]又说：“常、润二州岁旱民饥，欲令本路计合修水利钱粮，募阙食人兴工。”[④]即要中央政府出钱，雇民服役，尤其是要雇佣饥民。而雇佣饥民从事工程建设，也正是宋朝政府一贯的措施，既可防止民变，又可解决工程中的劳动力问题。因此，沈括的报告都得到了批准。在经费方面，朝廷还允许支用两浙

---

①〔宋〕范成大撰，陆振岳校点：《吴郡志》卷十九《水利》，江苏古籍出版社1986年版，第264—280页。

②〔宋〕李焘撰：《续资治通鉴长编》卷二百四十六熙宁六年八月丁丑，第10册，中华书局2004年版，第5990—5991页。

③〔宋〕李焘撰：《续资治通鉴长编》卷二百四十六熙宁六年八月丁丑，第10册，中华书局2004年版，第5990—5991页。

④〔宋〕李焘撰：《续资治通鉴长编》卷二百四十七熙宁六年十月甲戌，第10册，中华书局2004年版，第6020页。

陂湖等遗利钱。[①]

第三，解决土料缺乏问题。他所要解决的便是吕惠卿说的土料缺乏问题。泥土虽然到处都有，但太湖流域的地势既低又湿，多是淤泥，易散易溶，不便于筑堤。沈括借鉴了前人治水的历史经验。他在《梦溪笔谈》中就记载了仁宗时苏州修至和塘的做法。具体来说，分成如下步骤：

（1）用一些水生野草、稻草做成挡水墙，两排草相距三尺，组成一堵墙，中间填入淤泥。

（2）做两堵这样的泥草墙，相距六丈。

（3）待泥草墙固结后，用水车将两墙间的水除去。

（4）将六丈宽的地面分为两半，一半挖成渠道；将挖起的泥土放到另一边，筑成路堤。

（5）这样的长堤每三四里做一桥孔，便于通水。[②]

这项工程是至和年间在知苏州事吕居简的主持下完成的。最后，共筑桥五十二座。为了固护堤岸，又在堤上种植榆柳，共植五万七千八百棵。[③]沈括在这则笔记的最后说这种方法“至今为利”。由此推测，他自己修堤可能也是采用了这种方法。

尽管他小心翼翼，但最让他担心的事终究没能避免，即当地田主告状。沈括在熙宁六年（1073）六月接受任命，到浙西后，他与当地官员商量了半年，才定下了治水的方案。[④]但刚刚开工不久，熙宁七年（1074）七月，就有人上告朝廷，说沈括“所筑民田岸围，侵坏良田，横费公私钱”。宋神宗派两浙转运副

① 〔清〕徐松辑：《宋会要辑稿》食货七之二六，中华书局1957年版。

② 〔宋〕沈括著，胡道静校证：《梦溪笔谈校证》卷十三《权智》，第240条，上册，上海古籍出版社1987年版，第475页。

③ 〔宋〕范成大撰，陆振岳校点：《吴郡志》卷十九《水利》，江苏古籍出版社1986年版，第263页。

④ 沈括上言：“臣在本路，与监司日夕聚议，凡半年。”见〔宋〕李焘撰：《续资治通鉴长编》卷二百五十六熙宁七年九月戊申，第10册，中华书局2004年版，第6252—6253页。

使张靓进行调查。[①]

至于这项水利工程的详情，由于史料缺乏，不得而知，但这项水利工程是在王安石的过问下进行的，估计与郏亶的方案不会相差太大。沈括与当地官员定下治水方案后，具体工作由当地政府负责，沈括应另有公事，不久便去浙东了。工程似乎进展得很快，第一料水利很快便已完成。依沈括循序渐进的方针，在进行第二料水利时，两浙路转运司却上报说有所未便。沈括强烈反对，要求调查。最后宋神宗下令“第二料水利除不可兴修外，并先从低下处兴工，中高田不得一例围裹”。那就是说，修还是要修的，先从低田处开工；如果实在不可修，那也只好作罢。从后来的一些文献来看，这项工程没有最终完成。它的最终完成要到宋徽宗时期。当时单锷要求兴修浙西水利，朝廷派赵霖调查并正式开工兴修。赵霖的治水方案与郏亶之说基本一致。

沈括领导的太湖流域水利工程未能最终完成，究其原因，大致有两个：一是本地田主的反对；二是王安石罢相。熙宁七年（1074）四月，对浙西水利工程最有力的支持者王安石被罢去了宰相职务，而这项水利事业的最大反对者吕惠卿成为变法的头号人物。

尽管如此，宋神宗对沈括还是看重的。就在沈括还在浙西规划水利的当口，熙宁七年（1074）三月，任命沈括同修起居注。[②]最迟到熙宁七年（1074）八月，沈括已经担任知制诰。[③]宋朝以大两省、两制官为侍从官，至此为止，沈括已经跻身于朝廷高层领导的行列了。

---

①〔宋〕李焘撰：《续资治通鉴长编》卷二百五十四熙宁七年七月乙卯，第10册，中华书局2004年版，第6223页。

②〔宋〕李焘撰《续资治通鉴长编》卷二百五十一熙宁七年三月壬戌条：“刑部员外郎、集贤校理窦卞，太子中允、集贤校理兼史馆检讨沈括，并同修起居注。”第10册，中华书局2004年版，第6135页。

③〔宋〕李焘撰：《续资治通鉴长编》卷二百五十五熙宁七年八月丙戌，第10册，中华书局2004年版，第6239页。

地理学上的卓越见解

温州雁荡山，天下奇秀，然自古图牒，未尝有言者。祥符中，因造玉清宫，伐山取材，方有人见之，此时尚未有名。按西域书，阿罗汉诺矩罗居震旦东南大海际雁荡山芙蓉峰龙湫。唐僧贯休为《诺矩罗赞》，有“雁荡经行云漠漠，龙湫宴坐雨濛濛”之句。此山南有芙蓉峰，峰下芙蓉驿，前瞰大海，然未知雁荡龙湫所在。后因伐木，始见此山。山顶有大池，相传以为雁荡；下有二潭水，以为龙湫。又有经行峡、宴坐峰，皆后人以贯休诗名之也。谢灵运为永嘉守，凡永嘉山水，游历殆遍，独不言此山，盖当时未有雁荡之名。予观雁荡诸峰，皆峭拔崄怪，上耸千尺，穷崖巨谷，不类他山，皆包在诸谷中。自岭外望之，都无所见。至谷中，则森然干霄。原其理，当是为谷中大水冲激，沙土尽去，唯巨石岿然挺立耳。如大小龙湫、水帘、初月谷之类，皆是水凿之穴。自下望之，则高岩峭壁；从上观之，适与地平，以至诸峰之顶，亦低于山顶之地面。世间沟壑中水凿之处，皆有植土龛岩，亦此类耳。今成皋、陕西大涧中，立土动及百尺，迥然耸立，亦雁荡具体而微者，但此土彼石耳。既非挺出地上，则为深谷林莽所蔽，故古人未见。灵运所不至，理不足怪也。[①]

上面这段优美简洁的文字出自沈括的《梦溪笔谈》，它以《雁荡山》为题被收入中学语文课本中，因此广为传诵。

沈括游览雁荡山的美景，考察雁荡山的成因，正是在他察访两浙期间。他离开浙西后来到浙东。先到越州，在广慈禅院题诗。接着，他便到了温州。他考察温州雁荡山，并对雁荡山地形的形成进行解释。

在这里，沈括明确地提出了水流的侵蚀作用和峡谷的成因。雁荡山诸峰的

---

①〔宋〕沈括著，胡道静校证：《梦溪笔谈校证》卷二十四《杂志一》，第433条，下册，上海古籍出版社1987年版，第761—762页。

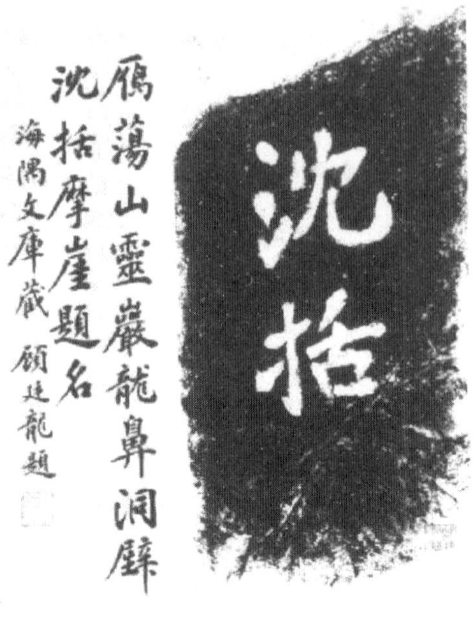

沈括雁荡山题名

（图片采自胡道静《沈括的摩崖题名及法帖翰墨考〔附〕镇江“梦溪”刻石为梦溪桥桥栏辨》，载《上海博物馆集刊》，上海古籍出版社1987年版。）

高度，都在一千米上下。它们的岩石以流纹岩为主，是白垩纪火山喷发的堆积物。在白垩纪末期，第三纪初，地壳发生上升运动，再加上外力的强烈作用，形成相当平坦的剥蚀平原，被称为“古代夷平面”。后来，又经过长期的风化和流水侵蚀，那些松软的物质被冲刷走了，流纹岩因岩性坚硬而被保存下来，从而形成雁荡山这样的奇峰竞秀的景色。[①]沈括用流水侵蚀作用来解释雁荡山的形成，并将其同陕西一带的黄土地貌做了比较，这与现代地质学理论完全相吻合。

沈括一生爱好地理，每到一处，往往注意对山川形势的考察。他在地理学上的成就也不只是解释雁荡山的成因，而是有多方面的表现，下面就把他在地理学上一些成就合在一起做简单的介绍（沈括在地图绘制方面的成就将在下章专节论述）。

1.对地理现象进行解释

除雁荡山的流水侵蚀作用，沈括对河北冲积平原成因的推测也是非常卓越的一个见解。从两浙回京不久，熙宁七年（1074）八月，沈括担任河北西路察访使。一路上，他沿着太行山向北行进，在山崖间看到螺蚌壳，还有一些砾石，状如鸟卵。它们横贯在石壁之间，就像带子一样。沈括由此推测，这个地方虽然距东海一千多里，但以前是海滨；而现在所谓的大陆，在很久以前必是大海，它们是由淤泥沉积而成的。沈括在河北时虽然还没有去过陕西，但后来曾在陕

① 李群注释：《〈梦溪笔谈〉选读（自然科学部分）》，科学出版社1975年版，第45页。

西为官，在晚年写《梦溪笔谈》时，他又联想到了陕西的地下河。他觉得河北的黄河、滹沱河、涿水、桑干河，都是含有泥沙的“浊流”，而陕西一带有很多河在地下流动，低于地面至少百尺。沈括觉得这些河流年复一年带着泥沙东流，最后形成大陆也是理所当然的。[①]沈括根据动物化石，正确地解释了华北平原的成因，对古代沧海桑田的变化做了科学的解释。

“沧海桑田”的观念在中国很早就有了。到了唐朝，人们对海陆变迁的认识又前进了一步。书法家颜真卿在抚州南城县麻姑山看到“高石中犹有螺蚌壳，或以为桑田所变”[②]，这说明颜真卿关于海陆变迁的认识具有一定的科学性了。沈括把华北大平原看成是河流冲积的结果，完全符合客观事实。现代黄河三角洲不断向外扩展，以及古代建筑物被泥沙湮没的情况，可以证明沈括这种见解的科学性。[③]

类似的例子在《梦溪笔谈》中还有多个。如沈括曾在延州任职，他看到延州永宁关一带黄河的河岸崩塌，深达地面下数十尺。土中发现一丛竹笋，约有数百棵，竹根相连，都已化成石头。恰好有宦官路过这里，拿了其中几棵，说要奉献给皇上。沈括觉得非常奇怪，延州一带素来不产竹子，这些竹笋埋在几十尺深的泥土下，不知是什么时代的东西。婺州金华县的山上也出过一种松树的化石，还有如桃核、芦根、鱼蟹等之类的东西都化成石头。但因为这些东西是金华当地固有的，所以不十分奇怪。可是，延州发现竹笋化石就显得特别奇怪了。他怀疑，很可能在旷古以前，延州地区地势低洼，气候潮湿，适宜竹子生长。[④]沈括所记的“竹笋”，经考证应是新芦木化石。新芦木是一种中空有节并长有纵纹的古蕨类植物，和今天的木贼很相似，不过比木贼高大很多，它中间的空腔很容易保存成“笋”状的化石。这种化石在陕北中生代地层中比较丰

① 〔宋〕沈括著，胡道静校证：《梦溪笔谈校证》卷二十四《杂志一》，第430条，下册，上海古籍出版社1987年版，第756页。

② 〔唐〕颜真卿撰，〔宋〕宋敏求编：《颜鲁公集》卷十三《抚州南城县麻姑山仙坛记》，四库全书本。

③ 继进：《谈法家沈括的海陆变迁思想》，《地质科学》，1975年第3期。

④ 〔宋〕沈括著，胡道静校证：《梦溪笔谈校证》卷二十一《异事》，第373条，下册，上海古籍出版社1987年版，第691—692页。

富多见。新芦木适合生长在地势低洼的潮湿环境中[①]，这和沈括的推测完全一致。

对于化石，我国古籍中早有记载，如北魏郦道元《水经注》中就记载了今湖南湘乡县石鱼山的鱼化石。[②]沈括的贡献在于，他不仅详细记叙了化石，明确指出它们是古代动植物的遗迹，并且还根据化石推论了古代的自然环境。在欧洲，文艺复兴以前，人们普遍认为化石是上帝造物时所丢弃的东西。直至18世纪，还有人将两栖动物的化石作为上帝惩罚人类的证据，用以攻击无神论者。到文艺复兴时期，达·芬奇开始对化石的真实性质做了一些探讨论述。但这比沈括晚了四百多年。[③]

2.记录奇异的地理现象

沈括在《梦溪笔谈》中还记录了很多奇异的地理现象，如无定河流沙。沈括任知延州、鄜延路经略安抚使时，曾经过陕北的无定河。据他说，穿越流沙时，人马走在上面，百步以外都会动起来，摇摇晃晃，就像走在帐幕上一样。落脚时虽然觉得下面很坚硬，但一旦陷落，人马驼车，立时陷没。有时候几百个人全都被沙淹灭，一下子消失得无影无踪。[④]沈括在这里所记述的"流沙"现象可能发生在河流附近、盐泽四周或下湿滩地一带受过浸润的湿沙地里。[⑤]

又如《梦溪笔谈》中还记载了登州"巨嵎山"的地震。巨嵎山下临大海，时有震动，山上大石都落到海中。五十多年来一直如此，当地人已习以为常，但不知是什么缘故。[⑥]地震是一种自然现象，主要是由地球内部结构发生变动所致，有时火山爆发或地下洞穴塌陷也可引起地震。登州一带现在没有发现震动

---

① 继进：《〈梦溪笔谈〉评注选辑（连载）》，《地质科学》，1974年第4期。

② 见《水经注》卷三十八《涟水注》："石色黑而理若云母，开发一重，辄有鱼形，鳞鳍首尾，宛若刻画，长数寸，鱼形备足。"上海古籍出版社1990年版，第713页。

③ 李群注释：《〈梦溪笔谈〉选读（自然科学部分）》，科学出版社1975年版，第49页。

④〔宋〕沈括著，胡道静校证：《梦溪笔谈校证》卷三《辩证一》，第52条，上册，上海古籍出版社1987年版，第128页。

⑤ 李群注释：《〈梦溪笔谈〉选读（自然科学部分）》，科学出版社1975年版，第53页。

⑥〔宋〕沈括著，胡道静校证：《梦溪笔谈校证》卷二十一《异事》，第370条，下册，上海古籍出版社1987年版，第689—690页。

现象，但沈括的记录说明该地区的地壳在历史上曾经是不稳定的。

沈括虽然没有对这些奇异的地理现象进行解释，但他的记录无疑成为人们研究古代地质史的宝贵资料。

3.对某些矿物质进行描述

其中最为人们所熟知的当数石油。沈括曾任鄜延路经略安抚使，那一带出产“石油”。沈括说，过去人们常说“高奴县出脂水”，就是指石油。石油产在水边，在与沙石、泉水相混杂的地方慢慢冒上来，当地人用雉尾把石油沾起来，注入瓦罐里。石油看上去像纯漆，烧起来像麻，但烟很浓，常常把帐篷都熏黑了。沈括推想这种烟可以利用，就试着扫了一些烟制墨，结果那墨又黑又亮，就像漆过一样，比松烟墨还好。后来人们便开始大批量制作起来。那些上面标记着“延川石液”的墨就是用这种烟制造的。①沈括非常自豪地说：这种墨由我开始制造，将来一定在世上广泛流行。②这是由于石油极多，蕴藏在地下，无穷无尽，不像松木总有用完的时候。

沈括对陕北石油的记载具有重要的意义。中国虽然在汉代就已开始使用石油，但在北宋以前的文献中，往往只是只言片语，记载不详。沈括第一次详细记录了石油的性状和用途。他还亲自动手，开发石油的新用途。

此外值得一提的还有《梦溪笔谈》中对陨铁的记载。据沈括的描述，治平元年（1064），在常州，日落时分，天上忽然传来巨大声响，声如震雷。一看，才知是一颗大星星，有月亮那么大，出现在东南面天空上。不久又是一声巨响，移到了西南面。接着，在第三声巨响中，陨星坠落在宜兴县一许氏人家的庭园中。远近很多人都看到火光照天，十分耀眼。许家的篱笆被焚毁。大火熄灭后，人们看到地上出现一个洞，像杯子那么大，非常深。往下一看，陨星正在洞中，莹莹发出亮光。过了很长时间，陨星渐渐暗了下去。又过了很长时间，人们掘洞把陨星挖出来，才知是一块圆圆的石头，像拳头那么大，一头稍稍有些尖，

---

① 〔宋〕沈括著，胡道静校证：《梦溪笔谈校证》卷二十四《杂志一》，第421条，下册，上海古籍出版社1987年版，第745—746页。

② 沈括原文是“此物后必大行于世”。其中的“此物”乃是指用石油燃烧后的烟所造的墨，而非石油。详见继进：《〈梦溪笔谈〉评注选辑（连载）》，《地质科学》，1974年第4期。

颜色如铁，也和铁一样重。陨星挖出来时，还很热。知郑州郑伸把它送到润州金山寺珍藏，供人观赏。[①]沈括对常州陨铁的记录，是中国研究陨星和天体地质学方面的一个重要文献，也是世界上第一次对陨星的科学描述。沈括记录了陨星的下坠过程，从声音、热量、形状、颜色、重量各个方面都做了记录。从他的记载中可以知道，那颗流星从高空进入大气层，和空气剧烈摩擦，因而发热、放光。

4.气象学

《梦溪笔谈》中还有很多气象方面的记载，如“海市蜃楼”现象。据说，登州海上有时有云气，像宫室、台观、城堞、人物、车马、冠盖，一一清晰可见，叫作“海市”。有人说这是“蛟蜃之气所为”，但沈括怀疑并非如此。据说，欧阳修出使河北时，曾在高唐县的驿舍中，夜间听见有鬼神从空中经过，车马人畜之声，听得清清楚楚。沈括后来也曾出使河北西路，他访问当地的一些父老。老人说：二十年前，曾经大白天在县里出现过，人物看得清清楚楚，当地人也称之为“海市”。沈括推测，这与登州见到的大概是同一种自然现象。[②]根据现代的气象科学，当空气温度在垂直方向分布反常时，会引起空气密度垂直分布的反常，从而引起光线与通常情况下不同的折射和全反射，由此产生“海市蜃楼”的怪异景象。这种大气光学现象，在海上或沙漠中比较容易见到，人们因此有时能够看见极其遥远的景物。沈括虽然还无法加以科学解释，但他根据自己的见闻记录了这个景象，并否定了“蛟蜃之气所为”的无稽之谈。

《梦溪笔谈》中还有对几种风的描述，如夏季的雷雨大风、龙卷风、“盐南风”、汝南大风等。沈括说，江河湖面上最怕大风。冬季时，风是慢慢刮起来的，行船江湖，还可以提前预防；唯有盛夏时，大风往往起于转瞬之间，常常使人遭遇不测。沈括听说常在江湖上行走的商人们有一种办法，可以避免这种危险。夏季大风，大多起在午后。如果要行船，五更就得起床，看到星朗月明，

---

①〔宋〕沈括著，胡道静校证：《梦溪笔谈校证》卷二十《神奇》，第340条，下册，上海古籍出版社1987年版，第648—649页。

②〔宋〕沈括著，胡道静校证：《梦溪笔谈校证》卷二十一《异事》，第372条，下册，上海古籍出版社1987年版，第691页。

天空无云，就可以行船，到巳时（相当于现在上午九点到十一点）停船，这样就不会遇到风暴。国子博士李元规说：一生闯荡在江湖上，没有遇到大风，靠的就是这种办法。①风是空气流动产生的。在这里沈括明确记录了风的年变化与日变化。在我国的部分地区，夏季受副高压控制，气温极高，水汽蒸发，产生对流云，引发午后的雷阵雨，同时往往伴有大风。这些雷雨大风往往在顾盼之间产生，危害行船。冬天就没有这种现象。同时，风的变化又与日气温变化密切相关。夏天中午之后气温最高，大气层结最不稳定，对流最强，因此这种雷雨大风往往在午后产生。

沈括在《梦溪笔谈》中还记载了陆龙卷风。他说，熙宁九年（1076），恩州武城县有旋风从东南方向刮来，看起来好像一支插在天上的羊角，大树都被连根拔起。顷刻间，旋风卷入云霄中。大风经过县城，官府民居，扫荡殆尽，很多东西都被卷入云中。武城县令的儿女、奴婢被大风卷到空中，又从空中摔下，死伤多人。民间死伤失踪者更是不计其数。县城化为废墟，最后只好把县治迁到其他地方。②沈括记述的陆龙卷是龙卷风的一种，它是自积雨云底下垂的羊角状漏斗云，属于小范围的剧烈天气现象。③沈括记载的这次自然灾害十分详尽，是中国气象史上的珍贵记录。

沈括还记述了“盐南风”。解州是宋代一个非常重要的产盐地。盐泽之南，夏秋间多大风，被人称为“盐南风”。风势很猛，风来时摧屋拔木，几乎要把大地摇动，但刮风的范围很小，不过数十里之间。解盐每到这股“盐南风”起时才开始结晶生产。④每年夏秋之季，中国大部分地区处于副热带高压的控制之下，气温高，湿度低，加上地形的影响，使得解州一带的风力特别大。而且这种气候非常有利于盐卤的蒸发，有利于盐业生产。

---

① 〔宋〕沈括著，胡道静校证：《梦溪笔谈校证》卷二十五《杂志二》，第461条，下册，上海古籍出版社1987年版，第803页。

② 〔宋〕沈括著，胡道静校证：《梦溪笔谈校证》卷二十一《异事》，第385条，下册，上海古籍出版社1987年版，第708页。

③ 李群注释：《〈梦溪笔谈〉选读（自然科学部分）》，科学出版社1975年版，第156页。

④ 〔宋〕沈括著，胡道静校证：《梦溪笔谈校证》卷二十四《杂志一》，第422条，下册，上海古籍出版社1987年版，第747页。

沈括还记载了汝南大风。它的情形与“盐南风”有些类似，只是风势没有“盐南风”那么大。有人说，这股风是从城北风穴山中产生的。但后来风穴山被铲平了，大风依然如常，沈括虽不能推测风的由来，但他断定汝南大风并不是由于什么“风穴”造成的。①

5.历史地理研究

沈括对历史地理也有很深的研究，《梦溪笔谈》中保存了多篇考证古代地理的文章。上文所举对扬州“二十四桥”的考订，不过是其中一例。除此之外，还有以下几条有价值的考证：

一是考证云梦泽。沈括说，旧《尚书》之《禹贡》篇中有“云梦土作乂”的记载。太宗皇帝时得到古本《尚书》，作“云土梦作乂”，诏改《禹贡》从古本《尚书》。孔安国给《尚书》作注，说“云梦之泽，在江南”。沈括认为这个解释是错误的。因为《左传》中记载：“吴人入郢，楚子涉睢济江，入于云中。王寝，盗攻之，以戈击王，王奔郧。”这是说，吴国人攻入楚国国都时，楚昭王逃奔的线路是：渡过长江，来到云泽。《左传》中又记载：“郑伯如楚，王以田江南之梦。”这是说，郑简公到楚国，楚昭王请他到江南的梦泽打猎。杜预给《左传》作注：“楚之云、梦，跨江南北。”沈括由此推断，云泽在长江之北，梦泽在长江之南。元丰年间，沈括从随州路过安州，来到汉口，遇见景陵主簿郭思。郭思对当地的历史地理十分熟悉，也认为江南是梦泽，江北是云泽。沈括以《左传》印证，觉得很有道理。江南就是宋代的公安、石首、建宁等县，江北则是玉沙、监利、景陵等县，地势非常低洼。②

二是考证楚国都城郢的地理位置。沈括说，世人都把善于唱歌的人叫作“郢人”，郢州至今还有白雪楼。这是因为宋玉《对楚王问》中说：“客有歌于郢中者，其始曰《下里》《巴人》，次为《阳阿》《薤露》，又为《阳春》《白雪》，引商刻羽，杂以流徵。”于是便说“郢人善歌”。沈括认为这是没有真正搞清楚

---

①〔宋〕沈括著，胡道静校证：《梦溪笔谈校证》卷二十四《杂志一》，第422条，下册，上海古籍出版社1987年版，第747—748页。

②〔宋〕沈括著，胡道静校证：《梦溪笔谈校证》卷四《辩证二》，第81条，上册，上海古籍出版社1987年版，第199—200页。

宋玉文章的含义。宋玉说“客有歌于郢中者”，可见唱歌的并不是郢人。这人在国都郢唱《下里》《巴人》，和者数千人；唱《阳阿》《薤露》，和者数百人；唱《阳春》《白雪》，和者不过数十人。现在的郢州，本来叫“北郢”，并不是古代楚国的都城。有人说，楚国都城位于现在的宜城地界，那里还有一些荒废的旧址在。沈括认为这是错误的，“此鄢也，非郢也”。根据《左传》的记载：“楚成王使斗宜申为商公，沿汉溯江，将入郢，王在渚宫下见之。”楚成王沿汉江到夏口，然后沿长江到郢，可见郢在长江边上，而不是在汉江边上。由此可见，渚宫就是郢。楚国开始时定都丹阳，就是宋代的枝江。楚文王迁都到郢，楚昭王迁都到鄀，都在宋代的江陵境内。杜预给《左传》作注，说：“楚国，今南郡江陵县北纪南城也。”谢灵运《邺中集》诗云：“南登宛、郢城。”江陵北十二里有纪南城，即古代楚国的郢都也，又称作南郢。①

三是考证了章华台和乾溪的所在。沈括说，天下地名错乱乖谬，很多难以考证，比如“楚章华台，亳州城父县、陈州商水县、荆州江陵、长林、监利县”。此外，叫“乾溪”的地方也有好几个。据《左传》记载，楚灵王七年（前534），楚国筑成章华台，并举行落成典礼，夸耀于诸侯。杜预为《左传》作注：“章华台在华容城中。”华容就是宋代的监利县，而不是岳州的华容县。宋代的监利县郭之中，仍有章华故台在，与杜预的说法相符。此外，亳州城父县有乾溪，它的旁边也有个章华台，人们常常在台基下掘得人骨，据说是楚灵王战死于此。商水县也有章华台，台侧也有乾溪。薛综给张衡的《东京赋》作注，引《左传》说“楚子成章华之台于乾溪”。沈括认为这是错误的，因为《左传》上并没有这样的文字。沈括认为，章华台与乾溪，本来并不在一个地方。《左传》中说：“楚灵王十二年，王狩于州来，使荡侯、潘子、司马督、嚣尹午、陵尹喜帅师围徐以惧吴，王次于乾溪。”这里的乾溪就是城父的乾溪。楚灵王八年（前533），许国迁都到夷，就是这个地方。沈括根据历史记载分析和研究，得出如下结论：（1）楚灵王所建的章华台，是在北宋时的监利县，而不是在岳州的华

① 〔宋〕沈括著，胡道静校证：《梦溪笔谈校证》卷五《乐律一》，第102条，上册，上海古籍出版社1987年版，第246页。

阳县。（2）章华台与乾溪并不在同一处。（3）楚灵王并不死于乾溪。[①]

精通地理知识，不但成为沈括开展水利工作的一大助力，也为他以后在河北、陕西从事边防工作发挥了重要作用。

① 〔宋〕沈括著，胡道静校证：《梦溪笔谈校证》卷四《辩证二》，第74条，上册，上海古籍出版社1987年版，第185页。

第八章　经营辽务

宋辽恩怨

从两浙回来不久，熙宁七年（1074）八月，沈括又被任命为河北西路察访使，代替另一个变法派的重要人物章惇。[①]就这样，他匆匆从南方赶到了北方。在北上河北途中，宋朝廷又给了他另一个头衔：提举河北西路保甲。[②]就这样，沈括匆匆走上了河北的新岗位。沈括此次河北之行有着两个特殊的历史背景：一是宋辽边界争端，二是王安石变法的深入开展。

契丹族始兴于魏晋南北朝，到唐时崛起于中国东北边境，对唐王朝时而兵戎相见，时而俯首称臣。唐朝末年，契丹部落联盟的军事首领耶律阿保机逐渐掌握了对联盟的控制权，于天祐四年（907）被推选为可汗。后梁贞明二年（916），阿保机抛弃八部酋长推选可汗的制度，登上皇帝宝座，国号契丹。

契丹建国后即与当时中国割据河东的李克用集团以及这个集团建立的后唐王朝发生激烈的武装冲突。辽军屡战屡败，未能达到向南扩张境土的目的。

后晋天福元年（936），辽太宗耶律德光利用后唐末帝李从珂与河东节度使

---

① 〔宋〕李焘撰：《续资治通鉴长编》卷二百五十五熙宁七年八月丙戌，第10册，中华书局2004年版，第6239页。

② 〔宋〕李焘撰：《续资治通鉴长编》卷二百五十五熙宁七年八月辛卯，第10册，中华书局2004年版，第6242页。

石敬瑭的矛盾，率兵南下，大败唐军，并于当年十一月，作册书立石敬瑭为皇帝，国号晋。石敬瑭向辽称臣，尊耶律德光为父，并割幽、蓟、云、朔、蔚等十六州给辽。幽州之地，在中国历史上具有极其重要的战略地位，顾祖禹在《读史方舆纪要》中这样说：

> 关山险峻，川泽流通。据天下之脊，控华夏之防，钜势强形，号称天府。召公初封于此，享祚八百年，辟国千余里。自汉以后，幽、燕皆为巨镇。光武资其兵力，克复汉祚。其后，慕容儁窃据于此，遂兼河北。唐之中叶，渔阳倡乱，藩镇之患，实与唐室相终始。石晋以燕云入契丹，出帝之祸，不旋踵焉。宋争燕云，而力不能保也。靖康之辱，复蹈石晋之辙矣。自契丹、女真以及蒙古相继都燕，而中原受控御者，垂数百年。①

石敬瑭割让幽云给此后数百年间的中国带来灾难性的后果。从此，中原大地失去了古北、居庸等天险屏障。河北地区在此以前一直是中国经济最发达的地区之一，唐朝后期河朔藩镇能够长期对抗中央，倔强不朝，除了靠其强悍的武力支撑，河北发达的经济所提供的物质基础也是一个重要原因。但是，自从割让幽云十六州以后，河北平原开始沦为边境。从此以后，辽军铁骑也经常驰骋于河北大平原上。最后辽太宗进入开封，灭了由他一手扶植起来的后晋。金灭辽国之后，继续凭据这“天下之脊”的形势，俯视中国，最后又灭了北宋，把赵家天下驱赶到淮河以南。对于它地理位置上的重要性，金人自己也有着深刻的认识，梁襄就这样说：“燕都地处雄要，北倚山崄，南压区夏，若坐堂隍，俯视庭宇。本地所生人马勇劲，亡辽虽小，止以得燕，故能控制南北，坐致宋币。”②

后周时，辽、周之间仍不断发生武装冲突。显德六年（959），雄心勃勃的周世宗亲率大军北征，克复益津关、瓦桥关和幽云十六州中的莫、瀛两州，并

---

①〔清〕顾祖禹撰：《读史方舆纪要》卷十一，清稿本。
②〔元〕脱脱等撰：《金史》卷九十六《梁襄传》，中华书局1975年版，第6册，第2134页。

在瓦桥关置雄州，在益津关置霸州。但还来不及扩大胜利果实，周世宗因病班师，不久便离开了人世。

赵匡胤代周建宋，采取先南后北的方针，决心先集中力量消灭南方各个割据势力，再解决北部边疆问题，因而对辽采取守势。而辽朝自辽太宗去世之后，国内政局也相当混乱，无意南下。在这种情况下，双方一度遣使讲和。但和平局面没有维持多久，当开宝元年（968）赵匡胤进攻北汉时，辽出兵救援，双方战端重启。太平兴国四年（979），宋太宗灭北汉，接着在准备不是十分充足的情况下，草率地率师北征，意图一举收复燕云诸州，但在高梁河为辽将耶律休哥击败。宋太宗仓促撤军，乘驴车逃回。辽乾亨四年（982），辽景宗死，年幼的辽圣宗耶律隆绪继承帝位。宋朝君臣认为北伐的机会来了，宋太宗于雍熙三年（986）再次兴师北伐。宋军主力曹彬部队在岐沟关被辽军击败。宋朝两次北征失利后，放弃了武力收复燕云的方针。但辽军在此后不断南下，双方恶战连连。辽统和二十二年即宋景德元年（1004）九月，辽圣宗、太后萧氏亲率大军南下，一路攻城略地，直到澶州城下。宋廷震动。在宰相寇准的主张下，宋真宗銮驾亲征，与辽军隔河对峙。最后，双方订立和议，约为兄弟之国，宋朝每年向辽提供军旅费银十万两、绢二十万匹。

尽管如此，宋、辽双方仍视对方为敌国。为了防备不测，宋朝把河北当作边防要地。特别是宋夏之间发生战争时，宋朝非常担心辽、夏结盟。辽朝也利用宋夏战争，从中得利。宋仁宗时，李元昊称帝建国，宋夏关系恶化，双方在三川口、好水川进行激战。辽兴宗认为有机可乘，开始与臣下们讨论攻取被周世宗夺取的关南十县土地。宋朝得知辽方的动向，调集民夫在河北修城，加强战备。辽兴宗以此为借口，于宋庆历元年（1041）遣南院宣徽使萧特末（又作萧英）和翰林学士刘六符使宋，要求宋朝交还关南十县的土地；同时聚兵边境，声言南伐。宋朝一面调兵遣将，着手战争准备，一面又派出谈判使者。最后，富弼出使辽国，与辽重订盟约。辽国放弃对关南十县的领土要求，宋朝每年给对方绢十万匹、银十万两。[①]

实际上，中原王朝为失去幽州所付出的代价实不止这区区银绢而已。为了防备辽国随时发动进攻，宋朝不得不在广袤的河北平原屯驻重兵，增加军费开支；而且，宋朝的国土面积远逊于前代的汉唐盛世，北方割让了幽云，西部地区又为党项人所占，失去了传统的产马区域。而马匹是宋朝对付辽、夏的必需战略物资，养马、买马又成为宋朝政府的另一笔重大开销。所有这一切都给宋朝廷本已非常窘迫的财政又加重了负担。

幽州问题，事关国家的战略安全，是必须要解决的。唯其如此，周世宗才会挥兵北上，收复三关；宋太祖虽然没有采取军事行动，但积聚财赋，准备用重金赎回幽云；宋太宗则不顾大臣们的一片反对之声，断然决策，两次兴兵北伐；甚至后来宋徽宗也念念不忘收复燕山，直到最后采取了联金灭辽的策略。这个问题同样也是宋神宗关心、关注的大问题。王安石变法，它的核心内容是“理财”，但理财的目的是积累财赋，对付辽、夏，以期最终解决国土安全问题；也只有解决了辽、夏问题，国家的财政困境才有可能最终得到缓解。因此，财政问题与国防问题是相辅相成的两个方面。王安石变法，既要富国，又要强兵。在变法的前期，他把改革的重点放在经济领域，推出了如青苗法、免役法、市易法、农田水利法、方田均税法等措施，目的是要“富国”；到后期，变法内容逐渐转移到军事领域，开始向“强兵”的目标挺进了。宋神宗、王安石在军事领域采取的变法措施主要有以下几项：

（1）将兵法：重新编制军队，改变士兵与将领互不熟悉的情况，加强训练，提高战斗力。此法于熙宁七年（1074）开始实施。

（2）保甲法：在地方上组织民户建立保甲，维持地方治安，部分地代替军队。此法在熙宁三年（1070）十二月开始实施。

（3）保马法：把养马的任务从朝廷转到民间，朝廷对养马户实施一定的优惠政策。此法在熙宁五年（1072）五月实行于开封府属县，后推行于整个华北

---

① 〔宋〕李焘撰：《续资治通鉴长编》卷一百三十七庆历二年七月乙丑，第6册，中华书局2004年版，第3293—3294页。

地区。

其他还有一些小的措施，这里不一一细说。

沈括此次察访河北，同时兼任提举河北西路保甲，就负有在河北推行新法的责任。而河北与两浙不同，两浙是宋朝的粮仓，沈括去两浙的工作重点在农田水利、免役法等经济措施上；河北是宋朝防备契丹的边防重地，沈括去河北，他的工作重点自然是在军事方面。

而恰恰在这个时候，宋、辽之间发生了领土纷争。事情的由来还得从王安石变法说起。宋神宗实行新法，意欲富国强兵，其目的是对付倔强不臣的西夏，并收复五代时割给契丹的燕云十六州。经过前一阶段的变法之后，朝廷的财政状况确实得到了很大的改善。国库充盈了，接下来便要考虑国防问题。夏弱辽强，因此先拿西夏开刀。熙宁五年（1072），宋神宗命王韶平定西番，取得河湟之役的胜利，等于断了西夏的一条右臂。宋朝在军事上咄咄逼人的态势引起了契丹人的不安，因为宋朝一旦平定西夏，打破宋、辽、夏三国局势，辽的国家安全势必受到严重威胁。熙宁五年（1072）秋，就在王韶的军队刚刚在西番展开行动的时候，契丹的部队就越过边界在拒马河南岸设置了口铺（哨所）。这年冬季，契丹又派使臣萧禧来宋，要求在蔚、应、朔三州重新划定边界，同时在两国边境聚集重兵，摆出一副南侵的姿态。双方各遣使者进行划界谈判。实际上，此时的辽朝建国既久，早已失去往日的锐气，此次主动挑起边境争端，与其说是为了夺取土地，不如说是为了试探宋朝出兵河湟的真实意图，弄清楚宋朝的对辽国策是否会发生改变。但边衅既开，两国之间的气氛便骤然紧张起来。宋朝开始下令在河北修整武备，以防出现不测。沈括在这样的情况下受命察访河北，他的职责不单单是要推行新法，还要采取措施，加强防务。因此，此次北行，他的肩上担了很大的责任。

加强河北边防的主张

下面对沈括在河北防务问题上的措施与主张进行列举。

1.推行保甲法与坊市法，安置边民

保甲法于熙宁三年（1070）十二月在开封畿县内率先施行，到熙宁五年（1072）七月开始向京东、京西等路推行，然后再推广到全国各地。保甲法的大致做法是每十户为一保，设保长；五十户为一大保，设大保长；十大保为一都保，设都、副保正。每户二丁以上，一人任保丁，置备弓箭，进行训练，并且实行保内连坐法。①

沈括非常支持保甲法。在熙宁六年（1073）沈括察访两浙时，当时两浙路还没有推行保甲法，沈括上奏朝廷要求在两浙实施保甲法。由于两浙地区是宋朝的大后方，沈括在两浙推行保甲法，更多地是从经济角度来考虑的。在推行保甲法的同时，他针对当时两浙路“诡立名户”与“私贩禁盐”现象，提出重新调查户口。当时朝廷推行免役法，免去人们的各种差役，由政府出钱，雇人应役；同时要求百姓按户等高下缴纳免役钱。而田产是划分户等高下的重要依据。有些大户人家为了规避免役钱、冒请常平钱斛，将名下的田产分割出去，这就叫作“诡立名户”。沈括在两浙地区推行保甲法，追查“诡立名户”，正是为了打击这些豪强大户的不法行为，保证国家经济秩序。②

而到河北推行保甲法，沈括更多地是从军事的角度考虑。当时有人建议在西山边上依险立寨，当辽人南侵时，可以用来安置难民。但沈括反对让百姓避难，认为政府、军队应与老百姓同安逸，共患难。他说，如果敌人一来，百姓溃散，那么还有谁可守城？而且，在逃难的过程中，百姓不免暴死途中，甚至自相残杀，这样更增敌人的士气，涨其凶焰。沈括的对策是“严为入保之法”，把老百姓武装起来，共同抗敌；并设置关口，严禁百姓逃难。这样，仅在河北西路就可得壮丁百万，作为士兵使用。③

与保甲法相配套的，还有坊市法。当时宋辽关系紧张，契丹不断南下劫掠

---

①〔元〕脱脱等撰：《宋史》卷一百九十二《兵志》，第14册，中华书局1977年版，第4767—4771页。

②〔宋〕李焘撰：《续资治通鉴长编》卷二百四十六熙宁六年八月丁丑，第10册，中华书局2004年版，第5990页。

③〔宋〕李焘撰：《续资治通鉴长编》卷二百六十七熙宁八年八月癸巳，第11册，中华书局2004年版，第6542页。

汉民，然后又把他们放回来。宋朝的地方官府担心里面混入了辽人的奸细，不敢接纳。沈括到河北后，推行“坊市法”，严防契丹人的掳掠，使百姓各以乡闾族党为别，分住在不同的坊内，并置籍登记，限制出入。这样，“坊有籍，居有类，出入有禁，边人为安”①。沈括的坊市法得到了宋神宗的赞许，他还下令在刚刚收复的熙河路一带推行此法，以防备奸细。②

2. 建立塘泊防线

对于南方政权来说，北方游牧民族最可怕的战略物资是马。宋朝君臣在讨论如何对付契丹人时，其核心内容就是如何扼制对方的骑兵。沈括的河北防务主张也是围绕着这一思路展开的。为此，沈括考察了历史上的成功经验。宋朝初年何承矩建设陂塘的做法引起了他的注意。何承矩是大将何继筠之子，早年随父征战边地，对边地情况比较熟悉。他在沧州时曾上疏朝廷，建议在河北筑塘屯田。他主张从顺安寨以西开易河入海，东西三百余里，南北五七十里，筑堤储水，既可限制契丹骑兵，又可播种水稻。这一建议得到了太宗的批准。③淳化四年（993）三月，太宗任命何承矩为制置河北缘边屯田使，发兵一万八千人，在雄州、莫州、霸州、平戎军、破虏军、顺安军开掘陂塘，造堰六百，设置斗门，引淀水灌溉农田。④这一河北东部的陂塘防线在后来抵御契丹军队入侵中发挥了重要作用。不久，何承矩知雄州。在宋真宗时，他进一步建议将这道陂塘防线延伸到河北西部。他说，从顺安军西至西山（即房山）之间，既有丘陵冈阜，也有很多川渎泉源，在此基础上修造塘埭，可限制敌人的骑兵部队。⑤但随着此后宋辽订立澶渊之盟，何承矩的这一建议似乎没有被采用。

---

①〔宋〕李焘撰：《续资治通鉴长编》卷二百六十七熙宁八年八月癸巳，第11册，中华书局2004年版，第6543页。

②〔宋〕李焘撰：《续资治通鉴长编》卷二百六十一熙宁八年三月癸巳，第11册，中华书局2004年版，第6355页。

③〔元〕脱脱等撰：《宋史》卷二百七十三《何承矩传》，第27册，中华书局1977年版，第9328页。“南北五七十里”，书中原文如此。

④〔宋〕李焘撰：《续资治通鉴长编》卷三十四淳化四年三月壬子，第2册，中华书局2004年版，第747页。

⑤〔宋〕李焘撰：《续资治通鉴长编》卷四十七咸平三年四月壬子，第2册，中华书局2004年版，第1009—1010页。

沈括在《梦溪笔谈》中也记载了何承矩的陂塘防线。他说何承矩在瓦桥关（即雄州）时，建造陂泽，蓄水为阻。但又恐怕辽人知道，于是大会僚佐，置酒赏花。他亲自写《蓼花吟》数十篇，又令他人相和，使人以为他修筑池陂，不过是为了赏花宴游而已。何承矩还命人把这赏花宴游的场景画成图，传到京师。人们都不知道他这样做的真实用意。[①]

继何承矩之后在河北兴造陂塘防线的还有宦官杨怀敏。明道元年（1032）八月，知成德军刘平上奏朝廷，说顺安军、安肃军、保州、定州界内，从边吴淀到赵旷川、长城口，东西不过一百五十里，是契丹出入的要害之地。现在契丹国内多事，应趁此机会，以种植水稻为名，开田筑渠，引水灌溉。[②]时仁宗年幼，章献刘后垂帘听政。刘后命时任河北西路缘边巡检都监的杨怀敏负责这项工作。此后杨怀敏长期任职河北，主持塘泊屯田事务，为河北边防建设作出了重要贡献。庆历年间，宋夏交战，契丹趁机向宋朝敲诈，求关内十县之地，并责问宋朝：你们营筑长堤，开决塘水，添置边军，弄得双方互相猜疑，可不是讲信修睦的所为啊。双方在庆历五年（1045）七月签订和约，宋朝被迫答应：除已经开浚者，不再开掘新的塘浦。但这条约不过一纸具文，宋朝根本没有把它当回事。条约刚刚达成，杨怀敏治塘工作反而做得更加急迫了。

沈括继承了何承矩、杨怀敏的事业。如果说，何承矩、杨怀敏的塘泊工程主要是在河北东部，沈括则把眼光投向了河北西部。宋辽军队相敌，契丹的优势在于其行动迅速、冲击力强大的骑兵部队。骑兵善于阵地战，平原作战尤能发挥出优势。因此宋朝部署河北防务，常把重心放在位于太行山与河北平原交界处的真定府、定州、保州一线，依山为固，利用山地来扼制契丹的骑兵优势。以前宋太宗命军北伐，宋军主力曹彬部队便是沿着这条道路前进的。后来曹彬惨遭袭击，也是因为他脱离了这条固定的行军路线。沈括察访河北西路，同样

---

① 〔宋〕沈括著，胡道静校证：《梦溪笔谈校证》卷十三《权智》，第236条，上册，上海古籍出版社1987年版，第469页。

② 〔宋〕李焘撰：《续资治通鉴长编》卷一百十二明道二年三月壬午，第5册，中华书局2004年版，第2607—2609页。

是沿着这条线路走的。[①]

到河北后，沈括提出了以定州为中心，山地防线与塘泊防线相结合的守边主张。沈括发现在定州的东北，即保州、顺安军以西有一片平川，横袤三十余里，南北径直，一路并无险阻。契丹军队如果由这条通道南侵，经永宁军而南，很快便能进入河北的核心地带深州、冀州。沈括在考察时发现，这个地方在庆历年间也曾筑堤储水，但后来塘泊工程渐渐废弛，到现在仅存一片遗迹了。沈括建议恢复这些塘泊工程。[②]当时定州城北园有大池，人称“海子”。沈括与安抚使薛向建议扩展“海子”，直抵西城；又把附近的中山王冢开垦为稻田，引新河水灌溉。“海子”与稻田弥漫数里，使定州城北免受契丹的威胁。[③]同时，沈括又发现定州以西房山（即西山）一带有很多山洞，通道相连，是隐蔽和埋伏军队的好地方。而唐河又从西北经定州流向东南。辽兵如果从定州南下，则前有依山为固的定州大军，后有保州、广信军之军，可能受到前后夹击。如从定州之东北面入寇，则有塘泊之阻；就算能越过塘泊防线，前面还有滹沱河拦住去路，右边又有驻泊定州的宋朝大军；而且，宋人还可将唐河决堤放水，断其归路。沈括将这个主张上奏朝廷，并画了地图一并送上。[④]

需要提出的是，自塘泊防线的主张提出以来，反对者也大有人在。反对的理由主要有两点：一是违反宋辽和约，二是毁坏农田。

庆历八年（1048），知谏院吴鼎臣上奏朝廷：我们与契丹订立和约，说好不再开掘塘浦，怎可无端生事？而且，开掘塘浦，大兴工役，万一老百姓怨叛生事，到时候再杀杨怀敏也来不及了。朝廷便任命他为河北体量安抚使，前往调

---

① 〔宋〕沈括著，胡道静校证：《梦溪笔谈校证》卷二十四《杂志一》，第430条，下册，上海古籍出版社1987年版，第756页。

② 〔宋〕李焘撰：《续资治通鉴长编》卷二百六十熙宁八年二月，第11册，中华书局2004年版，第6349—6350页。

③ 〔宋〕李焘撰：《续资治通鉴长编》卷二百六十七熙宁八年八月癸巳，第11册，中华书局2004年版，第6543页。

④ 〔宋〕李焘撰：《续资治通鉴长编》卷二百六十熙宁八年二月，第11册，中华书局2004年版，第6349—6350页。

查经度。[①]吴鼎臣可能担心若撤了塘泊防线，万一将来契丹入侵，自己要担很重的罪责。他到河北之后，终于不敢再说什么，此事便不了了之。

另一个反对者是广信军通判张田。广信军是河北边城。夏竦、杨怀敏建议在广信军等七州军筑塘储水，仁宗令张田与他们一起商量。张田独持异议，说塘水不足御边，反而会毁坏民间的良田，冲掉人家的坟墓。他上奏仁宗，极力反对。但仁宗没有听从他的意见，把他调到均州。[②]

吴鼎臣、张田是中下级官员，他们的反对无足轻重，不足以影响朝廷的决策。但到神宗时，有一个大人物出来反对了。这人便是王安石。有一次，宋神宗与王安石聊天，宋神宗用“王公设险守国”来赞扬塘泊防线。王安石却道：塘泊工程，多要侵占民田，用它来固守国家，可不是好计策。太祖皇帝时没有塘泊，契丹照样不敢来侵略。[③]王安石之所以反对塘泊防线，根本的原因可能是这个防护工程与他的另一项重要的改革举措“淤田法”互相冲突。这样，在建立塘泊防线的问题上，沈括走到了他的老上司王安石的对立面。

3. 建立河防与山防相结合的御敌方针

后来沈括奉命出使辽国，谈判两国的领土争端。当时沈括之兄沈披正担任雄州安抚副使。由于当时辽国陈兵边境，两国关系十分紧张，沈括深知此行十分凶险，离国前写了一道遗奏，请沈披送交神宗。大意说，臣此行如果不归，辽国必以倾国之力南寇。敌人的器甲都比不上大宋，他们所依赖的是士兵习于劳苦，行兵不带粮食。制敌之术只有一个，就是山防与河防相结合。其细节如下：（1）山防：在真定府聚集重兵，合西山之兵守住磁州、赵州一线。（2）河防：黄河在黎阳一带非常狭小，两岸相距很近，敌人很容易渡河。因此必须在黄河对岸滑州的白马渡口聚集重兵，把魏州、澶州的兵马调集到白马渡口。（3）在山防、河防的交界处，即卫州、怀州一带，加强城防，塞住通道。这样契丹

---

① 〔宋〕李焘撰：《续资治通鉴长编》卷一百六十二庆历八年正月乙酉，第7册，中华书局2004年版，第3904页。

② 〔宋〕李焘撰：《续资治通鉴长编》卷一百九十嘉祐四年九月甲午，第8册，中华书局2004年版，第4591页。

③ 〔宋〕李焘撰：《续资治通鉴长编》卷二百四十五熙宁六年五月甲子，第10册，中华书局2004年版，第5958页。

只能从河桥通过。到时候可以决河灌敌，敌人虽有百万人，也成鱼虾。同时令真定府大军断其归路，堵塞唐河上流，待契丹加军回兵时，决壅放水，让他们再做一次鱼虾。①

4.反对植桑法

与塘泊防线相并行的，宋朝还有一道榆柳防线，即在边境广植树木，限制契丹骑兵的奔冲。早在杨怀敏管理河北塘泊时，侍禁刘宗言就建议在西山脚下种树以限敌骑。②

熙宁五年（1072）七月，东头供奉官赵忠政进言：界河以南到沧州城，虽有塘泊二百余里，但塘水时有时无，夏秋季节甚至可以徒步过河。一到冬天，塘水结冰，就跟平地一样。现在齐州、棣州数百里间种了很多榆柳桑枣之类的树木，四望连绵不绝，人马难以一下子通过。他建议从沧州出发，东到海，西到房山的广袤的边界地区，效法齐州、棣州的做法，遍植树木。这些树木几年之后便可长成，扼制敌骑。于是宋神宗派宦官程昉前往河北调查。③

熙宁六年（1073）宋神宗正式下达命令，在安肃军、广信军、顺安军、保州等地推行植桑法，具体做法如下：（1）鼓励民户种植桑树，每三株成活，给官米一升。（2）每年二月检查民户种桑及成活情况，如所种数量不合规定，要量罪罚赎，勒令补种。（3）把植桑数目作为考核州县官的依据，由转运司派遣没有利害关系的官员对州县官进行考核，如种满规定数量，有赏；如不及规定数量的十分之七，要罚。（4）所栽桑树由民户负责照料，官府非在规定时间不得以检查为名下乡骚扰。④

据说，当初朝廷派程昉前去河北考察植桑法的可行性时，枢密院曾千方百

---

①〔宋〕李焘撰：《续资治通鉴长编》卷二百六十五熙宁八年六月壬子，第11册，中华书局2004年版，第6497页。

②〔宋〕李焘撰：《续资治通鉴长编》卷一百十二明道二年三月己卯，第5册，中华书局2004年版，第2609页。

③〔宋〕李焘撰：《续资治通鉴长编》卷二百三十五熙宁五年七月辛卯，第10册，中华书局2004年版，5707页。

④〔宋〕李焘撰：《续资治通鉴长编》卷二百四十六熙宁六年七月庚午，第10册，中华书局2004年版，第5987页。

计加以阻挠，想罢去程昉的职务。最后，在王安石的坚持下，程昉才成行，而植桑法才得以推行。[①]可见，植桑法是遭到枢密院反对而得到王安石支持的。沈括恰恰也是反对者之一。他认为，宋辽对敌，宋兵长处在于弓弩矢石，而契丹骑兵正好可以用这些树林来遮蔽矢石。本来是为了限制契丹骑兵，结果反而成了他们的盾牌。而且，契丹要攻打宋朝的城池，制造云梯等攻城武器，本来正愁找不到木料，我们遍植桑树，正好给他们就地取材。因此他建议罢植桑之法。[②]这样，在有关植桑法的问题上，沈括再一次走到了王安石的对立面。

5. 保马法

马是极其重要的战略物资。宋朝原来由官府负责军马的放养，费用极高，效果不佳，所养的马多既瘦又弱，不堪使用。为了解决军马缺乏的问题，从熙宁五年（1072）五月开始在开封府推行保马法，继而推行到北方其他地区。具体做法是：民户自愿养马，每户一匹，最多两匹，官府供马或自己买马官府给钱，每养一匹马，则每年可免“折变缘纳钱”。

但此法在刚推出时便遭到文彦博、吴充等人的反对。沈括也反对保马法。文彦博、吴充反对保马多是从“扰民”的角度考虑的，而沈括反对是从军事角度考虑的。沈括认为，契丹国的自然条件有利于马匹的生长，人民习于骑马作战，这是他们天然的优势，是宋朝无法取代和比拟的。宋朝也有自己的优势，就在于强弩，这是扼制契丹骑兵的利器。因此，他认为搞保马法，无异于舍己之长。宋朝的马养得再好，也不一定是契丹骑兵的对手。[③]保马法本是王安石变法最重要的措施之一。这样，在保马法的问题上，沈括第三次走到了王安石的对立面。

---

① 〔宋〕李焘撰：《续资治通鉴长编》卷二百四十六熙宁六年七月庚午，第10册，中华书局2004年版，第5987页。

② 〔宋〕李焘撰：《续资治通鉴长编》卷二百六十七熙宁八年八月癸巳，第11册，中华书局2004年版，第6543页。

③ 〔宋〕李焘撰：《续资治通鉴长编》卷二百六十七熙宁八年八月癸巳，第11册，中华书局2004年版，第6543页。

判军器监

就在沈括出使河北途中，熙宁七年（1074）九月，朝廷又让他兼判军器监。[①]宋代前期虽然有军器监，但有名无实，有关军器制造的工作是归三司胄案负责的。熙宁六年（1073）六月，也就是沈括担任此职的一年多前，胄案才从三司分离出来，组建为独立的军器监。当时宋朝变法的重心正逐渐从经济领域转向军事领域，设立军器监，改进武器制造的质量，也是变法的重要内容之一。

1. 沈括对兵器的研究

沈括对这种技术工作向来是比较内行的。《梦溪笔谈》中有不少记录，表明他对武器制造有着很深的研究。如他讲到自己的兄长沈披擅长射箭，而且能自己制作弓箭。沈披制作的弓有六个好处：（1）往体少而劲；（2）和而有力；（3）久射力不屈；（4）寒暑力一；（5）弦声清实；（6）一张便正。

在这中间，沈括特别强调“治筋”。所谓“往体少而劲”[②]，“往体”是古代弓箭术中的专有名词。弓由两部分组成，一是往体，指弓体外向揉曲部分；一是来体，指弓体的内向部分。沈括认为往体应该“少而劲”。在实际制弓中，弓体少，容易使弓拉开，且寿命长，但它也有一个缺点，就是不够刚劲有力。要使弓的射击强劲有力，沈括认为关键在于“治筋”。治筋的方法有两个：第一，弓筋的长度每增加一尺，弓干的长度就要减少一半。“以胶汤濡而梳之，复长一尺，然后用，则筋力已尽，无复伸弛。”第二，使筋预先受拉，使紧靠筋的材料外层预先受压，发挥筋的抗拉作用，提高弓的弹力。

沈括认为胶的厚薄对制造弓弩也有很大影响。他说，弓刚制成时射击，或天寒时射击，弓力强劲，往往难以拉开；使用久了，或天热时，往往容易拉开。

① 〔宋〕李焘撰：《续资治通鉴长编》卷二百五十六熙宁七年九月丙辰，第10册，中华书局2004年版，第6262页。

② “往体少而劲”，大多数研究者都作“性体少而劲”，今据闻人军《〈梦溪笔谈〉“弓有六善”考》改正，见《杭州大学学报（哲学社会科学版）》1984年第4期。下文对沈披、沈括兄弟“弓有六善”的解释一并参照此文。

沈括认为这是由胶不好造成的。因此，他认为胶最好能薄一点。也就是说，要减少由于胶在一定压力下受温度影响和时间推移而产生的残余变形，使筋与材的间隙减小，从而避免弓力的迅速衰退。这使得弓力的强弱由筋来决定而不是由胶来决定，因此能够久射力不屈、寒暑力一。①

沈括总结兄弟两人的制弓经验，并对弹性体的材料和结构力学性质有相当精辟的阐述。他的这一制弓理论对后世也有很大影响，兵家著书多有引用，如明朝李呈芬《射经》、唐顺之《武编》、茅元仪《武备志》中都有引录。②

沈括还在《梦溪笔谈》中记载了他在海州任职时当地发掘的一台弩机。弩机中有瞄准用的表尺，称作“望山”③。沈括说，海州出土的这台弩机望山很长。望山边上有小矩（刻度），就像尺上有一分一寸的刻度。沈括推测它的瞄准发射原理，说要用眼睛看着箭头，用望山的刻度来调节射向的高度，就似数术家用勾股之法。这种带望山的弩机在汉代刘胜墓中曾有出土。弩机安置于弩上，当弓弦引满而钩于牙上时，望山向上竖立，犹如近代来复枪上的定标尺。古代算学称直角三角形的短边为“勾”，长边为“股”，所以望山就是“勾”。因此，沈括说它像勾股之法。④按照一般原理，只要符合眼睛、箭头、目标三点成一直线的几何条件，弩箭自然就能命中目标。之所以还要调节高度，可能是考虑到重力场这一物理条件，因此要兼顾箭枝的仰角大小。《太甲》曾说：“往省括于度则释。”沈括怀疑它就是指弩机的刻度。

他还说，汉代有个陈王宠，善于射弩，十发十中，而且每发都能射中同一个地方。他的方法是“天覆地载，参连为奇，三微三小，三微为经，三小为纬，要在机牙”。沈括觉得这句话非常隐晦，难以理解。但他试着解释：“天覆地载”是指握住弩前后的手势，要把握弩机机身的平衡；“参连为奇”是指刻度与箭头、箭头与目标，三者之间，形成三角形，保持一定的平衡。沈括说它像勾股

---

①〔宋〕沈括著，胡道静校证：《梦溪笔谈校证》卷十八《技艺》，第303条，下册，上海古籍出版社1987年版，第589页。

② 闻人军：《〈梦溪笔谈〉“弓有六善”考》，《杭州大学学报（哲学社会科学版）》，1984年第4期。

③ 李约瑟《中国科学技术史》及其他一些解释者都把“望山”释为动词，说是用来测量山的高度，似误。见沈康身：《弩机功能试释》，《杭州大学学报（自然科学版）》，1978年第4期。

④ 夏鼐：《沈括和考古学》，《考古》，1974年第5期。

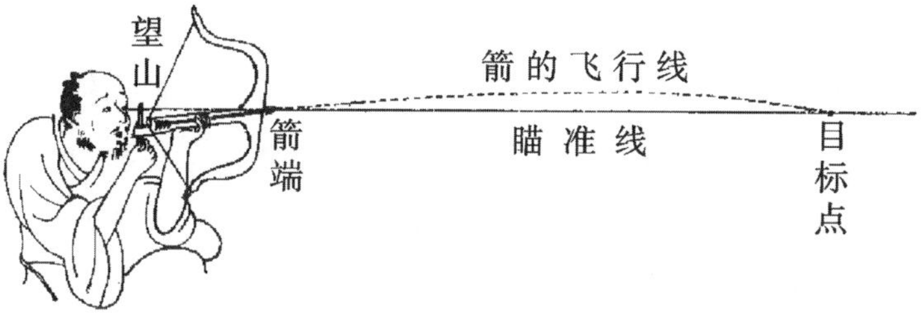

望山射弩图
（图片采自夏鼐《沈括和考古学》，《考古》，1974年第5期。）

中确定高、深的方法；“三微三小，三微为经，三小为纬”是指望山上的刻度，三条横线，三条直线，形成瞄准用的网格或十字线。[①]弩手可以用它来瞄准目标。沈括曾亲自做过实验，设计了三经、三纬的刻度进行试射，结果十次射箭，七次能够命中目标。因此，他觉得在弩机上设置刻度的方法是十分优越的。

2.考察磁州锻坊

由于身上兼着“判军器监”的职务，沈括出使河北时还特别去磁州考察了锻铁作坊。

自古以来的炼铁业，不炼纯铁，因为纯铁太软，用处不大。人们要炼的往往是含碳的杂铁，主要有以下三种：熟铁、生铁和钢。含碳量在0.5%以下的叫熟铁；含碳量很低的就叫低碳钢；含碳量在0.5%—2%的是中碳钢和高碳钢；含碳量在2%—5%的叫生铁，因为它只能用熔化、浇注的方法铸造成型，所以又叫铸铁。[②]

沈括在《梦溪笔谈》中说，民间锻炼所谓的钢铁，常用的方法是将柔铁片（熟铁片）盘绕起来，把生铁块嵌在中间，用泥把它封起来烧炼，再加以锻打，使生熟铁互相渗入。这样就得到所谓的“团钢”，也叫“灌钢”，实际上它是一种“伪钢”，只不过暂时借助于生铁，加强了铁的硬度。经过两三次锻炼之后，

① 沈康身《弩机功能试释》对此有不同的解释。他认为“经、纬两字可看做进位不同大小的单位”。还说，“如果不考虑重力影响，瞄准器只有一个凹口、一个尖端就足以达到瞄准的要求，正因为有重力场影响才设置竖直刻度以调整仰角大小，而在射击瞄准时设左右刻度是没有必要的，这是普通常识”。

② 杨宽著：《中国古代冶铁技术发展史》，上海人民出版社1982年版，第5页。

生铁变成了熟铁，人们都认为这是钢，大概是因为还没有见识过真钢吧。

在磁州，沈括才认识了真钢。他说，凡是铁里含有钢，就如面粉里含有面筋，把面里的柔面洗尽之后，面筋才呈现出来。锻钢也是如此。用质地较好的铁加热锻打一百多次，每锻打一次称一次重量，结果发现每锻一次就减轻一些。直至连续锻打而重量不再减轻，就得到了纯钢。这是铁中最精纯的部分，再经百炼，重量也不会减轻。它的颜色清晰鲜明，磨光后黯黯然呈青黑色，和普通的铁迥然不同。也有些铁锻炼到最后连一点钢也没有，这取决于铁的产地。①

沈括在文中介绍了两种不同的方法。第一种方法是比较简便的低温炼钢法。由于难以达到高温，可以利用生铁熔点较低的性质，先把生铁熔成半流体，灌注在屈盘的熟铁周围，然后将熔块锻打，使得生熟铁进一步融合，同时可除去一些杂质，这样制得的钢内部含碳量分布不均匀，性能也比较差，因此沈括称之为"伪钢"。其实，中国人早在南北朝时期就已经掌握了这种方法，即一些古籍上所说的"杂炼生揉""生熟相和"的炼钢法。历代曾用"灌钢"制作农具和刀剑的锋刃。沈括把"灌钢"看作伪钢，这种看法是不对的。第二种方法是热锻技术，即所谓"百炼成钢"的方法，也就是沈括在磁州看到的真钢。它采用的原料是比较纯净的熟铁，在炉中加热增加含碳量，再经过多次锻打，一方面使碳成分逐渐渗入铁的表层，另一方面也把熟铁中夹杂的熔渣锤打出去。锻炼百余次后，除尽了熟铁中的熔渣，含碳量也达到适宜的程度，就得到了纯钢。经过这些工序制得的钢性能很好，用它做成的兵器、农具质量很高。

由于沈括后来去位于宋夏前线的延州担任军事统帅，他比较注意周边民族的锻造技术。他在《梦溪笔谈》中记录了青堂羌的锻甲技术。他说，青堂羌所造的铁甲表面呈青黑色，光洁透亮，可以照见头发。用麝皮带子把甲片穿起来，这种铁甲既柔又薄，还很坚韧。据说，宋朝的镇戎军那里保存着他们所造的一副铁甲，珍藏在柜子里，作为宝物代代相传。韩琦任泾原路帅司时，曾把这副铁甲拿出来试用。他在五十步开外的地方，用强弩射这副铁甲都射不进去。有

---

①〔宋〕沈括著，胡道静校证：《梦溪笔谈校证》卷三《辩证一》，第56条，上册，上海古籍出版社1987年版，第135页。

一支箭穿过去了，却只是射中了铁甲上的钻孔。这支箭的箭头，被钻孔所刮，反卷过来了。由此可见这种铁甲是多么坚硬。沈括说，锻造铁甲的一般方法是，开始时用比较厚的铁料，不用火加热，而用冷锻的方法，当铁甲的厚度减少到原来的三分之二时就成了。在原来铁料的末端要留下像筷子头那么大的一点不锻，就像人身上长着的一个“瘊”（小瘤子），这是用来检验铁块的厚薄变化的，就像疏浚河道时人们要在河底留一块土桩。因此，人们把这种铁甲叫作“瘊子甲”[①]。这里记载的青堂羌的冷锻方法，是早期钢铁机械处理上的一个杰出成就。他们在铁甲一头留一个筷子头大小的一点不锻，用来标示锻前锻后厚度的差别。

3. 兵车的讨论

沈括上任判军器监之后，首先面对的一项工作就是关于当时朝中正在热烈讨论的车阵法。宋人防辽之策多种多样，其核心只有一点，就是扼制契丹骑兵。王安石反对塘泊防线，但是面对契丹铁骑，他自己的对策又是什么呢？从文献的记载看，由王安石主张的防辽之策有车阵法和保马法。

保马法前面已经讲过了，下面说说车阵法。先秦时打仗都用车战。自赵武灵王推行胡服骑射后，骑兵逐渐普及，到后来除了运输粮草者，战车基本上退出历史舞台，只是间或在个别地方被人使用，如唐朝名将马燧在河东造战车。[②]到宋朝，面对着横冲直撞的契丹骑兵，人们不由得又想起这老祖宗的法宝。范仲淹和韩琦都曾提议效法马燧，施行车阵之法。[③]

到神宗时，随着宋辽关系紧张，而马匹又极其缺乏，以车御马的议论便又出现了。一次，宋神宗与宰相王安石讨论他们心中神往的三代政事，觉得车马不够用。王安石说，现在的车不必用马拉，用人拉也足够了。养马要耗费粮草，

---

① 〔宋〕沈括著，胡道静校证：《梦溪笔谈校证》卷十九《器用》，第333条，下册，上海古籍出版社1987年版，第639—640页。

② 〔后晋〕刘昫等撰：《旧唐书》卷一百三十四《马燧传》，第11册，中华书局1975年版，第3692页。

③ 〔清〕范能濬编集，薛正兴校点：《范仲淹全集》，凤凰出版社2004年版，第138页。〔宋〕李焘撰：《续资治通鉴长编》卷一百七十八至和二年二月己丑，第7册，中华书局2004年版，第4306—4307页。

使用人力，正好可以省下这笔开支。他说，用人未必不如用马。这好比书写工具古今不同，古人用竹简，现在人用纸。就算三代圣人复活，也一定不会再用竹简了。用人拉车也是这个道理。宋神宗觉得有理，便说：事情只要有理，便可施行。三代以前，“圣人但随时制法”，因此才用马拉车。宋神宗又说，其实上天早就有了让中国胜过外国人的方法，只不过代代相失，后人不曾掌握。[①]可见，宋代虽然恢复战车，但他们的战车又与古代有了很大的不同，古人使用马力，宋代使用人力。王安石说人力车未必不如马车，宋神宗竟然表示赞同，这不过是宋朝君臣自我安慰、自欺欺人罢了。论速度、论耐力、论装载量，人力车如何能与马车相比？但由于马作为一种战略物资极端缺乏，也只好将就着以人代畜了。

宋神宗、王安石的这次议论发生在熙宁六年（1073）十一月，离沈括担任判军器监不足一年。此后不久，车阵法便开始试行了。这年十二月，宋神宗命宦官程昉沿河采集车材，下军器监定样制造战车。河北地势平坦，适于行车，因此朝廷下令在河北首先试行。[②]熙宁七年（1074）二月，再次下令军器监依新样造兵车。[③]但军器监在制造中似乎遇到了不少困难，进展不力。这年十一月，宋神宗发了一道批文，说：“累降指挥，令军器监具可用战车制度闻奏，至今未见将上，宜令疾速详定进呈。”[④]出现这种局面，可能与朝中有人反对有关。熙宁七年（1074）三月，宋神宗与辅臣讨论车阵法，忧心忡忡地说：车还没成，便已议论纷纷。王安石说，这车是庞然大物，不是怀握可藏之物，人人都看得见，看见了议论几句也是难免的。[⑤]从中可以看出，车阵法还没正式推行，朝廷

---

① 〔宋〕李焘撰：《续资治通鉴长编》卷二百四十八熙宁六年十一月壬戌，第10册，中华书局2004年版，第6049页。

② 〔宋〕李焘撰：《续资治通鉴长编》卷二百四十八熙宁六年十二月丁亥，第10册，中华书局2004年版，第6061页。

③ 〔宋〕李焘撰：《续资治通鉴长编》卷二百五十熙宁七年二月庚辰，第10册，中华书局2004年版，第6093页。

④ 〔宋〕李焘撰：《续资治通鉴长编》卷二百五十八熙宁七年十一月乙未，第11册，中华书局2004年版，第6282页。

⑤ 〔宋〕李焘撰：《续资治通鉴长编》卷二百五十一熙宁七年三月壬寅，第10册，中华书局2004年版，第6110页。

中便出现了反对的声音。而沈括也正是这反对者之一。

人们之所以反对战车，倒不是从军事角度考虑，而是因为朝廷征调民车，有扰民之嫌，引起了一些骚动。沈括从河北察访回来担任了修起居注一职。修起居注是宋朝的差遣官，共有二员，负责撰写起居注。平时皇帝常朝时，他们轮流值班，站在皇帝身边记录言行；皇帝出行时也要随行。他们经常与皇帝在一起，有机会与皇帝直接对话，由此影响皇帝的决策。沈括便利用这样的机会表达了他对车阵法的看法。下面是君臣二人的对话，保存在《续资治通鉴长编》中，笔者把它译成白话文。

宋神宗：征调民车这件事，你知道吗？

沈括：知道。

宋神宗：你觉得怎样？

沈括：征调民车用来干什么？

宋神宗：契丹人多马，常用骑兵取胜，非用战车不足以抵挡。

沈括：陛下说得对，确实是这样的。万一敌人来了，老百姓连父母妻儿、坟墓田园都保不住，家中的一切所有，全部抛弃，而自己也可能被掠为俘虏，谁还顾得上车呢？陛下你不过征调几辆民车，又有什么关系？

宋神宗：你说得对。怎么人们对此还议论纷纷呢？

沈括：车战的优点，历代都有记载。晋国的巫臣教吴人车战，吴国因此成为中原霸主；唐朝的李靖用偏箱、鹿角布阵，大败突厥，擒了颉利。但臣有一事未明：古人所说的轻车，是指兵车，行动迅速。而现在民间的辎车，非常笨重，用牛拉车，一天走不了三十里。如果碰上雨雪天，就原地不动，一步都不能走了。民间叫这种车为“太平车”，它在和平时期用用还可以，用在战场上恐怕是不行的。

宋神宗：从来没有人跟我讲这样的道理。战车的事，是得考虑考虑。[1]

---

①〔宋〕李焘撰：《续资治通鉴长编》卷二百五十五熙宁七年八月丙戌，第10册，中华书局2004年版，第6240页。

在这里，沈括颇有几分战国纵横家的风范和论辩技巧。他欲抑先扬，说征调民车是没关系的：敌人一来，这些车迟早要成为他们的战利品。陛下你先拿来用用，是为了保护百姓，有何不可？神宗听得很高兴。接着沈括又说这种太平车笨重朴拙，行动迟缓，只能民用，上不了战场，终于把神宗说服了。之后沈括又说服神宗罢了四川盐禁。

事后有执政大臣问沈括：你有什么本事让陛下罢此二事？沈括答道：圣主可以理夺，不可以言争。如果战车果真有用，我也不敢反对。从中也可看出，朝廷中反对车阵法的，不仅有沈括这样的一般官员，还有“执政”之类的辅弼大臣。

沈括七月七日修起居注，八月察访河北西路，十一月罢河北西路察访。而直到十一月，宋神宗仍在督促军器监造车。可见沈括说服神宗罢战车当是在熙宁七年（1074）十一月或十一月以后。当时王安石已经被罢免了宰相的职务，因此沈括的建议能够顺利地被神宗采纳。

当熙宁八年（1075）二月王安石复相之后，车阵法的制定似乎又被提了上来。就在这一年的八月，宋神宗问程昉造车的地方与数量。[1]沈括是个懦弱的人，不敢当面反对王安石；作为军器监的长官，他只好硬着头皮参与了兵车的讨论，并与章惇一起制订了恢复古代兵车的方案。他们根据《周礼·考工记》及《诗经·小戎》等古代文献，考定了兵车的法式、尺寸，并画图进呈。宋神宗下令让作坊依照这个样子制造兵车，并让一些军士演习了“五御法”。同年八月，他还亲自举行了检阅的仪式。但他们所造的这种战车毕竟是已经被时代淘汰的旧物，没能送到前线在实战中使用，最后放在武库，只作为仪物使用而已。[2]

在车阵法的问题上，沈括又一次走到了王安石的对立面。

---

①〔宋〕李焘撰：《续资治通鉴长编》卷二百六十七熙宁八年八月戊午，第11册，中华书局2004年版，第6556页。

②〔宋〕沈括著，胡道静校证：《梦溪笔谈校证·补笔谈》卷二《器用》，第567条，下册，上海古籍出版社1987年版，第960—962页。

4. 九军阵法

沈括在军器监任内，还有一件重要的事情，就是讨论阵法。宋神宗非常欣赏唐朝名将李靖，曾命枢密院讨论李靖的营阵之法。[①]后来，六宅使郭固提出了他对李靖阵法的理解。这郭固在北宋中期的军事界也是一个比较活跃的人物。他曾提出车阵法，主张恢复古代的兵车。[②]他提出的九军阵法，具体做法如下：九军合成为一个营阵，行进时称为阵，驻扎时称为营。环绕守卫。沈括说，依照古代计算方法一个人占地二步，一匹马占地四步，那么军中有军、队里有队，十万人的阵地要占地十里多。沈括不禁问道：世上哪里有纵横十里那样大的地方而没有山丘、溪涧和树木的障碍呢？而且，这样的阵法，九军是作为一整体一起驻扎，形成一个"篱落"，这样士兵不能分开自由行动，就像九个人合起来用一张人皮，分开来就要死了。这正是孙武所说的那种自我牵制的"縻军"。而且，古代阵法上还有"面面相向，背背相承"的说法，郭固没有弄懂它的意思就让士兵们都侧面站立，每两行士兵构成一条巷道，让他们面面相对而立。这虽在字面上符合古代说法，但士兵侧面站立，如何能够应敌？[③]神宗对此也非常怀疑，他后来对大臣们说：近日看了臣僚们献上来的阵图，觉得无一可取。如果真的依照他们的说法，两军相战，就应该先互遣使者，预约作战的日期，然后挑选一块平坦的地方，把山丘夷平，把沟壑填满，把草木砍光，再互相作战。像这种阵法，只有在教场上才可进行，而不适合真正的战争。很明显，宋神宗这番话是受了沈括影响，批评郭固阵法的迂阔无用。

事后宋神宗让沈括详细研究九军阵法。沈括最后提出了自己对九军阵法的见解。他认为，应当使九军每一个军各自排列为阵，虽分列在前后左右，但是各自占据有利地形。各个部队都在自己营地向外驻扎。即使跨越溪涧树林，也不妨碍各自成营。或鸣金，或击鼓，队伍收缩与展开，集结与分散，都能浩浩

---

① 〔宋〕李焘撰：《续资治通鉴长编》卷二百六十熙宁八年二月戊寅，第11册，中华书局2004年版，第6339—6342页。

② 〔宋〕李焘撰：《续资治通鉴长编》卷一百七十八至和二年二月壬辰，第7册，中华书局2004年版，第4306—4307页。

③ 〔宋〕沈括著，胡道静校证：《梦溪笔谈校证·补笔谈》卷三《杂志》，第579条，下册，上海古籍出版社1987年版，第1015—1016页。

荡荡而有条不紊地进行。九军各自的营阵合起来成为一个大的营阵，当中形成四条通路，就如古代的“井田法”。这样，九军“背背相承，面面相向”，共有四个阵头、八个阵尾。敌人先攻哪里，哪里就是阵头。神宗觉得沈括的说法很有道理，用举手来打比方，这样的阵法，好比人的五个指头，如果用一张皮把它们包在一起，那怎么还能做出各种动作呢？于是下令按沈括的说法写出条令，颁布施营。这就是宋朝的营阵法[①]，又称为“边州阵法”。沈括认为这才是真正的李靖阵法。[②]

5.编写《修城法式条约》

沈括在军器监任上还与吕惠卿的弟弟、知监丞吕和卿一起编写了《修城法式条约》二卷，规定了敌楼、马面、团敌的式样，于熙宁八年（1075）进呈，并于当年三月颁布施行。[③]

《修城法式条约》的原文已不传于世，但沈括在《梦溪笔谈》中记录了他后来到陕西考察赫连勃勃古城的情况，从中可以得知所谓马面、团敌的大致情形。沈括说，延州旧丰林县城是赫连勃勃时修筑的，到宋朝时仍被称为赫连城。这座赫连城城墙坚固紧密，排列如石。用刀一斫，就会冒出火星。它的城墙不是很厚，但城墙中向外凸出的“马面”很长，而且修得很密集。沈括曾亲自叫人丈量过，各马面凸出部分的长度有四丈，彼此相距六七丈。由于马面分布紧密，城墙就不必修得太厚。沈括曾亲自看过攻城的情况。如果马面很长，就可以从马面上射击城下的来犯之敌；而且，由于马面分布紧密，来攻城的敌人都在守军矢石的攻击范围之内。如果敌人来到城下，矢石俱下，四面交加，会让他们难以应付。当然，沈括认为最好的办法还是让敌人不能攻到城下。经过考察比

---

① 〔宋〕沈括著，胡道静校证：《梦溪笔谈校证・补笔谈》卷三《杂志》，第579条，下册，上海古籍出版社1987年版，第1015—1016页。

② 〔宋〕李焘撰：《续资治通鉴长编》卷二百六十熙宁八年二月戊寅，第11册，中华书局2004年版，第6339—6342页。

③ 〔宋〕陈振孙撰，徐小蛮、顾美华点校：《直斋书录解题》卷七《法令类》，上海古籍出版社1987年版，第226页。〔宋〕李焘撰：《续资治通鉴长编》卷二百六十一熙宁八年三月己酉，第11册，中华书局2004年版，第6361页。《续资治通鉴长编》将其写作《敌楼马面团敌法式及申明条约并修城女墙法式》。

较，沈括对边地城墙提出了改造意见。他觉得这些城墙虽然很厚，但是马面很短，而且分布稀疏，如果敌人真的攻到了城下，就算城墙很厚，还是非常危险的。而且，城墙墙角大多砌成圆弧，叫作“团敌”。沈括认为团敌对于防守没有任何好处。这样的城墙只能凭借着团敌上面的城楼发射矢石来掩护城墙脚。这样，敌人只要防备这四角团敌的城楼，就能全力攻城了。因此，沈括认为最好的办法还是效法赫连城的做法，密集地设置马面，让敌人需要防备多个方向的进攻，让他们在城下难以立足，这样就无法攻城了。①

出使契丹

熙宁八年（1075）三月二十一日，宋神宗命沈括假翰林院侍读学士为回谢辽国使，以西上閤门使、荣州刺史李评假四方馆使为副使，出使辽国，谈判边界争端。②

自从宋、辽生出边界争端以来，熙宁七年（1074）双方派代表在位于边境的大黄平进行谈判。宋方的代表是刘忱、吕大忠，辽方的代表是萧素、梁颖。但双方相持不下，久谈不决。次年三月，辽方又派使者萧禧到开封，指责宋方的谈判代表故意拖延。而且，他摆出一副无赖的姿态，声称不答应他们的条件决不回国。宋方派韩缜为馆伴使，与他会谈，但他坚持不让步。在这样的情况下，宋方开始考虑不再理会萧禧，另派遣使者去辽国谈判。最后选定了沈括担当起这一重任。

当时沈括正奉命在御史台审理赵世居之狱，忽然接到这样一道命令，有人很为他的安危担心。沈括说，就怕他自己才智不足，难以同仇敌忾，至于死生祸福，并不是他所担心的。他当天就求见宋神宗，请求指示。宋神宗对他说：敌人方面的情况难以预料，如果他们要为难你，你可有什么办法对付吗？沈括

---

①〔宋〕沈括著，胡道静校证：《梦溪笔谈校证》卷十一《官政一》，第191条，上册，上海古籍出版社1987年版，第409—410页。

②〔宋〕李焘撰：《续资治通鉴长编》卷二百六十一熙宁八年三月癸丑，第11册，中华书局2004年版，第6362页。

说：臣以死任之。宋神宗告诫他千万不可意气用事，还说：你有这样的忠义，固然是应该的，但你这次出使关系到国家的安危，只有你安全了边疆才能安全。我们是礼义之邦，不必跟他们争虚气，无补于国。①

沈括出发前，宋神宗考虑到出使途中可能发生意外，三月二十二日，即在任命沈括出使之后一日，他即提出七件事情，责令中书、枢密院讨论。具体如下：

一、契丹遣萧禧出使宋朝，谈判地界，但萧禧久不回国。宋朝虽遣沈括出使回谢，但如果辽朝坚持不让过界，该如何是好？

二、据宋辽的外交惯例，一方派遣使者，另一方就派遣接伴使到边界迎接至京，至京后改派馆伴使招待。若辽朝虽许沈括过界，但不派接伴使迎接，该如何是好？

三、即使让沈括过界，但才走了三五程就让他停止，让他等萧禧回来一起去见辽帝，而萧禧还赖在宋朝不走，这时沈括该如何是好？

四、就算到了辽国都城，但辽帝避而不见，要求沈括先答应以分水岭为界，这时沈括该如何是好？

五、辽帝即使接见沈括，但坚持要以分水岭为界，这时沈括该如何是好？

六、辽方扣留沈括，同时派兵到边界拆移宋方铺屋，这时宋朝该如何是好？

七、沈括到辽之后，辽方故意加以折辱，或故意让他骑劣马，让他在崎岖的山谷中难以行走，或派人假冒盗贼伤害沈括，这时沈括该如何应付？

从中可以看出，即使是宋神宗，对沈括出使能否说服辽人收回重划边界之议，也没有一点把握。

中书、枢密院经讨论，对这七个问题一一做了解答：分水岭为界的条件是不能答应的。现在萧禧赖在我朝，不肯回国。他既然不肯回去，那只有我们派使者去了。如果辽国以萧禧未回为由拒绝接纳，或虽然接纳，但故意不派接伴使迎接，这种事情说不定会有，不过也不必担心，我们就让沈括在边境等着。

---

①〔宋〕李焘撰：《续资治通鉴长编》卷二百六十一熙宁八年三月癸丑，第11册，中华书局2004年版，第6362页。

如果他们一定要让沈括答应以分水岭为界，这并不是沈括职权范围内的事，就算他们逼迫沈括答应，如不经朝廷批准，也是没有用的。如果他们不等沈括回来，就派兵强行拆移铺屋，我们有的是道理，且慢慢处置不迟。本朝与辽国通好多年，他们每次派使者，我们礼仪甚厚。现在虽然没有答应他们的要求，但也没有激怒他们，苦辱使人这种事，他们大概是不会做的。[①]

沈括受命之后，立即去枢密院查阅有关文件。他意外地发现了辽国几年前写给宋朝讨论两国地界的一封书信，指古长城为界；而现在他们却指黄嵬山为界，两地相去30余里。沈括立即上表报告了这一情况。三月二十九日——这一天正值百官出沐——宋神宗接到沈括的报告，又惊又喜，特地开天章阁门，在资政殿召见沈括、李评，说："中书、枢密院也不查查事情的本末，几乎误了大事。"他拿起地图，用笔在古长城、黄嵬山的位置上画了画，遣内侍拿给中书、枢密院，将那些执政大臣狠狠责备一番，并责令把地图拿给萧禧看。萧禧这才无话可说。宋神宗又派人赏沈括银千两，说：如果没有卿家，这次边界纠纷还真不好解决。[②]就这样，沈括还没出使，就大大出了风头，却也得罪了执政大臣，为他后来罢官种下了恶果。

熙宁八年（1075）四月初五日，辽国使臣萧禧终于答应回国了。临别前，他与宋神宗辞别于紫宸殿，又置酒垂拱殿。参知政事吕惠卿代表宋神宗起草了给辽朝皇帝的国书，大意是说：我们两朝素来通好，已有六纪之久。前些日子，你派来使臣，要求讨论边界问题，我们已经派官前往调查。但还没有派遣信使，你们就已屯兵边界，射伤我们的巡兵，这可不是和议的表示啊。你们提出边界的异说，却又没有证据；我们要求一起派人调查，你们又不答应。我怀疑这不是贵国皇帝的本意。现在你们又派了使者前来，我们非常高兴。想当初我们双方曾在鬼神之前立下誓约，共守祖宗的疆土。我们并不吝惜金钱绢帛，怎会贪图这尺寸之地？现在贵国的使臣留在使馆里面不肯回去，一定要以分水岭为界。

---

① 〔宋〕李焘撰：《续资治通鉴长编》卷二百六十一熙宁八年三月甲寅，第11册，中华书局2004年版，第6363—6364页。

② 〔宋〕李焘撰：《续资治通鉴长编》卷二百六十一熙宁八年三月辛酉，第11册，中华书局2004年版，第6367页。

难道我们历年的信约，就因为这一点点小事而被破坏了吗？[1]

沈括离京之后，还没到辽朝，宋、辽双方就在沈括的使名上发生争议。宋朝命沈括出使辽国，明明是为了谈判地界，却不肯承认，说地界的事情已经解决；但因辽国遣使来宋，宋派沈括去“回谢”，因此沈括出使辽国时的使名是回谢使。但辽国不同意，说地界的事还没完，要继续谈判，要宋方改命沈括为“审行商议使”。宋朝在土地问题上向来大方，在这些名义问题上却寸“名”必争，坚持沈括一定要以回谢使的身份出使。

沈括到边境时，辽国拒不接纳，一定要宋朝答应重划地界才肯让沈括过界；同时几次点燃边境的烽火，做出一副“如果你不答应，我就要出兵”的架势。沈括在雄州等了二十多天，直到萧禧回辽，辽方终于让他过界。

闰四月十八日，沈括出塞。五月二十五日，沈括来到辽国都城。[2]六月五日沈括离开，共待了十一天。[3]在这十一天中，沈括是这样度过的：

五月二十五日，入见辽道宗。

五月二十七日，入帐前赴宴。

五月二十九日，就馆赐宴。

六月初二日，射弓。

六月初四日，就馆夜筵。

六月初五日，离开。

沈括到辽国后，辽方派杨益戒与他谈判。辽方参与会谈的还有曾经在代州与宋人谈判的梁颖等人。沈括在会谈之前，早已准备好从枢密院查得的档案资料数十件，命令手下人记熟。每次杨益戒问起，就叫他们拿出这些档案作为“挡箭牌”。双方见面六次，会谈六次，沈括把每一次会谈的经过都详细记录了下来。下面就节录、翻译他们会谈的一些内容进行分析：

---

① 〔宋〕李焘撰：《续资治通鉴长编》卷二百六十二熙宁八年四月丙寅，第11册，中华书局2004年版，第6376页。

② 杨渭生：《沈括〈熙宁使辽图抄〉辑笺》，载《沈括研究》，浙江人民出版社1985年版，第297页。

③ 〔宋〕李焘撰：《续资治通鉴长编》卷二百六十五熙宁八年六月壬子，第11册，中华书局2004年版，第6498页。

杨益戒、梁颖：黄嵬大山从来就是北朝的土地。

沈括：不知北朝有何文字照证？

梁颖：南朝有何照证？

沈括：南朝收得北朝方面的照证很多，有十年前的照证，亦有今年的照证，有州县的照证，亦有北朝皇帝的圣旨作为照证。最早的一件照证是北朝重熙十一年，北朝差教练使王守源、副巡检张永、勾印官曹文秀，南朝差阳武寨都监翟殿直、崞县令教练使吴岊，一起定夺，以黄嵬大山脚下为界。自那以后，顺义军屡次有公牒，都说双方以黄嵬大山脚下为界。这不是很明白吗？

梁颖：这只是定夺。苏直、聂再友地界不能算两朝地界，两朝地界应以靠近南边的分水岭为界。

沈括：当初北朝苏直、聂再友侵耕南朝的土地。康定二年，南朝皇帝不想以这种琐细的民间小事来上烦北朝，以两朝和好为重，对此并不理会。除苏直、聂再友已经侵耕土地不再计较外，两朝各差官吏，立定边界。（这就是后来宋辽双方以黄嵬大山脚下为界的由来。）

双方的矛盾在于：宋方坚持以康定年间划定的以黄嵬大山脚下为界，而且说明这次地界的划定是在辽朝边民侵耕宋方土地，宋方承认他们侵耕土地的情况下作出让步而订立的。辽方坚持以分水岭为界，但他们又弄不清分水岭到底在哪里，因此在争论中明显处于下风。而且沈括在谈判中拿出辽朝一方的公文甚至辽朝皇帝的圣旨来作证，辽方却拿不出任何文字证据。最后他们只好放弃分水岭，而另起事端，提出要把天池划给辽方。且看双方在天池问题上的争论：

梁颖：你说天池子是南朝的，又有何照证？

沈括：有开泰五年顺义军的公牒，说天池地理属南朝宁化军。只此一件照证，便已十分明白。我还有其他的文字证据，却也不必多说了。

梁颖：你为什么老拿着这个文字照证不放呢？

沈括：不以这个作依据，又用什么来作依据？

梁颖：这个只是北朝州县一时错误发布的公文。如果当时发布公文的官员还活着，一定饶不了他。

沈括：你们自己没有有利的文字证据，我们有了证据，你们便说这是一时错误发布的，怎么可以这样呢？

梁颖：既然天池是南朝地界，因何乙室王及北界一百部族在那里居住放马半年有余，却没人来管？

沈括：既然顺义军有公文承认天池是南界地分，就算他们住了五百年，又有何用？北人不该侵入南界地分居住。

李评：边界地带，平时无事，两朝人往来樵采放牧，又有何不可？怎么能因为暂时居住便来侵为己有呢？

沈括：譬如有人到别人家住了一世、两世，如果那户人家拿出契书，便应停止他的非法居住。北界部族到南朝住了半年，又怎么可以作为凭据呢？我们南朝只是坚守北朝公文作证，这都是真凭实据。

在沈括的记录中，会谈内容还有许多，但双方争论的方式大致如此。因为沈括手上拿着辽朝方面发布的公文作凭据，铁证如山，辽方也无可奈何。双方会谈六次，每次会谈，辽方都有一千多人围听，但沈括一行人侃侃而谈，不为所屈，最后出色地完成了出使的任务。①

令人遗憾的是，宋神宗最后没有顶住压力，还是把代北三州古长城以北的部分土地割让给辽国。据说，宋神宗后来曾对韩缜说，“沈括误朝廷三事”。所谓“三事”，指历法、地界与役法。这事记载在韩宗武的《韩缜遗事》中。它有可能是误记，但也有可能是实有其事。宋神宗这个人虽然抱着一腔雄心，想彻底解决国家的财政困难与边疆危机，但他志大才疏，做事常常畏首畏尾，朝令夕改，缺乏决策的魄力和担当的勇气，凡有事情，常委过于臣下。他当时虽然

---

①〔宋〕李焘撰：《续资治通鉴长编》卷二百六十五熙宁八年六月壬子，第11册，中华书局2004年版，第6497—6513页。

忍辱割地，后来回想起来又觉得后悔，就此怪罪于沈括，也不是没有可能的。这也正是沈括的悲哀，他竭心尽力为皇帝办事，最后竟落一个“误朝廷”的评价。

绘制地图

沈括在察访河北期间，还做了一项能充分发挥他技术专长的工作，就是立体军事地图的制作。后来他出使辽朝，又绘制、撰写了《熙宁使虏图抄》。从辽朝回国后不久，他又奉命绘制全国性的《天下州县图》。下面介绍他在地图编绘上的一些成绩：

1. 立体模型图

据史料记载，沈括刚到定州，每天与河北西路安抚使薛向出城打猎，在西山、唐城之间奔走二十余日，详尽地了解了那里的山川地形，用“胶木屑熔蜡”法制成立体山川地图。方法是用面糊和木屑在木板上模制出它们的形势来。入冬以后，天气变得寒冷干燥，用木屑粘不住了，沈括又用熔化的蜡来制造。之所以将木屑和蜡作为材料，是因为它们重量轻，制得的地图便于携带。回京后沈括把木刻地图献给朝廷，宋神宗召集辅臣一起观看，并下令在边疆州郡推广。[①]

沈括的这幅木刻地形模型图不仅在当时的边防事务中发挥了重要作用，可能还影响了宋代其他学者的地图编制工作。如黄裳曾作《舆地图》，“以木为之”[②]。南宋著名的学者朱熹，曾访求黄裳，参观了黄裳的木图，并打算依法施为制作立体地图，“以两三路为一图，而傍设牝牡，使其犬牙相入，明刻表识以相离合”[③]。

---

① 〔宋〕李焘撰：《续资治通鉴长编》卷二百六十七熙宁八年八月癸巳，第11册，中华书局2004年版，第6542页；〔宋〕沈括著，胡道静：《梦溪笔谈校证》卷二十五《杂志二》，第472条，下册，上海古籍出版社1987年版，第813页。

② 〔宋〕王应麟撰：《玉海》卷十四《乾德道德殿华夷图》，四库全书本。

③ 郭齐、尹波点校：《朱熹集》卷三八《答李季章》，第3册，四川教育出版社1996年版，第1736页。

实际上，在沈括以前，中国古代已经有人制作地理模型图。比较著名的是南朝刘宋时谢庄制作的《木方丈图》，“山川土地，各有分理，离之则州别郡殊，合之则宇内为一”[①]。沈括在前人工作的基础上，亲自踏勘，反复试验，然后制成木图。因为所表示的区域比谢庄《木方丈图》要小，比例尺较大，所以更为精确。在西方，真正的地理模型图大概到18世纪才在瑞士出现：一个是菲费尔所作的蜡创模型，一个是梅耶尔和米莱尔合制的以纸浆为材料的模型，它们比起沈括所制的木图晚了七百多年。[②]

2.《熙宁使虏图抄》

宋人出使域外，依例要将出使经过、往来路程、与对方的交涉情况及沿途见闻、山川地势、民俗风情记载下来，上交朝廷，以供后来出使的人参阅。这种书面报告一般称作“语录”，如陈襄有《神宗皇帝即位使辽语录》，张舜民有《浮休居士使辽录》。有时除了文字材料，使人也会将沿途见闻、山川形势用图画的形式描绘下来，如宋徽宗时出使高丽的徐兢回国后曾作《宣和奉使高丽图经》。沈括也是一个擅长绘画的人，因此他把此次出使的奏文和在辽国辩论的经过写成《入国奏请并别录》，另外写了《熙宁使虏图抄》二卷。

《熙宁使虏图抄》原来被收入沈括的《长兴集》，到明朝初年还是完整的，被收入《永乐大典》中。南宋时沈括的文集与沈遘的《西溪集》、沈辽的《云巢编》被处州司理参军高布合编为《吴兴三沈集》。虽然沈括是沈遘、沈辽的叔父，但当时沈遘的孙子沈元用正知处州事，为了讨好长官，高布将《西溪集》列于《吴兴三沈集》之首。

关于宋朝出使辽国的记录，现存比较完整的只有路振的《乘轺录》，王曾的《上契丹事》，《薛映记》，宋绶的《上契丹事》，陈襄的《神宗皇帝即位使辽语录》，张舜民的《浮休居士使辽录》以及沈括的《熙宁使虏图抄》等。沈括的《熙宁使虏图抄》是其中最为完整、详细和精确的一种，尽管图的部分久已失佚，但残余的这些文字，仍具有很高的史料价值。[③]

---

① 〔南朝梁〕沈约撰：《宋书》卷八十五《谢庄传》，中华书局1974年版，第2167页。

② 李群注释：《〈梦溪笔谈〉选读（自然科学部分）》，科学出版社1975年版，第58页。

③ 陈得芝：《关于沈括的〈熙宁使虏图抄〉》，《历史研究》，1978年第2期。以下分析并依此文。

对于所历路程，路振、王曾只提到辽中京，《乘轺录》所记上京一段路程得自传闻，很不可靠。《薛映记》只简单记载了从中京到上京一段路程，宋绶只记载了中京至木叶山一段。陈襄的《神宗皇帝即位使辽语录》虽有从白沟到神恩泊的完整记录，但非常简单。沈括出古北口后，走了一段迂回曲折的路程，到达辽国的中京；又北行七程，渡黄河石桥，又历七程，到达庆州东北约二百三十里的犊儿山。特别是渡潢水后过庆州到犊儿山一段，有关辽代历史的各种史料都记载不详，而且有错误，因而沈括的记录就特别可贵。

而且，沈括的记载非常详细、精确。王曾只记录了馆驿间的距离和主要山川，没记所行方向；陈襄只记日程、馆名，而没有记里程和方向。《乘轺录》记载较详，但也没有说清楚路途的迂回曲折，而且所记的方向有错误。唯有沈括的《熙宁使虏图抄》不仅在山川、馆驿、里程、方向记载上比他人详细，而且对道路的艰难坦易、迂回曲折及其原因，山坂的高卑，河流的宽窄，以及沿途的景物，都做了详尽的记录。里面有很多《辽史》失载的地名，纠正了许多史料和前人研究中的错误。尽管沈括所作的图已经不存在了，文字部分也只剩下残篇断简，但它对我们今天了解辽朝的地理仍有重要价值。

3.《天下州县图》

沈括在地图绘制方面的能力大概给宋神宗留下了深刻的印象。熙宁九年（1076）八月，宋朝计划绘制全国性的总图，就把这个任务交给了沈括。这幅地图直到元祐三年（1088）八月才完成，当时宋神宗已离开人世。这部地图正式的名称大概叫作《天下州县图》。[①]沈括自己则称之为《守令图》。

沈括在《梦溪笔谈》中记录了他绘制这部全国性总图的一些方法。他说，地理书上有记载，说古人有一种《飞鸟图》，也不知是什么人作的。所谓“飞鸟”，是说某地到东南西北四至的里数，都是沿着道路步行测得的。但道路是弯弯曲曲的，画成地图后，步测的道路里数和两地之间的直线距离并不一致。因此要按照制图的要求，另外测量四至的直线距离，就像空中飞鸟可以直达，不

① 〔宋〕李焘撰：《续资治通鉴长编》卷四百十三元祐三年八月丙子，第17册，中华书局2004年版，第10033页。〔元〕脱脱等撰：《宋史》卷二百四《艺文志》作《天下郡县图》，第15册，中华书局1977年版，第5153页。

会再由于山川相隔和道路曲折造成差错了。沈括说他编制《守令图》，以二寸相当于实际距离一百里作为分率。沈括这里所说的“分率”，是古代作图的“六法”之一，表示面积、长宽的比例。

绘制地图的“六法”理论是晋人裴秀在《禹贡地域图》序言中提出的。除了分率，还有准望、道里、高下、方斜、迂直。其中：(1) 分率，指必须按比例反映地区长宽大小的比例。(2) 准望，指确定各地之间彼此的方位关系。(3) 道里，指各地之间的路程距离。(4) 高下，显示地势高低和深浅的方法。由于地势高低不同，应把道路的实际里数折算为水平面上的直线距离。(5) 方斜，绘图时应将道路的实际长度换算成直线距离。(6) 迂直，由于道路弯弯曲曲，绘图时应将弯曲的道路换算为直线距离。①

沈括在文中所说的“互融”就是裴秀所说的“道里”。《尔雅·释诂》中说：“融，长也。”因此，“互融”是指两地之间的距离，与裴秀的“道里”意思相同。这样，沈括确定了二寸折合百里的比例，又确定了方位与距离，并参照高下、方斜、迂直等因素，确定飞鸟飞行的直线距离。②图绘成后，得到了方位与距离的真实情况。沈括把方位分为东南西北四至及东、南、西、北、东南、西南、西北、西南八到，在此基础上更细分为二十四至，用十二地支、甲乙丙丁庚辛壬癸八天干及乾坤艮巽四卦命名。沈括说，有了这样一套方法，即便将来地图遗失了，人们只要有这本书，按照二十四至把州县地点标上去，可以马上作成一幅新的地图，不会有丝毫差错。③可见他对自己所作的地图是非常自信的。

---

① 〔唐〕房玄龄等撰：《晋书》卷三十五《裴秀传》，中华书局1974年版，第1039—1040页。

② 《梦溪笔谈》中“予尝为《守令图》，虽以二寸折百里为分率，又立准望、互融，傍验高下、方斜、迂直之法，以取鸟飞之数”一句，以往标点多作“予尝为《守令图》，虽以二寸折百里为分率，又立准望、互融、傍验、高下、方斜、迂直七法，以取鸟飞之数”，将“傍验”作为七法之一，并认为沈括在裴秀“六法”的基础上另外创造了一套制图方法。曹婉如在《论沈括在地图学方面的贡献》一文中提出了不同意见，认为“傍验”是动词，“七法”为“之法”之误。曹文所论甚是，本书据以改正。曹文载于自然科学史研究所主编《科技史文集（三）·综合辑》，上海科学技术出版社1980年版，第83—84页。

③ 〔宋〕沈括著，胡道静校证：《梦溪笔谈校证·补笔谈》卷三《杂志》，第575条，下册，上海古籍出版社1987年版，第991—992页。

沈括所编的这部图集共有二十幅图。其中最大的一幅高一丈二尺、宽一丈，估计是全国总图；另外还有小图一幅和各路图十八幅。沈括编辑的这部地图集，在资料收集方面，注重调查研究和吸取古人的精神财富。他在《长兴集·进守令图表》中说："编探广内之书，参更四方之论，该备六体，略稽前世之旧闻；离合九州，兼收古人之余意。"[①]对于废置的郡县、新开拓的边境和移徙的河渠，均以在职时所见到的公文为准。以前裴秀和贾耽所编制的地图，皆以一寸折合百里。沈括的《天下州县图》，却以二寸折合百里，比例放大了一倍。此外，他将方位改为二十四至，使地图方位的表示更加准确。

---

① 〔宋〕沈括撰：《长兴集》卷四《进守令图表》，四库全书本。

第九章　总领三司

沈括与王安石

熙宁八年（1075）七月，宋神宗命知制诰沈括为淮南、两浙灾伤州军体量安抚使。[①]沈括走到钟离时被召回。十月，他被任命为权发遣三司使。[②]三司使是宋朝负责财经工作的最高官员，权大事重，号为“计相”，宋朝有不少的执政大臣便是直接从三司使提拔上来的。

沈括能到这样的高位，可能与王安石的提拔有关。但在施政的过程中，他与王安石之间的裂痕也在悄悄增大。王安石在熙宁七年（1074）四月第一次罢相，次年二月二度入相。在此十个月中，沈括奉命察访两浙与河北西路，但在河北一行中，他所实行的措施、所提出的主张，多与王安石大相径庭。除了在实施保甲法上还与王安石保持着一致，对于如保马法、植桑法、车阵法，沈括都表示了明确的反对；而对于王安石反对的塘泊防线，沈括却举双手赞成。更要命的是，所有这些不同意见，王安石在位时，沈括并没有提出来，王安石一走，他就讲了。这就给人一种反复、势利的感觉。王安石对他的印象从此一落

① 〔宋〕李焘撰：《续资治通鉴长编》卷二百六十六熙宁八年七月壬午，第11册，中华书局2004年版，第6531页。

② 〔宋〕李焘撰：《续资治通鉴长编》卷二百六十九熙宁八年十月庚子，第11册，中华书局2004年版，第6600页。

千丈了。

但沈括在出使河北过程中，又是写报告，又是画地图，提出了很多新主张，实施了很多新举措，能力之强、学识之博，给宋神宗留下了很好的印象。熙宁八年（1075）闰四月，适逢判兵部事顾临、马珫同时罢官，宋神宗就想让沈括与曾孝宽一起判兵部。这个曾孝宽曾与沈括一起察访河北，沈括去河北西路，曾孝宽去河北东路。宋朝由中书门下、枢密院对掌文武大权，军事方面的事归枢密院管。中书门下系统的下面虽有兵部，但既没有前代那样的权力，也没有前代那样的编制，只掌管仪卫、武人科举等方面的事务，后来也参与掌管保甲等事。但宋神宗的提名遭到了王安石的反对，他说沈括是个"壬人"。又说：义勇保甲法是我所独创的，如果让沈括判兵部，我们中书门下就再也管不到保甲的事了。军事方面的事情，虽然不该由我们中书门下参与，但陛下挑选兵部的主判，应该找一个刚正不阿的人，敢与枢密院争论是非曲直。沈括出使河北，暗中破坏新法，对于很多事情都迎合上级的旨意而行。如果让他来判兵部，恐怕义勇保甲法就要废了。

原来，宋朝皇帝最讲究大臣之间权力制衡。宋神宗虽然信任王安石，起用他实施新政，但为了权力的平衡，也安排与他持不同政见的人在朝中担任要职。熙宁八年（1075）四月，他一面把王安石从江宁召回，重新担任丞相，一面却任吴充为枢密使。王、吴二人虽是亲家，但政见不合，吴充经常在宋神宗面前批评王安石的政策。[①]而保甲法是由枢密院与兵部共同管理的，沈括与吴充的关系似乎处得不错，因而王安石怀疑沈括要跟着吴充走，破坏自己一手创立起来的保甲法。

宋神宗见王安石口出怨言，一面同意不让沈括判兵部，一面安慰他说，像保甲法这样的大事，应该由中书门下与枢密院一起管理。

在这一次谈话中，王安石还劝宋神宗道，沈括这种"壬人"是不可亲近的。宋神宗连连称是，一面称赞沈括的才能，一面又为这样一个人才竟是"壬人"

---

① 〔元〕脱脱等撰：《宋史》卷三百一十二《吴充传》，中华书局1977年版，第29册，第10239—10240页。

而可惜。[①]

不久，在讨论检正中书五房公事的人选时，另一丞相韩绛提名沈括，再一次遭到了王安石的反对。[②]

关于沈括与王安石交恶的原因，张荫麟在《沈括编年事辑》中认为是沈括出使之前，在枢密院发现了与辽国争地界的有力证据，宋神宗为此切责辅臣，王安石因此恨上了沈括。[③]但这个说法恐怕是站不住脚的。对此，祖慧在她的《沈括评传》中已经论述得十分明白：王安石复相是在熙宁八年（1075）二月十一日，他经过一个多月的行程，于三月下旬入朝叩见神宗。宋神宗召见沈括详知宋辽边界实情也是三月下旬。从时间上推断，此次宋辽边界之争是在王安石罢相期间，神宗切责辅臣时，王安石尚未入朝或刚入朝不久，对此事并不十分清楚，无须承担责任。[④]

祖慧同时认为，沈、王交恶，除了二人在新法上的分歧以及沈括懦弱的个性，沈括与吕惠卿的矛盾也是一个重要原因。沈括与吕惠卿结怨大概开始于沈括在浙西治理圩田的时候。而当沈括在宋辽地界问题上大出风头，宋神宗为此切责辅臣之后，沈、吕之间的矛盾便进一步加剧了。对于这一点，我们可从宋神宗与王安石的一次单独谈话中看得出来。

王安石重新入相之后，吕惠卿提出了辞职的请求。宋神宗对吕惠卿也没有好感，便对王安石说：吕惠卿这个人办不了事，不能做你的帮手。他还说吕惠卿这个人忌能、好胜、不公。宋神宗举例说，像沈括、李承之，虽然不是什么“佳士”，但因为有些才能，倒还愿意任用他们担任一些职务。但吕惠卿并不如此，每碰到事情，就要说他们的坏话。因为沈括言分水岭这件事，吕惠卿对沈括又怒又恨。王安石却替吕惠卿辩解，说吕惠卿对于沈括，恐怕不是妒贤嫉能。像沈括这种反复小人，众所周知，是一个真正的“壬人”。对这种人，陛下应该

---

① 〔宋〕李焘撰：《续资治通鉴长编》卷二百六十三熙宁八年闰四月甲午，第11册，中华书局2004年版，第6419—6420页。

② 〔宋〕李焘撰：《续资治通鉴长编》卷二百六十三熙宁八年闰四月癸丑，第11册，中华书局2004年版，第6448—6449页。

③ 张荫麟：《沈括编年事辑》，《清华学报》，1936年第2期。

④ 祖慧著：《沈括评传》，南京大学出版社2004年版，第448页。

畏而避之。就算他们再有才能，也不可亲近。[①]

朱彧在《萍洲可谈》中曾记载，沈括娶张刍之女为妻。那张氏却是个悍妻，沈括经常被她打骂，甚至胡子都被她拔下来扔到地上。儿女们号哭着把胡子捡起来，见上面竟有血肉。沈括有两个儿子，长子沈博毅，前妻所生；次子沈清直，张氏所出。张氏容不下沈博毅，竟把他赶出家去。沈括心疼儿子，时常去接济他，但张氏动辄发怒，还诬蔑沈博毅有凶逆暗昧的事情。沈括晚年因为永乐之役，责官安置到随州、秀州。在秀州时张氏还经常跑到官府里吵闹。沈括的次子沈清直娶朱服的女儿为妻，朱服见沈家乱成这个样子，心疼女儿，把女儿接回娘家居住。朱彧是朱服的儿子，想来不会捏造事实，诬蔑前辈尊长，他所说的沈家门帷恶事，可能是真有其事的。在那个男尊女卑十分明显的时代，沈括夫纲不振如此，他懦弱的个性也可想而知了。

沈括这种懦弱的个性可能与他生长的家庭环境有关。由于是老来得子，沈周夫妻不免对沈括宠爱过度。祖慧在《沈括评传》中这样分析：沈括出身于官僚家庭，他秉承了父亲的宽厚与母亲的聪慧，并在双亲的细心呵护下度过了幸福无忧的童年与少年，这使他的性格中多了一份温和，少了一股在逆境下生存的坚毅与倔强。但是，宽厚、温和的个性发展到极致就会表现出懦弱的一面。具有这种性格的人，遇事往往徘徊于坚持与退让之间，不愿卷入对立、争执的冲突局面中，总是委曲求全，希望寻求一种双方都能接受的结果。[②]

也正是这种懦弱的个性，造成了他的“反复”。宋人对沈括的为人多有负面的评价和记载，如据王铚《元祐补录》记载，沈括当初与苏轼同在馆阁，两人论事常常发生分歧。后来苏轼担任杭州通判。沈括奉命察访两浙，出发前，宋神宗特意嘱咐他，苏轼通判杭州，要好好待他。沈括路过杭州，与苏轼论旧，向他求取最近所写的诗作。沈括回朝以后，立即把苏轼的诗呈了上去，说诗中都是怨怼之词。王铚还说，后来李定、舒亶兴起乌台诗案，把苏轼打入牢狱，究其渊源，都是从沈括献诗开始的。由于史料缺乏，这件事情的一些细节因缘

---

① 〔宋〕李焘撰：《续资治通鉴长编》卷二百六十四熙宁八年五月丁亥，第11册，中华书局2004年版，第6480—6481页。

② 祖慧著：《沈括评传》，南京大学出版社2004年版，第455页。

已经不是很清楚了。苏轼入狱后，他的弟弟苏辙上疏为兄长求情，其中讲道："顷年通判杭州及知密州日，每遇物托兴，作为歌诗，语或轻发，向者曾经臣寮缴进，陛下置而不问。"[①]由此看来，苏轼通判杭州时，确曾有人求取苏轼的怨谤之诗上交朝廷，而这个人也确有可能就是沈括。但此事与乌台诗案倒不一定有直接的联系。

王安石之所以这样恨沈括，屡次在皇帝面前述说他的不是，倒不见得是因为沈括与他政见不同，而是因为他觉得沈括背叛了自己，对他的人品产生了怀疑。当然，尽管王安石觉得沈括是个"壬人"，却也没有整他的意思。诚如宋神宗所说，因见沈括是个人才，王安石还是愿意任用他，让他发挥一己之长的。他两次反对沈括担任要职，都有他正当的理由，一次反对沈括判兵部，是担心他跟吴充走得太近，一起破坏自己辛辛苦苦创立起来的保甲法；一次反对沈括点检中书五房公事，是因为沈括与前任李承之有矛盾。而且，在此后半年，沈括被任命为权发遣三司使这样更高的职位时，就没见王安石提出反对的意见。可能他觉得让沈括管理国家的财政还是可以人尽其才的。

而沈括对王安石也没有怀恨在心。后来他离开朝廷、出知宣州时，王安石也已第二次罢相，正在江宁。沈括写启给他，说："顾无可致之善，以蒙不次之知。所以养育教载，使之成人，提携假借，至于此日。一出鼓舞之至造，岂复形容之可言。沦在心诚，皦如天日。"又说："致兹孱琐，误玷甄扬。"[②]可见他还是十分感念王安石对自己的提携之恩的。

沈括在晚年写作《梦溪笔谈》，里面多条提到王安石，皆是美事。如其中一条载王安石害气喘病，要用紫团山的人参做药。当时知潞州薛向从河东调回京城，恰好有紫团山的人参，便送王安石数两。有人劝王安石：您的病非此药不可治，不必推辞了。王安石答道：我平生没有紫团参也活到了今天！最后王安

① 〔宋〕苏辙撰：《栾城集》卷第四十七《为兄轼下狱上书》，明刊本。

② 〔宋〕沈括撰：《长兴集》卷五《谢江宁府王相公启》，四库全书本。王安石于熙宁九年（1076）十月罢相判江宁府，于元丰元年（1078）正月罢判府。沈括此表必作于此一年余间。按沈括在此一年余间，职务变动唯知宣州事。

石还是没有接受，由此可见其清廉的作风、旷达的情怀。[①]

改革盐法的主张

改革盐政是沈括在三司使任上的一项重要施政主张。

《梦溪笔谈》中有关制盐与盐政的记载很多，表明沈括对盐有一定的研究。如其中一条讲到陵州盐井，沈括详细介绍了当地的采盐技术和人工驱盐装置“雨盘”[②]。

宋朝对某些商品如盐、茶、酒、香、矾等实行专卖政策，称为禁榷。禁榷收入是宋朝财政收入中最重要的来源之一，仅次于两税。盐是百姓日常生活的必需品，因此在各项商品中，榷盐的收入又超过其他商品的禁榷，在政府的禁榷收入中占据最重要的地位。

宋朝的食盐专卖政策，主要有以下三种：一是朝廷置官负责食盐生产、运输、销售的全过程，也就是狭义上的禁榷；二是允许百姓私营，官府向百姓征收盐钱；三是政府控制盐货，颁发盐钞、盐引，商人必须向政府领取钞引，再凭此到产盐地领取食盐，在规定的区域内出售。后面两种称为通商法。其中的第三种方法，便是沈括在三司使任上整顿和改革盐法的核心内容。

宋朝的盐法中，一个特别之处是对食盐的生产、销售进行分区管理。沈括担任三司使后，在盐政工作上花了不少心思。他在《梦溪笔谈》中说，北宋公私通行的盐主要有以下四种：一是末盐，也就是海盐，河北、京东、淮南、两浙、江南东西、荆湖南北、福建和广南东西等十一路的人食用。二是颗盐，产于解州盐泽和附近的晋、绛、潞、泽几州，京畿、南京、京西、陕西、河东及褒州和剑州等处的人食用。三是井盐，是人们凿井开采出来的，益州路、梓州路、利州路和夔州路等四川四路的人食用。四是崖盐，生于土崖之间，阶、成、

① 〔宋〕沈括著，胡道静校证：《梦溪笔谈校证》卷九《人事一》，第168条，上册，上海古籍出版社1987年版，第378页。

② 〔宋〕沈括著，胡道静校证：《梦溪笔谈校证》卷十三《权智》，第224条，上册，上海古籍出版社1987年版，第461页。

凤等州的人食用。只有陕西路颗盐有一定的税额，每年为二百三十万贯。其余地方盐税收入的多少不能一概而定。一般说来，每年税收的总额数有两千多万贯。每年从末盐一项抽出三百万贯，供河北边区籴买粮草之用，其余都作为本地的经费了。朝廷为了解决沿边的粮草供应，采用入中法。政府实行食盐专卖政策，同时鼓励商人把粮草运到边地，发给他们盐钞，商人可以凭钞到各个产盐地领取食盐。一般来说，河北边区靠海盐，河东、陕西边区靠颗盐和蜀盐。宋代运盐收费标准，是陆运一百里，每斤收费四钱，船运每斤一钱。[①]沈括把盐分为末、颗、井、崖四类，这可能是当时民间的习惯叫法，和今天一般分成海盐、池盐、井盐、岩盐四种的分法基本上是一致的。

四大产盐区中，淮浙海盐与解州池盐的产量最高。在北宋，两者合计占全国总产量的十分之八。[②]其中解盐行销于京畿及陕西、河东、河北等边防地带，由于事关国家战略利益，在朝廷的财经政策中占有更突出的地位。沈括提出钞盐制度的改革，主要就是针对解州盐区。他在《梦溪笔谈》中简单叙述了解盐区实行榷盐政策的历史。他说，宋朝初年解盐实行“官自搬运，置务拘卖”的政策，也就是说由官府垄断食盐生产、运输和销售的全过程。[③]

沈括的记述过于笼统。实际上，即使在宋朝初年，朝廷在解盐区也并不完全实行“官自搬运，置务拘卖”。当时陕西、京西路的大部分地区是实行入中法，允许商人向官府买“交引”，从官府的盐场领取食盐后运到各地经销。宋真宗咸平年间，朝廷听取度支使梁鼎的建议，一度把陕西沿边的通商法改为官卖，结果边防区粮草紧缺，政府被迫花费大量的人力物力役民运粮；同时盐价增高，来自党项境内的青白盐通过走私进入宋境。这两项后果，无论哪一项都严重危及宋朝的国家安全，影响边区的安定。朝廷被迫恢复通商法，但在实行通商法之后，政府的盐利收入持续下降。而到宋朝中期以后，随着官僚机构的不断壮

---

① 〔宋〕沈括著，胡道静校证：《梦溪笔谈校证》卷十一《官政一》，第208条，上册，上海古籍出版社1987年版，第423—424页。

② 汪圣铎著：《两宋财政史》，中华书局1995年版，第245页。

③ 〔宋〕沈括著，胡道静校证：《梦溪笔谈校证》卷十一《官政一》，第211条，上册，上海古籍出版社1987年版，第430—431页。

大，随着宋夏战争的进行，政府的财政压力非常大。是要安全，还是要钱财，成为宋朝政府的一个两难选择。

庆历四年（1044），宋仁宗命范祥考察解盐法。庆历八年（1048），范祥提出盐法改革方案。沈括仔细研究过范祥盐法，并在《梦溪笔谈》中进行记录：自范祥开始实行钞法，令商人到边郡缴纳钱贯，每四贯八百钱为一钞，然后凭钞到解州领取颗盐，运到各地贩卖。这样政府得到了钱，可以购买粮草，充实边防储备。原来政府自己运盐到各地贩卖；而边地缺乏财货，又要运输物资到边地。这一来一往，势必要动用大量的民力财力，颇为扰民。为了运盐，每年都有成万的牛驴死去。由于盐利巨大，又有不计其数的人冒法走私食盐，而受牢狱之苦。实行钞法可免去数十个州催纳运输之苦，而且以前这些弊病都可一一免了。但实行钞法后，盐价时有高低。为了平衡盐价，朝廷在京师置都盐院，由陕西转运司遣官负责。如果京师的食盐每斤不足三十五钱，就不发货，以使盐价上涨；如果盐价超过四十钱，就发放库盐，以压低盐价。这样盐价比较稳定，边区也能得到稳定的钱财。[①]可见范祥盐法乃是一种经过改革和完善的入中法。

范祥盐法较以前的入中法，主要有这样两点不同：第一，原来商人运输粮草到沿边州郡，领取交引，范祥改为缴纳现钱，领取盐钞。这种盐钞有点像现在的有价证券。第二，对盐钞的发行数量、盐钞的价格及支盐数量做了规定，政府设法稳定盐价。范祥钞法实行几十年，发挥了很大的作用，沈括对它有很高的评价。

这项制度到宋神宗时却遭到破坏。破坏来自两个方面：

一是政府财政紧张，为了增加收入，滥发盐钞。宋神宗是个很想有所作为的皇帝。辽、夏两国，一北一西，环伺宋室，不仅是一个巨大的安全隐患，还给宋室王朝带来沉重的财政负担。这种财政负担除了表现在宋朝根据条约每年要给辽、夏直接的经济支付，更表现在为了防御辽、夏的进犯，朝廷不得不在西北边境驻扎庞大的常备军，年复一年动员大量人力把大量物资运到西北边境。

---

① 〔宋〕沈括著，胡道静校证：《梦溪笔谈校证》卷十一《官政一》，第211条，上册，上海古籍出版社1987年版，第430—431页。

军事费用成为宋朝政府最巨大的一项财政支出。宋神宗很想从军事上彻底解除辽、夏问题。他继位之后，决定先拿相对弱小的西夏开刀，从熙宁三年（1070）开始与西夏连续战争。几年下来，双方互有胜负。从熙宁五年（1072）开始，宋朝命王韶发动熙河之役，灭西番诸部，等于切断西夏一条右臂，虽未灭夏，但在战略上占据了比较优势的地位。这一系列战争费用巨大，使得本来就处于财政困境中的宋朝政府更加捉襟见肘。曾任三司使的曾布对治平、熙宁时期的财赋收支数进行统计，得出了“朝廷支费多于前日，致财用阙乏，收入之数不足为出”的结论。[①]时隔不久，熙宁十年（1077）八月，权发遣三司使李承之又奏：三司近年以来，财货匮乏，“计月支给，犹惧不足”[②]。为了缓解财政压力，他们想方设法敛聚财物。其中一个方法就是发行盐钞。熙宁六年（1073）共印发盐钞九十万二千七百一十六席，折钱五百二十三万缗，而当时食盐需求仅四十二万八千六百一席。[③]这样，正常的市场供求关系遭到破坏，形成“虚钞”现象，盐钞贬值。而商人越来越不愿意拿着现钱去领取贬值的盐钞；即使领取了盐钞，支取了食盐，也销售无门。结果，盐钞法失去了它应有的效用。政府为了稳定盐钞价格，也曾设立买钞场收购盐钞，但由于此前颁发的盐钞实在太多太滥，收购旧钞等于是杯水车薪，起不了什么作用；而且，收购本身反过来成为政府的又一项额外支出。

二是官自卖盐，缺点很多。官府自己搬运卖盐，必须配备一套官僚机构，又要兴师动众，差遣民夫，增加百姓负担。而运输失去均衡，又会影响盐货流通，造成生产与销售脱节，消费地食盐匮乏，生产地积压不售。靠近产地一带，私盐价廉易得，官盐不易销售。于是卖盐官吏为求盐货脱销，获取利润收入，往往不顾百姓死活，实行强制配盐。张景温在熙宁八年（1075）闰四月提举出卖解盐司，为求利润，增加盐价；老百姓不愿购买，他仰仗国家权力，强行抑

① 〔宋〕李焘撰：《续资治通鉴长编》卷二百五十五熙宁七年八月壬午，第10册，中华书局2004年版，第6237页。

② 〔宋〕李焘撰：《续资治通鉴长编》卷二百八十四熙宁十年八月辛丑，第12册，中华书局2004年版，第6956页。

③ 〔宋〕李焘撰：《续资治通鉴长编》卷二百五十四熙宁七年六月壬辰，第10册，中华书局2004年版，第6214页。

配，也不管百姓家里是否真正需要；按贫富等第，富者多买，贫者少买；严禁购买私盐，募人告发；强迫老百姓每天都去官府买盐，如果百姓家里有盐经夜没有用光，就当作私盐没收。这样的虐政，自然引得百姓怨声载道。[①]

章惇任三司使时在河北推行食盐官卖政策。沈括任三司使时，市易司又提出在河北实行官卖。沈括表示反对。他说，河北盐法，太祖皇帝曾经降下墨敕，任民间自由贩卖，官府不收税钱，不实行专卖。后来官府多次请求对河北食盐实行官卖，仁宗皇帝下诏说："朕终不使河北百姓常食贵盐。"并把那些主张在河北实行食盐官卖的人罢免流放。河北的百姓听说了，一个个都燃香庆祝，手里捧着香灰，望着宫阙的方向欢呼称谢，感谢皇帝的恩德。熙宁中又有人提出在河北官卖食盐。沈括说，他在三司时，曾寻访太祖皇帝的墨敕，没有找到，但大家都记得有这么一道文件，而且都能背诵出它的内容。[②]

这样，宋朝钞盐法已经到了非变不可的地步，陕西东路转运使皮公弼提出了实行通商法的主张。但食盐官卖政策得到了丞相王安石的支持。沈括尽管在心里反对，却不敢明言，而且他还要装出一副样子来支持张景温。他说，如果实行通商法，每年官府要损失缗钱二十余万贯。但在另一方面，他又要求在管城等十二县与南京应天府、孟州、陕州、同州、华州、卫州实行通商法。李焘在《续资治通鉴长编》中记录此事，并注明："大抵官卖盐事，七年四月二十八日，三司先有相度，中书不行。"也就是说，沈括领导下的三司非常重视皮公弼的建议，曾经做过调查研究，但没有得到王安石领导下的中书门下的同意，因此盐法的改革未能实行。[③]显而易见，沈括在小心翼翼地"走钢丝绳"，他既怕得罪王安石，又从理智上觉得通商法比官卖法好，因此提出了有限制地实行通

---

①〔宋〕李焘撰：《续资治通鉴长编》卷二百八十一熙宁十年三月丙寅，第12册，中华书局2004年版，第6885页。

②〔宋〕李焘撰：《续资治通鉴长编》卷二百六十五熙宁八年六月戊申，第11册，中华书局2004年版，第6490—6491页；〔宋〕沈括著，胡道静校证：《梦溪笔谈校证》卷十一《官政一》，第212条，上册，上海古籍出版社1987年版，第431页。

③〔宋〕司马光撰，邓广铭、张希清点校：《涑水记闻》卷第十五，中华书局1989年版，第303页。〔宋〕李焘撰：《续资治通鉴长编》卷二百八十一熙宁十年三月丙寅，第12册，中华书局2004年版，第6885页。

商法的建议，但没有得到批准执行。熙宁九年（1076）十月，王安石第二次罢相，宋朝廷开始检讨食盐官卖政策。作为全国财经工作的总指挥，三司使沈括责无旁贷。他在这个时候上了一道奏疏，提出“盐虆四说”，详细地阐明了自己的盐政改革方案。具体内容如下：

第一，民间所需的食盐，每年不过三十五万囊，折合成钱是二百一十余万缗。但当时官府颁发盐钞达到三百五十万缗，远远超过正常所需的二百一十余万缗。民间对食盐的需求量在一个时期内是固定不变的，官府发行的盐钞却没有限制，这就是盐钞贬值的原因。为此，沈括建议：把每年的盐钞发行量固定下来，每年二百万缗；另外加印二十万缗作为备用，为的是预防水火等灾害。这样，钞盐法自然会稳定下来。

第二，朝廷对解盐的销售实行分区管理，西盐价格低，东盐价格高。两地的价格差额，每囊千钱。朝廷人为地降低西路盐价，本来是为了与来自党项境内的走私盐竞争，结果食盐的走私没有禁止，反而使低廉的西盐大量流入东路，东路食盐滞销，利益受到损害。尽管官府严禁食盐在东、西两路之间自由流通，但奸商为了获得暴利，冒法贩盐，屡禁不止。为此，沈括建议：平衡东、西两路盐价，这样既可稳定食盐市场，又可裁去两路交界处缉查食盐走私的数百官兵。

第三，朝廷设置制置解盐司统一管理解盐事务，并授予盐钞的发行权。解盐司常常滥发无度，而三司的库藏食盐十分有限。等到钞价下跌，三司又得支出钱收购市场上多余的盐钞。这样三司的库藏一年比一年少，盐钞的发行一年比一年多。为此，沈括建议严格限制解盐司出纳盐钞的数量，把制钞权收归三司。

第四，沈括同时建议官府出售食盐的各有关部门应统一盐价，不应高低不一，与商人争利，这可使商盐的销售比较稳定，储蓄盐钞也不会使百姓亏本，而藏在民间的滞钱也可以通过购买盐钞在市场上流通了。[①]

---

①〔宋〕李焘撰：《续资治通鉴长编》卷二百八十熙宁十年二月戊申，第11册，中华书局2004年版，第6870—6873页。

沈括的措施非常细致，也完全符合市场的规律。一方面，他根据供求平衡的规律，要求将盐钞的发行额固定下来，同时又认为盐钞的发行额应略低于市场对食盐的需求量；另一方面，他又考虑到盐钞在流通过程中可能出现的意外，提出印制相当于发行总额的十分之一的盐钞作为备用，以调节盐钞的流通，维持钞值的稳定。

沈括主张由三司对盐钞工作实行统一的领导，将盐钞的发行权收归中央。他又主张保护商人和盐钞持有者的经济利益，反对政府直接参与食盐的销售。可以说，沈括的这些主张非常符合现在宏观调控与政企分开的市场改革精神。从中也可看出沈括在经济管理方面的卓越领导才能。

解盐钞法的改革涉及三司和制置解盐司两个部门，宋神宗命三司同制置解盐使皮公弼一起讨论。不久，三司提出了改革报告，认为盐法的弊病是由于熙河路过度发行盐钞，造成盐钞贬值，从而导致粮草十分昂贵。而且，原来通商的州县现在也由官府榷卖官盐，导致商旅不行。因此“盐法不得不改，官卖不得不罢”。具体做法归纳起来有如下五点：（1）回收旧钞。因为食盐市场的混乱完全是由于滥发盐钞引起的，因此必须回收旧钞。回收的旧引一律抹毁封装，盖上印章，交制置解盐司保存。（2）实行贴纳法。如果商人已经用旧钞购买了食盐，就按旧钞与新钞的差价，办理贴纳手续，以弥补官府的亏损。不得隐漏，也不得超越时限。官府收得贴纳钱，以供回收旧钞之用。（3）停止官卖食盐。原来提举出卖解盐司在实行官卖法时出卖的官盐，如果尚未卖尽，由制置解盐司如数收购，按贴纳后的价格处理。（4）在京西南北路、秦凤路、河东路、在京开封府界等通商地区，派出专门官员，办理清算。（5）由于一时所需新引较多，由三司临时印制统一的“盐席木印样”发放给各州军，由各州军自行印造。

三司的这道报告上奏后，神宗下令除了官卖解盐的地区需另行讨论，其余各条都依照施行。①

当然，三司改革解盐法的措施并不完全限于上面这份奏章。后来朝廷又出

---

①〔宋〕李焘撰：《续资治通鉴长编》卷二百八十熙宁十年二月戊申，第11册，中华书局2004年版，第6869—6870页。

台了一些新的举措，这里不再一一列举。需要指出的是，这些举措收到的成效可能是非常有限的。元丰二年（1079），宋神宗对辅臣说，以前陕西用度不足，发行盐钞多了些，致使钞价下跌，于是在京师收买盐钞。但出钱五百万缗，都无济于事，不能阻止钞法的弊端。那是因为新进之人，轻议更法。[①]这样，宋神宗轻轻一句话就把责任推到了“新进之人”的身上。

对钱荒的解释

汪圣铎先生在他的《两宋货币史》中有一句话：“宋代是中国历史上货币品种最多的时期。”[②]货币的种类有铜钱，有铁钱，也有金银；当时纸币已经诞生，而丝织品等轻便、贵重的实物仍在某些情况下起着货币的作用。铜钱中，有大钱、小钱；铁钱中，除了大钱、小钱，又有夹锡钱、不夹锡钱之分。更加使问题复杂化的是，宋朝政府还人为地把全国划分成几个货币区，不同的地区使用不同的货币。大部分地区行使铜钱，四川行使铁钱，陕西、河东同时使用铁钱、铜钱。铁钱价值低贱。自从宋夏战争以后，军费用度激增，官府又铸造大钱，这使得宋朝本来已经十分复杂的币制更加混乱。

当时河北转运司讨论在河北铸造铁钱，计划每年铸造二十万缗。沈括反对在河北行用铁钱。他说当初河东铸造铁钱，老百姓冒死犯禁者以千计。市场上出现了大量的私铸钱，使得百姓失业，货物不能流通，最后只好罢用铁钱。现在河北邢州、磁州这些地方，很多人都以冶铁为业，冶铁的人与耕田的人几乎各占一半。如果朝廷在河北行使铁钱，人们看到铸造铁钱可获暴利，他们冒死盗铸，到时候要禁都禁不住了。那么，如何解决河北二十万缗的缺口呢？沈括说，陕西本来就是行用铁钱的，老百姓也已经习惯了。如果在陕西铸造铁钱，而把本来要在陕西铸造的铜钱二十万缗移到河北铸造，那么，河北用不着改变

---

① 〔宋〕李焘撰：《续资治通鉴长编》卷二百九十六元丰二年正月丙申，第12册，中华书局2004年版，第7202页。

② 汪圣铎著：《两宋货币史》，社会科学文献出版社2003年版，第24页。

钱法，所需经费也可顺利解决了。沈括的这个建议立即得到了神宗的批准。①

沈括在经济领域最卓越的成就倒不是这些政策层面的措施，而是他在解释钱荒现象上所提出的卓越见解。

北宋在金融领域出现一个非常奇怪的现象，就是所谓的钱荒现象。一方面，宋朝官府拼命铸钱，所铸钱的种类之杂、数量之多，创下历史之最；同时民间私自盗铸现象也大量存在。另一方面，无论是官府，还是民间，都觉得钱不够用。对于钱荒现象的产生，早在北宋前期就已引起人们的注意。当时的学者李觏认为钱荒现象主要是由以下两个原因引起的：一是人为地销毁铜钱、铸造铜器铜像以及私铸“恶钱”。为此他提出了禁止“恶钱”流通、官府收回“恶钱”以及销毁铜器铜像等主张。二是铜钱大量流出境外。如李觏说“蛮夷之国，舟车所通，窃我泉货，不可不察”②。而宋朝政府为解决钱荒问题，也把实施铜禁、钱禁放到了首要的位置。

到宋神宗时，钱荒现象不仅没有得到有效遏制，甚至有愈演愈烈的趋势。随着新法的推行，税收中要求百姓直接缴纳货币的成分越来越多，民间对铜钱的需求量也急剧增加，钱荒现象更加突出。面对金融危机，宋神宗与王安石采取了一系列措施来遏制钱荒，如扩大纸币交子的流通区域，发行度牒、公据、官告，增强白银的货币功能，等等。其中最重要的一个措施却是广设钱监，拼命铸钱，使当时的铸钱数量超越了以前所有的朝代。对此沈括在《梦溪笔谈》中有明确的记载：国朝初平江南，岁铸钱七万贯；自后稍增广，至天圣中，岁铸一百余万贯；庆历间，至三百万贯；熙宁六年（1073）以后，岁铸铜铁钱六百余万贯。③另外，王安石从熙宁七年（1074）以后开始推行开放铜禁的政

---

①〔宋〕李焘撰：《续资治通鉴长编》卷二百八十三熙宁十年六月壬寅，第12册，中华书局2004年版，第6927页。

②〔宋〕李觏著，王国轩校点：《李觏集》卷第十六《富国策第八》，中华书局1981年版，第145—147页。

③〔宋〕沈括著，胡道静校证：《梦溪笔谈校证》卷十二《官政二》，第217条，上册，上海古籍出版社1987年版，第439页。

策。[①]王安石认为："何必铸钱！古人以铜为器皿精而能久，善于瓷漆。今河东铜器，其价极高，若官勿铸钱而铸器，其利比钱甚厚。""铸钱不如铸器之利，又安以钱为？"[②]

但是，措施甚力，收效却微。因此，钱荒以及开放铜禁的政策也成为反对派反对王安石变法的一个重要内容。如司马光就说："钱者流通之物，故谓之泉布。比年以来，物价愈贱，而闾阎益困。所以然者，钱皆聚于官中，民间乏钱，货重物轻。"[③]又如熙宁八年（1075）十月，宣徽南院使、判应天府张方平谈到了钱荒及其成因。他说："自比年以来，公私上下，并苦乏钱，百货不通，万商束手。又缘青苗、助役之法，农民皆变转谷帛，输纳见钱，钱既难得，谷帛益贱，人情窘迫，谓之钱荒。""夫铸钱禁铜之法旧矣，累朝所行，令敕具载。""而自熙宁七年颁行新敕，删去旧条，削除钱禁，以此边关重车而出，海舶饱载而回。""钱本中国宝货，今乃与四夷共用。又自废罢铜禁，民间销毁无复可辨。销熔十钱，得精铜一两，造作器物，获利五倍。如此则逐州置炉，每炉增课，是犹畎浍之益，而供尾闾之泄也。"[④]在尖锐的批评声中，他们实际上也对造成钱荒的原因进行了解释。

沈括任三司使，宋神宗问他：国家和百姓都缺钱用，铜钱损耗如此，问题究竟出在哪里？

沈括回答：铜钱损耗的原因共有八个，其中两个是不可挽救的，五个是可以挽救的，一个是根本不用担心的。

第一，天下人口不断增长，无论是官府还是百姓，他们的消费水平也在不断提高，对铜钱的需求自然增加，这使得人们对钱币有一种入不敷出的感觉。这是非常正常的。

---

① 《续资治通鉴长编》卷二百六十九熙宁八年十月壬辰条张方平言："自熙宁七年颁行新敕，删去旧条，削除钱禁。"

② 〔宋〕苏辙撰，俞宗宪点校：《龙川略志》第三卷《与王介甫论青苗盐法铸钱利害》，中华书局1982年版，第14—15页。

③ 〔宋〕司马光撰：《温国文正司马公文集》卷第四十七，四部丛刊本。

④ 〔宋〕张方平撰，北京图书馆古籍出版编辑组编：《乐全先生文集》卷二十六《论钱禁铜法事》，书目文献出版社1990年版。

第二，由于水、火等自然或人为灾害造成的钱币损耗，数量也相当惊人。

——由以上两个原因造成的钱币损耗，沈括认为是无法弥补的。

第三，开放铜禁之后，熔化铜钱、铸造铜器的现象十分严重。熔铸铜钱成器而获得的利益是直接把铜钱当货币使用的十倍。面对这样的利益诱惑，谁都想把铜钱熔了。如果继续开放铜禁，国家有一天可能会无钱可用。因此，应实施严格的铜禁政策。

第四，改变盐钞制度，阻止滥发盐钞。自从范祥创设盐钞制度以来，盐钞作为一种有价证券在民间有很好的信用。以前一些富裕人家收藏盐钞，用来防备寇盗和水火，因为收藏盐钞比铜钱更能保值。民间的盐钞收藏数量极大，以千万计。后来官府几次改变钞法，盐钞不断贬值，它在民间信用丧失殆尽。百姓一得到盐钞，马上就要抛售出去。他们宁可储藏铜钱，也不愿储藏盐钞。这也使得铜钱的市场流通量日益减少。因此，朝廷必须坚定地实施盐钞制度，使百姓对盐钞的信用没有任何怀疑，那么盐钞就可以当作货币使用。只要钞值坚挺，朝廷就用不着铸造大量的铜钱，铜钱的价值也自然会下降。

第五，古代货币种类很多，金、银、珠、玉、龟、贝都可以当作货币使用，而现在只有铜钱一种。比如金银这样的贵重金属，人人都觉得它们贵重，但都藏在家里当器物使用，而没有人愿意把它们当货币使用。为此，朝廷应该规定百姓用金银缴纳赋税，而且高估它们的价值。这样，货币种类增多了，铜钱也会在市场上流通。

第六，官府库藏钱币过多。铜钱的价值在于流通。比如，有一个地方有十户人家，这十户人家共有十万钱，如果这十万钱集中在一户人家里，那么即使过了一百年也还是十万钱；但如果让十万钱分散到十户人家里，让他们不断贸易，让铜钱不断流通，那么十万之钱能够获得百万之利。如果再继续下去，所获得的利益将会不可胜数。现在，官府库藏的铜钱数量太多。即使一个很小的县城，常平仓里的储藏至少也有十万缗。如果让这些铜钱在市场上流通，又怎么会有铜钱不足的感觉呢？

第七，周边的各族自己不铸铜钱或很少铸造，他们那里也流通大宋的货币。每年都有大量铜钱流出国境，这也是造成市场上铜钱缺乏的一个重要原因。因此，要禁止走私贸易；同时，朝廷也应废止一些有可能导致铜钱外流的政策。当时朝廷正在讨论是否在河北实施食盐官卖，沈括持反对的意见。他说官府卖盐凭借着天然的垄断地位，追求暴利，必然使得盐价上涨，使得外来的低价盐流入中原，同时也必然使中原的铜钱流出国境。

——由以上五个原因造成的钱荒现象，沈括认为是可以弥补的。

第八，每年输送大量钱币到河湟地区。当时宋朝收复河湟不久，沈括认为，河湟地区非常偏僻，远在绝域，但这里因为是朝廷对付西夏的边防重地，驻扎着大批军队，因此每年要从京师运送钱币到塞下，数量不下几十万贯。同时又在洮、洺一带铸造铁钱四十万贯。当地的物产非常有限，以前一斗粟才值一百钱，现在已经上涨到原来的四五倍了。这是由于钱币过多造成的。如果不采取措施加以阻止，那么几十年之后，那里的刍粟价格将会达到一石一钟了。朝廷不如鼓励这些钱币流入羌中，使人民私相交易，官府征收赋税，每贯交易征收数十钱，那么几十年时间便可得钱几万贯。我们可以用这些钱换回战马、羊等有用的物资；还可购入粮草，节省几倍的价钱，可谓“一术而数利”。到那时，京师停止每年运送铜钱到河湟，而改送券钞，这样不但可以免去运送的劳役之烦，而且可以防止铜钱流到境外。而铁钱流到境外，是不足为害的。

——由这个原因造成的铜钱的外流，沈括认为是不会有任何危害的。

这篇答词是北宋时人对于钱荒问题最为详尽、最为系统也是最好的理论解答，从中表现出沈括在经济上卓越的理论见解，它也成为现代学者研究宋代钱荒现象的必读文献。其中以下几方面特别值得注意：

第一，沈括论述了货币流通量与人口的关系，认为人口增加是造成社会对货币需要量激增、市场上通货紧缺的原因之一。

第二，在流通领域，沈括提出要建立稳定的盐钞政策，并主张把盐钞发展成为一种具有货币性质的有价票券，让市场能大量吸收通货，来加速它的流通率；同时主张增加货币种类，扩大金银等辅助货币的流通。

第三，最难能可贵的是，沈括提出了货币周转率的理论。他以“十室之邑”做比喻，指出十万贯钱藏于一家，永远只有十万钱，但十万钱分散到十家，让十家互相贸易，就可以产生十倍甚至无穷的利益，从而生动地解释了货币周转速度与货币量的关系。尽管当时其他一些思想家如司马光也认识到了官府过度储积货币的危害，但没有一人能像沈括这样对货币的流通和周转进行明确的解释。这种对于货币流通速度的见解，在欧洲的经济思想史中，要到17世纪才由英国的约翰·洛克（John Locke）提出，比沈括晚了六百年。[①]

现在人们已经揭示了宋代钱荒现象的真实原因，并不是因为商品经济十分发达，而是因为宋代统治者为了增加税收，不断提高农业税中的货币比重，这种情况大大超越了当时商品货币经济的实际发展程度，人为地制造了“谷贱伤农”的问题，给农民造成了极大的痛苦和伤害。百姓纳税时，由税限所迫，钱币的需求与运行都较为集中，而钱币从官府流出，却相对分散。官吏、军兵的特殊分布又使钱币的流向不是原路退回的，即流出的钱币又进行了新的分配。这样，当下一次大规模征税开始的时候，就发生了商品与钱币的供与求在时间上和空间上都不一致的矛盾，这就给钱币的暂时的局部的相对缺乏提供了条件。如果考察关于北宋钱荒的记载，就不难发现，钱荒主要是集中于江淮浙地区，其他地区很少涉及，甚至反有钱多为患之处（如沈括言陕西情况）。这一情况似只能从当时钱币的特殊运行中得到说明。换言之，由于宋朝财政收支导致数以千计的铜钱周期性循环运行，这种运行导致铜钱在时间上和空间上分布不均匀，最终导致了暂时和局部的“钱荒”。[②]正因为如此，宋朝钱荒现象中有一个难解之处：如果铜钱真的十分缺乏，铜钱的价值必然很高，具有很强的购买力。事实上，铜钱不断贬值，购买力十分低下。

沈括的解释当然不如现代学者这样清晰，但在当时是最接近事实真相的。

需要特别指出的是，沈括钱币政策又一次与王安石背道而驰。与以前一样，他没有在王安石在位时对开放铜禁提出异议，等王安石退位后他提出了铜禁的主张。

---

① 彭信威著：《中国货币史》，上海人民出版社1958年版，第356页。

② 汪圣铎著：《两宋货币史》，社会科学文献出版社2003年版，第248—250页。

役法之争

免役法又称募役法，是王安石变法最主要的内容之一，也是受争议最多的变法内容之一。北宋免役法是针对差役法而言的。当时的役法主要分为以下两类：

一类是差役，又称职役。宋朝按财产的多少把民户分为五等，按户等高低强制民户去各级政府服差役，称为职役。当时的职役主要有以下几种：（1）衙前：主管官物；（2）里正、户长、乡书手：管课督赋税；（3）耆长、弓手、壮丁：逐捕盗贼；（4）承符、人力、手力、散从官：供给各级官府差遣。其中，第一等户充衙前、里正，第二等户充户长、乡书手、耆长，第三、第四等户充弓手、壮丁。而官户、进士、僧道及单丁户、女户都享有免役的特权。第五等户以下的贫苦农民也没有从事职役的义务。

另一类是夫役，也就是由官府直接征发的劳役，从事运输军粮、修建城池、兴修水利等体力工作。宋代与前代相比，开始越来越多地使用厢军来从事这些繁重的劳役，但无偿差调民夫的现象仍大量存在。按照规定，夫役是按田产家业的多少、户等的高低来差调的，官户也没有免除夫役的特权，但官府允许他人代役。那些官户和大户人家当然不愿直接从事这些体力劳动，往往由佃客代役，或花钱雇人服役。

由此可见职役与夫役的区别主要在以下三点：（1）职役是一种既要承担一定义务又能享受一定权利的公务活动，相当于现在政府机关的办事人员；夫役是一种只有义务，没有权利的体力劳动。（2）职役主要针对没有做官的地主和富裕农民；夫役名义上针对官户在内的所有社会阶层，实际上只由贫苦农民承担。（3）职役完全是一种义务劳动，从事职役者不能从官府获取任何报酬；而从事夫役的民工，有时能按丁口领取粮食。

无论是职役还是夫役，都是非常痛苦的。夫役的痛苦主要在于劳动本身，职役的痛苦则在于它的责任和风险。他们押运官物，如有损毁，要用自己的家财抵偿；催收赋税不足，也要用自己的家财垫付；此外，他们可能还要面临贪官污吏的敲诈，很多人因此倾家荡产。由于古代的士大夫们常常抱着“劳心者治人，劳力者治于人”这样一种观念，如果劳动量太大，他们或许会对民夫有所怜悯，但总的来说，他们觉得让民夫从事体力劳动是天经地义的；况且，他们对于劳动的痛苦也没有切身的感受，因此文献中对于夫役的议论相对较少。而职役是直接针对地主阶级的，很多官僚都出身于这个阶级，有些人对于从事职役有着切身之痛，因此有关的议论就非常多。如韩琦就说：地方上老百姓的困苦没有比里正、衙前更厉害的了。自从与党项人开战以来，官府对他们的剥削越发严重。有的人家里弄得寡母改嫁，亲族分居；有的人为了不做上等户，白白把田地送给别人；有的人甚至想自杀，好让家里成为单丁户，免去职役之苦。[①]司马光说：自从设置乡户衙前以来，人民的生活更加穷困贫乏了，本来是富裕的人，现在反不如穷人；本来是贫穷的人，现在也不想致富了。他们不敢干活，不敢营生。只要多种一棵树，多置一头牛，家里有两年的粮食，有十匹的绢帛，邻居就指着他们说是富人，官府就逼着他们去应衙前之役了；更不用说买田地、造房屋了！韩琦和司马光都是反对王安石新法最坚决的人。由此可见，改革职役，不仅是王安石的理想，也是整个地主阶级的要求。

熙宁三年（1070）冬，免役法开始推行。它的主要内容有以下几点：(1)免除民户差役，改为官府出钱募人充役。(2)农村上三等户按户等缴纳“免役钱”。(3)城镇上五等户及农村原先不服差役户按户等缴纳“助役钱”，数量是“免役钱”的一半。(4)除了“免役钱”“助役钱”，另外缴纳十分之二的“免役宽剩钱”，以备灾年使用。

此法于熙宁三年（1070）十二月开始在开封府界试行。且不管免役法在实际执行中的情况，单从条文就可知道此法的最大受益者首先是朝廷，白白得了许多钱财，可以稍稍缓解一下财政压力；其次是非官僚地主阶级，他们虽然要缴纳免役钱，但总算免除了职役之责。最大的受害者首先是以普通自耕农为主的下等民户，他们本来没有职役负担，现在也被迫缴纳“助役钱”；其次则是官

---

① 〔宋〕韩琦著，李之亮、徐正英校笺：《安阳集编年笺注》附录一《韩琦诗文补编》卷四《乞罢差里正衙前奏》，下册，巴蜀书社2000年版，第1647—1648页。

僚地主，但他们经济条件宽裕，缴纳“助役钱”对他们造成的冲击没有像普通农民那样大。

在实际的施行过程中，免役法的弊端更是多方暴露，特别是“助役钱”对下层民户的盘剥，更是遭到一片抨击之声。如司马光说：“今来一例出免役钱，驱迫贫民，剥肤椎髓，家产既尽，流移无归，弱者转死沟壑，强者聚为盗贼……丰年犹可以粜谷，送纳官钱，若遇凶年，则谷帛亦无，不免卖庄田、牛具、桑柘，以求钱纳官。既家家各卖，如何得售？惟有拆屋伐桑以卖薪，杀牛以卖肉。今岁如此，来岁何以为生？是官立法以殄尽民之生计……聚敛之臣，犹依傍役钱别作名目，隐藏宽剩，使幽远之人不被圣泽。”①

熙宁六年（1073）六月，沈括受命察访两浙，正式的官名是“相度两浙路农田水利、差役等事”。从中可以看出，他当时察访两浙，除了负责农田水利，还负有推行免役法的任务。据说，沈括曾命令知安吉县陈辅推行免役法。②看来他在察访两浙时还是推行免役法的。

同时，在察访两浙的过程中，沈括也发现了免役法的各种弊端。三年之后，时任三司使的沈括上疏对免役法提出批评，他说：臣先前曾去两浙路察访，自推行免役法后，乡村及原来无役之人都说新法不便。后来臣多次上疏，举出其中的利害关系，要求减少下等人户的役钱。细究朝廷设立免役法的本意，是为了平均民财、爱惜民力，差役负担沉重的人应该得到资助，没有差役负担的人应该帮助别人。沈括认为，最好的办法莫过于使没有差役负担的人缴纳役钱，给差役负担沉重的人予以俸禄，差役负担比较轻的人仍旧让他们服役。现在州县的差役中，衙前、耆长、散从官的差役负担最为沉重，这些职事，可用坊场河渡钱雇募；其余坊郭户、官户、女户、单丁户所纳的役钱，加上坊场河渡钱中多余的钱财，可以用作其他负担重役之人的俸禄。这样，出役钱的人户不多，州县官府征收起来也比较方便，民户有的出钱、有的出力，互相弥补，民力的使用自然也平均了。③

---

①〔宋〕司马光撰：《温国文正司马公文集》卷第四十九，四部丛刊本。

②〔元〕马泽修，〔元〕袁桷纂：《延祐四明志》卷四《陈辅》，中华书局《宋元方志丛刊》影印本。

③〔清〕徐松辑：《宋会要辑稿》食货六五之一六，中华书局1957年版。

沈括的主张可归纳成以下三点：(1) 保持差役法；(2) 将民户分为重役、轻役、无役三等，重役者可得俸禄，无役者需纳役钱，轻役者照旧；(3) 下等民户不纳役钱。实际上，役钱主要由官户负担。沈括这个主张既不是单纯的差役法，也不是单纯的免役法，而是两者的折中，差役法和免役法的弊端都可得到弥补。

据《续资治通鉴长编》的记载，就在沈括到两浙展开察访时，江南西路提点刑狱陈枢上疏：两浙有第五等户约一百万，缗钱才五六万缗。况且第五等户原来是没有职役的，希望能蠲免他们的役钱。宋神宗批准了他的请求。[①]熙宁七年（1074）正月，下诏给两浙察访、转运、提点刑狱、提举常平诸司，说第五等户所出的役钱本来就很少，如果减免后不足之处可以用宽剩钱补充，即行蠲免。对于按家产或所纳税钱比例出役钱的那些不分等第的人户，可定一个限额，在几百贯以下的予以放免。[②]从后来蔡确弹劾沈括的札子及沈括自己的辩解中可知，沈括察访两浙回来，曾经要求减免下等民户的役钱。他说朝廷只要少收五万缗的钱，就可免去二十八万户人家的役钱。[③]宋神宗的这道诏令有可能是因沈括的请求而发的。

当王安石在位时，沈括没有提出这项建议，而熙宁九年（1076）十月王安石罢相，十一月时沈括便提出了，因此又一次给人落下了"反复"的话柄。时任侍御史知杂事蔡确进言：沈括拿着白札子到丞相吴充家里去陈说，要求变更免役法，轻役依旧轮差。沈括身为陛下的侍从近臣，既然看到朝廷法令有所不便，不上章向陛下指出，却背地里到执政大臣那里献计。而且，沈括屡次奉使察访，他的责任就是推行役法。他在那个时候只要求裁减下户的役钱，没说要恢复差役。现在役法问题并不是他责任范围内的事，他却妄请变法，前后反复。新法刚刚出台的时候，事无大小，沈括莫不参与。他对免役法本来是非常熟悉

---

① 〔宋〕李焘撰：《续资治通鉴长编》卷二百四十八熙宁六年十二月戊寅，第10册，中华书局2004年版，第6055页。

② 〔宋〕李焘撰：《续资治通鉴长编》卷二百四十九熙宁七年正月辛亥，第10册，中华书局2004年版，第6069—6070页。

③ 〔宋〕李焘撰：《续资治通鉴长编》卷二百八十四熙宁十年七月丁巳，第12册，中华书局2004年版，第6934—6935页。

的，以前没有说什么不好，现在却提了出来。他的本意不难明白：自从王安石罢相之后，沈括唯恐朝廷变更法令，因此偷偷向吴充献计，要求改变役法，以此窥测陛下的意图，作为他攀附升迁的资本。沈括从小小一个选人，不到几年便升迁到现在这样的地位，应该好好想想如何报答陛下，现在却奸邪反复，挟私害政，这可不是陛下厚待沈括的本意啊。而且，沈括自从担任三司使以来，对政事一无所补。他驾驭部下只是想取得他们的欢心，他侍奉上司只是观望他们的态度行事。这是朝廷内外人所共知的，陛下圣明，也一定能洞察他的奸邪。鉴于此，蔡确要求罢免沈括。①

沈括为人懦弱，缺乏决断，蔡确说他喜欢揣测别人的意图，观望行事，确是实情。但蔡确的指责也有些言过其实，甚至是自相矛盾的。他一面说议论役法并不是沈括责任范围内的事，一面又指责沈括为什么不直接向宋神宗上疏言事。既然不是职责范围内的事，沈括与丞相吴充交好，两人私下讨论役法，是无可厚非的。蔡确还指责沈括察访两浙时只要求裁减下户役钱，没说恢复差役，现在却突然提出恢复差役，因此骂他反复。实际上，对沈括来说，是否恢复差役并不是他议论的核心，也无关大旨；他前后两次议论，基本精神是一致的，就是要体恤下层民户的苦难，照顾他们的利益。

这蔡确也是变法派的重要成员，后来官至丞相。

宋神宗把蔡确的札子交给沈括。沈括后来在《自志》中这样替自己辩解，他说自己是因公事才去丞相府署的。丞相吴充问他：老百姓到现在还在骂，免役的法令却一直没有废止，这是什么道理？免役法对老百姓到底有利还是有害？沈括认为说免役法不便的有两类人：一类是士大夫与城市居民，他们原来没有职役负担，现在骤然要他们缴纳役钱，因此他们诋毁新法。对于这些人的咒骂，没有必要加以理会。还有一类人是贫贱的百姓，他们原来不服差役，现在却让他们年年出钱，因此他们也反对新役法。对于这些贫苦百姓的难处，我们是应当体恤的。沈括还说，他以前察访两浙时曾上奏朝廷，只要少收五万缗的钱，

---

①〔宋〕李焘撰：《续资治通鉴长编》卷二百八十四熙宁十年七月丁巳，第12册，中华书局2004年版，第6934—6935页。

就可免去两浙二十八万户人家的役钱。如果把这个方法推广到全国，下等民户的役钱可以全部免除。就算给他们一些力役的负担，也是不足为患的。吴充觉得沈括的话有理，因此上表要求变更免役法。沈括的这一段自辩词应该是可信的。但是，在役法的问题上，沈括毕竟再一次走到了王安石的对立面。

宋神宗没有给沈括继续留在中央的机会。熙宁十年（1077）七月，沈括知宣州。[①]

次年即元丰元年（1078）八月，宋神宗曾经想改命他知潭州事。潭州是荆湖南路的第一大城市，知潭州者必兼任荆湖南路安抚使，地位自然高过宣州。宋神宗让他知潭州，可能是觉得良才难得，有意重新起用。但此时已经升任御史中丞的蔡确又上言反对，他说：像沈括这样反复附会的人，贬官不过一年，又重新给予侍从高官，惩罚太轻，复官太快。他希望宋神宗收回成命。[②]于是神宗让沈括继续待在宣州，直到元丰三年（1080）五月，改命知延州。

① 〔宋〕李焘撰：《续资治通鉴长编》卷二百八十四熙宁十年七月丁巳，第12册，中华书局2004年版，第6933页。

② 〔宋〕李焘撰：《续资治通鉴长编》卷二百九十一元丰元年八月壬子，第12册，中华书局2004年版，第7114页。

第十章　永乐之役

党项的崛起

宋朝初年，西北边境崛起了一个强大的民族——党项。这党项人究其族源，大概是羌人的一支，原来生活在今青海及四川北部一带，过着游牧的生活。唐时归顺中国，赐姓李。后为吐蕃所迫，其中拓跋部迁徙到夏州，称为平夏部。后来的西夏王国，便是在平夏部的基础上建立起来的。

唐朝末年农民大起义时，平夏部的首领拓跋思恭因帮助唐朝廷镇压黄巢起义有功，被任命为夏州节度使，再次赐李姓，建夏州为“定难军”，统辖夏、绥、银、宥、静五州，由此成为唐末西北边境的一大割据势力。五代时期，定难军虽然维持对中原朝廷的臣属关系，但雄霸一方，实际上不受中原朝廷的统辖。它趁着中国内地战乱不断、无暇旁顾，积极拓展自己的势力范围。一些党项部落在这个时期进入了原来的汉族居住区。

宋朝建立后，党项人对宋称臣。在宋攻打北汉时，他们还派兵声援。事情的变化发生在太平兴国七年（982），当时新任定难军节度留后的李继捧到开封朝见宋太宗，被宋太宗扣留。李继捧不得已向宋朝献出定难军五州土地。宋太宗曾用这一办法迫使吴越国王钱俶纳土，不费一兵一卒占有两浙十三州之地。这一次又对党项人如法炮制，却没有取得成功。

李继捧归附宋朝，引起了党项族内部的分裂。李继捧的族弟李继迁，时任定难军管内都知蕃落使，拒绝内迁，率部落亲属数十人在夏州东北三百里的地斤泽揭起了抗宋的大旗。在此后的游击战争中，李继迁几起几落，基本上处于被动挨打的境地，甚至差一点成了宋军的俘虏。最后宋军攻陷了夏州。但李继迁顽强地生存了下来，他在党项人和周边其他部族的支持下同宋军展开了对灵州的争夺。

灵州古称朔方，自古以来是兵家必争之地。中国在历史上防范北方游牧民族，有两个重要的支点，在西是灵州，在东是幽州。灵州地处现在的银川平原上，平原之西是贺兰山，平原之东是绵延的沙漠，黄河从南向北居中流过，形势十分险要；而且平原土层深厚，土质均匀，黄河流经此地，水势平缓，水量充足，富有灌溉之利。在中国封建社会的前期，从秦汉到隋唐，北方游牧民族的威胁主要来自西北方向，如匈奴，如突厥，如回纥，皆从中国西北一带崛起。而这一时期，中国的首都也在从西安到洛阳的西部一线徘徊。这个时候，灵州就成为中国防范北方游牧民族入侵的前沿阵地，秦始皇派蒙恬屯兵于此，唐为防突厥也屯重兵于此。到中国封建社会的后半期，北方游牧民族的威胁主要来自东北方向，如契丹，如女真，如蒙古，如满洲，都从东北崛起。而这时候中国的首都也移到从北京到开封到杭州到南京的东部一线。北京不仅是历朝首都，也是中央王朝镇抚北边的前沿阵地。而唐朝是中国的边防重心从西向东转移的转折点。唐朝为了防备北方游牧民族，在边疆设置节镇，其中最强大的莫过于范阳（幽州）与朔方（灵州），后来安禄山带着范阳军造反，唐朝靠着朔方军平乱，也正说明了灵州极其重要的战略地位。

因此，灵州的得失，无论是对于宋朝还是对于李继迁，都具有极其重要的战略意义。但北宋的皇帝们似乎没有意识到这一点。李继迁从至道二年（996）开始进攻灵州。宋太宗赵光义，在位时曾经两次在准备极不充分的情况下草率地对强大的契丹发动了军事进攻，两次都以失败告终。到李继迁进攻灵州的时候，赵光义早已失去往日的锐气。对于灵州是弃是守，朝中存在着激烈的争论，但宋太宗犹豫不决，一直拿不定主意。最后，他在患得患失的犹豫中离开了人世，把灵州的难题留给了他的儿子。

灵州的得失，以及宋朝廷内对灵州弃守的争论，不仅关系到此后100多年宋夏战争的全局，也关系到沈括时宋朝经营西边的战略部署，我们不妨细加分析。为了分析的方便，关于双方的论点，各举一人作为代表。

主张放弃灵州者可以李至为代表。他任参知政事时曾上疏力主放弃灵州。归纳一下，他的理由主要有以下几点：（1）进行灵州战役会给朝廷带来巨大的经济负担。他说：自从战争开始以来，关中一带的人民，因为朝廷征发军饷、运输粮草，不仅要负担沉重的赋税，还要负担巨大的劳役之苦，现在已经弄到积骸蔽野、十室九空的地步了。而李继迁正急攻灵州，他如果真想攻下，早就攻下来了，之所以迟迟没有把灵州拿下，为的就是等我们去救援，他是想借此耗尽我们的财赋，重困我国的民力。如果我们真的出兵灵州，不是正中他的奸计吗？（2）即使放弃灵州，李继迁也难以有所作为。李至说：党项论户口不过四千有余，现在剩下不过几百；他们的租课收入一年不过五万二千有余，现在已经什么都没有了。就算他能得到灵州，也难以坚守。（3）只有放弃灵州才能显示李继迁是理亏的一方。党项境内有盐池，叫青白池，是他们的支柱产业，也是他们的经济命脉。当时有人提出禁止青白盐流入境内，从经济上扼制党项政权。但李至认为应该使两地人民互通贸易；不但不应该实施经济制裁，还应接济他们粮食。“使曲在彼而直在我，问有罪而罚有名，天地亦所不容，鬼神亦所共怒。”这样，过不了多久，李继迁的势力就会灭亡，还用得着朝廷费兵费卒吗？[①]

这三个理由中，只有第一点勉强可以站得住脚，第二点表明了李至对党项情况的无知，第三点更是迂腐得可笑了。

反对放弃灵州的议论可以何亮为代表。何亮曾通判永兴军，奉命前往灵州经度屯田事宜，因而对那一带的情况比较熟悉。回朝后他上疏，详细阐述了其坚守灵州的御边主张。他指出，现在对于如何解决灵州问题有各种议论，概括起来不过三种：一种意见认为灵州远居绝塞之外，主张放弃灵州，节省中国的军费开支；第二种意见主张深入沙漠，兴兵追讨李继迁；第三种意见认为应该

---

①〔宋〕李焘撰：《续资治通鉴长编》卷四十二至道三年十二月辛丑，第2册，中华书局2004年版，第893—896页。

采用羁縻政策，与李继迁讲和。

何亮认为三种意见各有利弊。主张放弃灵州者的不足在于：(1) 他们认为灵州远在绝塞，兴兵追讨将会有巨大的军事开支，却无毛发之利。但何亮认为灵州地方千里，表里河山，水深土厚，草木茂盛，是耕种庄稼、放牧备战的好地方。一旦放弃，让其落入李继迁手里，他的土地将会更加广袤富饶。以他这样悍鸷的个性，拥有这片广袤的土地，用以对抗中国，祸患将是无法估量的。(2) 从环庆到灵州，地方不过千里。这千里之地把西域、北庭分为两个部分，使得北方大漠与西方诸戎不能连在一起，土地狭隘，势力弱小，不能构成中国之祸。如果放弃灵州，西域、北庭将合而为一，那么西方诸戎将与党项人、契丹人合而为一，到时候所带来的灾难将是难以估量的。(3) 冀州之北，大漠草原，是出产马匹的地方，自从与契丹开战以来，他们停止了对中国的马匹供应；中国骑兵要得到良马，必须从西域求得。灵州把契丹、西域一分为二。而西域一边是党项人，一边是秦、泾、仪、渭诸州的西北戎人。党项人从来不曾出售马匹给中国，中国只好去西戎寻求马匹。如果放弃灵州，以李继迁的凶暴狡诈，若征服诸戎，西北诸戎的马匹再不会来到中国境内了。不知中国的马匹以后应该从何处购得。这是舍弃灵州的又一无法估量的祸患。

追讨李继迁的弊端有以下几个方面：(1) 党项人早就估计到我们的兵势不能抵达大漠远处。如果兴兵追讨，他们就远遁大漠。而对宋军来说，一支庞大的军队待在那里，一旦粮食用尽，只能班师回朝。等我们一班师，党项人又开始骚扰边境。这就是所谓的“有大费而无成功，深寇雠而速边患”。(2) 进兵而无功，退兵则寇来。等他们回来了，如果不战，边境就要被其掳掠，如果与他们作战，边境的守军挡不住他们人多。(3) 清远军北面有一片沙漠旱海，是通往灵州的要害之路，也是以前宋军征讨李继迁时奔逃失败的地方。如果现在继续兴兵征讨，党项人必然占据这条要害之路，断绝宋军粮道。(4) 自从国家对党项开战以来，军饷的征发运输给关中一带的百姓加重了负担，他们一直没有得到休息，如果讨伐不能成功，粮道被阻，我们只好再次兴兵去打通粮道。这样，关中百姓的负担也会更加沉重，如果把他们逼到了绝处，他们就会铤而走险，弄得关中盗贼横行。

何亮认为采用羁縻政策，与党项讲和也有两点不可不防：（1）党项人的秉性贪得无厌，就算他们名义上臣服大宋，但反复无常。他们借放牧之名骚扰我们边境的人民，又以武力征讨周边部落，扩大势力。（2）党项人趁着讲和之机，分兵据守灵州各处的险要之地，进而开辟河外膏腴之地；然后虎视眈眈，逼近我们的城池，妄图趁势偷袭。

那么，如何正确解决灵州问题呢？何亮认为：绝对不能放弃灵州，以免党项坐大，应该继续征讨。为了保证粮草供应，他建议在清远军与灵州之间的沙漠上修筑城池，打通粮道。这一带的绿洲上，古代曾有城池，到宋时还有遗迹存在。何亮建议在古代城址的基础上修复城池。党项人常常扬言说："朝廷如修溥乐城，我必力争。"可见他们对这条粮食通道是何等重视，而对我们筑城又是何等害怕。何亮认为，修筑溥乐、耀德城还是一石二鸟之计：一则打通粮道；二则诱惑李继迁兴兵来攻，趁机将他歼灭。何亮认为，党项人对抗中国多年，我们之所以无法将其一举歼灭，并非兵力不足之故，而是因为深入穷追，他们逃奔绝漠，若继续追讨，老百姓不堪劳役之苦；若退兵回朝，他们又来骚扰边境。这就是多年以来连年征战、关右耗竭的原因。而修筑城池、打通粮道，等于扼住李继迁的咽喉，他一定拼死相争，宋人才有机会将他消灭。①

在上疏中，何亮还对如何筑城，使用多少士兵，用多少时间，带多少粮食，用什么方法保证筑城士兵的安全，如何引诱李继迁来攻，如何部署军队等细节问题一一做了陈述。这里不再引述。从中可以看出，何亮毕竟是亲自在边地经过考察的人，真正做到了知己知彼，才上报了这么一个高瞻远瞩、详尽细致而又切实可行的御边方案。甚至在对进兵讨伐的不利条件的分析上，他的见解也远比那些深居庙堂的反对者高明。

可惜的是，宋真宗没有听何亮的话，他最后还是放弃了灵州。咸平五年（1002），李继迁攻克灵州，改为西平府，并于次年迁都到那里。此后李继迁及其后继者以银川平原这块富饶的土地为中心，征服周边部族，东联契丹，西讨

---

①〔宋〕李焘撰：《续资治通鉴长编》卷四十四咸平二年六月戊午，第2册，中华书局2004年版，第947—951页。

诸戎，对抗宋朝，给宋真宗和他的子孙们带来无穷无尽的灾难。何亮的预言一一成真。

中原朝廷自从后晋时把燕云十六州割予契丹，失去了在东北方向抗御北方游牧民族的一个支点，从此以后契丹骑兵纵横河北平原，如入无人之境。而失去灵州，等于失去了另一个支点，其影响之深远，并不亚于石敬瑭割让幽州。

灵州之役

景德元年（1004），李继迁死，子李德明嗣位。李德明同时向宋、辽两国称臣，与两大强国保持友好的关系；同时积极发展势力，平定河西。宋仁宗天圣九年（1031）李德明死，子元昊嗣位。元昊于宋宝元元年（1038）称帝，国号夏。宋夏之间维持了三十年的和平局面再次破裂。从康定元年（1040）到庆历二年（1042）的三年中，宋夏于三川口、好水川和定川寨三次大战，宋军三遭败绩，西夏惨胜如败，双方于庆历四年（1044）十月订立和约，西夏向宋称臣，宋则每年赐予夏国银、绢、茶等财物，开放边境贸易，宋夏关系趋于缓和。在这一时期，宋军尽管屡战屡败，但依仗强大的国力，进行了有效的防守。西夏虽然在军事上取得了局部的胜利，但无力进一步扩大胜利果实。

宋神宗继位，决定彻底解决西部边疆问题，在对夏政策上，从战略防守转向战略反攻。王韶从熙宁四年（1071）开始经略熙河，并于该年八月占领武胜军，不久升为熙州，设熙河路经略安抚使司。次年王韶又军行近两月，共一千八百里，占宕、岷、叠、洮等州，终于占据了全部熙河路辖区，达到了切断西夏右臂的目的。宋朝接下来要做的就是发动一场全面的进攻，把西夏政权彻底铲除。沈括便在这样的形势下来到宋朝西部边境，担任知延州、鄜延路经略安抚使。经略安抚使是宋朝一路的最高军事统帅，例由本路第一大州或第一大府的知州、知府兼任。

熙宁九年（1076），年仅十六岁的夏国君主秉常亲政，以梁乙埋为国相。当时宋夏边境小规模的武装冲突仍不断发生。秉常从被俘的宋朝军民那里了解到汉族的礼仪制度，对汉族文化产生了浓厚的兴趣。他亲政后去蕃礼，行汉礼，遭到了梁氏家族的反对。元丰四年（1081）三月，双方矛盾激化，秉常与部将李清密谋归降宋朝，想借助宋朝的力量打击梁氏集团。不料机密泄露，太后梁氏发动兵变，捕杀李清，并囚禁了秉常。秉常的亲党和一些酋豪拥兵自重，与梁氏对抗，夏国陷入内乱。

宋廷里面出现了趁机灭夏的议论。沈括部下将领、鄜延路马步军副都总管兼第一将种谔几次上书朝廷，要求发兵灭夏。他说：夏国主秉常已经被国内贼臣所杀，请求朝廷兴师问罪。我已经侦察到秉常的兵马屯聚在他的居住地木寨，国母梁氏与国相梁乙埋的兵马屯聚在国母的住处。从木寨至国母的住处约五里路，现在两地的河梁已经断绝，南北人马不通。梁乙埋已经分出银牌，点集军队。种谔请求趁着夏国离乱之际，兴师招讨。他说，兵贵神速，机不可失。况且，契丹数年来好几次以拜礼佛塔为名想借道兴州，吞并夏国。夏国人也一直担心契丹出兵。现在夏国内乱，如果契丹听说中国弃而不顾，或出而迟留，说不定抢先举兵。到时契丹吞并夏国，必将易如反掌。若夏国真的被契丹吞并，将来一定会对中国构成更大的威胁。所谓“楚得之则楚胜，汉得之则汉胜”，现在西夏的土地如归中国，那么契丹将势单力孤。《兵法》说：“先发者制人，后发者制于人。”希望陛下留神此事，早运胜算。这是千载一时的机会。陛下想成就万世大勋，正在今日。种谔甚至要求，不必远调其他路分的军队，也不必征发粮草，只发鄜延路的九将人马，裹粮出塞，就可直捣夏国腹地。

面对这样的机会，宋神宗心里虽然也充满了渴望，但没有立即答应种谔的请求，在批文中，他说：朝廷现在正派王中正前去调查事情的真相。同时，宋神宗也担心兵机一失，悔不可及，又命令沈括与种谔秘密商量，点集兵马，招降夏国的部族首领，等大军集合后再行进发。他还告诫不准轻易举事。[①]

不久宋神宗在开封召见种谔面陈边事。种谔口出狂言：“夏国无人，秉常孺子，臣往提其臂而来耳。”神宗终于被他的豪言壮语打动，当下任命他为鄜延路经略安抚副使，他因而成了沈括的副手，并被赐金带。神宗又赐银万两，作为

---

① 〔宋〕李焘撰：《续资治通鉴长编》卷三百十二元丰四年四月丙子，第13册，中华书局2004年版，第7568—7569页。

招纳夏国叛亡士兵的费用，并下令鄜延路及麟府路的军事悉听种谔节制。[①]

宋朝开始部署五路军队进攻西夏，计划先攻下灵州，然后直捣西夏首都兴庆府。东线二路：签署经略署事、宦官王中正出河东路，种谔出鄜延路，种谔受王中正节制。南线二路：行营经略使高遵裕出环庆路，副总管刘昌祚出泾原路，刘昌祚受高遵裕节制。西线一路：以秦凤路、熙河路两路宣庆使、宦官李宪为经制使，出熙河路。宋方约定九月二十三日五路一齐出兵。

鄜延路的军队在进攻中最早尝到了胜利的果实。种谔早在八月便已到达绥德城，整军待发。九月从绥德城出发。十月攻入米脂寨。初尝胜果，种谔要求不受王中正节制，得到宋神宗的批准。接着种谔又遣钤辖曲珍等在蒲桃山大败夏军，攻占银州。石州、夏州的西夏守军都弃城而逃，这样种谔很快又攻占了石州、夏州。但当鄜延军到达夏州时，他们的军饷已经不足。在夏州麻家平，又遇大雪。士兵们饥寒交加，拒绝继续进兵，最后溃散了。

东线的另一路大军河东军同样遇到了军粮不继的问题，而且情况更糟。这支军队由宦官王中正统率，他完全不懂军事，出发前竟不听庄公岳的劝告，带了只够支用半月的粮食，在行军过程中一路逗留，迟迟不进。他们在白草平一待就是九天，白白耗费很多粮草。开始时因鄜延军受他节制，他在粮食上完全依赖鄜延军。后来种谔不再受他节制后，河东军便完全失去了军粮补给。而且，鄜延军一路上攻城略地，缴获了很多粮草，但河东军一路上尾随他们之后，无城可攻，无粮可获。当他们到达宥州时，竟有两万士兵被活活饿死。这支军队最后也以溃散告终。

刘昌祚率领的泾原路军离灵州最近，他们沿着灵州水河谷北进，进军神速。西夏方面在那里调集了大量军队加以阻击。刘昌祚不但在河谷大败夏军，而且赶到鸣沙川抄获了西夏的粮食一百万石，满载军饷攻向灵州。在这时，尾随泾原路军而来的环庆路军统帅高遵裕却说已经派人前往灵州招降，要求暂缓攻城。由于泾原路军受高遵裕节制，刘昌祚只好在灵州城外安营扎寨，错过了攻陷灵

---

① 〔宋〕李焘撰：《续资治通鉴长编》卷三百十三元丰四年六月壬午，第13册，中华书局2004年版，第7593—7594页。

州的最佳时机。而且，高遵裕又寻找借口责罚刘昌祚，并收缴泾原路军的全部马匹，激起了宋军之间的内部矛盾。而西夏军队在这时实施坚壁清野的政策，并派兵抄掠宋军粮道，最后放渠水冲灌宋军大营。灵州城外的十万宋军被溺死无数，仅有一万余人生还。

而由李宪率领的熙河路军队，还没到达灵州，听说泾原、环庆军队在灵州惨败，便全师而还。

从上面的叙述中，我们不难发现，灵州之役的失败与宋朝的统军体制有着密不可分的关系。

第一，不设最高统帅。宋朝皇帝最担心军人造反，对前线将领的统帅权力往往处处设限。在军事行动中，宋朝一般不设最高统帅。在开始讨论西征时，知枢密院孙固屡次上言，要求设立总领五路军事的“大帅”，说：“五路并进，而无大帅，就使成功，兵必为乱。”但神宗没有听从。[①]而且，鄜延路本来是受河东路节制的，但宋神宗一听到鄜延军队进军神速，竟然准许种谔不受王中正的节制。这实际上是阵前换帅。这也使得五军之间彼此缺乏足够、有效的联系。如在大军出发之前，宋神宗曾经降诏给沈括：据熙河路经制司奏报，他们捕获了夏国首领威巴伊等人。据这些人讲，西夏听说宋朝出兵，即已分遣诸监司军司兵马，图谋抗拒宋军，并发布戒令，让各处军队分作三部分：一部分与宋军正面交锋，一部分暗中设伏，一部分趁宋军还没安营扎寨对其进行骚扰。参考新城之战中的情况，西夏军队的确如此。宋神宗告诉沈括，现在大军马上就要出境，应告知前线将帅，让他们防备夏人故伎重演。这样一个重要的军事情报，其实完全可以由熙河路直接告诉前线其他各部，现在却由熙河路先报告给远在两千多里之外的皇帝，再由皇帝告诉延州的沈括，最后由沈括告诉部下将领——绕了好大一个圈子。

第二，令从中出，皇帝对军事行动的细节干预过多。如种谔出界首攻米脂寨，一时没有攻下。神宗皇帝接到奏报，顿时急了，立即给沈括下诏：现在大

---

① 〔宋〕李焘撰：《续资治通鉴长编》卷三百十三元丰四年六月甲申，第13册，中华书局2004年版，第7596页。

军出境不及百里，先攻这等坚固的城池，徒然损伤士卒，挫我军威，可不是什么好计策。这是因为你们进军之初，对进攻的地点没有进行审慎选择。用兵之道，应该避实击虚，舍坚攻瑕。现在却反其道而行之，甚为可忧。他命令沈括斟酌形势，又告诉种谔，让他早做长远打算，不要让士兵弄得气力衰竭之际，忽然碰上敌人的援兵，难以成功。①后来宋神宗还降下了一幅《五路对境图》，规定五路大军各自“招讨”的地方。当元丰四年（1081）十一月泾原路、环庆路两路大军已经抵达灵州城下，而河东路、鄜延路军队尚在路上时，他降诏给后两路的统帅王中正、种谔，命令他们不要急着去灵州会合，而是先要管好自己的地盘，即黄河以南地区，等略定河南之后，如有机可乘，才许渡河北上。②据说，沈括到延州十六个月，宋神宗就给他下密诏二百七十三道。后人称赞神宗“经略西事，纤悉周密，万里风烟，俱入长算”③，但这也正好暴露了皇帝对军事细节干预过多的缺陷。

第三，用人不当。王正中是一个宦官，对军事一无所知，神宗竟然让他担任一路统帅，还让他节制另外一路军队。高遵裕、刘昌祚有矛盾，神宗却让两人同在南线作战。

第四，准备不够充分，没有解决好粮食供应问题。大军未出，粮草先行，这是说书人都知道的简单道理，宋朝军队竟然没有弄好。事后朝廷追究责任，御史王祖道弹劾负责军粮运输的鄜延路转运判官李稷，说他在大兵出发之前，带着十万人在五龙川坐食十日，等大军出境之时，粮食已经不足，超过一半的士兵因此逃亡。④

当灵州之役发生的时候，作为鄜延路最高统帅的沈括在做什么呢？作为一个文官，他并没有直接带军征讨。他的工作主要是以下几项：

---

①〔宋〕李焘撰：《续资治通鉴长编》卷三百十七元丰四年十月乙卯，第13册，中华书局2004年版，第7657页。

②〔宋〕李焘撰：《续资治通鉴长编》卷三百十九元丰四年十一月甲申，第13册，中华书局2004年版，第7700页。

③〔宋〕楼钥撰：《攻媿集》卷六十九《恭题神宗赐沈括御札》，四部丛刊本。

④〔宋〕李焘撰：《续资治通鉴长编》卷三百二十七元丰五年六月丁巳，第13册，中华书局2004年版，第7874页。

一是领兵接应，防止西夏大军偷袭宋军后方。沈括在延州，既是一州的民政长官，又兼任鄜延路的军事统帅。在五路大军发动总攻击前，九月十七日，为了防备西夏军队趁机偷袭，沈括主动要求暂时解除民政事务，统领在城士兵前往照应，以备不测。①

在这一过程中沈括也直接与西夏军队交锋。据说，曾有数万西夏军队前来攻打延州西北近二百里处的顺宁寨。从顺宁寨再向西北，就是西夏的宥州地界。当时顺宁寨内，人心忧惧，有人想闭壁自保。沈括认为不可示弱，命前锋李达带着千人军队出顺宁寨，并准备了十万人的粮食，声称沈括亲自率军前往迎敌。他又派骁将景思谊、屈理率三千人前往抵御。还没交战，敌兵就先逃散了。沈括的军队趁势攻下磨崖寨，得男女人口万人，牛羊三万头。②

沈括在《梦溪笔谈》中也记载了顺宁寨之战，说西夏军队将顺宁寨围了数重。而宋军主力已经出界，留守的寨兵很少，人心危惧。当时有个年老的倡姥李氏，知道西夏太后梁氏的一些阴私丑事，便掀衣登上城墙，当着西夏将士的面，将梁氏的那些阴私丑事一一骂了出来。西夏士兵用手掩住耳朵不听，有的发箭射击，都没有射中。倡姥李氏越骂越厉害，西夏军队趁半夜走了。③当然，这个记载可能是有所夸大的。

按鄜延路的军队编制，共有九将。种谔带走了八将，沈括手里仅剩下一将。后来李稷押运粮草到来，沈括又把其中的二百士兵给他。④沈括以这样微弱的兵力，不但保证了后方无虞，而且攻城略地、小有斩获，也算是难能可贵了。

宋神宗听说沈括派景思谊出兵，立即颁诏告诫：听说夏贼去庆州会战的兵士都聚集在宥州边上。他们是横山的精锐之师，不可轻视。你近日刚派景思谊

---

①〔宋〕李焘撰：《续资治通鉴长编》卷三百十六元丰四年九月庚子，第13册，中华书局2004年版，第7645页。

②〔宋〕李焘撰：《续资治通鉴长编》卷三百十八元丰四年十月辛巳，第13册，中华书局2004年版，第7696—7697页。

③〔宋〕沈括著，胡道静校证：《梦溪笔谈校证》卷二十五《杂志二》，第478条，下册，上海古籍出版社1987年版，第824页。

④〔宋〕李焘撰：《续资治通鉴长编》卷三百十七元丰四年十月乙卯，中华书局2004年版，第13册，第7656—7657页。

带着三千人马出发，你自己也想带兵前往照应。景思谊太年轻，没经历过什么战争，万一有个闪失，将成为全军的累赘；而你是一军的统帅，应该坐镇帅府，这才是根本。

后来，当王中正的河东十二将从前线逃回时，沈括派骑将出兵到绥德城，对外声称沈括亲自率领鄜延河东军队西讨。尾随而来的西夏军队眼看宋军有备，不逞而归。沈括军队还趁机攻下了浮图城。①

二是做种谔与朝廷的联络人。宋神宗下达给种谔的命令很多是通过沈括转达的。宋神宗还命令沈括每天报告种谔的军事动向。②有一次，朝廷连续两天没有从沈括那里接到前线的奏报，宋神宗非常恼火，马上责问沈括：朝廷非常担心前线道路阻隔，有贼马障蔽，你应多选差人手，火速前往探听大军行营所到的地点。③

三是招纳西夏残部。种谔一路攻城略地，西夏残部逃窜山谷间。朝廷担心他们阻截粮草，命沈括前往招纳西夏残部。④

四是招抚从前线回来的宋朝败兵散卒。种谔带鄜延路军到盐州，遇大雪，死者十之二三。左班殿直刘归仁率众南奔，整个部队接着便散了。逃回塞内的有三万人。老百姓也四散逃难。面对这些溃卒，有的人要求闭关将他们拒之门外，有的人要求河东十二将讨伐他们。沈括以为不然，他说：这些士兵都是我们的精锐部队，讨伐未必能够取胜，就算能胜也是自己人杀自己人，只会长西夏人的志气，灭我们的威风。当下沈括张罗犒劳军队，得叛卒八百余人。他亲自检阅军队，责问为首的刘归仁：你说回来取粮草，为什么不拿军符？刘归仁无言以对，沈括当场将他斩首。不久宋神宗派人来调查叛乱事件。沈括对来人

① 〔宋〕李焘撰：《续资治通鉴长编》卷三百十九元丰四年十一月庚子，第13册，中华书局2004年版，第7717页。

② 〔宋〕李焘撰：《续资治通鉴长编》卷三百十六元丰四年九月甲辰，第13册，中华书局2004年版，第7647页。

③ 〔宋〕李焘撰：《续资治通鉴长编》卷三百十六元丰四年九月壬子，第13册，中华书局2004年版，第7653页。

④ 〔宋〕李焘撰：《续资治通鉴长编》卷三百十九元丰四年十一月乙酉，第13册，中华书局2004年版，第7703页。

说：为首之人已正军法。沈括这一手做得非常漂亮，一方面他安抚这些因粮草缺乏而逃回来的宋朝精锐之师；另一方面又处理了为首将领，保证了军队的纪律。①

五是祭祀神灵，保佑取得战争的胜利。宋神宗降香五盒，命沈括到管下的名山灵祠进行祷告；并令沈括亲自撰写祝文，务求写得精心虔诚。②

宋军虽然在灵州城下惨败，没有达到消灭西夏的目的，但此次军事行动并非全然没有收获。五路大军，从战争进程看，泾原路的刘昌祚成就最大，他们最早抵达灵州，并与后到的环庆路军一起向灵州发起攻击；鄜延路军最惨，他们没到灵州就中途溃散，而且部分士兵还发动兵变。但从战争的最终成果看，鄜延路最有成绩，他们一路攻城略地，把整个横山揽入囊中。而且，沈括带领留守军队，本来没有攻城拔寨的任务，但在策应的过程中，竟然也夺得一些城寨。次年二月，沈括因边事之劳升龙图阁直学士。③

永乐与乌延之争

西夏国境内沙漠占了大部分。整个国家分成三个区域：（1）核心地区是以首都兴庆府与军事重镇西平府（灵州）为中心的狭长的银川平原。平原西枕贺兰山，黄河从南至北贯通整个平原，负山阻河，形势险要。而且，银川平原东面是毛乌素沙漠，贺兰山西面是腾格里沙漠。无论是中原王朝还是西方的其他军事势力，要攻打西夏，都得穿越这漫长的戈壁沙滩。（2）西夏国的西边是河西走廊，走廊北面是山地和沙漠，南面是祁连山脉。河西走廊是联结中国与西方的交通要道，农业发达，商业繁盛，历史上曾经诞生了很多割据政权，创造了发达的文化。后来这里成了西夏的后方腹地。（3）毛乌素沙漠的东南面是横

---

①〔宋〕李焘：《续资治通鉴长编》卷三百十九元丰四年十一月丁酉，第13册，中华书局2004年版，第7715—7716页。

②〔宋〕李焘：《续资治通鉴长编》卷三百十六元丰四年九月己亥，第13册，中华书局2004年版，第7642页。

③〔宋〕李焘撰：《续资治通鉴长编》卷三百二十三元丰五年二月丙寅，第13册，中华书局2004年版，第7784页。

宋、夏横山边境形势图

山山脉。山脉是宋、夏两国的分界线。此山是波状起伏的丘陵地形，许多小河流穿越山脉，形成很多河谷通道和小平原。这里水草丰茂，适宜种植庄稼，放牧牛羊。这里也常常成为西夏侵略宋国的前沿阵地。每次西夏出兵扰宋，横山山谷都是他们整兵休息、获取粮草的地方。而且，横山山脉在西夏境内，夏军占据山上的险隘，居高临下，可以随时发动攻击，在地理上对宋军拥有无可比拟的优势。而宋军要攻击西夏，越过横山便是广袤平坦的沙漠地带，适于骑兵驰骋。在这里，宋军很难与西夏军较量。

西夏国小民寡，但能长期与宋对抗，有利的地理环境是一个非常重要的原因。

宋攻西夏，有四条道路可循：（1）无定河路。从延州沿无定河谷北上，经绥州、米脂，到达横山北端的银州。再沿着无定河折而向西，到达石州、夏州。从夏州向西南，便是宥州。银、石、夏、宥四州，从东向西，横亘横山北麓。从宥州向西，穿越鄂尔多斯草原，经盐州，便可到达灵州了。灵州之役中，鄜延、河东的两路军队就是沿着这条道路，经过长途奔袭，前去袭击灵州的。如前文所述，这些地区是党项人建国以前定难军的核心区域，也是他们建国后发动侵宋战争的前沿阵地。（2）横山路。从延州向西北而行，经保安军、顺宁寨，穿越横山，到达宥州。当种谔带着鄜延路的主力部队沿无定河谷行进时，沈括曾经派兵沿着这条线路前往照应，并在顺宁寨小胜西夏军队。（3）土门路。从延州直接北上，经金明寨，越过横山土门关，可以直接到达夏州。（4）灵州水路。从渭州、原州，或从环州，沿着灵州水河谷北上。灵州之战中，泾原、环庆两路军队就是沿着这条道路走向灵州的。宋真宗时何亮曾上疏提出修筑城池，打通灵州粮道，指的也是这条道路。

宋军虽在灵州一战中惨遭败绩，死伤惨重，但也有不小的收获。西夏为了保护灵州这个战略据点，边境地带的军队纷纷回防，导致前线空虚。宋军趁机占领了整个横山区域，使西夏丧失了进攻宋朝的前沿阵地。对于宋朝而言，战后最重要的工作就是如何巩固横山，为以后再次发动灭夏战争打下基础。

泾原经略安抚使李宪主张在西宁寨到鸣沙城的沿路上添置城堡，作为驻兵讨贼的基地。①

元丰五年（1082）五月，宋神宗下旨要求沈括、种谔制定克御西夏的方略，条具上报。沈括、种谔三次进言，提出了修筑乌延城的主张。在进言中，他们首先分析了宋夏战争中夏国处于优势、宋军处于劣势的地理因素。他们认为，在鄜延路夏人与中国相持为敌，利害全在沙漠。夏人率兵入寇，穿过沙漠，已是人困马乏；中国要去攻打西夏，穿越沙漠，也是人困马乏。但夏人之所以能经常入寇，为患中国，是因为沙漠之南的横山地界可为他们提供军粮供应，那里的人民也可供他们役使，而且山中溪谷纵横，水草茂盛，构成他们恃险而守的屏障。但宋军横穿沙漠去攻打夏国，就必须自带粮食、饮用水，常常才走了一半路，还没走出无边无际的沙漠就已力乏粮尽。因此，对宋军来说，每次进攻，最好能够速战速决。万一夏国的城池非常坚固，宋军一时攻不下来，还没渡过黄河，粮食已经用尽，只好匆匆退兵，这时夏人趁机袭击，形势就非常危险了。这是地理形势所决定的必然结果。所以夏人坐镇兴、灵之间，一向高枕

① 〔清〕徐松辑：《宋会要辑稿》兵二八之二五，中华书局1957年版。

无忧，从来都不担心宋军的进攻。而对宋来说，边境城寨从来都严阵以待，不敢稍有松懈。这种局面也完全是因为宋人没有占据有利的地理形势。

接着他们提出占据整个横山地界可以使宋朝在地理上从劣势转为优势并进行了论述。他们说，如果现在能够让夏人穿过沙漠南下时，没有粮食可以食用，没有人民可以役使，又没有山谷水草作为屏障，他们只好带着粮食，一路疲劳困顿南下；穿过沙漠之后，宋军占据横山的高地，拥有险固的城池，开关迎敌，以逸待劳，完全可以击退来犯之敌。这样，整个战争局势完全处在宋军的掌控之中了。而且，占有横山地界之后，这里水草茂盛，物产丰富，宋朝军队在这里可以垦田耕种，收获的粮食可养数万精兵，还能在这里获得牧地，饲养战马，训练骑兵。横山之北有盐池，可以生产食盐，吸引四方的商人。宋军还可以利用这里的矿产冶炼铁器，制造兵器；可以设置钱监，铸造铜钱，以节省运输军饷的费用。这样，在战略地位上，宋军从劣势转为优势。

他们在进言中还分析了保有横山应该采取的种种辅助措施：（1）与西夏断绝关系，废止边境贸易和“岁赐”。（2）把那里的人民迁到河外，让他们彻底丧失发动战争的物质基础。（3）在外交上，与契丹、吐蕃联合，让夏人处于四面楚歌的绝境。（4）在横山上修筑城池，使灵州处在宋朝军队的眼皮底下。如果要发动攻击，到灵州不过几程之路。就算他们坚守，总会有懈怠的时候。宋军可以修战备，积军粮，派人侦察他们的动向，一旦他们的防备稍有松懈，便可以立即发动攻击：在西线，用洮河的船只堵塞黄河航道；在东线，发横山之兵，出其不意，直捣西夏腹地。这样，夏国一举可灭。（5）充分利用西夏内部矛盾，寻找战机。沈括、种谔说：自从太后梁氏发动政变以来，夏国内乱不止，人民肝脑涂地，怨声载道。如果我们攻得急了，他们可能会联合起来共同对付宋军。只要我们稍缓攻势，他们自会自相图谋。宋方应尽可能利用这样的机会，一举灭夏。这正是曹操当年消灭袁绍的方法。

在所有这些措施中，最重要也是最核心的内容便是在横山地界筑城。沈括、种谔在第二次进言中指出，目前首先要做的就是选择一个险要地方，修筑城池，驻扎重兵，作为长久对抗的战略基地。他们经过调查后发现，塞北古乌延城居横山北面，依山作垒，可以驻扎军马。从古乌延城东到夏州不过八十里，西到宥州不过四十里，下瞰平夏，最当要冲。而且这里土地肥沃，依山筑城，形势险固。为此，沈括、种谔要求在此筑城。他们说，宥州虽已为宋军所占，但这里地势平坦，无险可守，加上地处沙漠，没什么物产。为此，他们还建议，筑成古乌延城后，将宥州州治移到那里。那里不但土地肥沃，而且去盐池不远，北面又是牧地。把宥州州治迁到那里，将来必定成为一大都会，也有利于镇守横山，屏蔽鄜延。

同时，沈括、种谔还对修筑古乌延城之后鄜延路的重新调整行政区划、部署军队提出建议：古乌延城即新宥州城筑成后，将鄜延路军马分为三路：塞门寨以北石堡、背水、油平、罗帷、盐池一带为中路，隶宥州；米脂、浮图、葭芦、义合、吴堡、银州一带为东路，隶绥德；以金汤、德靖、顺宁寨一带为西路，隶保安军。同时，在银州、夏州寻找一些险要的地方，设立盐监、铁冶、钱监、马牧。此外，将青、白池所在的盐州划归鄜延路。陕西原先食用解盐，将盐州划归鄜延路后可以停止解盐供应，节省朝廷费用。鄜延路还能收取盐课，用所得的钱买粮草。在军队部署上，鄜延路原来设置九将，沈括、种谔建议增加四将，共十三将。根据距离西夏的远近，将十三将分缘边、次边、近里三个层次驻扎：缘边驻八将，次边金明、青涧城、延州三城驻三将，近里鄜州、河中府驻二将。另外新招士兵也分隶诸将。

在第三次进言中，沈括、种谔要求趁着泾原路兵马正在牵制夏军主力，而鄜延路又屡次大捷之后，立即兴修古乌延城。如果迟留月日，恐怕夏人另有图谋，情况有变。[①]种谔为了此事还曾入京面君，力陈修筑乌延城的种种好处。

宋神宗闻言，先后派李舜举、徐禧二人来鄜延路调查。这徐禧也是北宋中期的一个奇人，他不像一般士大夫那样循着科举道路求仕，而是献《治策》，被吕惠卿看中，逐步走上仕途的。

徐禧到了鄜延以后，在巩固横山边防、修筑城池上与沈括、种谔的意见完全一致，但在城址的选择上，双方发生了激烈的争论。徐禧提出将城筑在无定

---

① 〔宋〕李焘撰：《续资治通鉴长编》卷三百二十六元丰五年五月丙午，第13册，中华书局2004年版，第7856—7859页。

河谷的永乐埭。永乐埭位于横山的东北山麓，银州之南，绥德军、米脂寨之北，控扼无定河谷通道，形势十分险要。徐禧提出在永乐埭筑城的理由十分简单：银州城虽然占据无定河与明堂川的交汇处，但城的东南部已经被河水吞毁，它的西北又阻隔天堑，不如永乐形势险要。银、夏、宥三州陷灭已经百年，一旦复兴，将是一项雄伟的工程，能够振奋士气。[①]可见，徐禧要求修筑永乐城的理由十分简单：一是作为银州的替代品，二是为了鼓舞士气。他根本没有从宋夏战争的全局进行考虑。

而且，从地理形势上分析，永乐城与乌延城相比，也存在着很多不足之处：第一，永乐城位于横山东端，位置过偏，不能威慑整个横山地界，西夏军队仍可把横山中西部地区作为他们侵略宋朝的前沿阵地，甚至有可能把银、夏、宥诸州土地重新夺回去。而乌延城位于横山中部，筑城于此，可以有效地保护整个横山地区。第二，由于地理位置过偏，永乐城同样无法有效地利用横山地区的物质资源，更不用说远在西边的青、白池的食盐了。第三，永乐城距离灵州太远，无法担负起攻击灵州的重任，最多只能起到防守的作用，而且防守的范围十分有限。而乌延城距离灵州不过四百余里，在此屯聚重兵，可对西夏核心地带产生强大的威慑作用，并有效地发挥掎角牵制的作用，迫使西夏的主力部队不敢离开兴庆府、灵州附近而去攻击宋朝的西路边境。

除了乌延城、永乐两种方案，据沈括自己的记载，他曾提议在石堡筑城。他说，西夏人保旱海之阻，胜则进，败则去。如果在石堡筑城，可以使他们进有石堡之阻而无法在沙漠之南驻扎军队。沙漠以前是他们的防守工具，现在却可为宋军所用。沈括反对徐禧在永乐筑城，说永乐城路险而远，胜不能相维，败不能相救，无论于战于守都没有什么好处。他还说，如果一定要筑永乐城，也应该从石堡筑起，然后筑“啰泊、罗韦，蚁封而东，叠章山连”，接着才可修筑永乐城。[②]石堡这个地方的确切位置，已经很难考证。但从沈括的议论中可以

---

① 〔宋〕李焘撰：《续资治通鉴长编》卷三百二十八元丰五年七月戊子，第13册，中华书局2004年版，第7895—7896页。

② 〔宋〕李焘撰：《续资治通鉴长编》卷三百二十八元丰五年七月戊子，第13册，中华书局2004年版，第7896页。

看出，石堡、啰泊、罗韦、永乐四个地方，自西向东，基本上处在同一纬度线。而且从沈括、种谔写给朝廷的报告中可以推测，石堡很可能就是古乌延城所在。至少，这两个地方不会相距太远。而且，沈括、种谔在建议重新划分鄜延路的行政区划时，曾提到把石堡划归宥州。那么，所谓石堡，大概是在宥州附近。这也印证了石堡就是古乌延城的推测。

当种谔入京汇报工作的时候，徐禧来到延州。在讨论过程中，前线将领觉得建造永乐城易于速成，纷纷拥护徐禧的主张。沈括反对不成，只好接受了徐禧的方案。这时种谔正在从京城赶回前线的路上。

元丰五年（1082）八月，徐禧、李舜举、沈括开始筑城。他们动员了八万军队、十六万役夫，把他们分成三组开工。种谔回来后，强烈反对，跟徐禧发生争执。徐禧勃然变色，责问种谔：你难道不怕死吗，竟敢诋毁我们成事？种谔答道：修筑永乐城必然遭到失败，失败也是死，拒绝你的命令也是死，我宁可死在你手里，总比丧师辱国、沦为俘虏强。徐禧见他不肯屈服，上报朝廷，说彼此意见不一，不可在一起工作。宋神宗命种谔留守延州，不要参与筑城之事；为了便于筑城，又命沈括将经略府移到永乐附近的米脂寨。[①]

种谔出身将门，世代服役于宋朝边境，对边境的地理环境非常熟悉。永乐在无定河南岸，北岸原有罗兀城，与永乐城一样地势险要。在熙宁二年（1069）到熙宁四年（1071）间，为了与西夏争夺罗兀城，种谔曾在这里同西夏军队展开殊死战斗，而罗兀城也数易其手。种谔并不是不知道无定河谷的重要性，但此一时彼一时，当初争夺罗兀城，目的是保护延州的北门的安全，同时为夺取银、夏等横山北部诸州做准备。但自灵州之役以后，横山北部州军已经全部落入宋军控制，此时再筑永乐城，意义已经不是很大。相反，一旦让永乐城落入西夏手中，横山北部诸州也将全部陷没，而夏人也可凭借此城直接威胁延州与河东的安全，永乐便成为西夏插入宋朝西门口的一颗钉子。但徐禧没有意识到这一点，宋神宗也没有意识到这一点。沈括应该是意识到了，不过懦弱的个性

① 〔宋〕李焘撰：《续资治通鉴长编》卷三百二十九元丰五年八月壬戌，第13册，中华书局2004年版，第7921—7922页。

让他没有坚持自己的原则。

兵败永乐

元丰五年（1082）九月六日，永乐城成。工程刚刚开始的时候，西夏数次派兵前来夺城，都被宋军击退。工程完工后，景思谊带着四千士兵镇守在新建的永乐城。曲珍与转运使李稷也留在城中。

灵州之役后，西夏虽然取得了灵州保卫战的胜利，但惨胜如败，情况不容乐观。为了报复宋军，也为了防备宋人的下一轮军事攻击，他们征发民兵，每十个男丁抽取一人为兵，得三十万人，带着一百天的粮食，屯聚在泾原路之北，准备伺机而动。听到宋军修筑永乐城的消息，这支三十万人的大军立即扑向鄜延。徐禧前后十几次接到边报，但都不信。他还说：如果敌人真的敢来，那可是我建立不世功名的时候到了。徐禧还怕沈括分他的战功，对沈括说：城已筑好，我们应该回延州去。九月七日，徐禧、李舜举与沈括率八千人回到鄜延路经略安抚司临时所在地米脂。这时西夏骑兵从明堂川南下，驻军无定河西岸，与宋军隔河相望。曲珍立即报告徐禧。徐禧大叫："黠羌敢送死乎？"带着二万五千人驰援永乐城。临走前他对沈括说：你是本路大帅，不可轻易出动。

徐禧到永乐不久，西夏大军立即包围了永乐城。部分西夏游骑又开始进犯米脂寨。沈括一面退军，一面上报朝廷，说他到无定河边，想去救援永乐城，并接应粮道，但为西夏大兵所阻，无法前进。西夏将军凌结阿约勒带八万士兵袭击绥德军。当时绥德军城内有三百羌人，想开门接应。阿约勒之弟兴嫩向沈括告密。沈括召集手下将佐商量：永乐是胜是败，对整个边防的影响不是很大，但绥德军是国家的门户，失去绥德，延州也将受到敌人攻击。万一失守，关中震动。宁可失永乐而救绥德。当下沈括立即退兵绥德，断然采取措施，在三百羌人发动兵变前，将他们全部杀死。当时沈括手上只有一万士兵。

而此时留守延州的种谔，因不满徐禧此前的所为，借口要留守延州，眼见永乐被围，竟见死不救。

西夏军队初来，沈括对徐禧说：我们手下总共不过三万士兵，敌方有数十万之众，如何可以抵挡？不如放弃永乐。徐禧没有听从。此前宋神宗曾经颁诏，选劲卒组成一支“奇兵”。眼见夏人来袭，徐禧想让这支奇兵充当先锋。沈括反对，说这支奇兵是全军的精锐，而敌人气势正盛，这区区千人去抵挡，肯定不是他们的对手。如果丧失了这支精锐部队，将不战自败。徐禧又没有听从。徐禧还下令军中不以斩首数量论功，而要等到破敌之后平均行赏。沈括说，不以首级论功，将无法激励士气；平均赏功只会使士兵心存侥幸，不敢英勇抗敌。徐禧又没有听从。徐禧回到永乐城，竟然连侦察兵都没派。当时将领们要求趁着西夏大军尚未全部到齐，出城偷袭。徐禧还是没有听从。

当西夏骑兵逼近永乐城时，徐禧命曲珍率城中士兵全部到山崖之下，依水列阵。徐禧竖起神宗所赐的黄旗，手执宝剑，亲自上城督战。西夏遣五万骑兵列阵而进。徐禧命那支仅千人的精锐“奇兵”攻阵，但敌阵坚不可摧。连攻三次之后，夏军展开反攻，“奇兵”立即奔溃，宋军大败。曲珍给徐禧出主意，说前面的是西夏最精锐的部队，他们的老弱残兵在后面，应从西山绕道攻击夏军的后方。徐禧不答应。

永乐城依山无水。当初为了解决城内的饮用水问题，在无定河边修了水寨，凿井十四口。西夏兵刚来时，转运使李稷爱惜粮食，不肯给役卒发放粮食。役卒们立即拆毁营垒，修筑磴道，争先恐后逃向城中。夏军趁机夺取了水寨，切断了宋军的水源。宋军在永乐城中掘井三口，但出水量极少，只能供将领们饮用，大半士兵被活活渴死，很多人绞马粪解渴。

由于永乐城刚刚建成，城内的防守器具还没来得及准备，这里又刚刚下过雨，城上的泥土潮湿，形势十分危急。大将高永能、曲珍建议组织敢死队突围，说唯有如此，才有生还的希望，不至于坐着等死。徐禧不仅没有听从，还责备曲珍：你已是败军之将，难道还想弃城逃跑吗？

二十日夜，天上下起了大雨，夏兵趁雨急攻。那时整个城中只剩下徐禧、李舜举各有一壶水，将领们已经三天没有喝水了，士兵们又饥又渴又累，再也无法抵挡作战。夜半时分，永乐城被攻陷。徐禧、李舜举、李稷，永乐城中的三个最高官员全部牺牲。

永乐惨败，再一次暴露了宋朝腐朽的军事统治体制。

一方面是令从中出，前线诸路军队不能互通声气，协调作战。元丰五年（1082）九月六日，永乐城成。大概到九月七日或稍后，西夏军队即以迅雷不及掩耳之势扑向永乐。沈括将永乐城被围的消息报告朝廷。从绥德到延州再到开封，九月十六日沈括的报告才传到宋神宗那里。宋神宗立即下诏，颁布了几道命令：（1）河东经略司及麟府军马司进驻河外屯守，规定他们带兵应在二万以上，援军由张世矩、訾虎率领，又命他们另带得力将官共取河里、河外，赴永乐寨奋击救援；（2）河外近边州军城寨起兵之处，各为坚壁清野之计；（3）命泾原路李宪留兵二万于泾原，其余军队赴鄜延应援，特支外更给予路费。

且不说宋神宗的处置是否合理，单从时间上看，这几道命令传到前线将领手中，最快也应在九月二十日以后了。而九月二十日正是永乐城陷落的时间。宋神宗的诏令等于成了一张废纸。现代管理学的知识告诉我们，无论是在企业，还是在政府机关，各个部门之间的平行沟通远比上下级之间的垂直沟通重要得多，平行沟通越多，管理的效率越高。而在这次永乐之战中，宋朝前线的各路大军彼此之间竟然毫无联系，他们之间竟然需要通过远在将近两千里之外的皇帝来传递信息。

另一方面，让我们看一下宋朝军队在西夏边境的部署。鄜延路之西依次是环庆路、泾原路、熙河路，鄜延路东北是河东路。在西夏大军进袭永乐城之前，他们原本驻扎在泾原路附近，因为泾原路离灵州最近。他们一来是为了保护灵州，二来也想从泾原路寻找突破口进攻宋朝，而泾原路统帅李宪当时也正在边界地带积极修建城堡，以防夏军袭击。对于宋朝诸路大军而言，泾原、环庆两路是最接近西夏的核心地区，从泾原前线到灵州，相距不到二百里，而夏军从泾原路附近到永乐城的距离大概有五百里。当西夏大军离开他们的巢穴远征永乐城时，近在咫尺的泾原路守军竟没有作出任何反应，既没采用围魏救赵的法子趁虚袭击灵州，又没有尾随西夏军队西进，与鄜延守军里应外合，对西夏军队实施反包围。而且，永乐城位于鄜延路与河东路的交界处，当西夏军队围攻永乐时，河东路的军队同样没有作出应有的反应。宋朝军队向来重视侦察工作，号称三十万人的西夏军队从他们眼皮底下经过，他们不可能毫无觉察。问题究竟出在哪里？再看看宋神宗的那道诏令，他竟然对军队调动的人数、率兵将领、行动方向、经费支用做了如此细致的规定。皇帝的规定越细，越表示前线的将领没有权力。在永乐城被围之后，沈括曾上言，说援救永乐城的部队都属李宪、种谔节制，他请求朝廷能允许他“参豫军事，同力破贼”[①]。身为一路兵马统帅，在前线发生如此紧急军情的情况下，他竟然还在向远在将近两千里之外的皇帝要求能够参与救援工作。宋朝以“右文抑武”立国，对于统兵的大臣向来防范极严，由此形成一种谨小慎微、畏葸怯懦的政治文化，前线统兵大臣普遍以明哲保身为上策，不求有功，但求无过。永乐之败，就是由此导致的。

此外，在整个永乐之役中，宋朝一方的措施十分混乱。

首先是宋神宗用人不当。他竟然让一个没有丝毫作战经验的文官徐禧指挥整个军事行动。当时鄜延路的几个重要官员中，沈括任鄜延路经略安抚使，为一路最高军事统帅；李稷任转运使，他的职责是经度一路财赋，在战争期间，即负责粮饷的筹备与运输；胡宗回任提点刑狱，负责一路的司法刑狱与监察工作；种谔是鄜延路经略安抚副使，算沈括的副手。宋神宗又派徐禧以“计议边事”的身份来到前线，实际上架空沈括成为前线的最高军事长官。而这些人之间又矛盾重重，当灵州之役发生时，李稷因在此前的灵州之役中粮饷运输问题受到弹劾，宋神宗派沈括、胡宗回对他进行调查，在三个最高地方长官之间人为地制造了矛盾。在筑城的过程中，沈括、李稷在职权上发生争执，最后由徐禧调停，规定李稷负责修城的用度，沈括负责具体的修城工作。[②]而且，对于永乐城的修筑，徐禧、种谔也是有矛盾的，种谔认为乌延城方案比永乐城方案更好，徐禧完全是为了自己的功劳才另起异议。这导致永乐战争发生时，种谔借口保护延州，拥兵不救。

其次，在修筑永乐城时没有进行全面周密的部署。进行这么重大的一项军事工程，这么多文武大臣、这么多前线将领，竟然没有人料到西夏军队可能采取的远袭行动，更不用说做细致的准备了。试想一下，如果宋朝在西夏前线有

---

① 〔宋〕李焘撰：《续资治通鉴长编》卷三百三十元丰五年十月己酉，第13册，中华书局2004年版，第7946页。

② 〔宋〕李焘撰：《续资治通鉴长编》卷三百二十九元丰五年八月甲戌，第13册，中华书局2004年版，第7925页。

统一的指挥体系，或者虽没有统一的指挥体系，但各路统帅有自由的领军机制，那么西夏的这次冒险是不会得逞的。类似的历史教训在宋朝的历史上曾多次重演，这样的例子在整个中国历史长河中也不鲜见。由此可见，优良的制度比高明的统帅和先进的装备更加重要。在王安石罢相之后，宋神宗继续他的改革事业，并把改革的方向从经济领域转到政治制度，但永乐战争的败局表明，这些改革都只是换汤不换药的表面作为，根本没有触及制度本身。

永乐之败也成为宋朝对夏政策的转折点。宋神宗听到永乐城陷的消息，涕泣悲愤，竟然连饭都吃不下，早朝时对着辅臣忍不住失声痛哭，叹息道：当初修筑永乐城的时候，竟然没有一人反对。①宋朝的对外政策，从此来了一个大转弯，对外咄咄逼人的军事行动全面终止。事实上，从战争规模看，永乐战役在宋夏战争的历史上并不能算是一次特别大的战争，宋朝在鄜延路的主力部队掌握在留守延州的种谔手上，参与永乐之战的只是其中少数。战争结束之后，沈括曾经统计宋军的伤亡人数，也不过一万一千余人，还远不及此前的灵州之役。而西夏在取胜之后也无力发动进一步反击，在军事上的弱势地位没有改变。永乐之役对宋神宗的打击，与其说是军事上的，还不如说是心理上的。

对于沈括在这次战役中的表现，宋神宗非常不满，大臣们也多有指责。后来在元祐年间担任环庆路经略安抚使的范纯粹曾这样评价永乐之役，他说：夏国对大宋效顺称臣已有很多年，双方和平相处，边境晏然无事。只因种谔、沈括这些人希功造事，欺罔朝廷，以为夏国失势，众怨亲叛，宋朝用不着太多的花费，就可把区区夏国席卷而平。于是，有的请覆巢长驱，有的请进筑开拓，使得朝廷大举戈甲，诸路并兴。但长驱直入，无功而返，后来筑城永乐，也以失利告终。各种方法都试过，一无所成。最后弄得关辅一带遍地疮痍，公私困敝，百姓流徙失所，军队士气不振。诸路军队虽然收复了一些故寨废州，但对中国并没有什么好处。而且，这些地方深在贼境，为了守住这些没用的城池，我们还不得不兴修防御工作，增添兵屯，加费金帛，损耗刍粮。这实在是得不

① 〔宋〕李焘撰：《续资治通鉴长编》卷三百三十元丰五年十月戊申，第13册，中华书局2004年版，第7945页。

偿失。[1]他把对沈括的批评集中在沈括开边生事上。实际上，开边之策本身并无错误，宋朝自仁宗以来对西夏推行步步为营的寨堡政策，虽然屡战屡败，但仰仗强大的综合国力，一步步把西夏逼入绝境，到神宗时由战略防御转向战略反攻是水到渠成的，而且灵州之役也表明宋朝完全有实力一举歼灭西夏，只是由于宋神宗本人的无能以及体制的弊端，才没有把这一战略优势转化为现实的军事成果。

沈括在永乐之败中确实负有不可推卸的责任，他的责任主要在于没有坚持原则，先主张修筑乌延城，后来屈从于徐禧与将领们的意见，放弃了自己的主张。但反过来说，即使是筑城乌延，西夏同样会做孤注一掷的赌博，而以宋朝这样腐败的统军体制，它在乌延城的失败同样是不可避免的。沈括在战争中虽然没有像历史上那些名将那样出奇制胜、力挽狂澜，但他在有限的兵力和权力下能够坚守绥德，确保延州北门，也可说是无愧于职责了。但前线的最高责任者徐禧死于战事，沈括作为鄜延路的军事统帅，替罪羊的命运自是必然的。元丰五年（1082）十月，沈括责授均州团练副使、员外郎，随州安置。

① 〔宋〕李焘撰：《续资治通鉴长编》卷三百七十二元祐元年三月壬申，第15册，中华书局2004年版，第9006—9007页。

第十一章　梦溪笔谈

梦溪丈人

元丰五年（1082）十月，沈括责授均州团练副使、员外郎，随州安置。团练使是散官官阶，没有实际职掌，只能领取半俸；安置相当于一种刑事处罚。沈括一下子降到了人生仕途低谷，从延州到随州，这一路上的抑郁愁苦可想而知。他从秦岭之南，一路迤逦而东，来到随州。在襄阳西北的光化道上，遇雨，他作诗一首：

望远初翻叶，随风已结阴。
雨篷宜倦枕，乡梦入寒衾。
莎笠侵郧俗，溪山动越吟。
烟波千里去，谁识魏牟心。[1]

随州古称汉东郡，位于汉水流域，东北面是桐柏山区。这里交通不便，地方闭塞，经济落后，在宋朝常常成为贬官的去处。沈括在随州一待就是三年多。

---

① 沈括《光化道中遇雨》，见〔清〕厉鹗撰《宋诗纪事》卷二十二《沈括》，四库全书本。光化军在襄阳西北，当是沈括被谪前往随州时由延州路经此地。

在随州期间，他曾有诗《汉东楼》：

野草黏天雨未休，客心自冷不关秋。
塞西便是猿啼处，满目伤心悔上楼。[①]

汉东楼在随州州治之南。安置期间，秋季的某一个雨天，沈括大概曾经登临此处。“满目伤心悔上楼”，表现了他对仕途险恶的恐惧，和对曾经荣耀的悔恨。后来他离开随州，在给太皇太后的谢表中说“未中年而白首”，又说“三年无半面之旧，一日见平生之亲”[②]，表明了他当时凄凉寂寞的生活状况。

元丰七年（1084）二月，刑部上奏说沈括可准赦量移。但宋神宗似乎恨透了沈括，竟不答应，要他“更候一赦取旨”[③]，也就是到下一次大赦时再说。

元丰八年（1085），宋神宗去世，子赵煦嗣位，这就是宋哲宗。哲宗继位之后，按例要大赦天下。沈括责授秀州团练副使。秀州就是现在的嘉兴，离沈括的故乡杭州不远。晚年归乡，也算是对他漂泊半生、老来凄凉的安慰。

他给皇帝、太皇太后上表谢恩，在给高太后的表中他这样说：我犯下这等大罪，本当被朝廷永远抛弃，现在却给我这分外的恩典，让我再世为人。我本不过是芸芸众生中普通的一员，幸逢盛世，被先帝重用，但我不知谦抑，急于进用，终于得到覆败的命运。自从受到处罚以后，我只是一个编户之民了，本以为要在颠沛中度过余生，哪料太皇太后大开洪恩，让我回到故乡。此恩此德，此生难报。[④]

沈括从随州到安陆，又从安陆来到汉口[⑤]，最后来到了江州。江州是长江边上的一座历史名城，它位于长江与鄱阳湖的交汇处，南面庐山，北负长江，既

---

① 沈括《汉东楼》，见〔清〕厉鹗撰《宋诗纪事》卷二十二《沈括》，四库全书本。

② 〔宋〕沈括撰：《长兴集》卷四《秀州谢表（又）》，四库全书本。

③ 〔宋〕李焘撰：《续资治通鉴长编》卷三百四十三元丰七年二月乙酉，第14册，中华书局2004年版，第8246页。

④ 〔宋〕沈括撰：《长兴集》卷十六《谢谪授秀州团练副使表（又）》，四库全书本。

⑤ 〔宋〕沈括著，胡道静校证：《梦溪笔谈校证》卷四《辩证二》，第81条，上册，上海古籍出版社1987年版，第200页。

是江西的咽喉所在，又有美丽的山水胜景。沈括似乎非常喜欢这个城市。他在江州熨斗洞造了房子，准备在那里终老一生。沈括可能在江州住了不少时间，《梦溪笔谈》中留下了不少他在江州的事迹。在江州期间，沈括还应知州蔡履中之请，撰《江州揽秀亭记》。其中说道："江州据吴鄣之麓，垂踵江滏，虹骞螭络，贯城皆山，而庶民列馆，会市于其下，台观廛庐，高下隐见于茂阴篁竹之间。"又说："四时之景，变化吐吸，类无常物，非语言绘素之所能。"[①]江州的美丽景致跃然纸上，沈括对它的喜爱之情从中可见。

元丰八年（1085）冬，沈括到达了安置的目的地秀州。[②]他在秀州住了四年。到秀州后，沈括的心情似乎也没有在随州时那样抑郁了。他在州治之西建啸诺堂，还写了一首诗，题为《秀州秋日》：

草满池塘霜送梅，林疏野色近楼台。
天围故国侵云尽，潮上孤城带月回。
客梦冷随风叶断，秋心低逐雁声来。
流年又喜经重九，可意黄花是处开。[③]

沈括在秀州时，心境比随州时大概好了许多，但还是有一些不快的事。其中一件，就是苏轼来到杭州，做了杭州知州。前文曾经讲到，沈括与苏轼馆阁任职时就不太和睦。熙宁年间沈括奉旨察访两浙，当时苏轼任杭州通判，沈括还曾搜罗苏轼的诗作，回朝后呈了上去，说有怨怼之词。两人从此结怨。但现在一切都反过来了，苏轼成了沈括父母之邦的长官，而沈括不过是一个安置秀州的罪人。据说，沈括曾想去接近苏轼，往来迎送，对他甚是恭敬，苏轼却更看不起他了。[④]苏轼在杭州上奏朝廷时，讲到两浙役法，又把沈括抨击了一通，

① 〔宋〕沈括撰：《长兴集》卷四《江州揽秀亭记》，四库全书本。

② 〔宋〕沈括著，胡道静校证：《梦溪笔谈校证》卷二十一《异事》，第386条，下册，上海古籍出版社1987年版，第709页。

③ 〔元〕徐硕撰：《至元嘉禾志》卷第三十一《题咏》，四库全书本。

④ 〔宋〕李焘撰：《续资治通鉴长编》卷三百一元丰二年十二月庚申，第12册，中华书局2004年版，第7336页。

说他以前奉使两浙，“辄以减刻为功”[1]。除此之外，沈括的家庭生活也不幸福，他的妻子不仅对他辱骂殴打，还将他与前妻所生的儿子赶出家门，又跑到官府跟他吵闹。

元祐四年（1089）九月，沈括摆脱了“安置”的处罚，叙朝散郎、光禄少卿，他被允许离开秀州到其他州军居住。[2]沈括大概在那个时候来到了他晚年最终的定居地点——润州。

但这一命令立即遭到旧党人物刘安世、梁焘的抵制。刘安世说：沈括秉性奸邪，贪冒荣宠，因缘朋党，做到了从官的高位。元丰末年担任延州统帅，邀功生事，创起边隙。永乐之祸，辱国殃民。神宗皇帝因此痛苦愧疚，离开了人世。天下忠义之士，无不把沈括当仇人一样痛恨。能够让他保全性命，已经是法外开恩了，怎可因为赦宥就让他重返仕途？他们说，这样一道诏命颁发下去，恐怕难以告慰天下百姓之心。为此，刘安世请求皇帝收回恩命，给沈括换一个地方继续“安置”。

后来，梁焘、刘安世又一起上奏，说沈括以从官担任一方的统帅，不能为朝廷绥怀外域，反而创起边事，希望侥幸得功，获取皇帝的宠幸，保住他的禄位。到后来永乐城陷没，士兵、百姓死了数万人；关陕一带疮痍遍地，到现在还没恢复。神宗皇帝虽然罢免了沈括统帅的职务，但还是赦免了他的死罪；而先帝自己，因忧伤过度离开人世。沈括这种人就算死一万次，都不足以赎其罪孽。

当时有人认为应该解除对沈括的“安置”，因为朝廷颁布的赦令乃是国家大法，不可因此失信于天下。但梁焘、刘安世认为，像沈括这样的人应该终身废弃，而不可援引一般的法律重新加以录用。神宗皇帝当初黜免沈括，天下都知道神宗皇帝是想以此告慰在永乐城下的死难臣民。现在收回成命，虽然失信，但只是失“小信”于沈括等少数人，保全了神宗皇帝和陛下仁爱百姓的“大

---

① 〔宋〕李焘撰：《续资治通鉴长编》卷四百三十五元祐四年十一月丁丑，第17册，中华书局2004年版，第10482页。

② 〔宋〕李焘撰：《续资治通鉴长编》卷四百三十三元祐四年九月己丑，第17册，中华书局2004年版，第10444—10445页。

信”。两者的轻重，是不能相提并论的。

他们还说，如果重新起用沈括之流，就会振奋小人的求进之心，接着便会有更多的人要求复位进用。这既非朝廷之幸，也不是百姓之福。[①]最后，年幼的哲宗皇帝只好收回成命（当时太皇太后高氏垂帘听政）。但事实上，沈括可能在元祐四年（1089）哲宗收回诏命之前已经离开秀州。

梁焘、刘安世反对重新起用的不只有沈括一人。但其他几个人，有的“欺君害民，诛求暴虐”，有的“苛刻聚敛，流毒一方”，都是残害百姓的贪官。沈括为官一生，没有贪暴的记录，竟与他们并列，也真是可叹可悲。不过沈括的罪名说起来大得更加吓人：他所领导的一场永乐之战，导致数万军民死难，又导致神宗皇帝郁悒而终。虽然，他只是这场战争的一只替罪羊。

一年之后，即元祐五年（1090）十月，沈括被任命为左朝散郎、守光禄少卿、分司南京，还被允许“任便居住”[②]。

沈括到润州后，修建了著名的梦溪园，自称梦溪丈人，终老在此。据沈括为梦溪园所写的记文，他在三十几岁时，曾经做了一个梦，梦见自己来到一个地方，登小山，山上花木绽放，如锦覆地。山下有水，澄澈极目，水之上有乔木掩映其中。在梦中，沈括喜欢上了这个地方，并决定要到那里定居。从那以后，这个美景时时在沈括梦中出现，有时一年梦见一两次，有时梦见三四次。每次梦中去到那个地方，他一点都不觉得陌生，就如到了平生常游之处。十多年后，沈括知宣州，有个道人说京口有人出售一个园圃，那个地方有山水美景，问沈括要不要购买。沈括花三十万缗钱买了这个园圃，但后来一直奔波于仕途，竟没去看一下。又过了六年，元丰五年（1082），沈括因永乐城事件，被送到随州安置。元丰末年，他到江州，游庐山，很喜欢庐山的景致，在熨斗洞造了房子，准备在那里终老一生。大概是在前往秀州的途中，沈括经过润州，到了早

---

① 〔宋〕李焘撰：《续资治通鉴长编》卷四百三十三元祐四年九月己丑，第17册，中华书局2004年版，第10444—10447页。

② 〔宋〕李焘撰：《续资治通鉴长编》卷四百四十九元祐五年十月戊戌，第18册，中华书局2004年版，第10788页。

年置买的这座园圃。沈括发现这一片产业居然就是自己梦中常游之地。他觉得自己一生的缘分大概就在此处了，于是放弃了在江州置办的房产，在润州的园圃中筑室定居。①

沈括在润州留下了几首诗作。其中一首是他外出游览经过丞相陈升之的故居所作的。陈升之是建州建阳人，他在神宗年间曾任制置三司条例司，帮助王安石推行新法；后担任丞相，又请求撤销了条例司，而且在新政的推行中表现出与王安石不同的立场。史称他“深狡多数，善傅会以取富贵”。可见他的政治立场、行事为人，与沈括是颇为接近的。陈升之晚年任镇江节度使、同平章事，在润州居住。他在那里建造了豪华的住宅，高大雄壮。②据沈括的记载，住宅建成时，陈升之已经病得很厉害了，只叫人用肩舆抬着登上西楼去看了一下。因此，人们称这座豪宅为“三不得”：居不得，修不得，卖不得。③陈升之于元丰二年（1079）四月退休，退休两天后便离开人世。沈括游览这座豪宅，并作诗一首：

丞相高斋半草莱，旧时风月满亭台。
地从日月生时见，天到江心尽处回。
三国是非春梦断，六朝城阙野花开。
心随潮水漫漫去，流遍烟村半日来。④

看着丞相的豪宅一半地方已经被草莱掩埋，而六朝的城阙遗址处在野花之中，沈括的心境是落寞而伤感的。“心随潮水漫漫去”，似乎表现出他对官场的厌倦。

但在另一首诗《游花山寺》中，沈括却这样写道：

---

①〔宋〕卢宪纂：《嘉定镇江志》卷十一《居宅》，清道光二十二年丹徒包氏刻本。

②〔宋〕李焘撰：《续资治通鉴长编》卷二百九十七元丰二年四月丁巳，第12册，中华书局2004年版，第7233页。

③〔宋〕沈括著，胡道静校证：《梦溪笔谈校证》卷二十五《杂志二》，第468条，下册，上海古籍出版社1987年版，第810页。

④〔宋〕沈括：《登北固楼》，载《两宋名贤小集》卷一百二十六，四库全书本。

经旬飘雨喜新晴，病马冲泥取次行。
老态只应随日至，春心无意与花争。
山川满目浮烟合，楼阁侵天暮霭横。
嗟我有身无处用，强携樽酒入峥嵘。[①]

在这首诗中，沈括虽然觉得年华老去，“春心无意与花争”，但又不自禁发出“嗟我有身无处用”的感叹。可见他晚年的心境是相当复杂的。

绍圣元年（1094），沈括复官，领宫祠。至于宫祠的具体名目，已不得而知了。人们都来向他道贺。但当时他的妻子张氏病死，沈括精神恍惚不安。有一次，船过扬子江，他忽然想投水自尽，左右把他拉住才没事。但没过多久，沈括终究还是死了，终年六十五岁。[②]沈括死后归葬杭州钱塘，坟墓坐落在安溪太平山南麓。

《梦溪笔谈》

沈括晚年的头一件大事，便是写作《梦溪笔谈》。[③]书既成，沈括为之作序，说：

予退处林下，深居绝过从，思平日与客言者，时纪一事于笔，则若有所晤言，萧然移日。所与谈者，唯笔砚而已，谓之《笔谈》。圣谟国政，及事近宫省，皆不敢私纪；至于系当日士大夫毁誉者，虽善亦不欲书，非止不言人恶而已。所录唯山间木荫，率意谈噱，不系人之利害者，下至闾巷之言，靡所不有。亦有得于传闻者，其间不能无缺谬。以之为言则甚卑，

① 〔清〕厉鹗撰：《宋诗纪事》卷二十二《沈括》，四库全书本。

② 〔宋〕朱彧撰，李伟国校点：《萍洲可谈》卷三《沈括妻妒暴》，上海古籍出版社1989年版，第62页。

③ 祖慧考证《梦溪笔谈》最初的书名作《笔谈》，详见《沈括评传》南京大学出版社2004年版，第155—159页。

以予为无意于言可也。

沈括自从永乐兵败之后，责官安置，人身自由也受到一定的限制。他平时不免深居简出，很少与人交往；素日相伴，唯有笔砚而已。沈括当时的心境很是落寞凄凉，闲着无事，便回忆平生的所见所闻，撰成《笔谈》一部。他写作的原则有两个：第一是不写事关国家大政、宫廷禁忌的内容；第二是不涉及别人的利害关系，凡是涉及他人善恶是非问题的内容，一概不写。

《笔谈》虽是沈括晚年的作品，但宋朝士大夫有做笔记的习惯，有些素材可能早在此前已经笔录下来了。如书中提到魏闲，说他“尚居陕中”，而魏闲实际上在嘉祐八年（1063）已经去世。可见这条笔记很可能是嘉祐年间或嘉祐以前就写好的。

至于《笔谈》全书的成书时间，则可从它的内容中进行推断，书中有很多内容明确记载了时间。而提到沈括秀州的经历就非常丰富，如卷十六第275条提到“予在秀州”，卷二十一第386条讲到“元丰末，予到秀州”，同卷第361条还提到“近岁秀州华亭县亦因雷震”。但书中没有确切讲到他晚年居住润州时的情形。由此看来，《笔谈》大概是沈括在秀州时期撰成的。

沈括写成《笔谈》后，又作《补笔谈》。《补笔谈》也同样提到了沈括在秀州时期的一些经历，如卷三提到他曾经制作《守令图》。《守令图》是沈括在元祐二年（1087）完成，元祐三年（1088）进呈的。由此可以推知，《补笔谈》当作于元祐二、三年之后，同时反过来也可证明《笔谈》在元祐二、三年之前沈括刚到秀州的那几年间就已完成了。

《补笔谈》中还用追叙的笔法提到蒋之奇担任河北都转运使时的情况（卷三第576条）。而蒋之奇在元祐四年（1089）三月乙酉迁河北漕发运，元祐六年（1091）九月辛亥自河北转运使知瀛州。李裕民先生由此推断《补笔谈》可能成书于元祐六年之后。《补笔谈》中还提到章惇，称他为“章枢密”（卷二）。而章惇在世时的最高官衔为丞相，而非枢密。他在元丰八年（1085）五月戊午任知枢密院事，元祐元年（1086）闰二月知汝州，绍圣元年（1094）四月任门下侍郎（丞相）。由此可见《补笔谈》的成书当在绍圣元年（1094）四月以前。因此，《补笔谈》成书于沈括在润州期间的元祐六年（1091）到元祐八年（1093）这一时期。[①]

《补笔谈》之外，沈括又有《续笔谈》数条。

关于《笔谈》的卷数，晁公武《郡斋读书志》、陈振孙《直斋书录解题》都作二十六卷，《宋史・艺文志》作二十五卷，郑樵《通志・艺文略》作二十卷。《四库全书总目》在著录时做了一番考订。四库馆臣们发现近世有马氏刻本，将《补笔谈》二卷与《续笔谈》一卷合而为一刊行。马氏在序言中说：世间所传的《补笔谈》每篇卷首都写着所补之卷，有的还写着补前几件、补后几件之类的话语，如“补第二卷后十件”等。他认为这些话必不是后人擅自写的，应是沈括本人所作。但他发现《补笔谈》篇前的题辞与传世的二十六卷本并不是一致的。而且，《笔谈》原书只有二十六卷，但《补笔谈》中很多内容是补卷二十七至卷三十的。由此可见，《笔谈》本来有三十卷，郑樵《通志》大概也著录了三十卷，但后人辗转传刻，缺了一笔，把三十变成了二十。《笔谈》到最后经人删改，定为二十六卷。[②]

《笔谈》在沈括在世时便已刊行、流传。李裕民引《康熙扬州府志》卷二一《邹浩传》做了考证，认为邹浩在元丰七年（1084）任扬州州学教授，元祐二年（1087）离任，他在扬州任上刻印了沈括的《梦溪笔谈》。当时沈括还在秀州，大概刚刚撰成《笔谈》一书。秀州离扬州不远，邹浩跟沈括大概是有所交往的。《笔谈》一经刊行，便在士大夫中流传。与沈括同时代的人王辟之撰《渑水燕谈录》，书中便引用了《笔谈》中的记载。[③]《渑水燕谈录》是绍圣二年（1095）刊行的，他的实际撰成时间可能更早。

现在传世的《梦溪笔谈》的各个版本，都出自南宋乾道二年（1166）扬州州学的刊本。汤修年在乾道二年（1166）刻本的跋语中说，当时周淙知扬

---

① 李裕民：《〈梦溪笔谈〉与沈括〈良方〉研究》，载《宋史新探》，陕西师范大学出版社1999年版，第291—292页。

② 见《四库全书总目》卷一百二十《子部・杂家类》。李裕民先生在《〈梦溪笔谈〉与沈括〈良方〉研究》一文中对三十卷本是初稿、二十六卷本是删定本的看法持不同意见。详见李裕民著：《宋史新探》，陕西师范大学出版社1999年版，第291—292页。

③〔宋〕王辟之撰，吕友仁点校：《渑水燕谈录》卷第八，中华书局1981年版，第103页。

州，决定重建州学，并用多余的费用刻印《笔谈》，再把出售《笔谈》所得的经费作为州学的经费。汤修年在跋语中还谈到，扬州公库中本来就有《笔谈》一书，州里常出售此书以充州里的行政费用。[①]这些公库旧书很可能就是邹浩在扬州时传下的。南宋人赵与时在他的《宾退录》中曾提到“广陵所刻《梦溪笔谈》”[②]，可见乾道二年（1166）刻本已经称作《梦溪笔谈》了。这个刻本到民国时还曾存世，玉海堂曾取以影刻，从其书影看，确是称为《梦溪笔谈》的。[③]

《笔谈》的内容十分丰富，沈括自己分为十七门：故事、辩证、乐律、象数、人事、官政、权智、艺文、书画、技艺、器用、神奇、异事、谬误、讥谑、杂志、药议。据李约瑟在《中国科学技术史》上的分类，共有以下几项：

大类	小类	条数	合计
人事资料	官员生活及朝廷	60	270
	学士院及考试事宜	10	
	文学及艺术	70	
	法律及警务	11	
	军事	25	
	杂闻及逸事	72	
	占卜、玄术及民间传说	22	
自然科学	关于易经、阴阳及五行	7	207
	算学	11	
	天文学及历法	19	
	气象学	18	

① 〔宋〕沈括著，胡道静校证：《梦溪笔谈校证》，下册，上海古籍出版社1987年版，第1087页。

② 〔宋〕赵与时：《宾退录》，载《宋元笔记小说大观》第4册，上海古籍出版社2001年版，第4168—4169页。

③ 张家驹著：《沈括》，上海人民出版社1978年版，第149页。又见《梦溪笔谈校证》上册，扉页插图。

续表

大类	小类	条数	合计
自然科学	地质学及矿物学	17	
	地理学及制图学	15	
	物理学	6	
	化学	3	
	工程学、冶金学及工艺学	18	
	灌溉及水利工程	6	
	建筑学	6	
	生物科学、植物学及动物学	52	
	农艺	6	
	医学及药学	23	
人文科学	人类学	6	107
	考古学	21	
	语言学	36	
	音乐	44	
总　　计			584

由此可见，其内容是十分丰富的。当然，其中有关自然科学部分的记载是全书最有价值的内容。

沈括在自然科学上的成就是多方面的，其中很多内容如天文、地理等在以前的章节中已经有比较详细的介绍，他在医学上的贡献则放到下章进行专门的论述，下面仅就他在数学、物理、化学和生物学四个基础学科上提出的一些见解，或进行的一些实验，或描述的一些科学现象，做简单的介绍。

隙积术和会圆术

沈括的数学成就主要是隙积术、会圆术两项。沈括在《梦溪笔谈》中讲，古人有很多求体积的方法，主要有以下几种：

（1）刍萌：指底面为长方形的楔形体；

（2）刍童：上下底都是长方形的棱台体；

（3）方池：长方体；

（4）冥谷：倒置的刍童；

（5）堑堵：原意是形如木墙的立体，这里指长方体沿一面对角线斜割而成的立体，也就是二底面均为直角三角形的三棱柱；

（5）鳖臑：原意为鳖的臂骨，这里指底面为直角三角形并有一棱与底面垂直的锥体；

（6）圆锥；

（7）阳马：底面为长方形并有一棱与底面垂直的四棱锥。

对各种形状物体的体积计算方法，古人都有说明，但都是针对侧面由平面围成的“方积”的物体，而没有侧面有缺口和空隙的“隙积”的物体。比方说，“立方”，六个面都是正方形，要求它的体积，只要边长自乘三次就可以了。又如“刍童”，它像一个倒扣在地上的斗，四个侧面都是斜面。求“刍童”的体积，用上长二倍与下长的和，再乘上宽为第一项，用下长二倍与上长的和，再乘下宽为第二项，把这两项相加，乘高，最后再用6除即可。用我们现代的数学术语来表达，就设上长为a，下长为A，上宽为b，下宽为B，垂直高为h，则“刍童”的体积V的计算公式就是：$V=h\times[(2a+A)b+(2A+a)B]\div6$。

那么，如何求得“隙积”的体积呢？所谓“隙积”，是指有空隙的堆积体，如垒起来的棋子，又如一层层筑起来的阶梯形的土台、酒店里面堆在一起的酒坛等。沈括说，它们的形状虽然像倒扣在地上的斗，四个侧面都斜着下来，但由于边缘有亏缺，中间可以有空隙。如果用计算“刍童”的方法去计算，算出来的数值可能要比实际的体积小。沈括经过认真思考后，想出了一个新的算法：在用“刍童法”求出数值后面，再补加一项。这一项是下宽与上宽之差，乘高，再用6除所得的数值。

沈括举堆积的酒坛为例作说明。假如最上层纵横各有2个酒坛，最下层纵横各有12个酒坛，相邻两层纵横各差1个。从最上层开始有2个酒坛，每往下一层加1个，直到底层12个，共有11层。用“刍童法”计算：上层的2倍为4，加下长12，得16，再乘上宽2，得32；下层长12的2倍为24，加上长2，得26，再乘下宽12，得312。两项相加得344，再乘高11，得3784；再除以6，得649。这就是全部酒坛的数目。我们用现代算式写出来，整个计算过程是这样的。

第一步：$[(2\times2+12)\times2+(2\times12+2)\times12]\times11=3784$

第二步：$(12-2)\times11=110$

第三步：$(3784+110)\div6=649$

沈括的隙积术所包含的思想是深刻的。他把垒棋、积罂类比于层坛，也就是把离散个体的累积数化成求层坛的体积值，表明他已经初步具有了用连续模型来处理离散问题的思想。

在同一篇文章中，沈括还提到了会圆术。他说，测量田亩，无论方圆曲直，都有法可求，但还没有人使用会圆术。凡是圆形的田，既然能算出分割出来的部分，那么只要把各部分合起来，就能使它复圆。古人用拆分一个圆的方法分别一一计算弧长，再会合起来，误差可能达到三倍。沈括发明了“拆会”之术。假设有一个圆，用其半径作为直角三角形的斜边，又用半径减去所割圆弓形的高而得到的差作为直角三角形的一条直角边，然后用勾股定理算出另一条直角边再乘2就得到所割圆形的弦长。另外把所割圆弓形的高自乘，再乘2，然后除以圆的直径，把所得的商与圆弓形的弦长相加，就得到所割圆弓形的弧长。如下图所示：

$$c=2\sqrt{\left(\frac{d}{2}\right)^2-\left(\frac{d}{2}-h\right)^2}$$

$$S\approx\frac{2h^2}{d}+c$$

其中：c——弦长，d——直径，h——圆弓形的高，S——弧长。

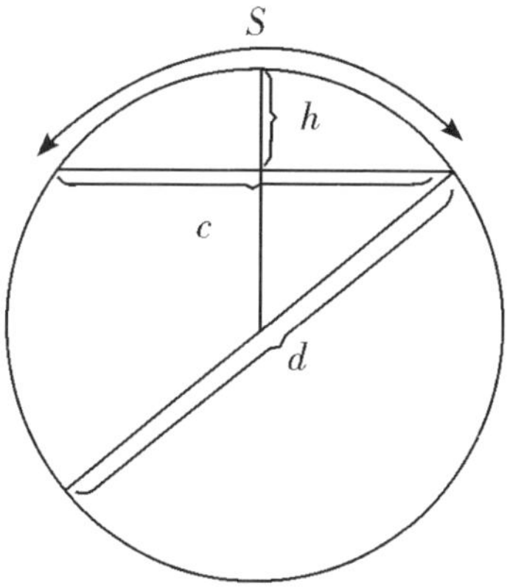

（图片采自李群注释《〈梦溪笔谈〉选读（自然科学部分）》，科学出版社1975年版，第107页。）

沈括举例说，假如有一圆形的田，直径10步，求高为2步的圆弓形弧长。就以半径作为直角三角形的弦，它的长度是5步，自乘得25；再将半径5步减去圆弓形的高2步，得3步，作为直角三角形的股，自乘得9。用弦方25减去股方9，得16，开方得直角三角形的勾为4步。然后用这长度乘2，就得到所割圆弓形的弦为8步。按照会圆术计算，将所割圆弓形的高2步自乘得4，再乘2得8，再除以圆的直径10步，得到4尺（1步等于5尺）。将这项加上圆弓形的弦，得到所割弧长为8步4尺。

沈括建立会圆术公式的主要思想是在局部上以直代曲。公式反映出，当弧长逐渐缩小直到为零时，弧和弦，即曲线和直线，终于等同起来。这是对刘徽割圆术思想的重要发展。可以认为，沈括已经初步接触到了微分的思想。①

物理学上的实验与理论

1.指南针与磁偏角

前面我们谈到沈括的音乐理论时介绍了他在声学方面的一些见解，下面让我们看一下他在磁学和光学上的成就。先介绍一下《梦溪笔谈》中对指南针的记载。

指南针是根据磁体的指极性而发明的。什么叫磁体的指极性呢？就是说，把一根磁体支挂起来，当它静止时，必然有一端指向北，这一端则为北极。另一端指向南，则为南极。磁体的磁性主要就集中在这两个极上。磁体为什么能有这种指极性呢？这是因为地球本身就是一个极大磁体，它的两个极分别接近于地理南极与地理北极。所以，当处于地球表面的磁体被支挂起来而可以自由转动时，出于同性极相斥、异性极相吸的原理，磁体总是静止于南北向上。中国古代四大发明之一的指南针，就是利用磁体的指极性制成的。

中国人早在战国时代就已经发现了磁体的指极性，并用它制成“司南”来辨别方向。到宋代时，人们对磁体指极性的应用更进一步。沈括在《梦溪笔谈》

---

①〔宋〕沈括著，胡道静校证：《梦溪笔谈校证》卷一八《技艺》，第301条，下册，上海古籍出版社1987年版，第574—575页。李群注释：《〈梦溪笔谈〉选读（自然科学部分）》，科学出版社1975年版，第103—112页。

中记载了当时指南针的使用情况：方术家用磁石去磨针锋，针尖指向南方，不过常常是略微有点向东偏，并不是完全指向正南方。让磁针浮在水面上，它常晃荡不止。也可以把磁针放在指甲上和碗口上，磁针转动更快，但指甲和碗口都又硬又滑，磁针容易掉下来，不如用绳子悬挂起来最好。具体的做法是：从新缫的绵丝中取单股蚕丝一根，再用芥子大小的那么一点蜡，把丝粘连在针腰上，悬挂在无风之处，磁针就能指向南方。也有些磁针，经过磨制后就指向北方。①

沈括在这里记载了宋代人们使用磁针的几种方法：（1）浮在水面上；（2）放在指甲或碗口上；（3）丝线悬挂。沈括认为第一种方法容易摇晃，第二种方法磁针容易掉下来，第三种方法最好。值得注意的是，沈括没有把丝以打结的方法安置到磁针上，而是以黏附的方式安置到磁针上，可能是为了减小磁针运转时丝所产生的弹力，以使磁针的指向更加正确。指南针是中国的四大发明之一，沈括的记录已经成为研究中国科技史的重要文献。

更为难得的是，沈括在记录指南针时还谈到了有关磁针的极其重要的两项发现：

第一是磁偏角的发现。因地磁南北极与地理南北极不重合，所以地球表面上磁针的指向与真正的南北方向并不完全一致，而会偏离一个角度，这个角度叫作磁偏角。在中国中部和东部地区，指南针的南极偏向东，指南针的北极偏向西。沈括明确指出磁针并不指向正南方向，而是稍稍偏向东方。这一发现是世界上最早的。在西方，直到1492年，哥伦布首次横渡大西洋时才发现各地磁偏角有所不同，比沈括的记述迟了四百多年。由于地磁偏角在地球上每个点是各不相同的，而且是逐年变化的，一般来说，偏角最大者可达二十多度，最小者只有一度或不到一度。据现代研究，在沈括的家乡长三角地区，地磁偏角一般不过三四度。这样小的偏角，如果不是经过长期仔细的观察，是很难发现的。由此可见，沈括的这项发现是多么了不起。

① 〔宋〕沈括著，胡道静校证：《梦溪笔谈校证》卷二十四《杂志一》，第437条，下册，上海古籍出版社1987年版，第768页。

第二是沈括发现磁针不仅有指南的，也有指北的。实际上，所有磁石都有南北两极，把北极磨成针尖，则指向南方；把南极磨成针尖，则指向北方。关于磁石的两极性，在西方，直到1269年法国人佩雷格里鲁斯（Peregrinus）才有比较明确的认识。

2.凹面镜成像与针孔成像

沈括在《梦溪笔谈》中有阳燧成像与针孔成像的记述。所谓阳燧，是一种凹面镜，古人用凹面镜取火，把它拿到太阳光下，日光聚于焦点，放在焦点上的东西就会燃烧起来。沈括发现用阳燧照物，物体都会颠倒过来，他认为是中间有"碍"的缘故。历算家称之为"格术"。沈括说，这好比有人驾船摇橹，搁住船橹的小木桩（橹轴）就是"碍"。阳燧的表面是凹陷的，手指靠近凹面，镜中的手指是正立的；把手指移离阳燧，渐移渐远，慢慢地，镜中就看不到手指了。过了某一个点，手指又在镜中出现，是一只倒立过来的手指。沈括认为，这一点正如窗孔、橹架、腰鼓之腰，起着"碍"的作用，就像橹以橹架为支点，本末两头相对，构成摇橹的动作。在阳燧之前，手向上举时影向下，手向下垂时影向上。①

凹面镜成像的现象，早在战国初《墨子》中就有记载。沈括的贡献在于用生动的比喻来描述，说得更加细致，也更容易让人明白。他的解释与现代几何光学对这些问题的认识，几乎是完全一致的。我们知道，光线是直线行进的。一束平行光线，遇到凹面镜后，就会聚于一点，称为焦点。沈括把它称为"碍"。物体在凹面镜焦点以内时，成正立虚像；在焦点上时则成平行光线，不能成像；在焦点以外，则成倒立实像。沈括用手指当物，对这些现象做了审慎的观察，并把它记录下来。这充分反映了他科学实验的精神和细致入微的观察力，也表明他对光成直线行进和凹面镜的成像原理已经有了比较理性的认识。

《墨子》虽然记录了凹面镜，但没有记录凹面镜的焦点。《墨子》把人作为实物，又以人本身为观察的仪器，当人从镜面远处走向镜面时，他看到自己缩

---

①〔宋〕沈括著，胡道静校证：《梦溪笔谈校证》卷三《辩证一》，第44条，下册，上海古籍出版社1987年版，第111—112页。

小、倒立的像迎面而来；当他接近球心时，因像小于人的眼睛的明视距离，像就逐渐变得模糊，以致不可辨识；当人在球心时，像也在球心上，当然一无所见；当人越过球心走向焦点时，看到正在放大的像。所以球心与焦点之间的这一段距离，因没有看到像，《墨子》笼统地把它称为“中”。而沈括把手指当作实物，把眼睛当作观察仪器，他的观察不受眼睛本身的影响。沈括用自己的手指当作物体，把物体（手指）和观察者（眼睛）分开来进行实验，能比较详尽地描述成像的各种情况，这在科学方法上具有重要的意义。正由于此，沈括发现了成正像与成倒像有个分界点，并进一步发现了近代光学上的焦点。在西方，直到13世纪，英国人培根才磨制出第一块凹面镜。[①]

在同一篇文章中，沈括又记述了针孔成像现象。他说，鸢在空中飞翔，它的影子随着它的身子一起移动。如果鸢和它的影子之间隔着窗孔，也就是让鸢通过窗孔在室内墙壁上成像，那么鸢影的移动方向就会和鸢不一样：鸢向东，影子向西；鸢向西，影子向东。又例如楼塔，其通过窗孔在室内投下的像，由于楼塔和它们的像中间的光线为窗子所约束，也都是倒立的。沈括认为这和阳燧、鸢是一样的道理。[②]

3. 曲面镜与透光镜

沈括在《梦溪笔谈》中还讲到古人的铸镜技术。他说，古人铸镜子时，一般将大镜子铸成平的，将小镜子铸成凸的。镜面凹，照出人脸要大些；镜面凸，照出人脸的像要小些。小镜子如果铸成平的，就看不到人脸的全部，所以要把它做得稍微凸一些，以便使人脸变小。这样，镜子虽小，仍然可以照全人脸。人们造镜子时要量镜子的大小，以决定增减镜子的凸起程度，使人脸的大小和镜子的大小相称。沈括说，这是铸镜工人的技巧和智慧，后人却不能如此造镜。近来人们得到古人的凸面镜后，往往把它刮磨平整。沈括对此非常感慨。[③]现代

① 南京大学物理系科学史研究组：《沈括的〈梦溪笔谈〉和我国古代物理学》，《南京大学学报（自然科学版）》，1975年第2期。

② 〔宋〕沈括著，胡道静校证：《梦溪笔谈校证》卷三《辩证一》，第44条，上册，上海古籍出版社1987年版，第111—112页。

③ 〔宋〕沈括著，胡道静校证：《梦溪笔谈校证》卷十九《器用》，第327条，下册，上海古籍出版社1987年版，第630页。

物理学证明，镜面曲率越大，成像越小；反之，曲率越小，成像越大；当曲率趋于零时，则像的大小接近物体本身的大小。[①]沈括所记述的古代铸镜工人的铸镜经验，反映了中国古代人民把光学知识应用于生产实践的事实。这一技术至今仍被广泛使用，比如汽车前面安装凸面镜，司机可以通过它看到车后更宽广的路面情况。同时，从沈括的记述中也可看出，到北宋时，已经很少有人能掌握这种铸镜技术了。由于整个文化环境对科学技术的轻视，中国古代的很多发明常常中途失传，整个科学技术缺乏继承，比较难以形成学科和体系，这也是很遗憾的。

《梦溪笔谈》中还记载了一种透光镜，镜子背面刻有铭文，共二十个字。这是一种很古老的文字，没有人能认出来。把镜子放在日光下，背面的花纹和二十个字都投射在屋壁上，非常清楚。沈括家藏有三面这样的镜子，他还在其他人家里看到过这样的镜子。有人解释其中的原因，认为是铸镜时薄的地方先让它冷却，背面有花纹的地方比较厚，冷得较慢，铜收缩得多一些，因此文字虽在背面，镜的正面也隐约有点痕迹，在光线中就会显现出来。沈括赞同这种解释。[②]对透光镜的解释，沈括说厚处铜收缩得多，基本上是正确的。因为镜背面有花纹，致使镜面也呈相似的凹凸不平状，但起伏很小，肉眼不能察见。当它反射光线时，由于长光程放大效应，就能够在屋壁上反映出来。

从沈括的记载中可以看出，这种透光镜上的文字到沈括时已经无人能识，它很可能是商周时期的产品。但到宋代时，透光镜的技术已经失传了。而且，当时也没有人愿意去钻研和重新掌握这种技术，这是很可悲的。

4.“长虹吸水”的光学原理

沈括在《梦溪笔谈》中还记载了“长虹吸水”的现象，并试着从光学的角度对它加以解释。沈括在熙宁年间出使契丹时看到了“长虹吸水”的一幕。他到契丹最北边的黑水境内的永安山下，支起了帐篷。当时刚好雨后初晴，他看见长虹垂到帐篷前面的山涧中。沈括与同事一起到涧旁观看，只见长虹两头垂

① 李迪：《沈括在物理学上的贡献》，《物理学报》，1975年第4期。

② 〔宋〕沈括著，胡道静校证：《梦溪笔谈校证》卷十九《器用》，第330条，下册，上海古籍出版社1987年版，第634—635页。

下，落到涧里。他派人走过涧去，大家在虹的两边面对面站着，相隔数丈，中间好像隔着一层轻纱。因为是傍晚的缘故，从西向东看，能看到虹；从东向西看，因为日光耀眼，就什么也看不见了。过了好久，长虹慢慢向正东移动，最后越山远去。次日他们再走一程路，又看见了虹。在文中，沈括提到了孙彦先对这一自然现象的解释："虹乃雨中日影也，日照雨即有之。"①

虹是白光色散的结果。白光是由红、橙、黄、绿、蓝、靛、紫七种色光组成的，所以白光在一定条件下会分解成七色光，这就叫色散。彩虹的发生，就是当空气里存在许许多多水珠，太阳白光射在水滴上发生折射和反射，而白光中的七色光折射程度不同，紫光最大，红光最小，天空中就出现了七色的虹。可以说，彩虹是自然界最大规模的色散现象了。不管中国还是外国，研究色散总是从彩虹开始的。沈括虽然没有理解光的折射与反射原理，没有对虹的产生作出真切的解释，但他引用了孙彦先的观点，认为虹是雨中日影，是日光照射雨滴而发生，也算比较接近正确了。而且，他指出虹与太阳的相反方向，也与现代气象学中所阐明的虹的特征基本相符。

5. 导体与绝缘体

《梦溪笔谈》中记载了这么一件事：内侍李舜举家，曾经为暴雷所击。他家堂屋的西室，雷火自窗户来，直出屋檐。人们以为堂屋已经着火了，都出去躲避。雷停止后，却见房屋依然如故，只是墙壁和窗纸被烧焦了。屋内有一个木架，里面放着各种器皿，其中有镶银的漆器，上面的银全部熔化了，流在地上，而漆器却没有被烧焦。他们家有一把宝刀，钢质十分坚硬，却在刀鞘中熔为钢水，而刀鞘还在。人们都认为，照道理，每遇大火发生，总是草木先被焚毁，然后才是金属石料。现在金石都被焚毁了，而草木安然无恙，这完全出乎人们的意料。②

沈括在这里详尽地描绘了一次雷电事故的景象，金属被雷电击毁，而草木

---

①〔宋〕沈括著，胡道静校证：《梦溪笔谈校证》卷二十一《异事》，第357条，下册，上海古籍出版社1987年版，第670页。

②〔宋〕沈括著，胡道静校证：《梦溪笔谈校证》卷二十《神奇》，第347条，下册，上海古籍出版社1987年版，第656页。

安然无恙，这实际上是导体与非导体的区别。雷电造成危害的原因是和它的物理效应紧密相关的。打到地面的闪电，可具有高达一万安培的峰值电流，个别甚至可以超过十万安培。这样大的电流可使直径仅几厘米的闪电通道上迅速增温至几万摄氏度。炽热的高温使闪电通道中的空气几乎完全电离，并发出耀眼的光亮。闪电通道的电能是在十万分之几秒的时间内释放的，因而形成爆炸过程，使我们听到隆隆的雷声。强电流穿过银和钢这类导体时，可以使它们立即熔化，李舜举家的宝刀因此被毁；而非导体受到雷电传出的热量的间接作用而被烧焦，李家的墙壁和窗纸因此被烧焦而变为黑色。沈括不知道导体、绝缘体的区别，用佛教中的“龙火”来解释，显然是错误的。[①]

生活在南北宋之间的庄绰在《鸡肋编》里讲到，他在南雄州任职时看到当地的福慧寺被雷击中，其中一尊骑着狮子的佛像也破裂倒地，那上面所涂的金粉都熔化了，而其他色彩依然如故。[②]这与沈括见到的宝剑毁了而剑鞘不毁是一样的道理。

若干化学现象的记载

沈括在化学上的成就不如数学和物理，他在这方面没有提出有新意的理论，也没有进行科学实验，但《梦溪笔谈》中还是记载了一些化学现象，可供人们作研究之用。

1.对盐晶体的描述

据《梦溪笔谈》记载，解州盐泽，方圆一百二十里。下雨虽久，周围山里的水都流入池里，但从来没有泛滥过，大旱时也没有干涸过。盐卤在版泉之下，呈正红色，俗称“蚩尤血”。只有中间有一股泉水是甘泉，有了这种泉水才能把食盐结晶出来。解池之北还有一条巫咸河。大卤的水如果没有甘泉水掺和就不能制成盐。如果引入巫咸水，盐同样不能结晶。所以人们称它为“无咸河”，并

---

① 李群注释：《〈梦溪笔谈〉选读（自然科学部分）》，科学出版社1975年版，第153页。

② 〔宋〕庄绰撰，萧鲁阳点校：《鸡肋编》卷下《记南雄州雷火事与沈括笔谈相符》，中华书局1983年版，第106页。

把它当作盐泽湖的祸害，修筑了一道大堤来堵截此水的流入，对它防范的程度甚至超过防范盗贼。究其原因，那是由于巫咸河的水非常混浊，它一旦进入大卤，盐池中出现淤泥一样的沉淀，就不能制出好盐了。[①]

解州池盐生产开始于春秋之时。沈括总结了前人生产的经验，对盐泽的水文地质条件、成盐的化学作用及胶体溶液对食盐沉淀的破坏作用做了详尽的记述。解池卤水之所以呈现红色，可能是因为其中含有较多杂质，特别是含有大量氧化铁的缘故。要制造比较纯粹、可供食用的食盐，必须进行重新溶解与结晶，把其中的铁质分离出来，因此必须用一种淡水来溶解。沈括所说的"甘泉"便充当了这样的作用。相反，巫咸河水注入卤水，就会破坏食盐结晶，因为巫咸河是一条浊水，水中含有大量的胶体溶液。自然界胶态物质带有正电荷的少，带有负电荷的多，这些胶态物质与钾、钠、镁等阳离子相遇，立即凝聚成胶，沉淀下来，成为盐离子，而钠与氯离子各自分散，不能形成食盐晶体。沈括在当时限于历史条件，当然不可能对甘泉、巫咸河与卤水成盐的关系有这样清楚的认识，但他比较重视劳动者的生产实践，观察并如实地记录了这一化学现象。[②]

2.胆矾制铜

沈括在《梦溪笔谈》中记载了中国古代利用胆矾生产铜的实践。他说，信州铅山县有个苦泉，水流成涧。取其中的泉水煎熬就会生成胆矾，胆矾经过烹煮就能产生铜。熬胆矾用的铁锅时间久了也会变成铜。熬水居然能够变出铜来，沈括觉得非常奇怪。沈括还注意到，石洞中的水滴下来都成了钟乳石和石笋，春分、秋分时节打上来的井水能结出石花，卤水的下面能生成阴精石。沈括认为所有这些现象都是"湿之所化"。就像木之气到天上变为风，木能生火，风也能生火。这些都是五行的本性。[③]胆矾就是硫酸铜。炼铜的原理就是"置换反

---

① 〔宋〕沈括著，胡道静校证：《梦溪笔谈校证》卷三《辩证一》，第50条，上册，上海古籍出版社1987年版，第127页。

② 南京大学化学系评法批儒小组：《沈括的〈梦溪笔谈〉和我国古代化学》，《南京大学学报（自然科学版）》，1975年第1期。

③ 〔宋〕沈括著，胡道静校证：《梦溪笔谈校证》卷二十五《杂志二》，第455条，下册，上海古籍出版社1987年版，第792—793页。

应”，即铁与硫酸铜相结合，生成铜与硫酸铁。铁的化学性质比铜活泼，使置换反应能够顺利进行。对于这一化学现象，中国早在秦汉时就有认识，并将之应用于生产。但沈括显然没有认识到这一化学变化的本质。他把它与钟乳石的形成联系起来，认为都是“湿之所化”。用“湿之所化”解释钟乳石的成因是正确的，因为碳酸钙不溶于水，但当水中溶有二氧化碳时，便可使岩石中的碳酸钙转化为可溶性的碳酸氢钙，而可溶性的碳酸氢钙失去二氧化碳后又可变回不溶解的碳酸钙。用它来解释铜的提炼就不那么恰当了。而且，沈括还煞有介事地用五行理论来解释这一现象，就更滑向神秘主义的一端了。

3.太阴玄精

《梦溪笔谈》中还对某些化学物质做了详细描述。如太阴玄精，据《梦溪笔谈》的记载，它出产于解州盐泽的大卤中，从沟渠内掘土可得。大者如杏叶，小者如鱼鳞，都是六角形的。外形端正，就像用刀雕刻过一般，又有点像龟甲的形状，四周像裙襕那样有小的突起。前边的晶面斜向下，后边的晶面斜向上。龟甲形的晶体一片片互相重叠，就像穿山甲的鳞片一样。颜色碧绿，晶莹剔透。用手敲打，它就会沿着纹理而裂开，表面晶莹如镜。裂开的地方也呈六角形，像柳叶。用火加热，就会全部裂开，形成一片片的薄片，状如柳叶，白如霜雪。沈括认为，它们之所以呈六角形，是由于阴气凝聚的缘故。沈括还说，现在世上所谓的玄精，实际上是绛州山中出产的绛石，并不是真正的玄精。在楚州盐城县古盐仓下面的土中，出土过一件器物——六棱，如马牙硝，像水晶那样清澈透明，润滑而有光泽，十分惹人喜爱，当地人也把它叫作太阴玄精。然而这种晶体像盐碱那样，容易吸潮。只有解州所出的才是真正的玄精。①

4.磷光

《梦溪笔谈》中还有对磷光的记载。沈括说，卢秉（字中甫）家住吴中。有一天，他天没亮就起来了，看到墙柱下有一样东西熠熠发亮。走近一看，见它有点像水，正流动着。卢秉急忙用油纸扇把那发光的东西拿了起来，见它像水

---

①〔宋〕沈括著，胡道静校证：《梦溪笔谈校证》卷二十六《药议》，第496条，下册，上海古籍出版社1987年版，第859页。李群注释：《〈梦溪笔谈〉选读（自然科学部分）》，科学出版社1975年版，第139页。

银一样，在扇面上摇晃，亮晶晶的，光彩动人。点上烛火细看，却什么也没有。沈括说，在魏国大长公主家也看到过这种东西。他还回忆说，他在海州时，有一天夜里煮咸鸭蛋，忽见其中一个鸭蛋通明如玉，放着光，把整个房间都照亮了。沈括把它放在容器里，过了十几天，鸭蛋闻起来已经腐臭了，而它的光泽更加明亮。据《梦溪笔谈》记载，苏州人钱僧孺家里煮鸭蛋时也看到过这种现象。根据沈括的描述，依据我们现在的科学知识，大致可以推断，卢秉和魏国大长公主家里看到的是一种化学发光现象，即磷光；而沈括和钱僧孺家里的鸭蛋则是一种生物发光现象，即由于鸭蛋上面寄生着发光的细菌而腐烂发光。化学发光和生物发光都属于冷光现象。沈括虽然没有搞清楚发光的本质，但他根据自己的观察，认为这两种现象有相似之处，可以归为一类，是有道理的。

生物学与农学上的成就

沈括在生物学上的成就可分为以下四个方面：

1.生物形态描述与分类学方面

上文曾讲到沈括少年时去泉州，就对生物给予特别的关注，他把长吻鳄与扬子鳄在形态上区别开来。他还注意到鲤鱼身体两侧有三十六个鳞片，鳞上有十字状的黑色斑纹。[①]鲤鱼侧线的三十六个鳞片及这种黑色素至今仍是分类学上鉴别鲤鱼的重要特征。

沈括在《梦溪笔谈》中还记载了一种奇异的软体动物——车渠。他说海产品中有一种车渠，属于蛤类动物。大的有簸箕那样大，背上有一条条垄和沟，像钳子壳。用车渠壳制成器皿，精致如白玉。据说它生长在南海。[②]这种车渠属于软体动物瓣鳃纲砗磲科，是最大的贝类，大的车渠贝壳长度可达一米，体重达二百五十公斤，生长在太平洋、印度洋的热带海洋中。我国海南岛和西沙群

① 〔宋〕沈括著，胡道静校证：《梦溪笔谈校证》卷十七《书画》，第292条，上册，上海古籍出版社1987年版，第555页。

② 〔宋〕沈括著，胡道静校证：《梦溪笔谈校证》卷二十二《谬误》，第399条，下册，上海古籍出版社1987年版，第727页。

岛等处都有出产。贝壳可以制成器皿。沈括除了描述它的形态特征，还明确地把它归到蛤类。

嘉祐年间，海州的渔民捕获到一动物，它的身体似鱼，头似虎，也有虎的花纹，肩部长着两条短足，指和爪都像虎指、虎爪，体长八九尺。它看见人就流泪。人们把它抬到州里，几天后它就死去了。有个老年人说：以前曾经见过，叫作“海蛮师”。但是史书、小说中都没有记载。[①]根据沈括的描述，这种动物可能属于海产哺乳动物海牛目儒艮科，俗称人鱼。

除了动物，《梦溪笔谈》中还对甘草、莽草等植物做了详细的描述。

甘草，《本草注》引用《尔雅》说：“蘦，大苦。”《尔雅注》中却说：“甘草也，蔓延生，叶似荷，茎青赤。”沈括认为这种说法是不对的。根据《尔雅注》中的描述，它蔓延而生，应是一种藤本植物，叶似荷叶，茎青里透红，这可能是黄药，而非甘草。黄药很苦，所以称为“大苦”。而甘草枝叶如槐，高五六尺，叶端微尖，叶面粗糙干涩，好像有白毛。它的果实是一种荚果，就似相思豆，四五角长在一起，成熟时荚果就裂开了。种子如扁豆般大小，非常坚硬，用牙齿咬都不能咬开。[②]这里沈括不但详细描绘了甘草的形态，而且纠正了过去说法的错误。他的这一研究成果被后来的许多科学家如李时珍等所肯定。

至于莽草，沈括说世人用莽草种类很多，就其叶子的形状而言，有的大如手掌，有的又细又小，有的光滑厚实，有的柔软轻薄，有的蔓延生长。沈括认为这些都是错误的。《本草》上说它“若石南而叶稀，无花实”。据沈括的考察，莽草之木确实与石南相似，但说它“叶稀，无花实”，却错了。在蜀道、襄汉、浙江一带的湖上山间，多有莽草生长。枝叶稠密，团栾聚生，样子十分可爱。它的叶子光滑厚实而又芳香浓郁。花呈红色，大小如杏花；有六片花瓣，反卷向上；中心有红色的花蕊。花朵倒垂，摇摇然挂满枝间，供人玩赏之乐。襄汉之间的渔民常常采来做菜喂鱼。莽草被南方人叫作“石桂”。唐朝诗人白居易有

---

① 〔宋〕沈括著，胡道静校证：《梦溪笔谈校证》卷二十一《异事》，第382条，下册，上海古籍出版社1987年版，第706页。

② 〔宋〕沈括著，胡道静校证：《梦溪笔谈校证》卷二十六《药议》，第491条，下册，上海古籍出版社1987年版，第846—847页。

《庐山桂》诗，他在序中说“庐山多桂树”，又说“手攀青桂枝”，说的就是莽草。因为花是红色的，唐人称之为“红桂”。[①]沈括根据《本草经》对莽草的记载和自己的考证，对真莽草做了分布、形态、用途以及异名的描述，从而将莽草与一般人错当作莽草的植物区别开来，并且纠正了《本草经》上对莽草形态描述不当的地方。

沈括还对传自西域的胡麻与中国原产的大麻做了区别。胡麻，即我们现在所称的芝麻，在宋代称为油麻。沈括记载了这种油麻，说它的果实有六棱的，也有八棱的。而中国本土芝麻叫作“大麻”，能结果实的叫“苴麻”（雌株），不能结果实的叫“枲麻”（雄株）。沈括说，汉时张骞出使西域，在大宛得到油麻的种子，也称之为“麻”，为了与中国的麻相区别，因此叫它“胡麻”，而叫中国原来的麻为“大麻”。[②]

沈括还对“栾”这种植物进行了分类学上的研究。他说栾有两种：一种树生，它的果实可作念珠，称为“木栾”，也就是《本草》中说的“栾花”；一种丛生，它的茎可当棍棒用，称为“牡栾”，又叫“黄荆”，也就是《本草》所说的“牡荆”。除此之外，唐人《补本草》又有“栾荆”一条，从此后人便把它与木栾、牡栾混淆起来。[③]

2.对生理和生态现象的描述

《梦溪笔谈》记载了一个调养山鹧的故事。有人善于养山鹧，所养山鹧凶狠好斗，没有其他山鹧可与匹敌。有人探求其中的秘诀，才知饲养人常常用山鹧的皮肉喂养它，久而久之，看见真山鹧，也很想把它吃掉。沈括认为这是用驯养的方法使山鹧改变了习性。[④]从现代生物学的角度看，这故事是“条件反射”

① 〔宋〕沈括著，胡道静校证：《梦溪笔谈校证·补笔谈》卷三《药议》，第583条，下册，上海古籍出版社1987年版，第1021页。

② 〔宋〕沈括著，胡道静校证：《梦溪笔谈校证》卷二十六《药议》，第492条，下册，上海古籍出版社1987年版，第848页。

③ 〔宋〕沈括著，胡道静校证：《梦溪笔谈校证·补笔谈》卷三《药议》，第596条，下册，上海古籍出版社1987年版，第1044页。

④ 〔宋〕沈括著，胡道静校证：《梦溪笔谈校证》卷十三《权智》，第226条，上册，上海古籍出版社1987年版，第462页。

的很好证明。它说明可以通过人为改变动物习性来达到生物为人类服务的目的，也说明了生物的许多特性都是在所处的生活环境中逐渐养成的，也是可以改变的。这与遗传学上“获得性遗传”的观点是一致的。

《梦溪笔谈》中还有一则蜂螫蛛的记载，说的是有一处士刘易，隐居在王屋山。他曾看到一只大蜂，被蛛网粘住了。蜘蛛与大蜂互相缠斗在一起，蜘蛛被大蜂螫了一下，掉在地上。不一会儿，蜘蛛腹部高高鼓起，好像要裂开的样子。它慢慢爬入草丛中，咬破一棵芋头的茎干，把被大蜂叮咬的地方放在芋梗上轻轻摩擦，过了很久，它的腹部慢慢消退，蜘蛛又和先前一样轻便活跃。[①]蜘蛛竟能利用芋头为自己疗伤治毒，这是一个很有意思的动物生态现象。

《梦溪笔谈》中还有几则对茶的记载。沈括说，茶芽，古人称之为“雀舌”“麦颗”，是因为它非常鲜嫩，才给予这样的称呼。茶中的上品，质地优良，茶树本身也很健美。新芽一发，便有一寸多长，芽细如针。芽长的茶才是上品茶，因为只有茶树强壮、土力肥沃才能培养出这种好茶。至于所谓的“雀舌”“麦颗”，实际上是茶叶中的下品，但北方人不知底细，误将它定为上品。沈括曾经写过《茶论》及《尝茶诗》，诗中说：“谁把嫩香名雀舌？定知北客未曾尝。不知灵草天然异，一夜风吹一寸长。”讲的正是这个意思。[②]

《梦溪笔谈》中还有一则对蔬菜病变的记载。沈括说，芜菁、菘（白菜）、芥菜这些蔬菜，遇到旱天时，它的花薹多开出像莲花似的花，有的还呈现出龙蛇那样盘曲缠绕的样子。沈括说这是常事，没什么好大惊小怪的。熙宁年间，宾客李及之知润州，他家园中的菜花都长成莲花状，花中仿佛还有一个佛像坐在中间，形如雕刻，不知是什么缘故。花晒干后，形状仍然不变。[③]芸薹属的一些菜，如油菜，常发生霜霉病和白锈病。这两种病常常并发，引起油菜花薹肿胀弯曲，呈“龙头拐”状，通称“龙头病”。沈括所说的龙蛇之状，大概就是指

---

① 〔宋〕沈括著，胡道静校证：《梦溪笔谈校证》卷二十四《杂志一》，第445条，下册，上海古籍出版社1987年版，第775—776页。

② 〔宋〕沈括著，胡道静校证：《梦溪笔谈校证》卷二十四《杂志一》，第441条，下册，上海古籍出版社1987年版，第773—774页。

③ 〔宋〕沈括著，胡道静校证：《梦溪笔谈校证》卷二十《神奇》，第344条，下册，上海古籍出版社1987年版，第654页。

“龙头病”。花受害后变成畸形，花瓣呈绿色，基部散开。花心里的子房膨大，不结实。沈括说它们像莲花，可能就是指这种畸形花；所谓花中坐着佛像，大概是指膨大的子房。沈括在这里描述了某些蔬菜的病害所引起的植株病变，并指出它是自然界的一种常见现象。[①]

3.对生物地理分布的介绍

沈括曾经出使契丹，见到契丹北部地区有一种跳兔，形状像兔，但前足长才一寸多，后足长几近一尺。行走时用后足跳，每一跳有数尺远，停止时突然卧伏地上。它产于契丹庆州地带的沙漠中。沈括出使契丹时，曾捉了几只跳兔回来。沈括怀疑这就是《尔雅》中说的“蟨兔”，又称作“蛩蛩巨驉”。[②]这种跳兔现在叫作跳鼠。

《梦溪笔谈》中还记载了细辛的地理分布。细辛是一种马兜铃科的多年生草本植物，它的根茎可以入药，因它的入药部位细而辛辣，因此被称为“细辛”。据沈括记载，东方、南方所用的细辛，都是杜衡，又称作马蹄香。其根茎部呈黄白色，弯曲易折。这实际上并不是细辛。沈括认为真正的细辛产于陕西华山，它的根茎部极细而直，呈深紫色，味道非常辛辣，放在嘴里咀嚼，如嚼生辣椒，它的辛辣甚至超过了辣椒。因此《本草》中说的“细辛水渍令直”，是用杜衡伪造的细辛，并不是真正的细辛。除此之外，荆湖的襄汉一带还有一种叫细辛的植物，极细而直，呈黄白色，实际上也不是细辛，而是鬼督邮。[③]在这里，沈括对各地所产的“细辛”及《本草》中记载的细辛做了考证，认为只有华山所产才是正品。中国医药历史悠久，药用植物种类极多，使用很广，常常会产生名称相混的现象，沈括精通药学，对中草药深有研究，因此《梦溪笔谈》中这类考证非常多，也非常精辟。

---

① 李群注释：《〈梦溪笔谈〉选读（自然科学部分）》，科学出版社1975年版，第172页。

② 〔宋〕沈括著，胡道静校证：《梦溪笔谈校证》卷二十四《杂志一》，第426条，下册，上海古籍出版社1987年版，第751页。

③ 〔宋〕沈括著，胡道静校证：《梦溪笔谈校证》卷二十六《药议》，第490条，下册，上海古籍出版社1987年版，第842页。

4. 生物防治方面的描述

据《梦溪笔谈》记载，元丰年间，庆州地界出现一种“子方虫”，就是黏虫，它们给秋田作物带来很大危害。后来忽然又出现另一种虫子，形状如地里的狗蝎，嘴有大钳，成千上万，铺满地面。这种虫子碰到黏虫，就用钳子把它夹住，撕为两段。旬日之间，“子方虫”全被消灭。那年作物也得到了大丰收。这种虫子过去也有过，当地人叫它“傍不肯”。[①]自然界中存在着生物互相克制的因素。

《梦溪笔谈》中还有芸香辟蠹的记载。蠹是一种虫子，常咬蚀书籍，俗称蛀虫。古人用“芸”来避蛀虫。芸，就是香草，宋人称作七里香。它的叶子像豌豆，芳香浓郁。秋后它的叶子微有白色的污迹。用它避蛀虫特别有效。南方人常把芸香草放在席子底下，可去除跳蚤之类的害虫。沈括判昭文馆时，曾从文彦博那里得到几株芸香草。[②]沈括在这里着重描述了芸香草的部分形态特征，记载了芸香草的用途、异名。

① 〔宋〕沈括著，胡道静校证：《梦溪笔谈校证》卷二十四《杂志一》，第443条，下册，上海古籍出版社1987年版，第775页。

② 〔宋〕沈括著，胡道静校证：《梦溪笔谈校证》卷三《辩证一》，第53条，上册，上海古籍出版社1987年版，第130页。

第十二章 良方遗世

一生治方的总结

沈括在晚年贬谪期间，还撰写了《良方》一书，这本书可以说是他一生治方的总结。

治方医人似乎是钱塘沈氏的一个传统。他们家族里有医书《博济方》。沈括的叔祖在吴越国时曾收集到“顺元散”卖给人家，这后来被人称为“沈氏五积散”[①]。沈括家传的药方还有“白龙丸”等。

沈氏一家对治病救人非常热心。沈括之兄沈披在宁国任职的时候，曾见一个人倒在市场门外。一问，才知是个客商，因得了偏风病，把钱花光了，病还没治好，又被邸店的老板赶了出来。当时沈披正担任宁国县令，派人把他抬到官舍，调药给他服用，又送给他十服药。几天后，沈披出门，市上有一个人对他说自己就是前几天那个倒在路上的人，现在已经能够扶着榻走路了，但手头的药已经用光，要沈披再给他一些。沈披又给他十服。十服之后，他能行动自如了。[②]沈括也喜治病救人，他在江南时，刚好那时疟疾流行，他拿“木香丸”救人，“其效如神”[③]。

---

① 〔宋〕苏轼、〔宋〕沈括撰：《苏沈良方》卷三《五积散》，四库全书本。
② 〔宋〕苏轼、〔宋〕沈括撰：《苏沈良方》卷二《通关散》，四库全书本。
③ 〔宋〕苏轼、〔宋〕沈括撰：《苏沈良方》卷三《木香丸》，四库全书本。

沈括在《良方》中记载了他们家族以“秋石方”为人治病的故事。广南路有一个道人，以炼秋石为业。沈括的父亲沈周咳嗽九年，服用各种药物都不见效，后服秋石丹才见效。他后来又用这方药治愈了郎简的病。沈括有一个族子得了“颠眩腹鼓”病，病了三年，也是服用了秋石丹才告痊愈。沈括出守宣州时，曾大病逾年。那族子急忙写信来，要他急服此药，说它有再生人的功效。沈括家里原来是用“阳炼法”制作这味药的，后来沈括在宣州时遇见一个道士，向他传授了“阴炼法”，并说只有两种炼法一起使用，此药才能“洞人骨髓，无所不至”。这道人把这个药方看得极其珍贵，秘不传人。过了很久，他才答应传给沈括。沈括依法服用，果然痊愈了。据他说，这味药不但可以治病，平时服用也有功无毒。他还说自己很艰难才获得了这个药方，但本意是为了救人，因此不想秘不示人，就把它公开出来。[①]这也表现了他善良的心地和济世治人的胸怀。

沈括少年时似乎体弱多病，曾有“心热血凝、心胆虚弱、喜惊多涎、眠中惊魇”等病症。庆历年间，来自池州的医生郑感为他开了一张处方，叫“至宝丹”。沈括屡试有效。[②]大概从这时开始，沈括开始研习医药，搜集医方，[③]此后一生都没有停止过。

当时沈括还只是一个少年，他的父亲沈周任江东路转运使，沈括随父去江宁。医生王琪向他传授“神保丸”，对他说：“诸气惟膀胱气胁下痛最难治，独此丸辄能去之。”熙宁年间，沈括病项筋痛，医生们都以为是风病，治了几个月都没治好。沈括背部、右肋都疼痛难当，最后他服用“神保丸”，马上就好了。[④]

熙宁年间，沈括察访河北时，眼睛发红，还生了疮，日夜痛楚。他试用各种医药，都不见效。当时有个郎官邱革，问沈括耳中是否发痒，说：如果耳中发痒，就是肾家风，用“四生散”可以医治。当地称这种“四生散”为“圣散

---

① 〔宋〕苏轼、〔宋〕沈括撰：《苏沈良方》卷一《秋石方》，四库全书本。

② 〔宋〕苏轼、〔宋〕沈括撰：《苏沈良方》卷五《至宝丹》，四库全书本。

③ 徐规、闻人军：《沈括前半生考略》，《中国科技史料》，1989年第3期。

④ 〔宋〕苏轼、〔宋〕沈括撰：《苏沈良方》卷四《神保丸》，四库全书本。

子”。沈括按照他的方法服用，午时一服，睡前一服，但眼睛不仅没好，反而更加疼痛，直到二鼓时分才入睡。醒来后他发觉眼睛的红肿已经稍稍退去，也不再疼痛了。又三四服，便痊愈了。①

由于沈括写作《良方》，都要尽可能注明每一药、每一方的来源，因此类似这样的例子在现今传世的《苏沈良方》中比比皆是。沈括自己说“予治方最久”②，确非虚言。

其实，早在写作《良方》之前，沈括已经编写过一部《灵苑方》，《郡斋读书志》《遂初堂书目》《直斋书录解题》及《宋史・艺文志》都有著录。《郡斋读书志》作十五卷，《直斋书录解题》作二十卷。《郡斋读书志》说：“本朝士人如高若讷、林亿、孙奇、庞安常皆以善医名世，而存中尤善方书，此中所载多可用。”③

沈括在《梦溪笔谈》和《良方》中多次提到《灵苑方》。如上文所说，沈括在熙宁中发病，但一时没有想起用已经编入《灵苑方》的“神保丸”来医治，可能《灵苑方》在很多年前就已编写成书了。庆历中池州医人郑感给他“至宝丹”这个方子，因为屡次试用有效，沈括也把它编入《灵苑方》，可见其成书当在庆历以后、熙宁之前。

《灵苑方》现在已经失传。但《永乐大典》辑录了《灵苑方》的部分内容，《本草纲目》等一些医书也多选用它的方子，可见《灵苑方》到明代尚未散佚。

《良方》是沈括唯一传到现在的医学著作，《郡斋读书志》《宋史・艺文志》和《直斋书录解题》都有著录。它的书名，《郡斋读书志》作《沈存中良方》，《直斋书录解题》引《馆阁书目》作《沈氏良方》，“沈存中”或“沈氏”大概是后人加上去的。至于卷数，《宋史・艺文志》和《直斋书录解题》都作十卷，《郡斋读书志》作十五卷，并说：“存中博学通医术，故类其经验方成此书，用者多验。或以苏子瞻论医药杂说附之。”大概原来只有十卷，后来因把苏轼有关医学的一些论著夹杂进去，便成了十五卷。新书取名为《苏沈良方》，也作《苏

① 〔宋〕苏轼、〔宋〕沈括撰：《苏沈良方》卷二《四生散》，四库全书本。

② 〔宋〕苏轼、〔宋〕沈括撰：《苏沈良方・原序》，四库全书本。

③ 〔宋〕晁公武撰：《郡斋读书志・后志卷二》，四库全书本。

沈内翰良方》。《苏沈良方》在《郡斋读书志》有著录，可见它在绍兴初年便有了。此书一出，由于苏轼名头太响，沈括原著的《良方》便失传了，今天我们要看沈括的《良方》，只能从《苏沈良方》中去寻找。苏、沈二人生前曾经交恶，死后他们的著作却被人这样生生缠在一起，再也不能分开。今人胡道静先生曾经写过文章，对书中绝大部分条目哪些是沈括写的、哪些是苏轼写的，做了考订，给我们的研究和阅读带来不少方便。

关于《良方》的成书时间，《苏沈良方》卷七说："此二方得于华亭陶中夫宰君。中夫先得柴胡一方，用之如神。又于里巷医处得此贴药方，相须暝若神契。中夫在华亭半年之间治二十余人皆愈。此予寓秀州所目见者。"沈括在元丰末年移居秀州，此为沈括写作《良方》的时间上限。《梦溪笔谈》中曾提到这部书，说"予于《良方》叙之甚详"。可见《良方》的成书又在《梦溪笔谈》以前。

《良方》一书的来源很多。李裕民先生对《苏沈良方》中可以确定是沈括所写的进行分析，认为其来源有九：医生七种，民间五种，地方官员五种，朋友四种，僧道三种，军人二种，家传二种，宫廷一种，古方一种。[①]林灵素为《良方》作序，说沈括为了求得医方，"凡所至之处，莫不询究，或医师，或里巷，或小人，以至士大夫之家，山林隐者，无不求访。及一药一术，皆至诚恳切而得之"。由此可见其治方之勤。

《良方》一个极为宝贵的特色是在方子后面都附以症例，通过方子来源、应用见效的具体病例和用药经验的叙述，使人能更好地理解和运用所介绍的医方。有些成药，如苏合香丸，至今仍在临床中应用。在《灵苑方》和《良方》中，对麻药（如白矾冲开水热熨作整骨外用麻药）、小夹板治骨折、炙法等的记述，也是引人注目的。沈括治医，非常全面，于医学各科均有涉猎，内、外、妇、儿、五官等科都是他研究的对象。虽然《良方》所录的药方多数是由别人创制的，但每方之下，都有他自己的发挥和独到见解。如"五积散"一方，沈括的

① 李裕民：《〈梦溪笔谈〉与沈括〈良方〉研究》，载《宋史新探》，陕西师范大学出版社1999年版，第308—309页。

基本用药同《和剂局方》的“五积散”没有什么不同，但沈括有所发挥，扩大了原方的适应范围。原方由白芷、川芎、甘草、茯苓、当归、肉桂、芍药、半夏、陈皮、枳壳、麻黄、苍术、干姜、桔梗、厚朴等十五味药组成。这是一个解表温里的好方剂，主治外有表证、内有寒象的“五积”（寒、食、气、血、痰五积）证，对身热无汗、头痛身痛、胸满恶食、呕吐腹痛（含现代医学的急性肠胃炎）以及妇女月经不调等，均有疗效。沈括在肯定此方临床效果的基础上，指出该方对于外感风寒、内伤生冷、寒凝中焦的重症所致的阳虚肢冷自汗（即休克状态下）不能完全适应，因而提出用“五积散”加“顺元散”进行治疗。[①]类似的例子在《良方》中还有很多。

在给《良方》所作的序言中，沈括提出他的“五难理论”：

第一，辨疾之难。沈括说，今天那些看病的人，只看气口六脉；古人看病，则必定要听病人的声音，看颜色、举动、肤理、嗜好，询问他平时的生活习惯，在比较全面地掌握了病人的情况之后才诊视人迎、气口、十二动脉。因为疾病是从五脏发生的，相应五色、五声、五味也会有所变化，十二动脉也会有所变动。古人诊视疾病如此仔细，还担心不够全面，唯恐发生误诊，这就是辨疾之难。

第二，治疾之难。沈括说，现在那些给人看病的人，开方子时只把几味药写下来，告诉他服食的方法，交给病人就算了事。古人看病，一定要先知道阴阳运历的变化，山林川泽的荣枯，又要看病人年纪的大小、身体的胖瘦、生活条件的好坏、劳动强度的大小以及性格脾气、情绪反应等方面的内容，根据实际情况确定处方，务求与病人的实际情况相适应。在具体的治疗上，或药或火，或刺或砭，或汤或液，都要符合病人的个性与习惯，还要充分考虑病人的穿着、饮食、居住与情绪变动，或用自然的方法加以调理，或用人工的方法进行治疗。就自然的方法来说，要利用五运六气、冬寒夏暑、旸雨电雹等的变化，来克制病情；从人工的方法来讲，要详细研究病人的体质状况，循其所同，察其所异，不能以偏概全，把用在某一个人身上的治疗方法用到其他人身上。古人治病，

① 杨文儒、季宝华编著：《中国历代名医评介》，陕西科学技术出版社1980年版，第68—69页。

目不舍色，耳不舍声，手不释脉，还怕有所差错。而现在的人给了药方，就撒手不管，希望病人痊愈，不是太难了吗？这就是治疾之难。

第三，服药之难。古人服药，如何烹炼，如何饮用，都非常讲究。有些药可以煮得久一点，有些药不能久煮；有些药要用猛火煮，有些药要用温火煮。这就叫“煮炼有节”。至于服用的方法：有的药要冷服，有的药要热服；有的药要快饮，有的药要慢饮；有的药要顺着性情的喜怒来服用，有的药要逆着心情的喜怒来服用。这就叫“饮啜得宜”。而且，煮药的泉水有好有坏，煮药的人有勤有懒，有时候服药无效，不完全是药石的缘故，而是人们服药方法不当。这就是服药之难。

第四，处方之难。对于每一种药物单独使用的方法，人们往往容易掌握，而对于各种药物混合使用的方法，就比较难以通晓了。有一些人开药方，常常觉得光用一种药是不够的，又加上另外一些药。殊不知药与药之间，有相辅相助的，也有互相抵触的。有的合在一起，药性就会发生变化。对各种药物的相互关系，方书中虽然有使、佐、畏、恶等描述，但古人没有讲到的、人们不容易猜测到的情况往往是有的。比方说饮酒，有的人饮酒一石，精神如常；有的人沾唇即醉。又比方说，有的人整天跟漆打交道，一点事都没有；有的人稍微碰一下，就会生疮溃烂。药物对于病人也是如此，有适应有不适应，这是由人们的禀赋不同造成的。南方人以食“猪鱼”为生，北方人吃“猪鱼”就会得病，这是由各地风土不同造成的。水银与硫黄相合就会变成红色，丹砂与矾石相合就会变成白色。说到味道之酸，没有比醋更酸的了。但如果觉得醋还不够酸，再加上橙子，二酸相济，味道反而变甜了。巴豆有促进下泻的功效，但如果觉得巴豆的药力不够大，再加上大黄，反而变得没有效果了。蟹和柿子都食之无害，但把两者放在一起吃，过不了多久就会呕吐不止。上面这些药物都是人人看得到、闻得着的，这些例子也都是众所周知的，但其他药物相合而产生副作用从而导致疾病的现象，却不是容易掌握的了。比方说，乳石忌与参术结合，两者一起会致人死命，但人们在制作五石散时无不使用参术。这就是处方之难。

第五，辨药之难。有时候，医生的医术非常高明，处方也非常好，药物的使用也完全符合法度，但最后还是不能得到好药，这也是无可奈何的事情。沈括说，橘过了长江就变成枳，麦子一湿就化而生蛾，鸡到岭南就变黑了，鸲鹆到岭南却变白了，月亏时节蚌蛤都不见了，这些现象都是人们容易知道的。药性的变化其实也是如此。越人种茶种稻，一沟一垄之距，不过数步之遥，种出来的稻子，味道却迥不相同。而药的产地各不相同，至于秦、越、燕、楚，相隔遥远，加上土地有肥有瘠，气候有干有湿，药物的功效怎么可能都完全一样呢？《素问》说“阳明在天则花实戕气，少阳在泉则金石失理”，这种道理是采药者所不明白的。况且，采药时间有早有晚，储藏方式或焙或晾，天气是经常变化的。有的药物忌用火焙，一定要经过晒晾才能服用，而谁知采药人在储藏时没有烘焙过它呢？这就是辨药之难。

所谓“五难”，实际上就是临床诊疗工作中具体分析之难。在“辨疾之难”中，沈括认为，要详细掌握病人的心理、行为等在内的全面而具体的情况，再根据病人的个体差异与气候变化，加以具体分析，采用不同的治疗方法，才能达到较好的治疗效果。而且沈括对治疗方法的理解也是比较全面的，仅上面所列就有药、火、刺、砭、风、液、调其衣服、理其饮食、异其居处、因其情变等多种治疗手段，用现在的医学语言讲，包括了药物疗法、针灸疗法、物理疗法、饮食疗法、心理疗法、医学地理学疗法和医学气候学疗法等多个方面，强调要针对不同的情况，采取不同的治疗措施。在“服药之难”“处方之难”“辨药之难”中，沈括对药物疗法集中做了具体分析，强调在医生处方、药师辨药和患者服药的过程中有很多需要考虑的问题，如药物的相互作用和配伍禁忌、机体的耐受性和过敏性、药物采集的季节、药物的制作与加工方法、煎药的方法、服药的方法以及服药与饮食的关系等，都是需要认真注意的。否则，即便诊断对、药方好，也不一定能达到理想的效果。

沈括在《良方序》中的这些提法，对现代医学还有积极意义。沈括强调医生要详尽地掌握患者的临床情况。对于临床诊断和治疗，沈括强调因人而异，这和现代医学所提倡的诊断和治疗个体化原则是一致的。沈括对于治疗，强调不能单纯依赖药物，还要考虑患者的饮食、心理和生活环境等各个方面，也符合“治疗学的第一原则是自然痊愈力的利用”等现代医学的治疗理论。[①]

运气学说

除了《良方》，沈括在《梦溪笔谈》中也有大量医学方面的论述，如他对运气学说的阐释在中国医学史上占有重要地位。

运气学说，起源于《黄帝内经·素问》中的“五运六气”。据载，《素问》原有九卷，后来第七卷亡佚。唐人王冰得到一个“秘本”，补足所缺的八十一篇。而他所补的七篇大论，主要内容就是“五运六气”学说。王冰注《素问》，使运气学说趋于完备。但此后直到北宋前期差不多三百年间，运气学说未被医界广泛采用。宋初太平兴国年间，王怀隐等奉敕编撰《太平圣惠方》，篇幅庞大，有百卷之多，共一千六百七十门，各门具备，而独无“运气”一门。到北宋中期，一些医家如郝允、庞安常、沈括、杨子建等开始引用运气学说的理论来解释疾病。沈括可以说是让运气学说走向繁荣的一个代表人物。仅凭这一点，他就奠定了自己在中国医学思想史上的地位。

五运，指金、木、水、火、土五行的运行；六气，指风、热、湿、火、燥、寒六气的流转。运气学说是推测“五运六气”的变化及其与疾病的发生、发展和治疗等关系的学说，它在中医学和传统文化中具有重要的地位，其内容古奥精深，涉及天文、地理、气象、物候、音律、术数、医学等许多学科。古代的医家以“五运六气”来推断每年气候变化与疾病的关系。根据这种理论，大到浩瀚宇宙、天地之变、寒暑风雨、水旱螟蝗，都有一定的法则来推断；小到人们的各种疾病，也都随着五运的盛衰而变化。

沈括说，现在的人不知道怎么使用运气的理论，用时又拘泥于一定的成法，所以这种理论用起来不灵验。沈括举例说，厥阴为主，它的运气是多风，人们多会生“湿泄”病。但这并不等于说，普天之下都会刮大风，普天之下的人都会得“湿泄”病。小到一县之中，两个地方晴雨变化可能也各不相同。

---

① 杨存钟：《沈括和他的〈良方序〉》，《北京医学院学报》，1975年第2期。

沈括提出："大凡物理有常、有变：运气所主者，常也；异夫所主者，皆变也。"也就是说，世间万物的变化有正常变化和异常变化。运气占主导地位的时候，是正常变化，事物的运行有一定的规律；不是运气占主导地位的时候，就是异常变化。正常变化合乎运气，可根据一定的规律来推断；而异常变化无所不至，其预测方法也各不相同，会有从、逆、淫、郁、胜、复、太过、不足等变化。什么意思呢？沈括举厥阴为例解释：

从——多风，而草木荣茂；

逆——天气明洁，燥而无风；

淫——太虚埃昏，流水不冰；

郁——大风折木，云物浊扰；

胜——山泽焦枯，草木凋落；

复——大暑燔燎，螟蝗为灾；

太过——山崩地震，埃昏时作；

不足——阴森无时，重云昼昏。

随着这些天气变化，会出现相应的疾病，这都是由当时当地的征候而定。虽然相隔只有数里，但运气、征候不同，相应地产生的情况就会完全不一样。这不是拘泥于成法可以探测的。

沈括还记述了自己亲身经历的一件事情进行解释。他说，熙宁年间，京城干旱，想尽各种方法祈雨。曾经一连好几天是阴天，人们都以为一定要下雨了，谁知又突然转晴，烈日炎炎。当时沈括因事入对，神宗问什么时候会下雨，沈括回答说："下雨的征候已很明显，臣估计明天就会下雨。"大家认为：一连几个阴天都没有下雨，今天晴朗干燥，还能指望明天吗？次日，果然下了大雨。沈括解释道，五运之中有一运为"土"，六气之中有一气为"湿"。那几天京师连续阴天，表明"湿土用事"，"从气"已经发挥作用，但被厥阴胜过，不能下雨。五运之中有一运为金，六气之中有一气为燥，后来突然放晴，表明"燥金"入候，沈括由此推测，厥阴已经受到抑制，而太阴得以发挥作用，第二天的

“运气”就会按着“湿土”的方向发展了。[①]这种现象，用现代气象学的语言来解释，就是前几天空气中的水汽虽十分丰富，但热力条件不足，缺乏空气的上升运动，所以只是连日阴天，不能下雨。一旦天气晴朗，既有了充沛的水汽条件，又具备了气流上升运动的热力条件，便下雨了。沈括当然不可能对水汽的这种物理运动有这样清晰的认识，但他用那个时代的语言“五运六气”之说来解释，虽然有一点神秘主义色彩，却基本符合实际情况。

沈括最后的结论是：天气预测只能是根据当地的实际情况所做的预测。如果在别的地方，征候不同，预测的结果也就不同。他对我国古代的“五运六气”理论做了灵活的解释和运用，他强调自然界的变化有规律性的正常变化和非规律性的异常变化之分，注意到异常变化无所不在，不可拘泥于定法，还强调应因时因地进行预测。

由于沈括这一代人的大力提倡，运气学说还取得了在科举考试中的重要地位。王安石变法，把运气学说作为太医局考试医生的科目之一，供医学考试之用的《太医局诸科程文》中，每卷均有一道运气题。这使得运气学说更为盛行，成为医家之“显学”。到元符二年（1099），刘温舒撰写了《素问入式运气论奥》，强调了运气的重要性，并绘图做了说明，成为后世运气论者的宗师。

基础医学与临床诊疗研究

1.解剖学

在解剖学上，沈括驳斥了人有水喉、食喉、气喉三喉的错误说法，认为人仅有咽和喉两者而已。沈括说，在古方或民间传说中，常有一些错误的说法。有的说，直接吞服云母，它会附着在人的肝肺上去不掉。有的说，枇杷、狗脊毛这类东西也不可以吃，吃了的话它们会进入肝肺。还有一种说法更为荒唐，说什么人有水喉、食喉、气喉三喉。庆历年间，有一个叫欧希范的人起兵造反，

---

① 〔宋〕沈括著，胡道静校证：《梦溪笔谈校证》卷七《象数一》，第134条，上册，上海古籍出版社1987年版，第315—316页。

被镇压了。官府把他杀了之后，命医生检验他的尸体，把他的尸体画成脏腑解剖图，叫作《欧希范真五脏图》，传于世间。图中也给欧希范画了三个喉，这一方面是检验尸体不够审慎的缘故，另一方面也说明“三喉说”的影响是多么深入。沈括奇怪：水和食物是一起咽下去的，怎么到了口中就分别进入两个喉呢？他说，人的进食器官中只有咽和喉，别无他物。咽能够进饮食，喉能够通呼吸。食物通过咽进入胃脘，其次进入胃中，再进入广肠，最后进入大小肠。喉则与五脏相通，用来呼气、吸气。五脏也有含气呼吸的功用，就像铁匠铺里那种牛皮风箱。[①]

2. 生理学

在生理学上，沈括指出人的须发虽然都是毛类，但由于受不同的五脏器官影响，有些老年人胡子白了，而眉毛、头发不白；有些人头发白了，而胡子、眉毛不白。这是因为它们所禀之气各不相同。他说，头发属于心，禀火气，因此向上长；胡须属于肾，禀水气，因此向下垂；眉毛属于肝，因此侧生。男人的肾气表现到外面，上生则为胡须，下生则为睾丸。因此妇女、宦官没有胡须，也没有睾丸，但眉毛、头发跟男子完全一样。[②]沈括把胡须与睾丸相联系，是对的，因为睾丸分泌大量雄性激素，但用“气”来解释人体发肤，这又一次滑向了神秘主义的一端。

3. 药理学

沈括提出，人所饮食服药，由咽直入肠胃，是不可能到达五脏的。人的肌骨、五脏、肠胃虽然各不相同，而“英精之气味”都能到达，只有渣滓秽物才进入二肠。食物和药物进入肠道以后，“为真气所蒸”，其中的“英精之气味”，以及诸如硫黄、朱砂、乳石等“金石之精者”，凡是能够挥发、流通、融化、凝结的，都随着真气而深入肌骨，就像天地之气，贯穿金石土木，没有一点阻碍；其余的顽石草木之类，它们的气味能够深入到达。等到它们的气味消耗殆尽，

---

① 〔宋〕沈括著，胡道静校证：《梦溪笔谈校证》卷二十六《药议》，第480条，下册，上海古籍出版社1987年版，第827页。

② 〔宋〕沈括著，胡道静校证：《梦溪笔谈校证》卷十八《技艺》，第313条，下册，上海古籍出版社1987年版，第613页。

渣滓便转入大肠，润湿渗入小肠。这些都是废物，不能再转化，应当排泄出去。因此，沈括说，凡是说某药物进入肝、某药物进入肾之类的话，不过是气味到了那里罢了，一般的物质本身是不可能到达那里的。[①]他认为药物到五脏只是指它们的精华气味到了五脏，并不是指药物本身直接到达，这个观点比较接近现代医学。而当时流传的说法，认为吃下去的药物直接入肝、入肾等，显而易见是错误的。当然，由于沈括对解剖学的知识有限，他对五脏的相互关系的说法是不够确切的。[②]

沈括在《梦溪笔谈》中还记录了物质经加热炮制后发生变化，药与毒可以互相转化的现象。沈括的表兄李善胜曾经跟人一起炼朱砂做丹药。经过一年多时间，他们淘洗朱砂，准备放入鼎中再炼时，无意中丢下一块。他们的徒弟误服此药，竟昏迷过去，当晚就死了。朱砂本来是一种很好的药，刚出生的婴儿吃了都没事，但经火一炼，就变成了一种毒药，杀人于无影无形之间。但沈括认为，变化是相对的，朱砂能一变而为毒药，必然也能再变而为良药，它能一变而杀人之命，必然也能再变而活人之命，不过暂时还没有掌握这种方法而已。[③]沈括在这里如实地记录了服丹药引起急性汞中毒死亡的事例。他继而指出，大毒和大善、杀人和生人之间是可以互相转化的。

根据近代研究，朱砂（主要成分硫化汞HgS）在水中溶解度微乎其微，所以刚出生的小孩子吃了都没事。但可溶性二价汞盐如二氧化汞、硝酸汞、硫酸汞等都是很毒的东西，像二氧化汞口服0.1—0.5克便可使人急性中毒而死。沈括记录的这次事故，有可能是因为炼丹者在朱砂中加入其他物质并经过加热处理后产生了可溶性汞盐。

4. 疾病的描述

沈括在临床诊疗上提出了卓越的“五难”理论，已尽如上述。此外，他在

---

① 〔宋〕沈括著，胡道静校证：《梦溪笔谈校证》卷二十六《药议》，第480条，下册，上海古籍出版社1987年版，第827—828页。

② 李群注释：《〈梦溪笔谈〉选读（自然科学部分）》，科学出版社1975年版，第185页。

③ 〔宋〕沈括著，胡道静校证：《梦溪笔谈校证》卷二十四《杂志一》，第432条，下册，上海古籍出版社1987年版，第761页。

《良方》中还描述了很多病例，有些描述非常详尽。如“治恶疮地骨皮散”中，对于肋骨结核的描述，这在医学史上是最早的。又如在《良方序》中对漆等引发皮肤过敏的记述，也具有重要的医学价值。除此之外，《梦溪笔谈》中还记录了四种“奇疾”：

（1）吕夏卿（字缙叔）以知制诰知颍州，忽然得病，身体缩小，到临死之前，缩小到一个小儿的样子。这样的疾病从古就没人见过，也没有人能识别它是什么病。

（2）有一个松滋县令叫姜愚的，没有别的病，忽然不再认识字了，隔了几年才有一些恢复。

（3）有一个人家的妾，笔直的东西在她看来都成了弯曲的。把弓弦和界尺这一类直的东西放在她面前，她都看成是弯钩。

（4）江南的一个旅馆里有个老妇，吃东西不知饱。徐禧（字德占）路过那个旅馆，那妇人只喊肚子饿，她的儿子很难为情，就当着徐禧的面拿出蒸饼来给她吃。老妇人把整筐蒸饼都吃光了，吃了约一百个，还连喊肚子饿。她每天吃一石米的饭，吃完就把吃的东西拉泻出去，肚子还是饿个不止。沈括有一个朋友叫蔡绳，是京兆醴泉县的主簿，也得了这种饥饿病。一饿就要吃东西，稍微慢一点，就会昏倒。他怀里常揣着饼，即使与高级官员谈话，饿了也会把饼拿出来啃。沈括说，蔡绳行止端方，博学有文，为时闻人，到头来却遇到这样的不幸。因为没有人能诊断他的病，人们一谈起来就为他惋惜。①

这四种很少见的怪病，在现代医学文献中，可以找到与沈括记载症状相似的病。身体缩小，与骨纤维病变的症状类似。不识字的疾病，可能是某些药物影响中枢神经系统，导致记忆力严重衰退，可以称之为失读症。看东西会变形，可能是视网膜脱离，或视网膜炎。吃东西不知饱，与现在的口炎性腹泻的症状一致。这些都是很少见的疾病，沈括对此做了详细的记载，具有一定的科学

① 〔宋〕沈括著，胡道静校证：《梦溪笔谈校证》卷二十一《异事》，第368条，下册，上海古籍出版社1987年版，第687—688页。

价值。[①]

药学理论

关于沈括在药学方面的贡献，分三部分进行介绍：

1.药用植物学

沈括在《梦溪笔谈》中对枳实与枳壳进行了区分。他说，六朝以前的医方只提到枳实而没提枳壳，所以《本草》中也只提到枳实。后人把枳中小的果实叫作枳实，大的果实叫作枳壳。因为两者的疗效并不相同，于是就另外单列出"枳壳"一条，附在"枳实"之后。实际上，古人所说的枳实就是枳壳。《本草》中所讲的枳实的主要疗效便是枳壳的主要疗效。后人既然把枳壳从枳实中分列出来，就应当从《本草》枳实条里摘出枳壳的主要疗效，另外放在枳壳条下，而枳实旧条里只保留枳实的主要疗效。但后人不敢违反神农《本经》的既有文字，使"枳实""枳壳"两条记载互相矛盾、互有出入。沈括认为，神农《本经》"枳实"条中"主大风在皮肤中，如麻豆苦痒，寒热，结止痢，长肌肉，利五脏，益气轻身，安胃气，止溏泄，明目"这一段文字，所说的全部都是枳壳的疗效，应当摘出来归入"枳壳"条。后来发现它有别的一些疗效如通利关节，治疗劳气、咳嗽、背膊闷倦，疏散瘤结，治胸胁痰滞，逐水，消胀满，治大肠风，止痛等，都应该补充到"枳壳"条中去。《本草》原来的"枳实"条里"除胸胁痰癖，逐停水，破结实，消胀满，心下急痞痛，逆气"等文字，讲的都是枳实的功效，应当保存于本条，如另外还有其他的疗效，也可以补充到这条内。只有这样，才能把枳实、枳壳区分开来，它们的主治疗效也不致互相混淆。[②]

沈括还辨明了旃檀香、沉香、鸡舌香、藿香与薰陆香五种香料。段成式在《酉阳杂俎》中记载的事情有很多是荒诞不经的，书中所记的一些奇花异草谬误

---

① 李群注释：《〈梦溪笔谈〉选读（自然科学部分）》，科学出版社1975年版，第182—183页。杨存钟：《沈括与医药学》，《北京医学院学报》，1976年第3期。

② 〔宋〕沈括著，胡道静校证：《梦溪笔谈校证·补笔谈》卷三《药议》，第598条，下册，上海古籍出版社1987年版，第1048—1049页。

尤多。只是由于这些奇花异草大多是外国的物产，人们一时无法追究。如书中说有一种树，生出五种香料，根是旃檀香，茎是沉香，花是鸡舌香，叶子是藿香，胶是薰陆香。沈括觉得这是非常荒唐的说法。他说，旃檀和沉香本来就是两种不同的树木；鸡舌香就是现在的丁香，现在药品中常使用的“鸡舌香”其实并不是真正的鸡舌香；藿香本来是一种草叶，南方地区非常多；薰陆是一种长着大叶的小树。海南也有薰陆，是一种树胶，现在称为“乳头香”。这五种东西是迥然不同的。①

沈括还对天麻与赤箭做了辨析。赤箭就是现在的天麻。后人误出天麻一条，就把赤箭当作另外一物，却把天麻苗当作赤箭。《本草》上说赤箭“采根阴干”，它的药用部位是在根部，怎么能用苗来代替呢？赤箭是药中上品，除了五芝，就数它为第一了。但世人因为混淆了天麻与赤箭，结果只把它当作治疗中风的一般药物使用，实在是非常可惜。也有些人想当然，说它的茎像箭枝，因此叫作赤箭，既然叫作赤箭，那一定是要用它的茎干，从而造成了用药部位的错误。②沈括对上述错误提出了批评，指出了赤箭的正确名称及用药部位。

沈括还对地菘做了考证。他说，地菘就是天名精。世人一般不知道天名精，就错误地将地菘当作火蔹；后来《本草》又出了一个“鹤虱”的名称，造成很多混乱。沈括认为地菘就是天名精，它的叶子像菘，又像蔓菁（即芜菁），因此有两个不同的名称。鹤虱是它的果实。地菘是一种重要的药材，世人服药有“单服火蔹法”，实际上是服用地菘，而不是火蔹。火蔹，《本草》称作“稀蔹”，就是现在的“猪膏苗”，后人不知其中的区别，于是又另出一条。③沈括以丰富的药物学知识纠正了地菘、天名精、火蔹、鹤虱、蔓菁、稀蔹、猪膏苗在名称上的混乱和错误。他的研究后来一直为人引用。

此外，沈括还对两种石龙芮做了区分。他说石龙芮有两种：一种是水生的，

---

①〔宋〕沈括著，胡道静校证：《梦溪笔谈校证》卷二十二《谬误》，第391条，下册，上海古籍出版社1987年版，第717—718页。

②〔宋〕沈括著，胡道静校证：《梦溪笔谈校证》卷二十六《药议》，第493条，下册，上海古籍出版社1987年版，第852—853页。

③〔宋〕沈括著，胡道静校证：《梦溪笔谈校证》卷二十六《药议》，第494条，下册，上海古籍出版社1987年版，第854—855页。

叶片光滑无毛，末端呈圆形；一种是陆生的，叶片有毛，末端边缘有尖锐的锯齿。陆生的这种也叫天灸。[①]沈括这里讲的石龙芮，实际上包括了现代植物分类学上的石龙芮和一些毛茛的其他种类。沈括已经认识到了这些植物之间的区别，并在形态上将它们区分开来。

2. 药剂学

沈括说，古代的药剂主要分为汤、散、丸三类。三种药各有各的用处。古人用汤剂最多，用丸、用散药的人非常少。古代药方里没有用煮散的，只有近来才有人这样做。一般说来，要使药效达到五脏四肢的，用汤剂最好；要使药留在胃中的，散剂最好；要使药效长、后劲大的，最好用丸。另外，无毒的药物适宜用汤剂，稍微带点毒的药物适宜做成散剂，大毒的药物必须做成丸。想收效快的用汤剂，稍慢一点的就用散剂，很慢的就用丸。这就是汤、散、丸大概的使用方法。近来用汤药的人很少，应该用汤药的都煮散服用。一般说来，汤药的效力大而且充足，效力是丸、散的好几倍。煮散一次最多只能服三五钱，它们的效能和药力全然比不上汤药。汤药的药力巨大，因此剂量就一定要得当。沈括认为，用药的技艺全在于良好的功夫，很难拘泥于一定之论。[②]

3. 药学理论

沈括在《良方序》中的“辨药之难”就讲到了药物的采集与储存对疗效的重要性，在《梦溪笔谈》中他进一步阐发了采药理论。他说，旧法采草药多在二月、八月，沈括认为这是不大妥当的。人们之所以选择二月、八月采药，是因为二月份草已发芽，八月间苗还未枯死，采药的人容易辨识。实际上这个时候并不是采药的最佳季节。多年生草本植物在秋冬季节茎叶枯萎，而根还活在土中，到第二年又能发芽生长，这种根被称为宿根。沈括认为，要采用植物的根部作药，如果是宿根，必须在它没有茎叶时采掘，这时精华都集中在根内。要验证这一观点，可以拿萝卜、地黄来做试验：无苗的时候采掘，所得的萝卜、

---

① 〔宋〕沈括著，胡道静校证：《梦溪笔谈校证》卷二十六《药议》，第506条，下册，上海古籍出版社1987年版，第877页。

② 〔宋〕沈括著，胡道静校证：《梦溪笔谈校证》卷二十六《药议》，第484条，下册，上海古籍出版社1987年版，第834页。

地黄就非常饱满，沉甸甸的；有苗的时候采掘，所得的萝卜、地黄就空虚而轻浮。那些没有宿根的药用植物，就要等到苗已长成但尚未开花的时候采掘，这时根已经生长得非常完备，又没有衰老。譬如说现在的紫草，没有开花时去采掘，根的颜色就鲜艳光泽；花谢了之后再去采掘，根的颜色就暗淡难看。这就是不同时节采药的不同效果。如果用叶做药的，就要等叶刚长足时采摘；用芽的，要芽刚长足时采；用花的，在花初放时采；用果实的，在果实成熟时采。因此，采药时间不能限制在固定的月份里。这是由于各地的温度、气候条件不同，同一地区时令早晚也有变化。例如，平地三月开花的，在深山中四月才开。白居易《大林寺桃花》诗中所说“人间四月芳菲尽，山寺桃花始盛开”，讲的就是这个道理。这是由地势高低不同引起的。筀竹的笋有二月生的，也有三四月生的，五月才长的则叫作晚筀。水稻有七月熟的，也有八九月熟的，十月才熟的则叫作晚稻。同一畦种的植物，成熟也有早有晚，这是因为事物本性各不一样。岭峤地区的小草，严冬不凋谢；并、汾一带的乔木，秋季未到就要凋落；在吴越地区，桃李冬季结果；在北方沙漠地带，桃李则在夏季开花。这是各地气候不同的缘故。同一亩地的庄稼，施肥和灌溉的就先出芽；同一块地的谷物，后种的就晚结实。这是因为人力的因素不一样。因此，采药时间不能全限制在固定的月份，而要根据具体情况有所变化。[①]

在这段文字中，沈括表明了四点意见：第一，白居易的诗句，说明了高度与温度的关系，高度增加，温度降低，作物开花的日期因此延迟；第二，同一种植物有不同的品种，各有不同的发育期，所以在同一种植物之间，物候也参差不一；第三，指出了南北各地物候先后不一；第四，他以辩证的观点说明物候并不是一成不变的，植物的生长和发育固然受气候的深刻影响，但有一定的周期。[②]唐人孙思邈对于不同药物的适宜采集时间，曾做了较系统的叙述。他开列出二百多种药物，说明了它们各自的适宜采集季节。沈括认为应该根据所用的部位是根、是芽、是叶、是花还是实，而在不同的时候采集，并且因产地、

① 〔宋〕沈括著，胡道静校证：《梦溪笔谈校证》卷二十六《药议》，第485条，下册，上海古籍出版社1987年版，第834—835页。

② 侯仁之主编：《中国古代地理学简史》，科学出版社1962年版，第33页。

气候、品种及个体差异和种植条件等的不同而不同。沈括对前人的认识有所发展，指出采药的季节受植物本性、地理气候条件和栽培条件的影响，因此要因时因地制宜。①

在《梦溪笔谈》中，沈括还特别提到了金罂子的采集。他说，金罂子是一种温性的药物，具有润滑阻滞的作用，可止遗精。世人用金罂，往往等它颜色变红、成熟时再去采摘，然后榨取金罂的汁液，熬成膏药。沈括认为这是非常错误的。他说，金罂颜色变红时，味道甜美，用来熬制膏药，就会丧失它固有的涩性，不能再起到阻滞润滑的作用。最好在它颜色半黄时采摘，干燥后将其研成粉末，然后再服用，效果最佳。②

沈括还特别提到应该注意药物的使用部位。他说，药物的使用，有的用根，有的用茎、叶，虽然是同一植物，不同的部位其药性可能各不相同。如果不知道它们的药性，就不能胡乱使用。例如仙灵脾，《本草》中记载用叶入药，南方人却用它的根。又如赤箭，《本草》中记载用根入药，现在人却用它的苗，也不管根与叶、根与苗的药性是否一样。又如，古人用远志的根为药，它的苗称作小草，泽漆的根就是大戟，马兜铃的根就是独行。不同部位的疗效是各不相同的。由此可以推知，根和苗的药性是并不相通的。例如，巴豆是一种利尿的泻药，巴豆壳却有止泻的作用；甜瓜蒂能让人呕吐，甜瓜肉却能解除呕吐；坐拏能让人昏迷，它的芯却能让人苏醒；楝的根皮可使人腹泻，它的枝皮却可以使人呕吐；邕州进贡的一种蓝药是蓝蛇之头，蓝蛇能咬人中毒致死，蓝蛇之尾却是解毒之药；鸟兽之肉都能补血，它们的毛、角、鳞、须却都能破血，因此鹰吃鸟兽之肉，虽然把它们的筋骨都消化了，却不能消化它们的毛。诸如此类的事情还有很多，同一种东西不同的部位，它们的物性迥然不同。但现在的人不懂得这样的道理。比如，山茱萸这种药能补骨髓，是因为它的核有温涩之性，能固精气，现在的人取它的果肉服用，而把核丢掉，这可不是古人用药的本意。这样用药，实属牵强附会。沈括认为，如果要拿《本草》中记载的疗效来用药，

---

① 李群注释：《〈梦溪笔谈〉选读（自然科学部分）》，科学出版社1975年版，第173—174页。

② 〔宋〕沈括著，胡道静校证：《梦溪笔谈校证》卷二十六《药议》，第483条，下册，上海古籍出版社1987年版，第833页。

应当完完全全按照《本草》的说法用药。该用根就用根，该用叶就用叶。[①]

除了药物采集，沈括对药物配方理论也很有研究。在《良方序》的“处方之难”一段中，他已经对不同药物互相作用可能改变药性的问题做了很深的阐述。宋代医家在配方中十分强调“君臣佐使”的理论。所谓“君臣佐使”，主要指的是上品君药、中品臣药、下品佐使药，各个品种的药物应能体现主次分别。在宋代方剂尤其是那些名方中，其配伍更讲求主次分明，世人称之为方剂配伍的典范。沈括反对旧说把“君臣佐使”的地位看得太死。旧说有“药用一君、二臣、三佐、五使”之说。它的意思是药物虽众，但主治某种疾病，只能依靠某一种专门的药物，其他药物根据情况分成一定的等级相配使用，各种药物之间互相统制。沈括认为，所谓“君”，是指某一处方的主要药物。但到底是哪一种药物，并不是固定不变的，而应根据具体情况有所变化。《药性论》把各种药物中最多的那种称为“君”，其次为“臣”、为“佐”，有毒的药物一般为“使”，这是非常错误的。沈括举例说，如果要治“坚积”之症，就得用巴豆为“君”。[②]

沈括在《梦溪笔谈》中还论述了药用矿物钟乳石的药性及其在“五石散”中的作用。他说，对于医术如果不是在内心真正有所领会，而仅仅是从书本中得来的，那么往往不能体会到其中的妙处。他以钟乳石和术两种药物为例说明。在旧医书《乳石论》中说，吃了钟乳，终身不能再吃术。而“五石散”中以钟乳石为主，同时也有术，和《乳石论》所讲的道理相悖。沈括曾经问过一些老医生，都不明白其中的道理。沈括因此认为对“五石散”的应用必须慎重。他还指出，古代一些医书，内容有很多不真实和不可靠的地方，像《神农本草》这样古老的医书，错误的地方尤其多，从事医学的人不可以不知道。[③]

---

①〔宋〕沈括著，胡道静校证：《梦溪笔谈校证・补笔谈》卷三《药议》，第586条，下册，上海古籍出版社1987年版，第1028—1029页。

②〔宋〕沈括著，胡道静校证：《梦溪笔谈校证》卷二十六《药议》，第482条，下册，上海古籍出版社1987年版，第833页。

③〔宋〕沈括著，胡道静校证：《梦溪笔谈校证》卷十八《技艺》，第314条，下册，上海古籍出版社1987年版，第614页。

第十三章　一生总结

总的印象

古代没有照相技术，沈括的形象究竟如何，现在已不知道了。北宋词人李之仪与沈括的关系在师友之间，他曾为沈括的画像写过赞词：

> 先天弗违，圣时以乘。人谋鬼谋，其谁与能。彼虽渊密，我则揆叙。万目交张，维网之举。展也吾人，一世绝拟。孰友多文，宛在中沚。用此以通，亦以是穷。自崖反矣，凛然孤风。①

仅从这一赞词，我们很难勾勒出沈括的一个具体形象。

后世所传的家谱中倒保存着沈括的一幅图片，画中配有赞词："器宇轩昂，如圭如璋。仪形俨雅，金玉尔相。盛德大业，纲举目张。文华巨族，谱牒辉光。"但沈括的形象是否真的如此，现在也已很难考定了。

但通过以上各章的叙述，沈括给我们留下了一个鲜明的印象：

第一，沈括是一个懦弱的人。沈括的懦弱，最明显表现在他与后妻张氏的关系上。张氏是个泼悍、无道的女人，她把沈括与前妻生下的儿子赶出家门，

① 〔宋〕李之仪撰：《姑溪居士前集》卷一二《沈存中画像赞》，四库全书本。

还不准沈括接济。沈括对此竟然无可奈何。在那个非常讲究男尊女卑的社会里，沈括的懦弱可以说是很骇异的。他的这种懦弱也明显表现在他的处世态度上，并深刻地影响着他的政治倾向与政策取舍。他虽然是王安石变法运动中的一个重要成员，但在内心深处并不全盘接受王安石的变法主张。他看到了变法措施出台后在施行过程中的种种缺陷，当王安石在位时他不敢当面提出，王安石去位后他却背后议论。这使得他在生时便获得了反复、附会的恶名。晚年出镇延州，他与副手种谔一起提出修筑古乌延城的主张，但当徐禧盛气凌人地来到延州，断然否决了他们的提议之后，沈括立即附和徐禧，主张把城筑在永乐。这间接地导致了后来宋朝军队惨败于永乐，而沈括自己也因此罢黜地方，凄苦地度过了残年余生。可以说，懦弱、缺乏原则是沈括个性上最大的缺陷，也影响他在政治上获得更高的地位、取得更大的成就。

翰林學士存中公像

家谱中沈括的形象

（图片采自1919年修《江苏毗陵武城沈氏宗谱》，浙江图书馆网站《中国历代人物图像数据库》。）

第二，沈括是一个谨密的人。“谨密”二字是王安石对沈括的评价。沈括的谨慎大概是来自于他的懦弱。因为懦弱，因为胆子小，因为怕得罪人，他做起事来常常是谨小慎微。谨慎同样成为他的一种处世态度。直到沈括晚年写《梦溪笔谈》，这可以说是他一生见闻和学识的总结，但在写作时他仍坚持“两不写”的原则：有关朝廷大政与宫廷禁忌的内容不写，有关他人利害的事情不写。用现在的话来说，这是一种莫谈国事、明哲保身的态度。但从另一面讲，正是这种谨慎，造就了他观察事物、考虑问题和解决问题的细致周密。《梦溪笔谈》中有很多对植物、动物、矿物和其他各种自然现象的描述，极尽细致。王安石开始时推荐他察访两浙、兴修水利，便是看中了他这种个性特点。在实际的施政过程中，沈括也处处表现出他考虑问题的周到、细密，如他对免役法利弊的分析，不但比王安石的更加细致，而且更易实行。

第三，沈括是一个果断的人。沈括虽然怯懦、谨慎，却不乏果断。这一点在他刚刚出仕时便已表现出来。他当时不过二十出头，出任沭阳主簿，适值农忙季节，官府征发夫役治河，引发暴乱。沈括临危受命，果断地提出罢去巡检、缩短役期的主张，抵制上面朝令夕改的使帖，终于稳定了局势。又如在镇守延州时，宋朝发动五路大军攻打西夏的军事重镇灵州，部分军队半路溃散，沈括拒绝对他们进行镇压，果断地放他们入城，而处决了其中的为首者。又如在西夏大兵围攻永乐城的情况下，沈括退保绥德，又一次临机决断，处斩了城中准备叛乱的三百羌人。由此可见，沈括并不缺乏决断的能力，他在做官时的观望作风，与其说是一种性格，还不如说是一种处世的态度。

第四，沈括是一个宽厚的人。沈括是一个善良、宽厚而富有同情心的人，对于这一点，我们从他在免役法问题上处处为百姓着想这一点就可以看得很清楚了。而且，他一生致力于搜集医方，济世救人。这种作风可能得自他良好的家教。沈氏一族把治方济人作为他们的传统。他的父亲为官就是以“宽厚”著称。[①]他的哥哥沈披在做县令时，曾经把倒在街上的一个人抬到官舍救治。沈括的一生，也是多次受人攻击的。但攻击者从未在他为官的清廉上找出问题。蔡确在弹劾沈括时甚至把“驭下则取悦而已”作为攻击他的一条罪状，但这反过来也说明沈括这个人对待部下宽厚，是一个没有架子的人。读读他的《梦溪笔谈》和《良方》，可知他结交的人物非常博杂，甚至有不少是出自社会下层的普通百姓。

第五，沈括是一个聪明的人。读一读沈括的《良方》，感觉他是一个体弱多病的人，又是病目，又是病足，他这一生仿佛老是在吃药；但再读一读《梦溪笔谈》，就会发现这具虚弱的身体上长着一颗绝顶聪明的脑袋。现代心理学研究人的智力，把人脑分为左半脑、右半脑，又把人的思维类型分为抽象思维、形象思维。沈括显然是一个具有极强抽象思维能力的人。他虽然号称渊博，但最

---

① 〔宋〕王安石著，唐武标校：《王文公文集》第九十三卷《太常少卿分司南京沈公墓志铭》，下册，上海人民出版社1974年版，第967页。

擅长的是天文、历法、算数这些需要高度抽象思维能力的学科；他虽然号称通才，在人文学科上也取得了卓越的成就，但在人文学科上，沈括更擅长理论的总结、历史学的考证以及哲学的分析，而不是进行艺术创作。如音乐，沈括并没有在创作上取得成绩，但他在声律方面提出的理论，在高度、深度上都要超过他的美学见解。又如在社会科学的各个学科中，经济学尤其是金融学，是与数学关系最密切的，也是最需要抽象思维的，而沈括也恰恰在货币理论上提出了他卓越的理论见解。他对钱荒的解释是北宋有关钱荒的最全面的论述，也是最接近事实真相的论述。这种思维特点是沈括成为一个科学家的重要条件。

第六，沈括是一个能干的人。沈括为人谨慎，思维细密，照理应是一个沉静的人，然而，沈括从儿童时代起就表现出好动的性格。他的动手能力十分强。如他在少年时跟随父亲到泉州，大概是在父亲审理案子的过程中，他接触到了一种叫“钩吻”的剧毒植物。这种植物，如果不小心被误吃了，即使只有半片，也能立即置人于死地。面对这么危险的一种东西，为了了解它的毒性，当时才十岁出头的沈括竟取来观察。这种个性培养了沈括较强的观察能力、动手能力和处事能力。沈括的一生奔波在各地，他几乎从没停止过对地理的观察、对医方的试验。甚至出使契丹时，路上看到彩虹，他还特地跑到涧边去观看，而且还让一个人越涧与他对看，以了解虹的真相。他的身上充满了一种实验的精神，正因为如此，他才能发现凹面镜的焦点与成像规律。而这种精神是他成为一个杰出科学家的又一重要条件。

第七，沈括是一个自信的人。一个聪明的人常常是充满自信的。沈括经常对前人的一些错误说法进行批判。他用石油制墨，预言此物必将大行于天下；他提出十二气历，相信将来一定能被人采用。

综合上面这七点论述，我们试着为沈括勾勒出如下的形象：他生性懦弱，做事谨慎；他心地善良，待人宽厚；他常常观望，看别人的脸色行事，却不乏临机决断的勇气；他体弱多病，却绝顶聪明；他爱观察，爱实验，爱动手，对世界充满了好奇之心，但又爱思辨，抽象的理论常常使他入迷。

治世能臣

沈括为官一生，担任过各种各样的职务。在地方上，县一级他担任过沭阳县主簿、摄东海县令，州一级他担任过扬州司理参军、知宣州军州事、知延州军州事，在路一级他担任过两浙路察访使、河北西路察访使和鄜延路经略安抚使。路虽然不是正式的一级行政区划，察访使更不是正式的路一级官员，但沈括奉旨察访，在一路行政事务中也拥有很大的发言权，在有些方面甚至超过监司。如在两浙路的时候，他曾建议把两浙路分为两浙西路与两浙东路。朝廷批准了他的请求。这一调整，不仅在当时具有现实的意义，也给南宋以后两浙地区的社会、经济、文化都带来了重要影响。在中央，沈括任职范围就更广了。从工作部门和工作性质看，沈括从事过以下各项工作。

司法：扬州司理参军，检正中书刑房公事。

天文监测：提举司天监。

历史编撰：同修起居注。

外交：回谢辽国使。

军事（后勤）：判军器监。

军事（前线）：鄜延路经略安抚使。

经济：三司使。

起草诏令：知制诰，翰林学士。

除此之外，沈括还曾长期在馆阁任职，又受命编写了大量的朝廷文件如《南郊式》《明堂》《籍田》《祫享》《恭谢式》《敌楼马面团敌法式及申明条约并修城女墙法式》等。此外，沈括还曾多次接受临时差遣，做了不少事务性的工作。

下面我们把他一生的主要治绩，凡在史籍中有详细记载、功过得失可以考定的内容进行一番梳理和总结：

（1）沭阳县主簿任上：疏浚沭水，得良田七千顷。

（2）沭阳县主簿任上：征调民夫治河，平定民乱，处置得当。

（3）临时差遣提举饥人疏浚汴河，测量地势。以科学方法测量地势，非常成功。但由于工程过于浩大，导洛入汴的工作最终没有完成。

（4）提举司天监任上：推荐卫朴修订新历。两位杰出的天文学家联合工作，制定了一部《奉元历》，但由于体制上的原因，很多检测工作无法正常进行，数据积累不足，最后这部历法是失败的。

（5）提举司天监任上：参与考定太一宫神位。应该说是成功的。

（6）提举司天监任上：革新、制造天文仪器。做得相当出色。

（7）察访两浙任上：治理浙西圩田，由于朝廷缺乏必要的配套措施，治圩工作对某些民田造成侵害，引起田主不满，最后以失败告终。

（8）察访两浙任上：推行免役法，建议减免贫民役钱。应当说是成功的，但持不同意见者如苏轼对此抱批评态度。

（9）察访两浙任上：提议两浙分治。沈括此议，难以用成败来判断，但两浙分治给后来这一地区带来较深远的影响。

（10）修起居注任上：建议罢籍车、两蜀禁盐。比较成功。

（11）察访河北西路任上：推行义勇保甲法。应该说是成功的。

（12）察访河北西路任上：提出以塘泊防线为核心的一系列边防措施。

（13）制作军事立体地图：技术上非常成功，也给当时及后世带来很大的影响。

（14）判军器监任上：详定九军阵法。这个阵法得到了宋神宗的肯定，但实战中的使用效果如何，是一个未知数。

（15）判军器监任上：详定兵车式样。沈括并不赞成恢复古代兵车，他奉命根据古籍的记载考定兵车式样，他的考定工作似乎是成功的，但兵车最后被当作仪物储入武库，未能在实战中发挥作用。

（16）回谢辽国使任上：出使辽国，谈判地界。沈括利用自己丰富的地理学知识以及对档案文件的掌握，在谈判中不辱使命，但由于宋神宗的软弱，宋方最后还是以割地结束了这场地界之争。

（17）三司使任上：复置三司开拆司。加强财经审计，应该说是成功的。

（18）三司使任上：附和王安石，支持张景温实行解盐官卖。这是沈括违心的做法，最后不得不自我更正。

（19）三司使任上：与皮公弼一起提出解盐通商的改革措施。他的改革措施在理论上是卓越的，但在此后的实际施行中可能有所偏差。当然这并不是沈括个人所能决定的。

（20）三司使任上：改革和籴制度（详见下文）。非常成功。

（21）三司使任上：反对在河北行用铁钱。成功。

（22）三司使任上：建议改革役法。沈括的设想非常完美，但遭御史弹劾而罢官。

（23）知延州任上：在宋伐灵州之役中留守后方。尽管宋朝没有取得预期的军事目标，但沈括接应种谔，夺取顺宁寨，安抚溃散士兵，在整个战役进程中的表现可圈可点。

（24）知延州任上：修筑永乐城。沈括开始与种谔一起提出修建古乌延城，后来屈从于徐禧的压力主张修筑永乐城。尽管他的做法未必会改变朝廷的决策与最后的结果，但沈括在筑城问题上无疑是犯了严重错误的。

（25）知延州任上：兵败永乐。沈括不是战争失败的责任者，他在整个战争中已经尽了自己最大的努力，并且在危险的劣境中坚守绥德，为保延州的北方门户不失作出重要贡献，但最后他还是遭到贬谪的命运。事实上，宋神宗本人和宋朝的领军体制才应该对战争的失败负主要责任。

（26）贬谪中：绘编《天下州县图》。这是能够发挥沈括专长的一项工作，而沈括的确也做得非常成功。

通过以上二十六条沈括的“政绩”，我们可以发现：第一，沈括最擅长的是技术工作，如修治水利，如制造仪器，如绘制地图等。尽管他制定新历和治理浙西圩田都以失败告终，但造成失败的原因在于整个国家的政治体制，这并不是沈括个人所能控制的。第二，沈括对一些政策措施的制定设计考虑得非常周密。他对改革免役法和解盐法的设想，以及他对修筑古乌延城的论述都表现了他看待问题的细致、远见和很强的设计规划能力。

而且，沈括在实际施政中特别善于用数学的思维来考虑问题。如他曾对运输军粮问题做过细致的估测。他说，行军作战，解决军队的粮食问题是最为紧要的任务。沈括在延州任上，宋朝发动灵州之役，企图一举攻灭夏国，最后却因粮运问题而以失败告终。因此，沈括后来与种谔一起提出控制横山、筑城乌延的战略主张，就是想利用横山的耕地在前线就地解决粮食问题。他在《梦溪笔谈》中也说："凡师行，因粮于敌，最为急务。"因为粮食运输不但花费巨大，而且不能持久。沈括对此曾做过计算：

（1）如果一个士兵配备一个民夫运粮，士兵自带干粮五天，民夫背米六斗，以每人每天的食量为二升计，那么他们只能行军十八天。如果算上回程，只能行军九天。

（2）如果给每个士兵配备两个民夫，可以行军二十六天。两个民夫负粮一石二斗，三人同吃，每天吃六升。到第八天，其中一个民夫所带的粮食已经吃光，为了节约粮食，给他六日的粮食，将他遣返。剩下的粮食由两个人一起吃，每天吃四升，可吃十八天。如果算上回程，一个士兵带两个民夫只能行军十三天。

（3）如果给每个士兵配备三个民夫，可以行军三十一天。三个民夫带米一石八斗，前六天半，四个人一起吃，每天吃八升。之后遣返其中一个民夫，给他四天的粮食。中间七天，三人共食，日耗粮六升。七天之后再遣返一个民夫，给他九天的粮食。最后两人共食，每天四升，可支持十八日。如果算上回程，只能行军十六天。

最后，沈括说，三个民夫供应一个士兵，已经达到了极点。如果发动十万军队，其中三万人要运输辎重，真正作战的人员只有七万之数。要为这十万士兵配备三十万人来运输粮食，已经是非常困难了。如果再要增加，就难上加难。而且，让民夫运输粮食，遣返时还得有士兵保护；还要考虑到民夫在运输过程中发生疾病、死亡等意外事件，粮食的实际运输量势必减少。再有，每人负米六斗，只是一个平均数。服役的民夫中，队长不亲自参加运米，多余出来的粮食要分摊给其他民夫。如果中间不幸有人死亡或生病，多余出来的粮食又要分摊给其他的人。因此，每个民夫运输粮食的实际数额往往超过六斗。因此，军队里面不允许有人多吃粮食，如果一人多吃，就要有两三个人来供应他，而且还怕不够。如果用畜力代替人力运输，一匹驼能负米三石，马、骡能负米一石五斗，驴能负米一石。虽然它们的运输能力比人大，可能节省费用，但这些牲畜在运输途中同样需要粮草喂养，还需要人来照料。如果它们不幸病死，只好连畜与粮一起抛弃。这是十分可惜的。因此，人力与畜力相比较，各有利弊。① 从中可以看出沈括考虑问题是何等周密细致。

沈括在三司使任上曾经对和籴问题作出改革。宋朝实行和籴制度，就是政府向民户收购粮草，它的本意要民户自愿提供，但到后来越来越成为一种强制的科配。沈括在《梦溪笔谈》中讲到，唐朝刘晏管理财政时，数百里外物价的高低，当天就能知道。沈括学到了刘晏的一个方法，曾经在他任三司使时推行。他说，每年发运司向州县和籴粮食，不知道当地物价的高低，就由州县预先调查当地的物价，然后上报中央，中央则根据物价高低，制定和籴方案：粮价高的地方少收购一点，粮价低的地方多收购一点。这种做法看起来很理想，但在实际操作中，也出现了弊病。具体来说，中央必须在各地上报粮价之后才能制定统一的收购方案，但中国地方广大，各地距离中央的远近不一，等中央在收集各地粮价信息后正式收购时，各地的粮价往往已经发生了变动，政府经常用高价收购很多粮食，浪费了不少钱财。刘晏的做法与此不同，他以数十年来各地的和籴价格、和籴数量为基准数据，把各地的和籴价格、和籴数量都定为五等，由专人置籍掌管。州县刚确定粮价时，不必上报中央，而是依据已经确定的等级进行收购：如果当时的粮价为第一等，就用第五等数量进行收购；如果当时粮价为第五等，就用第一等的数量进行收购。以下依次类推：第二等的价格用第四等的数量进行收购，第四等的价格用第二等的数量进行收购，第三等的价格用第三等的数量进行收购。一面收购，一面上报发运司。沈括施行了这个办法，这样在粮价低的地方政府可以尽数收购，其余节级递减，各得其宜。然后发运司根据各州所籴之数进行汇总，如果有多余，就减少粮价高、地方远的州县的收购数量，如果不足，就增加粮价低、路途近的州县的收购数量。沈括说，自从他实施这个政策以来，朝廷的和籴政策没有出现差错，都能与各个

---

①〔宋〕沈括著，胡道静校证：《梦溪笔谈校证》卷十一《官政一》，第205条，上册，上海古籍出版社1987年版，第419—420页。

地方的丰俭情况相一致。①

这里，刘晏与沈括实际上是运用一种运筹学的方法来收购。当时交通不便，通信技术落后，而粮价又随时涨落，如果由各地上报粮价后再由政府统一收购，既有繁复迟缓的公文往来，结果又不能按实际情况定价。沈括实施这样一种科学的方法后，既能及时完成收购任务，又能减少财政上的损失。这都得益于他精密的数学思维。

沈括有点像我们现在常说的技术官僚。如果用之得当，他将成为一个非常优秀的管理人才，但是，由于受各种政治因素的干扰，沈括常常左右摇摆、观望，甚至被迫去做违心的工作。在参与王安石变法的过程中，他的这一特点表现得特别突出。在王安石所设计的众多变法措施中，沈括完全支持的似乎只有农田水利法与保甲法两项，而在免役法、植桑法、解盐钞法、开放铜禁以及河北塘泊防线等诸多问题上，他都与王安石持相反的立场。事实上，在王安石上台执政之初，后来的一些反对者开始时也是支持他的变法计划的，只是由于看到某些变法措施在实际执行中的种种危害，才转而反对。沈括在思想上可能也经历了这样一个过程，只是他的个性是不愿与人为敌的，因此他一条胡同走到黑，一直跟着王安石走到了最后，而在实际行动中他又不自觉地想纠正新法中的一些害民之政。到最后，他终于成为新、旧两党一致抨击的对象：因为新党的弹劾，他被罢免三司使；因为旧党的抨击，他在晚年一再遭受贬谪之苦。

科学巨人

自近代科学从西方传入以来，关于中国有没有科学的讨论，几乎从未停止过，但很少有人对中国古代有没有科学家提出疑问。如竺可桢先生是否定中国古代有自然科学存在的，但他一生致力于并倡导中国古代科学史的研究。这听起来似乎是矛盾的，其实不然。因为所谓“科学”，在前者是指一门成体系的学

① 〔宋〕沈括著，胡道静校证：《梦溪笔谈校证》卷十一《官政一》，第192条，上册，上海古籍出版社1987年版，第410—411页。

问，在后者则是指一种活动。

正因为如此，也没有人否认沈括是一个科学家，却有人对《梦溪笔谈》是否能被称为一部科学著作提出了疑问。比如，虞云国在《文汇报》撰文认为，《梦溪笔谈》从文献归类上只能说是一部考据辩证类的笔记小说，它既不具有科学著作的体制，沈括在写作时也无撰写科学著作的自觉意识。虽然书中含有大量的科技史料，但仅为“谈谑”而已。[①]

其实，无论是对中国古代有无科学的讨论，还是对《梦溪笔谈》是否为科学著作的质疑，它们的背后都有一句潜台词：如何给“科学”下一个定义。比方说，有人要否定中国古代有科学，就会说科学是近代的、西方的，先从时间上、地点上把中国彻底排除了；如果有人要论证中国古代有科学，也会用中国古已有之的东西来定义科学。

尽管人们对中国古代有无科学存在争论，但有一点是可以肯定的，东方、西方两大文化在各自的发展过程中形成了迥然不同的知识结构和学科体系。春秋时，孔子分礼、乐、射、御、书、数六艺教授学生；在古希腊，亚里士多德创立了逻辑学、物理学、植物学、动物学的学科体系。前者是实用的生活教程，后者是纯粹的理论探索，两种文化在建立知识体系上的差异从一开始就表现得如此明显。

这种差别也可从双方的目录学中反映出来。汉代刘向、刘歆父子著《七略》，分辑略、六艺略、诸子略、诗赋略、兵书略、术数略、方技略，这是中国最早的成型的书目分类体系，到后世则渐渐演变为经、史、子、集四部分类法。而在西方，卡利马科斯在公元前3世纪撰成《各科著名学者及其著作目录》，将罗马图书馆的藏书分为八类：演说术、历史、法律、哲学、医学、抒情诗、悲剧、杂类。这成为后来西方目录学的源头。受基督教的影响，欧洲中世纪图书馆的藏书常常被分为神学书籍与俗世著作两大区块。神学书籍下的子目有经典、注疏、传记及礼拜用书等。俗世书籍则被划分成初级部分和高级部分，初级部分包括文法、修辞与理则学三科，高级部分包括算术、几何、天文和音乐四科。

---

① 虞云国：《给〈梦溪笔谈〉的评价泼点冷水》，《文汇报》，2004年6月13日。

1289年，索邦图书馆（巴黎大学图书馆前身）目录分初级、高级、神学、医学、法学五大部类。直到16世纪，盖士纳在《世界书目》中创立二十一类分类体系。[①]东方、西方两大文化在知识结构上的差异在这里清楚地表现了出来：前者注重实际，后者注重理论；前者注重“有用的”学问，后者注重“无用的”学问。如果站在西方的立场上，我们甚至可以发现中国的知识体系只有用途分类，没有学科分类。举例而言，在君主专制制度的形成和发展过程中，中国建立了一套包括官制、兵制、科举、刑法、礼仪、祭祀各个方面的极其完备严密的管理制度，所编撰的典章制度可以说是汗牛充栋。但我们没有因此形成政治学、法学或管理学这样的学科。可以说，我们是有政治，却没有政治学；有法律，却没有法学；有管理，却没有管理学。在这方面，间或会有一些理论探讨的文章，甚至会有一些专著诞生，却没有形成一个专门的“学问”。再举数学为例，在西方，早在公元前欧几里得就已经撰写了《几何原本》这样具有严密逻辑体系的学科专著，但中国历史上的数学专著往往是一些应用之作。如南宋数学家秦九韶著有《数书九章》，所谓九章，依次是大衍、天时、田域、测望、赋役、钱谷、营建、军旅、市易。光看它的内容结构，就知道它与《几何原本》的差别。

李约瑟著《中国科学技术史》，最使他感到困惑的一个问题是：中国古代曾经创造了如此灿烂的科技和文明，为什么近代科学没有在中国诞生？这被称为“李约瑟难题”，提出后即引发了无数的讨论，这个讨论直到现在还在继续。实际上，近代科学的诞生有两个基本条件：一是数学，二是实验。伽利略把数学和实验方法结合起来，奠定了近代数理科学的方法论传统，从而成为当之无愧的“近代科学之父”。

近代科学是数学与实验相结合的产物，古希腊有数学而无实验，因此没有产生近代科学；中国则既无数学，又无实验。这不但是解释近代科学没有在中国诞生的一个理论，也是我们今天评价沈括科学成就的一个角度。

在中国古代的四部分类法中，经部独尊地位的确立是由于国家在意识形态

---

① 袁生奎：《中西目录学沿革及学术风格研究》，《情报杂志》，1998年第4期。柯平：《中西古代目录学比较研究》，《津图学刊》，2003年第2期。

上崇儒的需要，实际上它应该和释家、道家、法家等其他哲学流派一样归到子部里面去。因此，中国的四部分类法实际上只有三部，即史部、集部和子部。史部大约相当于现在的历史学，集部相当于现在的文学，子部其实是个杂部和综合部，凡是史、集二部所不能包容的内容全部归入其中。沈括的主要作品，一是他的文集《长兴集》，二是他的笔记小说《梦溪笔谈》。前者被归入集部，后者一般被归入子部杂家类或小说家类。这样，如从前者，可称沈括为文学家，比如竺可桢先生就称沈括为文学家；如从后者，则沈括只能算是一个杂家或博物学家了。

我们现在评价沈括，只能以我们现在的学科标准来判断，否则这种评价就显得毫无意义了。在中国古代，最接近“科学”的一个词语大概是“格致”，这是“格物致知”的简称。儒家的几部经典作品，《尚书》是古代档案资料的汇编，《诗经》是古代诗歌的汇编，《周易》是一部占卜的书，《春秋》是一部编年史，《礼记》则讲古代的制度和风俗，它们所包含的内容十分广泛。人们在对这些经典作品进行解释时，势必要涉及一些名物制度，由此与近代意义上的一些学科门类发生联系，如谈星象、历法不免涉及天文和数学，谈《诗经》的草木异名不免涉及植物学，这在一定程度上促进了自然科学的发展。中国古代的一些儒学大师如朱熹，他们往往在自然科学的领域也有很高的造诣，原因就在于此。而沈括在一些自然科学上的解释同样是从考证儒家经典出发的。如他讲到梓榆，南方人称“朴”，齐鲁一带的人称“驳马”。所谓“驳马”，就是指“梓榆”。南方人讲“朴”，“朴”其实就是“驳”，是字音误读所致的。《诗经》里有“隰有六驳”之句，说的就是梓榆。陆玑在《毛诗疏》中说：“檀木，皮似系迷，又似驳马。人云：‘斫檀不谛得系迷，系迷尚可得驳马。’”沈括认为，这是由于三种植物非常相似。他说，现在的梓榆皮跟檀木非常相似，都像马的毛色那样斑驳。沈括认为，现在有些人用《尔雅》“兽锯牙，食虎豹”来解释“驳”是错误的。他说，兽是一种动物，怎么能居住于隰（即低湿之处）呢？[①]在这里，

---

①〔宋〕沈括著，胡道静校证：《梦溪笔谈校证·补笔谈》卷一《辩证》，第519条，下册，上海古籍出版社1987年版，第899页。

沈括对人们有关《诗经》“隰有六驳”的错误理解进行了批判和考证，同时也作出了他在植物分类学上的贡献。类似的例子还有很多。这都说明了儒学对自然科学研究所起到的促进作用。

这种作用在清代似乎表现得更为明显。清代是中国传统考据学的鼎盛时期，当时的很多考据学家如戴震、阮元等，往往精于算学。从这个方面讲，经学与自然科学是互相促进的。

“格致”的盛行正是儒学发展的产物，究其本来的含义，是指探求事物的真相，在思想上达到某一种境界。但后来“格致”也渐渐成为一个学问的名称了，直到近代康有为、严复等人创设了“科学”这个词语，它才退出历史舞台。但是，“格致”毕竟只是儒学的一个附属品。如果站在“格致”的角度来评价沈括，沈括充其量也只是一个一般的考据学家。正因为如此，尽管《梦溪笔谈》中的很多见解被《格致镜原》之类的书大量引用，但沈括并未因此在中国学术史上获得显赫的地位。我们只有站在近代科学的立场上，才能发现沈括是一个伟大的学者，他的见解超越了同时代的其他学者。

当然，中国古代本没有近代意义上的科学，也没有建立在近代科学基础上的学科分类，却有科学精神与科学活动。而最能体现科学精神的乃是数学和实验。沈括在数学上的成就，以及他对数学的偏好，上文已经一一讲过了。但上面讲到他的隙积术是从计算酒馆的酒坛数来考虑的，他的会圆术是从丈量土地面积来考虑的，他计算军粮更纯粹是为了行政工作的需要——所有这一切都没有脱离实用的、功利的目的。

这里需要特别指出的是，沈括还有一些完全脱离实际的数学研究。比如，他曾经对棋局总数做过一番计算。他说，小说中记载，唐朝和尚一行曾经计算过围棋棋局总共会有多少种局面。沈括也曾经考虑过这个问题，觉得是很容易计算的，只是数目太大，难以用现有的数学名词来表达。他举例说，如果棋盘纵横各2路，一共用4个棋子，可以变化出81种棋局。如果棋局纵横各3路，共有9个棋子，可以变出19683种棋局。如果棋局纵横各4路，共有16个棋子，可以变出43046721种棋局。如果棋局纵横各5路，共有25个棋子，可以变出847288609443种棋局。如果棋盘纵横各6路，共有36个棋子，可以变出

15009463529699121种棋局。如果棋盘路数超过7路，数目之大，就难以用现有的数学名词来表达了。但沈括预测：围棋整个棋盘纵横19路，共361个棋子，最后的棋局总数大概要连写43个万字。所谓连写43个万字，就是最后一个万字表示一万局；倒数第二个万字表示万万局（即万的二次方）。以下依次类推：倒数第三个万字为万亿局，第四为一兆局，第五为万兆局，第六为万万兆局。万万兆为一垓，则第七为万垓局，第八为万万垓局，第九为万亿垓局。再往上，数目之大，已经是现有的数学名词无法表达的了。沈括最后没有给出一个具体的数字，但他给出了一个概数：43次万倍相乘。而且沈括还给出了三种计算方法：

第一种算法：任何一个棋路都有三个变化：黑子、白子、空子。不管棋路是纵是横，每增加一个用子的位置，都用3相乘，一直增加到361个棋位，每次都乘3，最后就得到棋局的总数。

第二种算法：先把其中一路作为基数，共19路，得到1162261467种棋局局数。以后每加一行，就以这个基数相乘，乘满19行，也能得到棋局总数。

第三种算法：用前面那个基数相乘，即1162261467的平方，得到1350851717672992089种棋局局数，把这个数放在上位，下位也放上这个数，用下位的数乘上位的数，再乘下位的数。把所得的新数再放在上位，下位也放这个数，用下位的数乘上位的数，再乘下位的数。得到新数后再用基数乘一次，就得到棋局总数。这样，只要用5次乘法，就能得到361个棋位的棋局总数了。①

计算这样一个所谓的棋局总数，若从实用的角度讲，是毫无意义的。在当时，就有人批评沈括的做法是非常迂腐的。②但就是在这一点上，沈括体现了他与同时代人的区别：他纯粹出于个人的一种趣味，或者是为了追求单纯的真相来进行科学研究，这才是真正的科学精神所在。

---

①〔宋〕沈括著，胡道静校证：《梦溪笔谈校证》卷十八《技艺》，第304条，下册，上海古籍出版社1987年版，第590—591页。其中“连写43个万字”，《梦溪笔谈》原作“连书万字五十二”，今据李群《〈梦溪笔谈〉选读（自然科学部分）》改正。

②〔宋〕张耒：《明道杂志》，载〔元〕陶宗仪撰《说郛》卷四十三下，四库全书本。

此外，实验的精神在沈括身上也表现得非常明显。关于这一点，我们在描述他的个性时已经举出了很多例子，如他观察凹面镜的成像规律，等等；至于他的《良方》，更是一部各种药物配方和临床观察的汇总。当然，他的这种观察和实验是带有很大的局限性的，与近代科学实验仍有着本质的差异。我们可以把他对凹面镜成像规律的观察列表如下：

物(手指)的位置	成像情况
在“碍”(焦点)与镜面之间	正立
在“碍”(焦点)上	看不见
在“碍”(焦点)之外	倒立

如果再配上时间、地点之类的情况，这几乎可以形成一个实验报告了，但我们总觉得缺少了一点什么。缺少什么呢？原来是缺少数据。而数学与实验是形成近代科学最重要的两个条件。沈括有数学的头脑，也有实验的精神，却没有把两者很好地结合起来。这是很让人叹惜的地方。假如当初沈括去对物、镜面与焦点三者之间的距离进行了测量，甚至对凹面镜的曲度进行了测量，那么他的发现可能是难以估量的了。但沈括只能走到这一步为止，这恐怕是由那个时代和环境所决定的。

尽管如此，《梦溪笔谈》中体现出来的科学成就还是非常骄人的。为了评价的方便，我们对《梦溪笔谈》中的记载进行以下区别：

第一，应该把沈括自己的创造、发明和理论见解同记录别人的创造、发明和理论见解区别开来。因为记录别人的东西只具有科学史上的价值，而自己的创造、发明和理论见解才能在最大限度上体现他作为一个科学家的学术贡献。比如，他在《梦溪笔谈》中摘录了喻皓《木经》中的一些建筑理论，这是中国建筑史上非常重要的文献，但它是喻皓的，并不是沈括的，沈括只是一个记录者而已。

第二，应该把有详尽阐述或有实验支持的理论见解与猜测性的一言半语区别开来。有些见解如对雁荡山构造原理的解释，沈括进行了很深的论述；而有些见解，如沈括对透光镜的解释，尽管也符合现代科学的研究结论，但没有展开论述，只是猜测性地说一言半语。这两类的科学价值自然不可相提并论。

第三，要把科学研究的记录与科学现象的记录区别开来。在《梦溪笔谈》的记载中，有些记录是对研究过程的描写；有些只是对某些自然现象的记录，如沈括在《梦溪笔谈》中记录了登州地区发生的地震，没有任何解释，虽然它为我们研究这一地区的地质史提供了史料，但其价值自然不能跟有解释、有研究的记录比。

第四，不能孤立地看待沈括的科学成就，而应该把它放到整个中国甚至是世界历史上进行观察和比较。如有些发明、发现或解释，虽然只是一言半语，没有深度的理论阐述，但如果是中国第一，甚至世界最早的，他的科学价值就非常高，如沈括是世界上首先发现了磁偏角的人。尽管这一发现在《梦溪笔谈》中只有寥寥数笔，但仍在我们科学史上占有重要地位。相反，有些科学问题虽然有很深的分析，但如果历史上相近的见解很多，那么它的价值就要大打折扣。如中医学是中国的国粹，中国历代的中医家和中医理论不知有多少。正因为如此，尽管沈括在医学上很有一套，但他在整个中国医学史上所占的地位并不十分突出。

第五，要对所记录科学内容的重要程度加以区别。对于某些科学内容，沈括有记录，其他文献也有记录，甚至其他文献的记录比沈括的更早更详尽，那么沈括所记录内容的重要性相对就低。对于另一些内容，虽然其他文献也有记载，但沈括的记载特别详尽，或在时间上特别早，那么它的价值也就非常高了。如对指南针的记载，宋代很多文献如朱彧的《萍洲可谈》、徐兢的《宣和奉使高丽图经》都曾提到过它，但沈括不仅比他们早，还对指南针的各种悬挂方法做了详细的介绍，因此它的价值就更高一筹。至于有些科学内容，不但这项内容对人类的文明与进步影响特别巨大，沈括所作的记载也特别详尽，而且他的记载又是最早的，甚至是唯一的，那么这项记录在科学史上的价值就难以估量了。《梦溪笔谈》中能够达到这几项条件的记录只有一件，便是毕昇的活字印刷术。如果没有沈括，毕昇这个人的名字，中国曾经发明的活字印刷可能会永远湮灭于世了。正是由于沈括的记载，这项发明才得以广为世人所知，并促成了此后活字印刷技术的进步。正因为如此，这项发明后来也被人称为“沈存中术”。沈括虽然不是它的发明者，但作为一个伟大的记录者，他凭这一点也应在科学史上占有一席之地。

根据以上五个原则，我们可以用现代的学科分类作标准，把沈括最杰出的几项科学成就罗列如下。

在数学方面：

（1）隙积术。

（2）会圆术。

在物理学方面：

（3）共振研究与弦共振实验。

（4）发现磁偏角。

（5）通过实验发现凹面镜成像焦点与成像规律。

在天文学方面：

（6）十二气历。

在地理学方面：

（7）解释雁荡山的构造原理。

（8）解释华北平原的成因。

在工程技术方面：

（9）记录毕昇的活字印刷术。

（10）制作立体模型地图。

在中国科学史上，是否还有另一个人像沈括那样在这么多的学科领域内取得这么多项顶级的科学成就？笔者所知浅陋，不敢在此妄下断语，但有一点可以肯定：凭此十项成就，沈括足以在中国科学史上傲视群雄了。

第十四章　科学高峰

宋朝——中国科技史的高峰

宋朝是中国文化史上的一座高峰，前人论之已多，比较有代表性的如陈寅恪说："华夏民族之文化，历数千载之演进，造极于赵宋之世。"[①]这个论断在学界已得到普遍认可。宋朝同样是中国科技史上的一座高峰，英国著名科学史学家李约瑟就这样说：每当人们研究中国文献中科学史或技术史的任何特定问题时，总会发现宋代是主要关键所在。不管在应用科学方面或在纯粹科学方面都是如此。[②]实际上，宋朝不仅是中国科技史上的一座高峰，也是世界科技史上的一座高峰。

讨论宋代科技成就的历史地位，一是把宋代与其他时代进行比较，与前面的时代比，与后面的时代比，看它是进步、退步还是停滞不前；二是要把它放到全世界的更大空间上去衡量，看不同时期中国在世界科技史上所处的位置。

宋代的科技成就，在不同科技领域的表现是有所不同的。比如，中国的畜牧业养殖技术在唐以前已经成熟，到宋以后就没什么进步了。有些技术，如铜

---

① 陈寅恪：《邓广铭宋史职官志考证序》，载《金明馆丛稿二编》，生活·读书·新知三联书店2001年版，第277页。

② ［英］李约瑟著，王铃协助：《中国科学技术史 第一卷 导论》，科学出版社、上海古籍出版社1990年版，第139页。

镜的制造，宋代较之前代反而倒退。在有些科技领域，宋代则处于历史的顶峰，不但远超汉唐，也胜过明清。如水利技术，自隋初（581）至北宋末（1127）的五百多年间是中国古代水利最发达的时期，唐宋水利技术超过前代，元明清等朝反而有不少技术倒退落后。[①]当然，科学技术的进步有赖于前期知识的积累，一般来说，后一时代总要超越前一时代。比如，宋代的“神舟”虽然巨大，但总不如郑和的“宝船”。宋代发明了水转大纺车，但明清的纺车更先进。不过如果在某些领域能有一些突破的变革，它的意义也是非常大的。而宋朝正是这样一个发生变革的时代，它在影响经济发展的农业技术方面与影响文化发展的造纸技术等关键领域出现了突破性变革，影响了中国科技史的走向。特别是指南针、火药与印刷术三大发明在宋代完成，更深刻影响了世界历史。

首先，宋代出现很多技术改进，出现很多新发明，开启了一个崭新的时代，深刻影响了中国和世界，特别是“四大发明”产生了世界性影响。

近代以来，西方不断有学者阐述中国三大发明火药、指南针、印刷术的世界性影响，其中最有代表性的自然是马克思在《机械、自然力和科学的应用》中的话。他说：“火药、指南针、印刷术——这是预告资产阶级社会到来的三大发明。火药把骑士阶层炸得粉碎，指南针打开了世界市场并建立了殖民地，而印刷术则变成新教的工具，总的来说变成科学复兴的手段，变成对精神发展创造必要前提的最强大的杠杆。”[②]这三大发明都在宋代完成。

指南针。中国人早在战国时代就已经发现了磁体的指极性，并用它制成“司南”来辨别方向。到宋代时，人们对磁体指极性的应用更进一步，广泛应用于航海。沈括在《梦溪笔谈》中记载了当时指南针的使用情况和磁针的几种使用方法，并比较其优劣。据《萍洲可谈》《宣和奉使高丽图经》《诸蕃志》《梦粱录》等文献的记载，至晚在北宋后期，指南针已用于航海。航海技术的提高，反过来又促进了指南针的改善和发展，南宋时创造出更适用于航海的磁罗经，

---

① 中国大百科全书总编辑委员会：《中国大百科全书》，中国大百科全书出版社2002年版，第514—515页。

② 中共中央马克思恩格斯列宁斯大林著作编译局编译：《马克思恩格斯全集（第四十七卷）》，人民出版社1985年版，第427页。

也称磁罗盘。在12世纪船用磁罗经通过阿拉伯传入欧洲后，欧洲海员也开始使用。

火药。火药是由硝石、硫黄和含碳物质经过均匀搅拌而成的混合物。三者混合燃烧时会出现燃爆现象。它最早是由炼丹家在炼制长生药的过程中发现的。火药武器在唐末已用于实战。北宋时开封设置火药作坊，“火药”一词也正式问世。北宋中期问世的军事著作《武经总要》记录了火炮火药方、蒺藜火球火药方、毒药烟球火药方这三个世界上最早的火药配方。宋代火药武器技术得到较大发展，南宋军队配备的火药兵器有火箭、火枪、突火枪、铁火炮、霹雳炮等。开庆元年（1259），寿春军民发明了名为“突火枪”的管形火器，在巨竹筒内装火药和“子窠”，点燃后将“子窠”发射出去。“子窠”是后世子弹的前身。发射“子窠”的管形武器的发明，是世界武器制造史上划时代的进步。13世纪随着蒙古军西征，中国火药传入阿拉伯和欧洲。

印刷术。唐代已经出现雕版印刷。北宋庆历年间，毕昇发明了用胶泥制的活字印刷术。南宋时，周必大也曾用胶泥活字和铜版，印刷自己的著作《玉堂杂记》。毕昇的活字印刷术，比欧洲早四百年。虽然中国的活字印刷在实际应用上并未像雕版印刷那样普及，但它在世界文明史上仍具有开创性意义。

19世纪末，一些西方学者开始将造纸术与上述的三大发明并列。20世纪三四十年代，“四大发明说”渐渐在中国流行。但说到宋代科技成就，人们往往提到火药、指南针、印刷术这三大发明。实际上，造纸术虽在汉代就已完成，但在宋代出现了划时代的变化，其影响绝不亚于前三大发明。在宋之前，麻是造纸的主要原料，宋代从以麻为原料向麻、竹、木、草、皮多原料转变。造纸技术进步，造纸成本降低，纸的品种更加多样化，出现特种纸。宋代，随着官府管理细密化、商品经济的发展、市民文化的繁荣、科举与教育事业的发展、佛经的大量印行，对纸的需求量越来越大。若没有大量低成本的纸张，上述各种进步，是完全无法实现的。宋代造纸术的进步也对社会生活各个领域产生影响。不同领域对纸质的要求不一样，如用于书画的，质量要求比较高。宋代是中国书画艺术的黄金时期，这与宋代纸质的提高有密不可分的关系。宋代出现了很多适于书画的名牌纸品，如澄心堂纸。宋代有很多巨幅绘画，这也有赖于宋代巨幅纸张的制造技术。也有一些场合用纸，对纸张的质量要求并不那么高，如烧纸钱。宋代烧纸钱习俗的流行，有赖于造纸原料的多样化与廉价纸的产业化。至于造币用的楮纸，不但质量要求高，出于防伪需要，政府还要对原材料加以管控。

除三大发明，宋代还有其他很多发明处于当时世界科技的巅峰，如苏颂、韩公廉等人研制了当时世界上最先进的天文钟——水运仪象台。航海技术上，除了指南针，宋代在造船技术上也出现很多创新成就：船坞使用滑道下水法，造船时先造船模，再按比例放大造船。船的类型也很丰富，如附有小船、可升降舵、密封隔舱的万石船，船头包铁皮、横尖锥的破冰船，还有为增加粮食载运量和提高结构强度而建造的对槽船，这是当今分节驳船的雏形。

科学技术不同于其他文化形态。其他文化形态，如汉学与宋学，唐诗与宋词，往往难较高下。科学技术则不然，它的每一项进步都是确定的。综观各个时代的科技水平，一般来说，后一时代总要超越前一时代。宋元的科技水平超越了汉唐，明清的科技水平又超越了宋元。但到明清时，中国科技相对于欧洲的突飞猛进而显得“衰落”了，宋代的科技成就却代表了当时世界的最高水平。从这个意义上讲，宋代科技确实是中国科技史上的一座高峰。

其次，宋代在多个科技领域发生结构性变革，在整个科技史上是一个承上启下的时代。除了造纸，宋代科技在其他多个领域都产生突破性变革，取得了划时代的成就。

农业领域，宋代农业在品种和技术上都发生了结构性变化。唐之前，中国主食构成基本是南稻北粟，唐代小麦种植扩大，稻、粟、麦三分天下，各有其一。北方人口大量南迁，把饮食习惯带到南方，促进小麦在南方的种植，稻逐渐取代粟在粮食供给体系中占据地位。北宋时江淮一带发生旱灾，政府推广种植占城稻，稻的主食地位进一步加强。宋代以后，畜牧业萎缩，蚕桑业地位提升，宋以后所修农书多以“农桑”二字命名。在经济作物种植上，棉花在宋以前仅在边疆地区零星种植，宋代以后开始在江南地区广泛种植，虽还没有取代麻的主导地位，却深刻改变了中国社会的穿衣习俗，为麻时代走向棉时代奠定了基础。油料作物同样发生巨大变化，宋代以前，中国主要油料作物是汉代从西域引进的芝麻（脂麻）。宋代随着经济重心南移，“油菜”之名开始出现在文献中，油菜种植也在长江流域发展起来，弥补了因畜牧业衰退而导致的食物脂肪不足。在其他经济作物上，茶的种植和饮用开始普及。在蔬菜作物中，菘（白菜）、萝卜发展成为主要蔬菜品种。

农作物的结构性变化引起了农业技术的革新。一方面是耕作制度的变革。北方旱地耕作技术在魏晋时期已基本定型，宋代南方地区随着水田耕作技术的发展，出现了很多新式农具。最著名的是曲辕犁，又名江东犁，晚唐时已在南方地区出现，至宋更为普及。另一方面是有了很多与水田耕作有关的农具，如耘爪、耥耙、薅鼓、田漏等，还出现了掼稻簟、笐和乔扦等晾晒工具，以及插秧用的秧马、秧弹等工具。一些地区还出现了开垦荒地的专用农具犁刀，附加于犁，以牛牵引开荒。一些原有农具为适应水稻生产的需要得到进一步应用，如铁搭（铁齿耙），这种农具在战国时已经出现，唐宋以后南方地区开始大量使用，在一定程度上弥补了耕牛不足。

南方地区人口增加，人地矛盾尖锐，刺激了稻麦二熟制的发展和山地经济作物的种植，推进了土地的多样化利用。南方地区出现了梯田、圩田、葑田、沙田、涂田等多种新兴的土地利用形式。同时，陂塘工程也得到广泛兴修或改建。此外，农业动力也得以创新，除了人力、畜力，水力得以广泛运用，出现了水转翻车等农具。

作物变化同样对纺织技术进步产生影响。宋代南北方都已出现“机户”，在部分地区，还出现利用自然动力、适应集体化作坊生产的多锭式“水转大纺车”。纺织业各工序，纺、织、染、整工艺日趋成熟。织品花色繁多，现在所知的主要织物组织（平纹、斜纹和缎纹）到宋代已经全部出现。宋代广西夏布生产中已出现浆纱技术，布匹生产率进一步提高。宋代提花机更加完善。南宋楼璹《耕织图》绘有一台大型提花织机，这是世界上最早的手工提花织机的图像。

宋朝的医学同样是一个承上启下的时代。北宋灭亡，宋金对峙，使得南北医学分裂，双方几乎没有医学交流。北方金元地区在医学理论上发生激烈争辩，产生医学流派。南宋医学更偏重于临床，追求简约实用。南宋时太医局改称太平惠民局，《和剂局方》也被改称为《太平惠民和剂局方》，其医学也因此被称为局方医学。宋代医学虽没有金元医学那样产生众多流派，但专科医学取得很大发展，人们看病开始分科，出现了一批专科医学家和医学著作，如北宋有儿科医学家钱乙及其撰著的《小儿药证直诀》，南宋有儿科医学家刘昉及其撰著的《幼幼新书》。陈自明既是妇科专家，也是外科专家，撰有《妇人大全良方》与《外科精要》。宋代针灸教学取得很大成就，王惟一撰写《铜人腧穴针灸图经》，并主持制造等身大针灸铜人两具，对后世针灸学产生深远影响。宋代诊断医学也取得很大发展，《脉诀》流行，江西庐山一带的医学家们创立四脉为纲的脉学体系，被称为西原脉学，对后世脉学产生深远影响。南宋的法医学更取得突破性进展，宋慈撰写了法医学名著《洗冤集录》，基本包括了现代法医学尸体外表检验的大部分内容。

可见，宋代确实是中国科技发展史上的一个黄金时期。

宋朝为什么有沈括

宋朝之所以成为中国科技史上的一座高峰，出现沈括这样的科学全才，主要有以下原因：

第一是文化主体下移，民间对科学的关注度提高。

宋代文化的一个特点是文化主体的下移。在宋之前，贵族阶层是文化的主角，在文化发展中扮演主要角色。在宋之后，庶民阶层在文化中发挥越来越重要的作用，反映到科技领域，宋朝出现了很多民间科学家。宋朝民间研习天文的风气也屡禁不止，而且经常参与朝廷历法讨论与制定。宋代三百多年间，北宋颁历九部，其中仪天、奉元、占天、纪元四历出自民间天文学家之手。南宋颁历七部，除第七部记载不明，其余全部出自民间天文学家之手。而且，这些民间天文学家制定的历法质量相当高。北宋时沈括推荐盲人天文学家卫朴编制《奉元历》，实测比《崇天历》更准确。姚舜辅先后编定占天、纪元二历，其中《纪元历》是宋代最有创造性的历法，首创利用观测金星来定太阳位置的方法，奠定了元代郭守敬之前中国历法的基本走向。南宋杨忠辅的《统天历》确定的回归年数值为365.2425日，和现行公历的平均历年完全一样，比西历的颁行

（在1582年）早将近四百年。这说明，天文在宋代民间有深厚的群众基础。

此外，贡举制度虽产生于隋唐，但直到宋太宗进行进士科的“扩招”之后，庶民的上升途径才变得相对畅通，产生了市民阶层，市民文化繁荣。这对宋代科学知识水平的提升也产生了积极的影响。

以园林建设为例，宋代园林建设进入一个新时期。与前代庄园相比，宋代园林的经济生产属性降低，文化娱乐功能提升，很多园林别业成为人们游赏玩乐和举办文学艺术活动的重要场所。相应地，士大夫对花鸟虫鱼、餐饮娱乐的兴趣增强，产生一大批谱录类著作，如周师厚《洛阳花木记》、欧阳修《洛阳牡丹记》、刘攽《芍药谱》、刘蒙《刘氏菊谱》、范成大《范村梅谱》等。饮茶习俗在唐宋时开始流行起来。茶相较于一般食物，更具品尝价值与文化意味，比较符合士大夫的口味。继唐陆羽著《茶经》之后，宋人崇尚建茶，出现大批与建茶相关的著作，如丁谓《北苑茶录》、蔡襄《茶录》、宋子安《东溪试茶录》、黄儒《品茶要录》、熊蕃《宣和北苑贡茶录》、赵汝砺《北苑别录》等。这些著作往往含有大量科技内容，反映了宋人生物学、农学的知识水平。

宋代文化主体下移的另一个表现是宗教世俗化。禅宗是佛教中国化的典型宗派，它强调日常劳作，于平时生活中修行，获得大批信众。佛教文化的繁荣从两方面对宋代科技发展产生深远影响，一是大量佛经印行，促进了雕版印刷术与造纸技术的提高；二是佛寺修建，促进了中国建筑技术的成熟。园林与寺观建设是宋代建筑学发达的两个重要原因。宋代出现了喻皓与李诫两个建筑学家，出现了《木经》与《营造法式》两部建筑文献。它们对建筑各工程的操作与工料估算都有了比较严密的规定。

除了谱录与建筑技术专著，宋代其他文献类型也很丰富，是地方志、类书与笔记小说的大发展时期。这些文献相较于传统典籍，包含有更多科学类内容，反映宋人科学认识水平的进步。

宋以前中国的方志，大多以地记、地志、图经、图志等名目出现，除少数总志，大多篇幅短小，内容单薄。宋代方志发展进入兴盛期，体例完备，内容宏富，并正式定型。方志中包含有大量科学史的资料，其中最丰富的自然是地理方面的资料，如山川、植被、农作物、矿产等。宋代还出现很多以博物为特色的地方志：如宋祁《益部方物略记》，记草木之属四十一，药之属九，鸟兽之属八，虫鱼之属七；又如范成大《桂海虞衡志》，志岩洞、志金石、志香、志酒、志器、志禽、志兽、志虫鱼、志花、志果、志草木、杂志、志蛮等十三篇。这些专门方志，所记科技内容更为丰富。

中国类书始于魏晋，发展于隋唐，到宋代才开始繁盛。类书是为人们写作诗文时查找素材用的一种分类工具书。宋代科举制的发展，促进了类书的编撰。类书有综合性的，也有专门性的，它们常常包含有丰富的科学内容。如《艺文类聚》共一百卷，分天、岁时、地、州、郡、山、水、符部、帝王后妃、储宫、人、礼、乐、职官、政治、刑法、杂文、战伐、产业、衣冠、食物、杂器物、巧艺、方术、百谷、鸟、兽、鳞介、祥瑞、灾异等四十六部，约三分之一内容与科学直接相关。一些专业的类书，科学记录就更丰富，如《全芳备祖》，实际上就是一部植物学的百科全书。

宋代也是笔记大发展时期。宋代笔记往往记录作者所见、所闻、所思，内容包罗万象，写法无一定之规。其中也含有很多科技内容，有很高的学术价值。如周密《齐东野语》记载了针灸铜人资料，叶梦得《岩下放言》、赵与时《宾退录》记载了宋代五脏图的绘制经过。宋代科学笔记最有名者莫过于沈括的《梦溪笔谈》。《梦溪笔谈》本来并不是一部科学专著，而是一部包括文学、艺术、史学、考古等内容的综合性笔记体著作，但因其科学价值特别高，到今天以科学著作闻名于世。《梦溪笔谈》既有科学史料的记录，如毕昇发明活字印刷术，宋代制作立体模型地图，等等；也记录了一些科学实验，如共振研究与弦共振实验、通过实验发现凹面镜成像焦点与成像规律；当然，更多的内容是沈括自己对一些科学现象的发现、思考与解释，如物理学上的磁偏角，数学上的隙积术、会圆术，地理学上对雁荡山构造原理与华北平原成因等的解释。

第二是宋代商品经济的发展对科技发展的刺激作用前所未有。

从唐代中后期开始，城市的交易场所不再局限于原先“市”的规制，商行店铺临街而立，而在城市之外，一些自发的交易场所——草市集镇也普遍兴起。交易场所的扩大改变了人们的生活方式。随着农业、手工业生产的发展，全社会用于交易的商品数量急剧增加。国家征收的赋税中货币比重不断扩大，加上募兵制与募役制推行（实际上是劳动力的货币化），全社会对货币的需求量急剧增加。唐代中期以后，中国开始出现“钱荒”，至宋益甚。沈括就曾对钱荒的原因进行解释。

宋代货币制度的复杂性前所未有。铜钱仍是最主要的货币形态，纸币也开始大规模印行，铁钱、夹锡钱也被大量铸造，还出现“当五钱”“当十钱”等名目。同时，金银与丝织品在一定程度上扮演货币的角色。这种币制的复杂状况，正反映了货币需求与商品数量不相适应的状况。这极大地刺激了铜、铁等金属的开采与冶炼。胆水浸铜法在宋以前就已经有了，但到宋代才得到普及，胆铜生产成为宋代新兴的化学工业门类。宋代其他冶金技术也得到长足发展，出现了铜锌合金——黄铜。纸币的印行也促进了造纸与印刷技术的进步。

随着商品经济的发展，以盐为代表的特殊商品在国民经济生活中的重要性进一步提高。盐是人们生活必需品，但它不像粮食、纺织品那样可以自足自给，而是常由政府专营，成为国家调控经济的重要手段。这刺激了制盐业的发展与采盐技术的进步。宋代三大盐种，海盐、池盐与井盐，在制造技术上都出现了较大革新。海盐，唐宋以前为淋卤煎盐，宋以后出现淋卤晒盐。四川井盐，出现卓筒井和顿钻技术。河东解池发明了五步产盐法。

《梦溪笔谈》中有很多篇幅记载了这些技术进步。可以说，沈括是宋代商品经济发展以及由此而来的技术进步的观察者和记录者。

商品经济的发展也改变了政府管理体制，理财在政府管理体系中的作用不断加强。在宋以前，中国的改革大多围绕社会问题进行，在宋之后，中国改革大多围绕财政问题进行，如宋之王安石变法、明之张居正改革等，莫不如此。财政问题不但影响政局变易，甚至还影响国家兴亡。商品经济与理财体制，从两方面影响了宋代科学技术的发展。一是用纸需求增大，促进了造纸技术的进步。二是促进了数学的发展。北宋第一次印刷出版了《算经十书》，对前代数学典籍进行了总结。宋代还涌现出一批数学家，如沈括、贾宪、刘益、秦九韶、李冶、杨辉，其数量之多，是以前朝代所没有的。沈括的高阶等差级数求和、贾宪三角（二项式系数表）与增乘开方法，刘益的高次方程数值解法、一次同余式解法，李冶的勾股形解法，代表了当时世界数学史上的最高成就。天文学的进步、商品经济的发展与理财体制的改革是宋代数学发展的三个重要原因。秦九韶著《数书九章》，其中田域、测望、赋役、钱谷、营建、军旅、市易等，都是围绕这些实际问题展开的。沈括同样是宋代数学家群体中的一员。

第三是宋朝政府非常重视科技创新。

五代割让燕云十六州，使中原王朝丧失了一道地理屏障。宋初，河北平原多次遭受契丹铁蹄蹂躏。澶渊之盟后，宋辽虽然罢兵言和，但两国仍互相防备，河北平原从唐朝的腹心之地沦为边防重地。契丹之后，女真、蒙古先后崛起，这三个游牧民族的军事力量一个比一个强，加上党项民族建立的西夏政权一直在西北虎视眈眈，中原王朝所面临的军事压力前所未有。

澶渊之盟，使宋朝在政治上面临辽的竞争与压力。宋朝廷对政权正统性一直高度敏感。历法在宋朝经常被当作与辽朝斗争的外交武器，朝堂上经常发生历法之争。宋朝非常重视天文历法，一方面，严禁民间私习天文，苛以重罪；另一方面，频繁修历颁历，以宣示正统。宋朝在天文学上取得很多成就。北宋时期先后进行过五次恒星位置测量，其中元丰年间的观测结果被绘成星图并刻在石碑上保存了下来，这就是著名的苏州石刻天文图。北宋中期，苏颂和韩公廉主持制造了水运仪象台，这是当时世界上最先进的天文钟。燕肃发明莲花漏，逐渐取代秤漏成为最主要的计时仪器。宋代民间盛行盂漏、田漏等计时仪器。沈括曾提举司天监，上《浑仪议》《浮漏议》《景表议》三议，推荐卫朴制定历法。

此外，为了对抗辽、夏的军事压力，宋朝政府十分重视武器技术的发展与改进，宋朝的武器制造达到了冷兵器时代的巅峰。作为武器制造的基础——钢铁冶炼技术取得很大进步：冶铁高炉得到改进，当时使用圆筒形或口小膛大的圆梯台形冶铁炉，上部炉壁内倾，热量耗散小，有利于保持高温；炉壁使用耐火性好的材料，能冶炼出优质的钢铁；宋朝还出现了一种可移动的化铁炉——行炉；宋朝开始使用木风箱吹氧，与以前的皮囊鼓风装置相比，鼓风量更大，操作更方便；大量使用煤炭作为冶铁材料，不但能解决燃料不足的困难，也有利于提高炉温，缩短冶炼时间；使用“灌钢法”炼钢，或用铁矿石直接炼成“镔铁”。宋朝还发明或改进了很多武器，特别是射远类武器，这是军队的主要装备，也是对付游牧民族骑兵的利器。弓弩得到巨大发展，出现了“单弓弩”“双弓弩”“三弓弩”“神臂弓”“神劲弓”等新式弓弩。用于攻城的抛石类武器也得到发展，宋代开发了许多新式“炮”，广泛应用于防守战之中。为了对付北方游牧民族的骑兵，宋朝还发明了多种战车，并在河北地区建设淀泊工程，广植树林，限制骑兵奔冲。此外，宋人还发明了无底船、车船等新式战船。北宋仁宗时期，曾公亮主持编写了军事著作《武经总要》，其中营阵、兵器、器械部分，都配有详细的插图，形象地呈现了当时的各种武器装备，是研究中国古代军事技术史的宝贵资料。

宋朝还以军器监为核心，建立了严格的武器制造与管理制度，包括武器质量检验、武库武器出纳等，详尽严密。而且，宋朝武器制造实行标准化生产。宋朝于熙宁九年（1076）颁布了由军器监负责编纂的《军器钦定法式》，内容多达一百一十卷，推行到各路。

沈括掌管军器监，参与宋朝对辽防务与对夏战争，《梦溪笔谈》中同样有很多篇幅反映了宋朝钢铁冶炼与武器制造技术的进步。

此外，宋朝士大夫有积极的入世精神，朝廷和士大夫都非常重视民生。

宋朝科技政策也有很多值得我们称道的地方，其最善者莫过于劝农重医、关注民生。

宋朝政府非常重视农业生产，常推广一些农业新品种、新技术或新工具。比较典型的例子，如淳化五年（994）政府推广踏犁，宋太宗推广种麦，宋真宗在江淮地区推广占城稻，等等。

宋代地方官员都兼劝农官，由此产生一种新文体——劝农文。宋朝的劝农文中，虽不乏形式主义的作品，但也确实有很多实实在在、技术含量很高的内容，在促进宋代农业技术进步中发挥了积极作用。宋代的官员和士大夫的重农思想非常普遍，他们勤于撰写农学著述，私人撰写农书的现象增多。农业著作有北宋秦观的《蚕书》，南宋有曾安止的《禾谱》、曾之谨的《农器谱》和陈旉《农书》。至于一些经济类作物的谱录，如茶、笋等，相关著作的数量更多。

还有一些士大夫则用图绘等形式展示、传播农业技术，如楼璹编绘的《耕织图》，耕图二十一幅，织图二十四幅，反映农业技术的情况。

唐宋两朝的很多皇帝都崇尚道教，但他们崇道的方式有所不同。唐朝皇帝喜欢炼丹，有的因此死于非命。宋朝皇帝不喜欢炼丹。自古医道不分家，宋朝皇帝热衷于编写本草和医方。中国官方编写本草，始于唐代的《新修本草》。宋代编写本草更勤，数量之多，规模之大，都胜过了唐朝。宋太祖时编《开宝本草》，宋仁宗时编《嘉祐本草》。同时是在宋仁宗嘉祐年间，著名科学家苏颂又在大规模药物普查的基础上主持编写了《本草图经》二十卷。宋哲宗元祐时，又将嘉祐时期的两部本草合而为一，编为《重广补注神农本草并图经》。宋神宗元丰时唐慎微编写了《经史证类备急本草》。但这部书直到宋徽宗大观时才在杭州刊行，称为《大观经史证类备急本草》，政和年间又加以补充补正，刊为《政和新修经史证类备用本草》，大观、政和两部本草长期流行于世，为明代《本草纲目》之前最有影响力的本草著作。

本草之外，宋朝政府又设太医局编写药方，推行医学教育。宋太宗时编《太平圣惠方》一百卷、《神医普救方》一千卷，宋徽宗时又编《和剂局方》与《政和圣济总录》。勤于编写本草与局方，体现了宋朝政府对于民生的关注。宋朝官员士大夫也有编写私家药方的，数量更多。沈括就曾编写《良方》与《灵苑方》，后人将苏轼所编的一些方子并入《良方》，合刊为《苏沈良方》。宋仁宗时，因一些地方巫医盛行，人们得病不吃药，宋朝政府特地编写了《庆历善救方》，篇幅小，内容精，易于传播，让地方官推广。宋代文献中有很多地方官打击巫医、推广医书的记载。

宋朝政府也非常重视医学教育工作。熙宁时王安石变法，医学也是一项重要内容，便模仿三舍法对医学生进行考试和选拔。

此外，宋朝政府还成立专门的国家医书编辑出版机构校正医书局，在北宋时期进行了五次大规模校修医书，完成对中国宋以前几乎所有医学典籍的校勘整理工作。

沈括同样是一名杰出的医学家，不但撰写《良方》，《梦溪笔谈》中也有很多医学方面的记载。

综上所述，由于唐宋时期士族阶层消亡，庶民阶层兴起，宋代文化主体下移，大量民间科学家活跃于历史舞台，为宋朝科技发展作出巨大贡献。加上宋代商品经济发展、市民文化繁荣和朝廷重视，宋代科技出现前所未有的繁荣状况。沈括置身于这样一个大时代中，观察、记录了宋代科技进步，同时他亲身参与，或实验，或发明，或推论，在数学、物理、化学、生物、地理、医学与工程技术等大部分科技领域都取得卓越成就，成为宋代科技繁荣的杰出代表，英国科学史学家李约瑟甚至称他是中国整部科学史中最卓越的人物了。[①]

---

① ［英］李约瑟著，王铃协助：《中国科学技术史 第一卷 导论》，科学出版社、上海古籍出版社1990年版，第140页。

大事年表

1032年（明道元年）

大约在此年前后，沈括出生。

1033年（明道二年）

是年前后，沈括父沈周知封州事。

1039年（宝元二年）

是年，父沈周知润州。

1040年（康定元年）

是年，父沈周知泉州。沈括随往泉州。在福建期间，沈括曾阅《李顺案款》。

1043年（庆历三年）

是年，父沈周擢任开封府判官。沈括随父往开封。

1048年（庆历八年）

父沈周任江东转运使。沈括随父往金陵。在金陵期间，沈括得到了南朝人谢朓撰文并书写的海陵王墓志石。

1050年（皇祐二年）

父沈周知明州。沈括借居苏州，感目疾。

1051年（皇祐三年）

八月，父沈周分司南京，归钱塘居住。

十一月，父沈周去世。沈括杭州守丧。在杭州期间，沈括接触到毕昇的活字印刷术。

1052年（皇祐四年）

是年，沈披、沈括兄弟葬父亲于钱塘龙居里。舒州通判王安石应沈氏族人之请为沈周撰写墓志铭。

1054年（至和元年）

是年，沈括服丧期满，以父荫任海州沭阳县主簿。在沭阳任上，沈括疏浚沭水，得良田七千顷。

1055年（至和二年）

四月，沈括摄东海县令。

1061年（嘉祐六年）

是年，兄沈披任宣州宁国县令。沈括客居宁国。沈披曾奉命前往芜湖县考察万春圩，主张修复万春圩。万春圩竣工若干年后沈括作《万春圩图记》。

在此期间，沈括还曾上书欧阳修论乐。

1062年（嘉祐七年）

是年，沈括参加苏州发解试，名列第一。

1063年（嘉祐八年）

是年，沈括到京城应试，进士及第，回故乡杭州。

1064年（治平元年）

是年，沈括任扬州司理参军。

是年，友人王子韶离尧山县令之任，沈括作《邢州尧山县令厅壁记》。

在扬州期间，刁约重修平山堂，沈括作《扬州重修平山堂记》。

1065年（治平二年）

二月，刁约修成九曲池新亭，沈括作《扬州九曲池新亭记》。

是年，张刍任淮南转运使，举荐沈括。

九月二十五日，沈括编校昭文馆书籍。

1067年（治平四年）

正月二十五日，沈括受命在科举考试中点检试卷。

1068年（熙宁元年）

是年，沈括前妻已亡，娶张刍女为妻。

八月，沈括充馆阁校勘。

八月，沈括母许氏去世，享年八十三岁。沈括回杭州守母丧。

1069年（熙宁二年）

二月，王安石任参知政事，开始变法。

八月，沈披、沈括兄弟葬母亲于钱塘县龙车原。

1070年（熙宁三年）

是年，沈括继续在杭州守母丧。

十二月，王安石任相。

1071 年（熙宁四年）

十一月初五日，沈括任检正中书刑房公事。

1072 年（熙宁五年）

七月二十二日，馆阁校勘、检正中书刑房公事沈括充史馆检讨。

九月初七日，沈括提举饥人疏浚汴河，测量地势。

九月，沈括至迟此时已经担任提举司天监。他于此月推荐卫朴参与修订历法。在司天监任上，沈括还曾参与考定太一宫神位。

是年，沈括上《南郊式》一百一十卷。

1073 年（熙宁六年）

三月二十二日，太子中允、史馆检讨沈括为集贤校理。

五月十二日，沈括奉命详定三司令敕。

六月十六日，命太子中允、集贤校理、检正中书刑房公事沈括相度两浙路农田水利、差役等事，兼察访。沈括在察访两浙途中，过高邮，临表姐许氏之丧。在察访期间，沈括曾往雁荡山。

1074 年（熙宁七年）

三月二十五日，太子中允、集贤校理兼史馆检讨沈括，并同修起居注。

四月十九日，王安石罢相，出知江宁府。

四月二十五日，沈括提议两浙分治。

六月二十五日，以司天监新制浑仪、浮漏于翰林天文院安置，太常丞、集贤校理兼史馆检讨、同修起居注、提举司天监沈括为右正言，赐银绢五十。

七月初七日，沈括修起居注。在起居注任上，沈括曾建言罢籍车、两蜀禁盐。

七月初九日，详定编修三司令敕沈括此前已经奉诏编修《明堂》《籍田》《袷享》《恭谢式》，此日沈括提议止编《明堂》《袷享》二礼。从之。

七月十九日，司农寺言苏人诉沈括等所筑民田岸围侵坏良田，横费公私钱。

诏两浙转运副使张靓体视所诉事状以闻。

七月，上《浑仪议》《浮漏议》《景表议》三议。

八月二十一日，命沈括为河北西路察访使。到此日之前，沈括已擢知制诰兼通进、银台司。在河北期间，沈括讲修边备，易其旧政三十一事。在此期间，他曾病赤目四十余日，痛楚难当，因郎官邱革传方医治始愈。

八月二十六日，诏沈括提举河北西路保甲。

九月二十一日，沈括兼判军器监。

1075年（熙宁八年）

二月十一日，王安石复相。

二月十六日，沈括奉命详定九军阵法。

三月初二日，沈括奉命审理赵世居、李逢之狱。后因出使辽国，朝廷改命他官。

三月十七日，军器监上《敌楼马面团敌法式及申明条约并修城女墙法式》，由沈括与吕和卿一同编撰。

三月二十一日，右正言、知制诰沈括假翰林侍读学士为回谢辽国使，西上阁门使、荣州刺史李评假四方馆使副之。其时宋辽产生地界纠纷，谈判未果。辽遣泛使萧禧入宋，宋命沈括报聘。

四月，沈括启程赴辽，至雄州为辽所拒。

闰四月十一日，知制诰沈括上《奉元历》，诏进一官，司天监官吏进官、赐绢银有差。是月，沈括入辽，临行前草遗奏付兄河北缘边安抚副使沈披以转达朝廷。

五月二十三日，沈括出使至辽永安山行宫。辽派林牙、始平军节度使耶律寿为馆伴使，枢密直学士、右谏议大夫梁颖为副使。

五月二十五日，沈括拜见辽道宗。

五月二十六日，命知制诰沈括、宝文阁待制李承之详定一司敕。

五月二十七日，沈括入辽帝帐前赴宴。

五月二十九日，辽帝就馆赐宴，差枢密副使杨益戒押宴。双方展开地界谈判。

六月初二日，沈括与辽国大臣射弓。

六月初四日，辽国大臣就馆夜筵。

六月初五日，沈括离开辽国回朝。在辽期间，沈括与辽方六次谈判地界之争，不辱使命。

六月十八日，以所修定《宗室禄令》不成文理，未得颁行，送详定一司敕，令所重定以闻。于是删定官魏沂罚铜十斤，送审官东院，详定官沈括特释罪。

七月十六日，命太子中允、馆阁校勘、同判武学顾临代沈括提举大名府澶恩州义勇保甲。

七月二十三日，命知制诰沈括为淮南、两浙灾伤州军体量安抚使。行至钟离召还。

十月十二日，淮南、两浙灾伤州军体量安抚使，起居舍人，知制诰沈括任权发遣三司使。

十月二十三日，诏沈括兼编修内诸司式，仍去详定一司敕。

十二月十二日，应沈括之请，复置三司开拆司。

1076年（熙宁九年）

正月十五日，新定《奉元历》测月食不验。

正月二十七日，沈括乞下司天监付卫朴改正新历。

五月十一日，应沈括之请，分两浙为二路。

八月八日，沈括奉旨编修《天下州县图》。

十月二十三日，王安石罢相，出判江宁府。

十一月二十六日，沈括请改役法，诏司农寺相度以闻。

十二月初二日，诏权三司使沈括、知制诰熊本详定重修编敕。

十二月或稍后，沈括任翰林学士。

1077年（熙宁十年）

二月二十七日，三司同制置解盐使皮公弼请恢复解盐通商法。

六月二十四日，沈括反对在河北行用铁钱。

七月初九日，以侍御史知杂事蔡确言沈括诣丞相吴充请变役法，翰林学士、起居舍人、权三司使沈括守本官为集贤院学士、知宣州。沈括在宣州曾大病逾年。沈括又曾购圃于润州，此即后来之梦溪园也。

1078年（元丰元年）

八月壬子，以起居舍人、集贤院学士、宣州知州沈括为知制诰、知潭州。未行。以御史中丞蔡确言，诏罢沈括知制诰，依旧知宣州。

1079年（元丰二年）

七月十一日，起居舍人、集贤院学士沈括复龙图阁待制。

1080年（元丰三年）

五月二十二日，沈括除知审官院，因御史满中行反对，未果。

五月二十四日，起居舍人、龙图阁待制、知审官西院沈括知青州。未行。后七日，改命沈括知延州兼鄜延路经略安抚使。

九月，妻父张刍去世。

1081年（元丰四年）

四月十九日，因西夏发生政变，国主秉常被囚，宋神宗令沈括、种谔密议出兵西夏。

六月二十七日，种谔入朝，被任命为鄜延路经略安抚副使，准备出兵。

八月初四日，种谔兵进绥德城。

九月十六日，以将伐西夏，诏令沈括祷告管下名山灵祠。

是年秋冬间，宋军五路伐夏，李宪出熙河路，种谔出鄜延路，高遵裕出环庆路，刘昌祚出泾原路，王中正出麟府路。种谔率鄜延路军夺取西夏银、夏、宥诸州，因粮运不继，中途溃散。熙河路、麟府路军皆未至灵州而还。泾原路、环庆路在灵州城下为夏军所败。在此期间，沈括留守延州，他曾派军在顺天寨一战中击败来犯的西夏军队，并招纳、犒劳从前线溃退的军队，斩其为首者。

1082年（元丰五年）

二月十四日，知延州、龙图阁待制沈括本路出兵守安疆界应副边事有劳，擢为龙图阁直学士。

是年春夏间，沈括派兵攻克西夏金汤、葭芦寨等地，并在葭芦寨与米脂之间修筑城堡。

五月二十六日，沈括、种谔建议在横山之北修建乌延城，为宥州治所。不久种谔赴京面奏。

六月初七日，令沈括调查上年宋夏战争中转运判官李稷运粮之失。

七月初九日，宋神宗派徐禧前往鄜延路计议边事，考察沈括、种谔提出的修筑乌延城的可行性，是日徐禧提出改筑永乐城，沈括迫于压力，同意修筑永乐城。

八月十三日，徐禧开始修筑永乐城。沈括将经略府移至绥德。

八月二十六日，沈括与转运使李稷在修城工作上发生矛盾，最后由徐禧调解，沈括奉命节制修城事，李稷止应副修城用度。

九月初六日，永乐城成。

九月初九日，西夏发兵号称三十万人攻打永乐城。徐禧不听沈括等人劝阻，领兵入永乐城，为夏兵所败。时沈括在米脂寨，欲领兵赴援，至无定河为夏兵所阻。沈括退保绥德，并斩城中打算叛乱的三百羌人。

九月二十日，永乐城陷，徐禧死。

十月初七日，因始议城永乐，既又措置应敌俱乖方，诏龙图阁直学士、朝散郎、知延州沈括责授均州团练使、员外郎，随州安置。沈括到随州后寓居于法云禅院。

1084年（元丰七年）

二月，刑部言沈括准赦量移，诏更候一赦取旨。

是年，沈括作《随州法云禅院佛阁钟铭》。

1085年（元丰八年）

是年，宋神宗去世，宋哲宗继位，大赦天下，沈括徙秀州团练副使，本州安置，不得签书公事。

在前往秀州途中，沈括至江州，在熨斗洞筑庐居住，准备将来在那里终老一生。

是年年底，沈括到秀州。在秀州，沈括建啸诺堂，并开始撰写《良方》与《梦溪笔谈》。

1086年（元祐元年）

是年，沈括曾至润州，见知宣州时所购之圃，恍然若梦中曾游之地，乃建梦溪园，准备在那里居住。

1087年（元祐二年）

是年，杭州知州蒲宗孟作成杭州新学，沈括作《杭州新作州学记》。

1088年（元祐三年）

二月十八日，尚书省批状，许沈括投进《天下州县图》。

八月初三日，以进《天下州县图》，秀州团练副使、本州安置、不得签书公事沈括赐绢百匹，仍从便居止。

1089年（元祐四年）

九月二十二日，诏责授秀州团练副使、本州安置沈括叙朝散郎、光禄少卿、分司南京。沈括离开秀州。

九月二十八日，因梁焘、刘安世反对，诏沈括前命勿行，更候一赦取旨。

1090年（元祐五年）

十月初七日，秀州团练副使沈括为左朝散郎、守光禄少卿、分司南京，任便居住。

十月十九日，沈括接到左朝散郎、守光禄少卿、分司南京的官告。

1094年（绍圣元年）

是年，沈括复官，领宫祠。

是年或稍后，沈括妻张氏去世。

1096年（绍圣三年）

大约在此年前后，沈括去世，终年六十五岁，归葬杭州钱塘。

参考文献

一、古籍类

〔宋〕韩琦著，李之亮、徐正英校笺：《安阳集编年笺注》，巴蜀书社2000年版。

上海古籍出版社编：《宋元笔记小说大观》，上海古籍出版社2001年版。

〔宋〕沈括撰：《长兴集》，四库全书本。

〔宋〕王称撰：《东都事略》，四库全书本。

〔宋〕苏轼撰，王松龄点校：《东坡志林》，中华书局1981年版。

〔宋〕魏泰撰：《东轩笔录》，四库全书本。

〔清〕顾祖禹撰：《读史方舆纪要》，清稿本。

〔宋〕程颢、程颐著，王孝鱼点校：《二程集》，中华书局1981年版。

〔清〕范能濬编集，薛正兴校点：《范仲淹全集》，凤凰出版社2004年版。

〔宋〕庄绰撰，萧鲁阳点校：《鸡肋编》，中华书局1983年版。

〔宋〕徐积撰：《节孝集》，四库全书本。

〔元〕脱脱等撰：《金史》，中华书局1975年版。

〔唐〕房玄龄等撰：《晋书》，中华书局1974年版。

〔后晋〕刘昫等撰：《旧唐书》，中华书局1975年版。

〔宋〕张方平撰，北京图书馆古籍出版编辑组编：《乐全先生文集》，书目文献出版社1990年版。

〔宋〕李觏著，王国轩校点：《李觏集》，中华书局1981年版。

〔宋〕苏辙撰，俞宗宪点校：《龙川略志》，中华书局1982年版。

〔宋〕沈括著，胡道静校证：《梦溪笔谈校证》，上海古籍出版社1987年版。

〔宋〕沈括著，刘启林校注：《梦溪笔谈艺文部校注》，黑龙江人民出版社1986年版。

〔宋〕欧阳修撰：《欧阳文忠全集》，祠堂本。

〔宋〕朱彧撰，李伟国校点：《萍洲可谈》，上海古籍出版社1989年版。

〔宋〕吴处厚撰，李裕民点校：《青箱杂记》，中华书局1985年版。

〔明〕徐一夔撰：《始丰稿》，四库全书本。

〔宋〕苏辙撰：《栾城集》，明刊本。

〔宋〕苏轼、〔宋〕沈括撰：《苏沈良方》，四库全书本。

〔宋〕苏轼著，孔凡礼点校：《苏轼文集》，中华书局1986年版。

〔宋〕司马光撰，邓广铭、张希清点校：《涑水记闻》，中华书局1989年版。

〔北魏〕郦道元撰，陈桥驿点校：《水经注》，上海古籍出版社1990年版。

〔元〕陶宗仪撰：《说郛》，四库全书本。

〔清〕徐松辑：《宋会要辑稿》，中华书局1957年版。

〔元〕脱脱等撰：《宋史》，中华书局1977年版。

〔清〕厉鹗撰：《宋诗纪事》，四库全书本。

〔南朝梁〕沈约撰：《宋书》，中华书局1974年版。

〔宋〕郑樵撰，王树民点校：《通志二十略》，中华书局1995年版。

〔宋〕王安石著，唐武标校：《王文公文集》，上海人民出版社1974年版。

〔宋〕朱长文撰，金菊林校点：《吴郡图经续记》，江苏古籍出版社1999年版。

〔宋〕范成大撰，陆振岳校点：《吴郡志》，江苏古籍出版社1986年版。

〔宋〕钱俨撰：《吴越备史》，四库全书本。

〔宋〕司马光撰：《温国文正司马公文集》，四部丛刊本。

〔宋〕李焘撰：《续资治通鉴长编》，中华书局2004年版。

〔宋〕王应麟撰：《玉海》，四库全书本。

〔宋〕黄庭坚撰：《豫章黄先生文集》，四部丛刊本。

〔宋〕王象之撰:《舆地纪胜》,清影宋抄本。

〔宋〕沈辽撰:《云巢编》,四库全书本。

〔宋〕曾巩撰,陈杏珍、晁继周点校:《曾巩集》,中华书局1984年版。

〔宋〕陈振孙撰,徐小蛮、顾美华点校:《直斋书录解题》,上海古籍出版社1987年版。

〔元〕徐硕撰:《至元嘉禾志》,四库全书本。

〔宋〕周敦颐著,谭松林、尹红整理:《周敦颐集》,岳麓书社2002年版。

〔宋〕周必大撰:《文忠集》,四库全书本。

郭齐、尹波点校:《朱熹集》,四川教育出版社1996年版。

〔宋〕李之仪撰:《姑溪居士前集》,四库全书本。

〔宋〕王辟之撰,吕友仁点校:《渑水燕谈录》,中华书局1981年版。

二、专著类

胡适著:《胡适文存》第二集,黄山书社1996年版。

[英]李约瑟著,王铃协助:《中国科学技术史　第一卷　导论》,科学出版社、上海古籍出版社1990年版。

汪圣铎著:《两宋财政史》,中华书局1995年版。

汪圣铎著:《两宋货币史》,社会科学文献出版社2003年版。

李群注释:《〈梦溪笔谈〉选读(自然科学部分)》,科学出版社1975年版。

何勇强著:《钱氏吴越国史论稿》,浙江大学出版社2002年版。

黄海平、范雨洲、刘长虹编:《沈括》,上海人民出版社1975年版。

钱文选恭辑:《钱氏家乘》,上海书店出版社1996年版。

张家驹著:《沈括》,上海人民出版社1978年版。

祖慧著:《沈括评传》,南京大学出版社2004年版。

杭州大学宋史研究室编:《沈括研究》,浙江人民出版社1985年版。

李裕民著:《宋史新探》,陕西师范大学出版社1999年版。

李志超著:《天人古义——中国科学史论纲》,大象出版社1998年版。

侯仁之主编：《中国古代地理学简史》，科学出版社1962年版。

《中国古代进步科学家文选》，南开大学，1974年。

杨宽著：《中国古代冶铁技术发展史》，上海人民出版社1982年版。

彭信威著：《中国货币史》，上海人民出版社1958年版。

杨文儒、季宝华编著：《中国历代名医评介》，陕西科学技术出版社1980年版。

自然科学史研究所主编：《科技史文集（十二）·物理学史专辑》，上海科学技术出版社1984年版。

陈登原著：《中国文化史》，辽宁教育出版社1998年版。

竺可桢著：《竺可桢文集》，科学出版社1979年版。

三、论文类

琚清林：《从〈梦溪笔谈〉探北宋唱论》，《河南大学学报（社会科学版）》，1992年第5期。

许莼舫：《中国古代数学家及其成就：多才多艺的数学家沈括》，《科学大众》，1953年第11期。

吴淑钿：《"馆下谈诗"探析》，《复旦学报（社会科学版）》，2002年第6期。

陈得芝：《关于沈括的〈熙宁使虏图抄〉》，《历史研究》，1978年第2期。

张景鸿：《关于王维〈袁安卧雪图〉的思考》，《美术观察》，2000年第12期。

李思孟：《近代科学的传入与中国人对科学的误解》，《自然辩证法研究》，2003年第6期。

林岑：《略论沈括与王安石的关系》，《北京师院学报（社会科学版）》，1980年第4期。

闻人军：《〈梦溪笔谈〉"弓有六善"考》，《杭州大学学报（哲学社会科学版）》，1984年第4期。

胡道静：《〈梦溪笔谈校证〉五十年》，《读书》，1979年第4期。

继进:《〈梦溪笔谈〉评注选辑(连载)》,《地质科学》,1974年第4期。

夏鼐:《〈梦溪笔谈〉中的喻皓〈木经〉》,《考古》,1982年第1期。

顾吉辰:《〈梦溪笔谈〉中一条史料的辨正》,《中国史研究》,1983年第3期。

沈康身:《弩机功能试释》,《杭州大学学报(自然科学版)》,1978第4期。

张荫麟:《沈括编年事辑》,《清华学报》,1936年第2期。

南京大学化学系评法批儒小组:《沈括的〈梦溪笔谈〉和我国古代化学》,《南京大学学报(自然科学版)》,1975年第1期。

南京大学生物系科学史研究组:《沈括的〈梦溪笔谈〉和我国古代生物科学》,《南京大学学报(自然科学版)》,1975年第2期。

南京大学物理系科学史研究组:《沈括的〈梦溪笔谈〉和我国古代物理学》,《南京大学学报(自然科学版)》,1975年第2期。

上海博物馆集刊编辑委员会编:《上海博物馆集刊》,上海古籍出版社1987年版。

夏鼐:《沈括和考古学》,《考古》,1974年第5期。

杨存钟:《沈括和他的〈良方序〉》,《北京医学院学报》,1975年第2期。

徐规、闻人军:《沈括前半生考略》,《中国科技史料》,1989年第3期。

郭永芳:《沈括——杰出的法家和自然科学家》,《物理》,1974年第5期。

杨存钟:《沈括与医药学》,《北京医学院学报》,1976年第3期。

魏荣爵、周衍柏、冯壁华、潘根、路权:《沈括在古代物理学方面的贡献》,《中国科技史料》,1987年第3期。

李迪:《沈括在物理学上的贡献》,《物理学报》,1975年第4期。

启循:《宋代卓越的科学家——沈括》,《历史教学》,1954年第6期。

继进:《谈法家沈括的海陆变迁思想》,《地质科学》,1975年第3期。

《化学通报》编辑部:《我国炼丹术与化学发展(座谈纪要)》,《化学通报》,1975年第1期。

后　记

我的硕士研究生导师杨渭生先生对沈括有过很深的研究，对沈括的撰述做过一些梳理工作。我刚从学校毕业时，他正有意于整理《沈括全集》，嘱我读《梦溪笔谈》。时隔不久，适逢浙江省社科院启动“浙江文化名人传记”研究项目，我便申报了《科学全才：沈括传》。杨老师不但在我做学生期间对我关怀良多，在《科学全才：沈括传》的写作过程中也给予了我很多的指导和帮助。书成之后，他是我首先想感谢的一个人。

在课题的申报和撰写过程中，我也得到了社科院领导的关心，得到了我的领导越文化研究所所长卢敦基先生的鼓励和帮助，这成为我写作《科学全才：沈括传》的一个动力。在我书稿刚刚完成的时候，卢所长就审读了全书，并提出不少改正的意见。我还非常感念我们这个研究所有一个融洽的学术氛围，使我得以沉下心来做学问。在这里，我要向领导和同事们表达由衷的感激之情。现在回想起来，我到社科院工作已将近五年了，五年来所作出的成绩是那么不足称道，受到的鼓励却是那么多。有些鼓励和荣誉，实是我愧以承当的。这本《科学全才：沈括传》，它的学术价值自然是有限的，但拿出来，好歹也算是几年工作的一个小结吧。

我还要感谢我的博士研究生导师梁太济先生，感谢他传授我治学的方法，指示我治学的门径，这些都成为我一生受用的财富。这本《科学全才：沈括传》可以说是我毕业以后的第一部专著。在此书的写作过程中，我虽有时向梁老师做一些汇报，但因梁老师苦于病目，书稿写成之后，我不敢让他过目。缺少了他的最后把关，我的心里总有一种惴惴不安的感觉。

产生这种不安，另外还有一个重要的原因是《科学全才：沈括传》写作的特殊性。沈括以博学见称于史，尤其擅长天文、历法、数学等学问。因此，研究沈括不但要对古代的典籍非常熟悉，最好还能精通自然科学。但我在自然科学方面是一个门外汉。甚至对沈括最重要的著作《梦溪笔谈》，直到此时我都不敢说完全掌握和真正理解它了。因此，这本《科学全才：沈括传》在对沈括科学成就的提炼上并无发明，只是尽可能吸取了前人的一些研究成果。我也没有资格对沈括进行全面的总结和评价，书中所谓的评价实际上也只是我个人对沈括、对《梦溪笔谈》、对中国科学史的几点体会和感想而已。

实际上，在写作过程中，我用力最多的地方还是在沈括生平和他所经历的一些史事的考订上。此外，我也力求在叙述时描写北宋的社会文化风貌，并把沈括与同时代的其他人物相比较，以求对沈括有一个全面、立体的认识。当然，由于本人文献积累的欠缺、才识的局限，书中的错误、不足肯定是难免的。

按照“浙江文化名人传记丛书”总的要求，这部传记的写作不但要求有学术性，还要有可读性，并且最好是能以时间为顺序来描述传主的一生。由于沈括在古代并不像现在这样出名，有关他的史料并不是很多，因此如何组织材料、编排章节是让我颇费心思的。沈括的科学成就是多方面的，而且这些科学成就的取得往往没有确定的时间可查。最后，我只好将沈括的一些科学成就分散到各个章节中进行叙述，如在他上书论乐时总述他的音乐理论，在他任司天监时总述他的天文学成就，在他考察雁荡山时总述他的地理学成就，如此等等。而且，由于沈括一生的成就主要体现在自然科学上，这些内容往往都是枯燥乏味的，因此如何把文章写得生动有趣味，也是颇让我犯难的。恰在那时，我正拜读卢敦基先生的《人龙文虎：陈亮传》，见他把一些枯燥的学术内容写得很生动，便起意模仿，在写作过程中尽量把一些文言文译成白话文，但毕竟才力不足，最后看来，竟似有些邯郸学步了。

最后，我还要特别感谢浙江大学古籍研究所的祖慧老师和她的学生王骞。祖老师差不多与我同时接受了沈括研究的一项课题，为南京大学的“中国思想家评传丛书”撰写《沈括评传》。她的书在2004年8月出版，书中对于沈括和

《梦溪笔谈》的研究多有发明。我在完稿前拜读了她的这部大作，也在自己的书稿中运用了她的很多成果。这本已掠美；书稿撰成之后，又承她审阅，提出了很多改进意见。在这里，我不但要向她的研究表示感谢，也要对她的学术器量表示由衷的敬意。王骞君也通读全书，指正了原稿中的多处错误，我在此一并致以谢意。

何勇强

2005年5月17日

修订后记

三十年前，我考上杭州大学研究生，从杨渭生老师学史。当时杭大宋史研究室名师云集，各有专长，杨老师以文化史研究见称于学界。2008年，由杨老师领衔、众多学者合力撰写的《两宋文化史》问世，很受好评。我此前曾听杨老师讲授文化史课程，因此，他书中的一些卓见得以先闻。以我观察，杨老师对宋代文化史的研究主要是围绕四个人物进行的，分别是范仲淹、王安石、司马光和沈括。前人讲宋代文化的复兴，自《宋元学案》以来，最重视“宋初三先生”的功绩，杨老师独推崇范仲淹，他写过多篇论文探讨范仲淹对开创宋代文化的作用。对于王安石与司马光，杨老师也曾有意进行全面比较、系统研究。他曾将两人年谱合编起来，做了很多积累。他不太满意早期史学界改革派、保守派的划分，觉得司马光思想中也有很多改革的内容，为此他写了多篇论文，发扬司马光的学术思想，并探讨王安石“新学”。杨老师最为留意研究的第四个宋代文化人物就是沈括。他撰写有关沈括的论文比有关范仲淹、王安石、司马光的更多，除科技史外，内容涉及沈括的文学、史学与其他人文学科的各个方面，对沈括著述的考订用力尤深。退休后，杨老师还整理了《沈括全集》。我最初与沈括结缘，便是受教于杨老师的时候。不久前，新冠疫情肆虐全球，杨老师永远离开了我们。如今《科学全才：沈括传》修订再版，让我不由想起这位学术道路上的领路人。永远感谢，永远怀念！

前人讲，“高明者多独断之学，沉潜者尚考索之功”。我觉得自己并非那种“高明”之人，理论悟性不足，因此，在选择学术方向时，我并没有循着杨老师的道路去做文化史，更没想做沈括研究。然而，人生就像一条河，流着流着可能会转弯。博士毕业后，我到浙江省社会科学院越文化研究所工作，越文化研究所后改名为文化研究所，我从此竟与文化、文化史研究结下了不解之缘。入所不久，浙江省社会科学院启动了“浙江文化名人丛书”工程，卢敦基老师具体负责这项工作，我参加了这个工程，承担了《科学全才：沈括传》的写作。这是我工作后第一个真正独立承担的课题，也是走向文化史研究的第一步。当时卢老师尚在所里，我有幸经常得到他的指点。有时他不经意的一言两语，就让我有“与君一席话，胜读十年书”的感觉。感谢他在我学术成长道路上给予的提携和帮助，也感谢他在这次《科学全才：沈括传》增订和修改中给予的支持。

很多年来，我一直在文化研究中艰难摸索，却常常觉得游离于文化之外，如今回想，独有对沈括的研究，还能略感欣慰。科技史研究的进步需要科学研究者与史学研究者共同努力，我虽不是科学研究者，但作为一名史学工作者，在史事探索上有自己的优势。沈括虽以科学家闻名后世，但翻看他的任职履历，从地方各层级到中央各部门，遍及司法、天文、财政、军事、水利、外交等各个方面。在个人技能方面，沈括更是一个多面手，他对自然科学的大多数领域都有深入研究，在经学、史学、考古、文学、音乐、绘画等人文学科也广泛涉猎，甚至在经济领域也提出了不少有历史影响的独到见解。宋代文化是中国文化史上的一座高峰，沈括则像一面镜子，照见这个时代，也照见这座高峰。作为一名史学工作者，我所要做的，便是探索这个时代，以及这个时代的沈括。

三年前，陈野老师负责撰写《宋韵文化简读》，我参加了其中科技部分的写作。这让我有机会从更宏观的层面对宋代科技进行思考，对沈括也有了更深的认识。这次新版《科学全才：沈括传》，很多增订的内容便渊源于此。感谢陈野老师！感谢在《科学全才：沈括传》写作和修改中给予我帮助的所有人！

何勇强

2024年10月18日